А. Н. Бекренёв	A. N. Bekrenev
Лазерная терминология	**Laser Terminology**
Англо-русский и русско-английский словари	**English-Russian and Russian-English Dictionaries**

Anatoliy Bekrenev

ЛАЗЕРНАЯ ТЕРМИНОЛОГИЯ LASER TERMINOLOGY АНГЛО-РУССКИЙ И РУССКО-АНГЛИЙСКИЙ СЛОВАРИ ENGLISH-RUSSIAN AND RUSSIAN-ENGLISH DICTIONARIES

iUniverse books may be ordered through booksellers or by contacting:

iUniverse
1663 Liberty Drive
Bloomington, IN 47403
www.iuniverse.com
1-800-Authors (1-800-288-4677)

The views expressed in this work are solely those of the author and do not necessarily reflect the views of the publisher, and the publisher hereby disclaims any responsibility for them.

Any people depicted in stock imagery provided by Thinkstock are models, and such images are being used for illustrative purposes only. Certain stock imagery © Thinkstock.

ISBN: 978-1-5320-4151-8 (sc)
ISBN: 978-1-5320-4152-5 (e)

Library of Congress Control Number: 2018900620

Print information available on the last page.

iUniverse rev. date: 08/24/2018

А. Н. Бекренёв. Лазерная терминология: Англо-русский и русско-английский словари – A. N. Bekrenev. Laser Terminology: English-Russian and Russian-English Dictionaries. Bloomington, IN, USA: iUniverse, 2018, 354 c., 3 ил., 1 табл.

Двуязычные англо-русский и русско-английский словари содержат каждый около 7000 лазерных и смежных терминов, включая 95 новых слов-терминов, предложенных автором. Эти словари являются первыми и ранее ничего подобного не издавалось. Они представляются уникальными и наиболее полными для терминов в области лазерных технологий в машиностроении и материаловедении на русском и английском языках.

Эти термины и терминологические фразы широко применяются в научной, учебной и технической литературе. В качестве приложений представлены аббревиатуры на обоих языках с расшифровкой и переводом.

Словари предназначены для студентов, аспирантов, преподавателей, научных и инженерно-технических работников и полезны для изучения и решения соответствующих проблем в области физики, квантовой электроники, оптоэлектроники и лазерных технологий. Словари также интересны специалистам, применяющим лазеры в различных областях биологии, медицины и техники, и могут быть использованы русскоязычными и англоязычными читателями.

The bilingual English-Russian and Russian-English laser terminology Dictionaries contain about 7,000 laser and closely related terms, including 95 new vocabulary terms proposed by the author. These Dictionaries are the first publication of this kind, and nothing like this has been issued previously. They are the most unique and complete collection of terms in the field of laser technology in mechanical engineering and materials science in English and Russian languages.

These terms and terminological phrases are commonly used in scientific, academic, and technical literature. Additionally, abbreviations with their interpretation and translation may be found in the Appendices.

The Dictionaries are designed for students, teachers, scientists, engineers, and technicians. They might be useful for studying and solving relevant problems in the field of physics, quantum electronics, optoelectronics, and laser technology. The Dictionaries are of benefit to professionals applying lasers in various fields of biology, medicine, and technique. Both Russian and English speakers might use the Dictionaries.

Рецензент – доктор физико-математических наук, профессор В. И. Зынь (Самара)

The reviewer – Doctor of Sciences in Physics and Mathematics, Professor V. I. Zyn (Samara)

Предисловие

Двуязычные англо-русский и русско-английский словари лазерных терминов созданы в результате поиска и анализа терминов в основных книгах по лазерной физике, лазерной технике и лазерным технологиям, опубликованным на английском и русском языках (см. *Библиографию*). Анализировались также публикации в смежных областях физики, квантовой электроники, оптоэлектроники и физического материаловедения. Использовались англо-русские и русско-английские физические и технические словари, включая *online* словари. Однако в подобных словарях лазерные термины представлены недостаточно.

Предлагаемые словари, по существу, стали первыми и ранее ничего подобного не издавалось. Они представляются уникальными и наиболее полными для терминов в области лазерных технологий в машиностроении и материаловедении на английском и русском языках. Одновременно эти словари являются не просто двуязычными, но и терминологическими, что особенно полезно для работников смежных областей знания. Издание терминологических словарей является актуальным и позволит иметь достаточно полные списки терминов для специалистов.

Включённые в словари термины и терминологические фразы помогут всем работающим в области лазерной физики, лазерной техники, лазерных технологий и лазерного материаловедения, а также студентам и аспирантам, изучающим эти предметы. Всё это будет способствовать дальнейшим лазерным исследованиям и приводить к расширению областей применения лазерного излучения.

Автор благодарен рецензенту, доктору физико-математических наук, профессору

Preface

The bilingual English-Russian and Russian-English Dictionaries were created after searching and analyzing the terms found in basic laser-related books published in both English and Russian (see, *Bibliography*). Publications in related fields of physics, quantum electronics, optoelectronics, materials science, and laser technologies were also analyzed. The English-Russian and Russian-English physical and technical dictionaries, including *online* dictionaries were used as well. In the universe of available information, however, many specific terms were oftentimes missing.

The presented laser terminology Dictionaries are the first publication of this kind, and nothing like this has been issued previously. They are the most unique and complete collection of terms in the field of laser technology in mechanical engineering and materials science in English and Russian languages. At the same time, they are not just bilingual, but also the terminological ones. The latter is especially useful for specialists in related areas of knowledge. The current publication of laser terminology is relevant and will be useful to practitioners.

Offered terms and terminological phrases will help anyone working in the field of laser physics, laser technique, laser technology, and laser-induced materials science, including graduate and postgraduate students studying these problems. It is expected this comprehensive work would contribute to furthering laser research and progress.

The author is grateful to the reviewer, Doctor of Sciences in Physics and Mathematics, Professor

4

В. И. Зыню (г. Самара, Российская Федерация) за критический анализ рукописи, сделанные замечания и рекомендации. Особая признательность А. Д. Перельману, кандидату медицинских наук, за тщательный обзор готовой к изданию книги и предложения по переводу. Джон Гайер сделал ряд замечаний по английскому тексту "Предисловия", за что автор крайне благодарен. Приятно отметить помощь моих детей Влады и Сергея, и внука Энтони Янчука (New York University) при поиске материала и компьютерном обеспечении всех стадий работы над рукописью. Автор получал ежедневную поддержку и заботу, без чего было бы невозможно появление этой книги, от своей жены Людмилы, за что ей огромная признательность и любовь.

Автор будет рад получить любые критические замечания и предложения, которые можно выслать электронной почтой по адресу: abekrenev@gmail.com.

Vladislav Zyn (Samara, Russian Federation) for his thorough analysis, critique, and book review. He is thankful to Dr. Alexander Perelman, Ph.D., for reviewing the book and his translation remarks. John Geier looked over the english "Introduction" section of the book and made his comments for which the author is extremely grateful. The author extends his gratitude to his children Vlada and Sergey and grandson Anthony Yanchuk (New York University) for their assistance in design and computer support at all stages of the manuscript preparation for publication. The project would have not been possible without daily support and care provided by the author's wife Lyudmila. He would like to express his enormous gratitude and love she deserves.

The author would appreciate any comments and suggestions that could be sent via e-mail: abekrenev@gmail.com.

8 October 2017   Minneapolis, Minnesota, USA

Введение:
лазерная терминология

В 1950-х годах были изобретены лазеры, и их появление стало одним из важнейших достижений 20-го века. С момента их создания лазеры из физического устройства как источника интенсивного, когерентного и монохроматического излучения с малой расходимостью превратились в мощные технологические инструменты, широко используемые в физике, электронике, медицине и других областях науки и техники. Особенно популярным стало применение лазерного излучения в ультрафиолетовом, видимом и инфракрасном диапазонах электромагнитного спектра.

Сегодня лазеры используются практически везде. С появлением и развитием лазеров возникли новые области знания – лазерная физика, лазерная химия, лазерная биология, лазерная квантовая электроника, лазерная оптоэлектроника, лазерное материаловедение, лазерная медицина и т. п. (рис. 1). Происходило структурирование этих областей науки и техники, что привело к появлению новых лазерных терминов. В Таблице 1 показаны современные разделы лазерной физики и методы лазерного анализа материалов. Параллельно с развитием новых лазерных наук появлялись разнообразные лазерные технологии и применения.

Опыт обучения студентов и аспирантов и консультирования практических работников показывает, что при разработке и внедрении лазерных технологий необходимо владеть информацией, опубликованной в специализированной литературе, и оперировать соответствующими терминами из смежных областей знания. Это требует наличия книг, включая энциклопедии и словари-справочники, с формулировками и определениями основных терминов лазерной физики, лазерной техники и лазерных технологий.

Introduction:
Laser Terminology

Lasers were invented in the 1950s, and their occurrence was one of the most important achievements of the 20th century. Lasers were created as a physical source of intensive, coherent, and monochromatic radiation with small divergence. Nowadays, they are powerful technological tools widely used in physics, electronics, medicine and other fields of science and practice. Laser applications operating in the ultraviolet, visible, and infrared range of the electromagnetic spectrum are especially widespread.

Lasers are ubiquitous in their use today. New fields of knowledge – laser physics, laser chemistry, laser biology, laser quantum electronics, laser optoelectronics, laser materials science, laser medicine, and so on, are springing up before our eyes with the advent of lasers (Fig. 1). The structuring of new areas of science and practice has been followed by the occurrence of matching laser terminology. Table 1 shows the modern sections of laser physics and laser methods for materials analysis. Commensurately, various laser technologies have been appearing simultaneously.

Experience in graduate and postgraduate education as well as in industry consulting has shown the need and importance of an instrumental publication dedicated to the laser terminology knowledge base. State of the art laser technology demands the comprehensive reference resources (such as encyclopedias, guides, dictionaries, and so on) with definitions and descriptions of the different key terms in laser physics, laser technique, and laser technology. Regrettably, such books are still to be written.

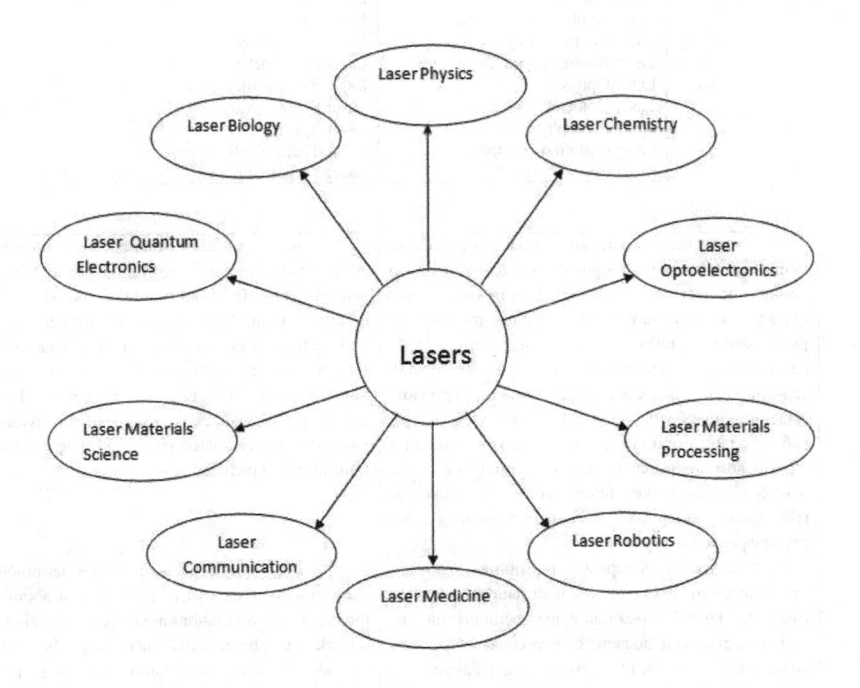

| Рис. 1. Наиболее важные области науки и техники, возникшие в связи с лазерами. | Fig. 1. The most important fields of science and practice introduced by the laser invention. |

Таблица 1. Разделы и методы анализа лазерной физики. –

Table 1. Laser physics sections and methods.

Laser Physics Sections	Laser Physics Methods
Laser Chemical Physics	Laser Calorimetry
Laser Crystals Physics	Laser Fluorimetry
Laser Dynamics	Laser Holography
Laser Electrodynamics	Laser Interferometry
Laser Electrophysics	Laser Lithography
Laser Femtosecond Physics	Laser Microscopy
Laser Microelectronics	Laser Nanoscopy
Laser Nanoelectronics	Laser Polarimetry
Laser Optics	Laser Refractometry
Laser Optoelectronics	Laser Spectrometry
Laser Photophysics	Laser Spectroscopy
Laser Quantum Electronics	Laser Thermometry
Laser Thermophysics	Laser Tomography

В процессе подготовки к изданию подобной книги по физике лазерных технологий автор пришёл к выводу о необходимости в первую очередь издать двуязычные (англо-русский и русско-английский) словари лазерных терминов. К сожалению, двуязычные словари лазерных терминов для разных областей знания отсутствуют. Издание подобных словарей может облегчить работу с книгами и статьями, опубликованными на английском и русском языках. Этой же цели отвечает включение приложений со списком аббревиатур лазерных и смежных терминов с их расшифровкой и переводом.

Количество лазерных терминов огромно. Достаточно отметить, что к настоящему времени известно около 15 тысяч лазерных осцилляций[1], то есть теоретически должно существовать такое же количество названий этих колебаний и соответствующих лазеров и технологий. Автор не ставил своей целью создание полных двуязычных словарей всех лазерных терминов. Последнее является непростой задачей из-за обилия и разнообразия таких терминов, особенно, в разных областях применения лазеров. В эти словари включены, в основном, наиболее важные и частоупотребляемые термины лазерной физики и лазерных технологий. Широко представлены

In the process of this book's preparation, the author arrived at a bilingual dictionary design of laser and closely related terms. Unfortunately, bilingual dictionaries of laser terms in different areas of knowledge are not existing. Such publication would facilitate working with books and articles available in both Russian and English languages. To further enlighten, Appendices with lists of abbreviations of laser and closely related terms with interpretation and translation are included.

The volume of unique laser terminology is enormous. It is enough to mention that about fifteen thousand laser oscillations are known presently (see the remark 1). Theoretically there must be the same number of similar oscillation titles, thus the laser names and related technologies. The author did not aim to create an all-compassing set of bilingual dictionaries with each laser term. That would be a difficult task because of the abundance and diversity of such terms, especially in different fields of laser applications. In both Dictionaries, the most important and frequently used laser and closely related terms are presented, including the scientific terms in the field of laser physics and the use of lasers in mechanical engineering

---

[1] Ion, J. C., 2005, p. 41.

термины из области машиностроения и металлургии (рис. 2), где использование лазеров является наиболее развитым и эффективным по сравнению с другими приложениями. Введены также сравнительно редко используемые термины физики лазерной прочности материалов.

Общее количество терминов составляет около 7000 для каждого языка[2]. Большинство терминов найдено автором в публикациях на английском языке (см. Библиографию[3]) и сделаны их переводы. Приведены также уточнённые переводы терминов, заимствованных из различных источников. В книгу включены 95 новых слов-терминов, предложенных автором и отмеченных звёздочкой (*) (см. Приложение 3).

Лазерные термины стали появляться с конца 1950-х годов. Список этих терминов открывает английское слово *laser*[4], являющееся акронимом английской фразы "*light amplification by stimulated emission of radiation*", означающей «усиление света посредством вынужденного излучения». Впервые это слово было произнесено в ноябре 1957 года Гордоном Гоулдом, аспирантом Колумбийского университета (Нью-Йорк, США), и записано в его материалах на получение патента на новое устройство – **лазер**. Публично слово *laser* впервые было использовано в статье Гоулда[5] в июне 1959 года и стало общепринятым примерно с 1965 года.

В дальнейшем появилось много новых слов на английском языке, производных от слова *laser*. Такими словами в первую очередь стали глагол *to lase* – генерировать [производить,

and materials technology (Fig. 2). The last ones are the most extensive in the practice and extremely developed compared to other laser applications. Some infrequently used terms of laser materials strength physics are also included in the book.

The total number of terms is about 7,000 in each language Dictionary (see the remark 2). For the most part, the terms were found in english publications (see the remark 3). Their translation, as well as improved translation of terms borrowed from various sources, were edited by the author. Ninety-five new terms suggested by the author and marked with an asterisk (*) could be seen in the Appendix 3.

Laser terms began to appear in the late 1950's. Among the terms there were new words, starting with the word *laser* (see the remark 4), an acronym for the English phrase "*light amplification by stimulated emission of radiation*". This term was first coined by Gordon Gould, a post-graduate student at Columbia University (New York, USA), in November 1957. It was recorded in his patent documents claiming an invention of a new device, **the laser**. The word *laser* was used in the Gould's article in June 1959 (see the remark 5), and it became popular in 1965.

Later, many new English words have been derived from the word *laser*. Such words have primarily become a verb *to lase lase* – to generate laser radiation, the adjective *lasable* – ablle to generate laser radiation,

---

[2] Точнее (±5 терминов). Англо-русский словарь содержит 6495 терминов, а русско-английский словарь – 7225 терминов. – More precisely (±5 terms). The English-Russian Dictionary contains 6495 terms, and the Russian-English Dictionary includes 7225 terms, respectively.

[3] В список используемой литературы не включены труды конференций и тематические сборники статей. – The proceedings from conferences and thematic collections of publications were not included in the bibliography list.

[4] Слово *лазер* было аналогом слова *maser*, введённого Таунсом в 1954 году для обозначения квантового генератора микроволнового излучения (а затем и молекулярного излучения). Первоначально *лазер* обозначал *квантовый генератор видимого света* или *оптический мазер*. – The word *laser* was an analogue of the word *maser* suggested by Charles Townes in 1954 for quantum generator of microwave or molecular radiation. Initially, the laser designated the quantum generator of visible light or an optical maser.

[5] Gould, G. The LASER, light amplification by stimulated emission. – In: The Ann Arbor conference on optical pumping, University of Michigan, June 1959, p. 128.

| Рис. 2. Наиболее важные области применения лазеров при обработке промышленных материалов. [6] | Fig. 2. The most important laser applications in industrial materials processing (see the remark 6). |

создавать] [7] лазерное излучение, прилагательное *lasable* – способный генерировать лазерное излучение и существительные: *lasing* – генерация лазерного излучения, *lasability* – способность генерировать лазерное излучение и *lasant* – активная лазерная среда.

Новыми словами в английском языке в разное время стали акронимы *maser, gaser* (или *graser*), *iraser, uvaser, xaser, saser* и *spaser*. Эти акронимы обозначают устройства, генерирующие когерентные излучения в определённых областях электромагнитного спектра, исключая радиочастотный диапазон[8]. Они имеют окончание *aser* (от слов *maser/laser*). Располагая подобные устройства по длинам волн генерируемого излучения от самых коротких до самых длинных, этот ряд квантовых генераторов и соответствующих акронимов может быть условно[9] представлен в виде следующей последовательности: *gaser* (*graser*), *xaser, saser, spaser, uvaser, laser*,[10] *iraser* и *maser*. Эти термины переводятся (или могут быть переведены) на русский язык буквально как *газер* (*гразер*), *ксазер*, сазер, спазер, ювазер*, лазер, иразер* и *мазер*[11].

Автором предлагается иной перевод на русский язык пяти акронимов (*xaser, saser, spaser, uvaser* и *iraser*) с целью сделать их также акронимами на русском языке: *xaser* [X-ray **laser**] как *разер** [рентгеновский **лазер**], *saser* [sound **laser**] как *зазер** [звуковой **лазер**] или *фазер** [**фононный лазер**] [12] , *spaser* [surface-plasmons

and the nouns: *lasing* – producing laser radiation, *lasability* – ability to *generate* [produce] laser radiation, and *lasant* – active laser medium [active laser matter; substance generating laser radiation] (see the remark 7).

Some new English acronyms have been used as separate words: *maser, gaser* (*graser*), *iraser, uvaser, xaser, saser,* and *spaser*. These acronyms represent devices producing coherent radiation in specific regions of the electromagnetic spectrum, except the radio frequency spectrum (see the remark 8). The acronyms all have in common the ending portion of the words *maser/laser*. By arranging such device titles from the shortest laser emission wavelengths to the longest ones accordingly, the order of quantum generators and related acronyms may be conveniently (see the remark 9) put as follows: *gaser* (*graser*), *xaser, saser, spaser, uvaser, laser, iraser,* and *maser* (see the remark 10). These terms may be well-accepted in Russian literally without translation as *газер* (*гразер*), *ксазер*, сазер, спазер, ювазер*, лазер, иразер,* and *мазер* (see the remark 11).

The author is suggesting a somewhat different translation into Russian for five acronyms (*xaser, saser, spaser, uvaser,* and *iraser,*) in order to adjust them to familiar russian words: *xaser* [X-ray **laser**] as *разер** [рентгеновский **лазер**], *saser* [sound **laser**] as *зазер** [звуковой **лазер**] or *фазер** [**фононный лазер**] (see the remark 12), *spaser* [surface-plasmons **laser**] as

---

[7] Здесь и ниже в квадратные скобки помещены синонимы слов. – Synonyms of words are placed in square brackets here and elsewhere.

[8] Не исключается лишь коротковолновое сантиметровое радиоизлучение, реализуемое с помощью мазеров. – The short wavelength centimeter radiation provided by the masers was not excluded.

[9] Условность расположения вызвана отсутствием чётких границ между различными видами излучений в электромагнитном спектре, особенно, со стороны коротких длин волн (то есть, для гамма-, рентгеновского и фононного излучений). – Conventionally, it is due to the lack of clear boundaries between the different types of radiation in the electromagnetic spectrum, especially for short wavelengths (e.g., for gamma-, X-ray, and phonon radiations).

[10] Обычно *лазер* представляет собой квантовый генератор оптического диапазона (видимого света), поэтому в этом ряду он расположен между *uvaser* и *iraser*. С другой стороны, все квантовые генераторы – это лазеры. – Usually the *laser* represents a quantum generator of optical visible light. So, it is located between *uvaser* and *iraser* in this series. On the other hand, all quantum generators are lasers.

[11] В литературе уже давно широко применяется термин *мазер*. Со сравнительно недавнего времени встречаются (хотя и редко) термины: *газер (гразер), иразер, сазер* и *спазер*. – The term *maser* has been widely used in the publications for a long time. The terms: *gaser (graser), iraser, saser,* and *spaser* have been used just recently and very infrequently.

[12] Автором предлагаются два акронима: *зазер** (для акустического или звукового лазеров) и *фазер** (для фононного лазера). С другой стороны, термины *зазер** и *фазер** являются синонимами. – The author offers

laser] как *повплазер** [**поверхностно-плазмонный лазер**], *uvaser* [ultraviolet **laser**] как *уфазер** [**ультрафиолетовый лазер**] и *iraser* [infrared **laser**] как *иказер** [**инфракрасный лазер**].

По аналогии с появлением новых производных от слова *laser* таких как глагол *to lase*, прилагательное *lasable* и существительные *lasing, lasability* и *lasant*, для указанных выше акронимов генераторов когерентного излучения в разных участках спектра можно также ввести новые глаголы, прилагательные и существительные [13] . Подобно глаголам *to lase* новые глаголы *to gase** *(to grase**), *to xase**, *to sase** *(to phase**), *to spase**, *to uvase**, *to irase** и *to mase** можно соответственно перевести на русский язык как «генерировать лазерное *гамма-* [рентгеновское, фононное, поверхностно-плазмонное, ультрафиолетовое, инфракрасное и микроволновое] излучение».

Подобно прилагательному *lasable*, новые прилагательные *gasable** *(grasable**), *xasable**, *sasable** *(phasable**), *spasable**, *uvasable**, *irasable** и *masable** соответственно означают «способный генерировать лазерное *гамма-* [рентгеновское, фононное, поверхностно-плазмонное, ультрафиолетовое, инфракрасное и микроволновое] излучение».

Аналогично существительному ***lasing*** можно предложить слова *gasing** *(grasing**), *xasing**, *sasing** *(phasing**), *spasing**, *uvasing**, *irasing** и *masing**, которые переводятся как «генерация лазерного *гамма-* [рентгеновского, фононного, поверхностно-плазмонного, ультрафиолетового, инфракрасного и микроволнового] излучения» соответственно.

Слово ***lasability*** может включать в себя группу слов *gasability** *(grasability**), *xasability**, *sasability** *(phasability**) *spasability**, *uvasability**, *irasability**, *masability**, которые переводятся как способность генерировать соответствующее лазерное излучение. Аналогами слова ***lasant*** можно ввести новые слова *gasant** *(grasant**), *xasant**, *sasant** *(phasant**), *spasant**, *uvasant**, *irasant** и *masant**, которые будут означать активные среды для определённых квантовых

повплазер** [**поверхностно-плазмонный лазер**], *uvaser* [ultraviolet **laser**] as *уфазер** [**ультрафиолетовый лазер**], and *iraser* [infrared **laser**] as *иказер** [**инфракрасный лазер**].

Similarly, with the advent of new *laser* derivatives such as the verb *to lase,* the adjective *lasable,* and the nouns *lasing, lasability,* and *lasant* the corresponding acronyms might be introduced as well (see the remark *13*). It is possible to translate in Russian the verbs like ***lase:*** *to gase** (to grase**), to xase**, to sase** (to phase**), to spase**, to uvase**, to irase**,* and *to mase** respectively, i.e., "to generate laser *gamma-* [*X*-ray, phonons, surface plasmons, ultraviolet, infrared, microwave] radiation".

In a similar way, the adjective *lasable* could be transformed into *gasable** (grasable**), xasable**, sasable** (phasable**), spasable**, uvasable**, irasable** and masable** respectively, i.e. "implying the feature of being to generate laser gamma- [X-ray, phonons, surface plasmons, ultraviolet, infrared and microwave] radiation."

Likewise, from the noun ***lasing*** originating *gasing** (grasing**), xasing**, sasing** (phasing**), spasing**, uvasing**, irasing**,* and *masing**, i.e. "laser generation of *gamma-* [*X*-ray, phonons, surface plasmons, ultraviolet, infrared, microwave] radiation" might occur accordingly.

From the word ***lasability*** derive nouns: *gasability** (grasability**), xasability**, sasability** (phasability**), spasability**, uvasability**, irasability**,* and *masability**,* translated as the ability to generate an appropriate laser radiation. The new words *gasant** (grasant**), xasant**, sasant** (phasant**), spasant**, uvasant**, irasant**,* and *masant** are the analogues of the word ***lasant*** meaning active medium for the respective quantum generators.

---

two acronyms: *зазер** (for acoustic or sound lasers) and *фазер** (for phonon laser). On the other hand, the terms *зазер** and *фазер** are synonyms.

[13] Эти термины могут быть полезными для специалистов, работающих с соответствующими генераторами. – These terms may be useful for professionals working with the certain generators.

генераторов.

Указанные выше слова удобны для специалистов, работающих с определёнными квантовыми генераторами. Например, управляя газерами, целесообразно применять слова *gasability*, gasable*, gasant*, to gase** и *gasing**.

Помимо акронимов появились производные от *laser* составные слова: *антилазер, гетеролазер, гидролазер, гололазер, гомолазер, мезалазер, микролазер, минилазер, нанолазер, хемолазер, лазерохимия* и современные слова типа *лазерист* и *лазериум** [14].

На русском языке могут быть составные термины из двух слов, разделённых дефисом, например, *лазер-анализатор*, лазер-визир*, лазер-ловушка*, лазер-микрочип*, лазер-нивелир*, лазер-передатчик*, лазер-преобразователь*, лазер-триод** и *лазер-усилитель**, которые соответственно представляют собой перевод на русский язык следующих английских терминов: *laser analyzer, alignment laser, trapping laser, microchip laser, leveling laser, communication laser, laser converter, triode laser, laser amplifier.*

Появились современные термины с прилагательными *лазерный (-ная, -ное, -ные, -но-),*[15] такие как *лазерный переход, лазерная плазма, лазерное упрочнение, лазерные кристаллы, лазерно-индуцированная диффузия* и т.д. Автором предложены новые слова-прилагательные для описания различных видов лазерных генераций: *газерный* (гразерный*), разерный*, зазерный* (фазерный*), повплазерный*, уфазерный** и *иказерный**. Эти же прилагательные с изменяемыми окончаниями могут использоваться с существительными в женском и среднем роде и во множественном числе.

Большинство основных терминов являются названиями лазеров, по которым можно

The above-mentioned words are useful for professionals working with certain quantum generators. For example, while working with gasers, it is convenient to manipulate with the words *gasability*, gasable*, gasant*, to gase**, and *gasing**.

Besides acronyms, compounds including the word *laser* have been created: *antilaser, heterolaser, hydrolaser, hololaser, homolaser, mesalaser, microlaser, minilaser, nanolaser, chemolaser,* and words like *laserist* and *laserium* (see the remark *14*).

Hyphenated compounded russian terms like *лазер-анализатор*, лазер-визир*, лазер-ловушка*, лазер-микрочип*, лазер-нивелир*, лазер-передатчик*, лазер-преобразователь*, лазер-триод**, and *лазер-усилитель** have been respectively translated from the following English terms: *laser analyzer, laser alignment, laser trapping, microchip laser, laser leveling, communication laser, laser converter, laser triode,* and *laser amplifier.*

Many modern terms in Russian contain the word *laser* as an adjective. E.g., *laser plasma, laser induced diffusion, laser hardening, laser crystals, laser transition,* and so on (see the remark *15*). The author suggested new russianized adjectives to describe different laser generations: *газерный* (гразерный*), разерный*, зазерный* (фазерный*), повплазерный*, уфазерный**, and *иказерный**. These adjectives would have changeable endings depending on certain nouns and singular/plural application based on Russian syntax and orthography.

Most of the main terms are the laser titles that can be used to describe the type and nature of laser

---

[14] Эти два слова происходят от английских слов *laserist* и *laserium*, возникших в связи с широким использованием лазерных шоу. В русском языке встречается «закавыченное» слово "*лазерист*" для названия участника соревнований яхтсменов, выступающих в классе яхт "Лазер". Вполне обоснованным представляется использование слова *лазерист* для обозначения человека, управляющего непосредственно лазером, то есть оператора лазерной установки или демонстратора лазерного шоу. Появление слова *лазериум** напоминает слово *планетарium*, тем более что первые лазерные шоу требовали для их показа наличия темноты и демонстрировались в закрытых помещениях. – In Russian, the word *laserist* means the participant in the "Laser" category of the yacht regatta. It would be quite appropriate to use the term *laserist* with reference to the laser operator. The appearance of the word *laserium* is reminiscent of the word *planetarium*: initial laser shows required complete darkness and enclosed spaces.

[15] Приведём также прилагательные *мазерный (-ная, -ное, -ные). –* There are also adjectives *мазерный (-ная, -ное, -ные).*

представить их тип, характер лазерного перехода и вид колебаний. Включены также термины, касающиеся применения квантовых генераторов типа мазеров, газеров и иразеров (иказеров*).

Имеется много терминологических фраз, содержащих термины-синонимы: *lasing, laser generation, generation of laser radiation, laser action, laser excitation,* которые переводятся как *лазерная генерация, генерация лазерного излучения, лазерное (воз)действие*[16] или *лазерное возбуждение.* В обоих словарях используются все эти синонимы. При этом предпочтение автором отдаётся терминам *lasing* и *генерация лазерного излучения.* В русской литературе одновременно используются термины-синонимы *населённость* и *заселённость.* Автор предпочитает термин *населённость.*

Проиллюстрируем перевод термина, состоящего из двух слов, например, *laser medium.* Возможны два варианта перевода: *лазерная среда* или *среда лазера.* При первом варианте перевод осуществляется слева направо, а при втором – справа налево. Для терминов из двух слов, как правило, оба варианта дают равноценный перевод в виде двух синонимов[17].

Приведём примеры обоих вариантов перевода терминов из трёх слов: *effective laser medium* означает *эффективная лазерная среда, laser pumping source – источник накачки лазера.* При любом варианте перевода существительным является последнее слово, а стоящие перед ним слова становятся прилагательными. Чаще всего используется второй вариант перевода, особенно для многословных терминологических фраз.

transitions and laser oscillations. Terms related to the use of quantum generator type – masers, gasers, and irasers are also included.

There are a lot of terminology phrases that include terms *lasing, laser generation, generation of laser radiation, laser action,* and *laser excitation* which are synonyms. Both Dictionaries use all these synonyms. However, the author gives preference to the terms *lasing* and *генерация лазерного излучения.* Also, the remark *16* explains the using of parentheses inside the Russian word. Both terms-synonyms *населённость* and *заселённость* are used in Russian publications. The author gives preference to the term *населённость.*

Let's illustrate a two-word term translation: e.g. *laser medium.* There are two obvious versions: *лазерная среда* or *среда лазера.* Translation is going from left to right (in the first version) and from right to left (for the second version). As a rule, both versions lead to the same result – two synonyms (see the remark 17).

Examples of a three-word term translation using both versions: *effective laser medium* would appear in Russian as *эффективная лазерная среда* and the term *laser pumping source* as *источник накачки лазера.* The last term's word becomes the noun, and the two others – adjectives in both translation versions. Mostly the translation begins with the last word and it moves in the opposite direction (the second version), especially for the multiple-word terms. The four-word

---

[16] Использование круглых скобок для обозначения части русского слова (обычно приставок), как в слове *(воз)действие,* позволяет кратко записать два синонима: *воздействие* и *действие.* Аналогично для слова *(на, за)селённость* имеем синонимы *населённость* и *заселённость.* Такие обозначения применены иногда при переводе английских терминов на русский язык. В русско-английском словаре подобные обозначения использованы только для непервых слов в термине. Если выделяемое слово было первым в термине, то приведены оба термина в соответствии с их алфавитной рубрикацией. – Using the parentheses to denote the part of the Russian word (usually for prefix), as in the word *(воз)действие* allows to specify two synonyms: *воздействие* and *действие.* Similarly, the word *(на, за)селённость* has synonyms *населённость* and *заселённость.* These designations applied sometimes when translating English terms into the Russian language. In the Russian-English Dictionary similar designations are used for all but the first words in the term. If this is the first word in the term, the parentheses are not used at all, and two terms are positioned in accordance with their alphabetical rubrication.

[17] Тем не менее, надо обращать внимание на контекст. Например, для термина *laser physics* возможны переводы *лазерная физика* и *физика лазеров.* Первый вариант перевода определяет область физики, а второй – физические основы лазеров. – Nevertheless, it is necessary to pay attention to the context. For example, it is possible to translate the term *laser physics* as *лазерная физика* and *физика лазеров.* The first version of translation determines the field of physics, while the second version describes the physical basics of lasers.

Например, термин из четырёх слов *laser pump pulse intensity* переводится как *интенсивность импульса накачки лазера*.

При любом варианте перевода важно правильно выделить непосредственные смысловые связи между словами внутри фразы. Например, термин *cavity quantum electrodynamics effects* переводится как *эффекты квантовой электродинамики резонатора*. Для термина *blown powder laser cladding* необходимо выделить две пары слов, что приводит к переводу *лазерное плакирование при вдувании порошка*. Приведём пример, когда надо объединить три пары слов, как в случае термина *neodymium doped yttrium vanadate solid-state laser*, который переводится как *твёрдотельный лазер на иттриевом ванадате, легированном неодимом*.

В различных источниках используются одновременно такие термины-синонимы как *energy of laser* и *laser energy*. Подобных пар синонимов очень много. Автор стремился включать в словари вторые синонимы из этих пар.

В ряде источников некоторые английские термины (особенно, терминологические фразы) представлены по-разному: они содержат в себе дефисы или дефисы в них отсутствуют. Для облегчения поиска терминов в предлагаемых словарях автор по-возможности опускал дефисы[18]. При этом термины, состоящие из слов, пишущихся через дефис, следует рассматривать как слитно написанные слова. Например, слово *лазер-визир** располагается после большой группы терминов с первым словом *лазер* и находится между терминами *лазер-анализатор** и *лазерист*. Слово *лазер-нивелир** размещается после группы терминов с первым прилагательным словом *лазерная* между терминами *лазерная ячейка* и *лазерно-абляционное осаждение*[19].

Для расположения в словаре терминов с

term *laser pump pulse intensity* is translated as *интенсивность импульса накачки лазера*.

When translating multiple-word terms, it is important to find immediate meaningful connections among the words within the phrase. For example, the term *cavity quantum electrodynamics effects* should be translated as *эффекты квантовой электродинамики резонатора*. In the term *blown powder laser cladding*, you must allocate two pairs of words resulting in: *лазерное плакирование при вдувании порошка*. Here is an example when you need to merge three pairs words: *neodymium doped yttrium vanadate solid-state laser*, which translates as *твёрдотельный лазер на иттриевом ванадате, легированном неодимом*.

In various publications, the synonyms like *energy of laser* and *laser energy* are used quite often. Such pairs of synonyms are common. Within the Dictionaries, preference was given to the second type of synonyms.

Some English terms (especially, terminological phrases) might contain hyphens, or dashes, or might not contain them at all. To facilitate searching of terms in these Dictionaries, the author would recommend leaving the hyphens out (see the remark *18*): terms consisting of hyphenated words should be searched as written conjointly. For example, the term *all-chemical laser* is positioned between the terms *alkali vapor laser* and *all-gas-phase iodine laser*. The term *lens-like laser* is located between terms *lens coupled laser* and *level population*. Also, see the remark *19* concerning the location the terms beginning with word *лазерно-* in Russian-English Dictionary.

Regarding the word sequence in the Dictionary,

---

[18] Автор сохранял дефис, если его наличие не изменяло позицию термина в словаре. – The author retained the hyphen when it would not influence the term position in the Dictionary.

[19] Отметим, что термины, начинающиеся на часть слова *"лазерно-"*, расположены в русско-английском словаре в двух группах. Первая группа – это термины от *"лазерно-абляционное осаждение"* до *"лазерно-дуговое сверление"*. Вторая группа содержит термины от *"лазерно-запускаемый отжиг"* до *"лазерно-химическое осаждение"*. Между ними расположены термины от *"лазерное азотирование"* до *"лазерное эффективное сечение"*. – It is worthy of note that the terms beginning with *"лазерно-"* are situated within two groups in the Russian-English Dictionary. The first one is made up of terms from *"лазерно-абляционное осаждение"* to *"лазерно-дуговое сверление"*. The second group includes terms from *"лазерно-запускаемый отжиг"* to *"лазерно-химическое осаждение"*. The terms from *"лазерное азотирование"* to *"лазерное эффективное сечение"* are positioned between these two groups.

определённым одиночным словом (например, *лазер*), затем с этим же словом первым в термине без запятой, после чего термин с этим же первым словом, но с запятой, используется именно указанная последовательность (например, *лазер – лазер Альфвена – . . . – лазер фемтометрового излучения – лазер, возбуждаемый дуговым разрядом*).

Химические символы и формулы, и обозначения физических величин набраны курсивом, в то время как аббревиатуры в названиях лазеров не выделены. Для терминов, обозначающих названия лазеров в виде химической формулы и последующего слова *laser* [20], применяется определённая последовательность в их расположении. Покажем этот порядок на примере лазеров, основанных на нейтральном или ионизированном аргоне и его соединениях или газовых смесях с ним. Этот ряд терминов будет следующим: *Ar* laser, *Ar⁺* laser, *ArCl* laser, *ArF* laser, *Ar-F* laser и *Ar-Kr* laser, что означает соответственно *аргоновый лазер, аргоновый ионный лазер, лазер на хлориде аргона, лазер на фториде аргона, лазер на смеси (газов) аргона и фтора* и *лазер на смеси (газов) аргона и криптона*.

Русскоязычные названия лазеров в сочетании с химической формулой среды, ответственной за генерацию лазерного излучения, невозможно расположить в русско-английском словаре из-за разных литераций (алфавитных рубрикаций) латинского и кириллического алфавитов. Тем не менее, они представлены автором в обоих словарях как синонимы соответствующих русскоязычных терминов, не использующих применение химических символов. Последнее также справедливо и для терминов, начинающихся с латинского обозначения физических величин (например, для таких терминов как *F номер*, M^2 *фактор*, *p-n лазер*, *Q переключение*).

Курсивом набирается слово или выделяются слова из терминологической фразы, для которых следом даётся синоним, указанный в квадратных скобках и невыделенный курсивом. Например, перевод термина *лазер с непрерывной*

the terms beginning with a certain single word (e.g., *laser*), are placed first, then, the terms without a comma, and finally, the terms with comma (e.g., *laser – laser ablation – . . . laser zone refining – laser, which operates*).

Chemical symbols and formulas and designated physical magnitudes are typed in italics, while the abbreviations in names of lasers are not selected. The terms indicating the laser titles in the form of chemical symbols and the word *laser* (see the remark *20*) are applied according to a certain sequence of their positions. For example, for lasers based on neutral or ionized argon and gas mixtures or compounds with them, the following sequence is used: *Ar* laser, *Ar⁺* laser, *ArCl* laser, *ArF* laser, *Ar-F* laser and *Ar-Kr* laser, meaning respectively: *argon laser, argon ion laser, argon chloride laser, argon fluoride laser, argon fluorine laser,* and *argon krypton laser*.

It is impossible to arrange the Russian names of lasers based on chemical formulae of medium responsible for radiation generation in a Russian-English Dictionary because of differences in the Cyrillic and Latin alphabets. However, they are presented in both Dictionaries as synonyms of relevant Russian terms without the chemical symbols. The last notion is also true for the terms beginning with Latin symbols of physical magnitudes (for example, for terms *F номер*, M^2 *фактор*, *p-n лазер*, *Q переключение*).

Italics are typed for a word or words from the terminological phrase for which the synonym(s) is/are specified in the following square brackets without an italic notation. For example, translation of the term *лазер с непрерывной накачкой* as "continuous *excited*

---

[20] В литературе на английском языке очень популярны названия лазеров в таком формате. – The laser names in this format are very common in the english publications.

накачкой в виде "continuous *excited* [pumped] laser" означает два синонима: *continuous excited laser* и *continuous pumped laser.* Если термин внутри квадратных скобок имеет запятую, то следующий за ним термин-синоним отделяется точкой с запятой. Если синоним относится к одному слову в термине из нескольких слов, то при составлении терминов иногда необходимо изменять окончания прилагательных. Например, для термина в виде «лазерная имплантация [легирование]» синонимами будут *лазерн<u>ая</u> имплантация* и *лазерн<u>ое</u> легирование.*

Иногда при переводе терминологической фразы указаны синонимы к двум различным словам. Например, перевод термина *усиление спонтанного излучения* дан в следующем виде "spontaneous *emission* [radiation] *amplification* [enhancement]", что означает четыре синонима: *spontaneous emission amplification, spontaneous radiation amplification, spontaneous emission enhancement* и *spontaneous radiation enhancement.*

Нередко при переводе термина набраны курсивом и заключены в круглые скобки уточняющие слова. Например, перевод термина *upconversion laser* должен быть сделан как *повышающий лазер.* Для указания того, **что** при этом повышается, правильнее дать перевод с уточняющим словом, то есть как "повышающий *(частоту)* лазер". Отметим, что наличие уточняющего слова не влияет на положение термина в словаре.

Как уже указывалось, при переводе синонимы отдельных слов указаны в квадратных скобках. Например, перевод термина *induced emission* в виде *индуцированная [вынужденная, стимулированная] эмиссия* означает три синонима: *индуцированная эмиссия, вынужденная эмиссия* и *стимулированная эмиссия.*

Для указания многообразия возможных синонимов при переводе иногда используются внутренние квадратные скобки. Например, перевод термина *лазер с поперечной накачкой* дан в виде "[cross-*pumped* [-field], transversely-*excited* [-pumped]] laser", что включает четыре синонима: *cross-pumped laser, cross-field laser, transversely-excited laser, transversely-pumped laser.*

Перевод многих научных терминов типа *emission, excimer, oscillation, aperture, jitter* и т.п. на русский язык часто делается буквально, что

[pumped] laser" means the following two synonyms: *continuous excited laser* and *continuous pumped laser.* If the term inside the square brackets has a comma, then the next term-synonym is separated from the previous term by a semicolon. If the synonym refers to one word in a term of few words, then it is sometimes necessary to modify the ends of adjectives for construction of the new terms-synonyms. For example, for the term "laser *implantation* [doping]" two synonyms in Russian are: *лазерн<u>ая</u> имплантация* and *лазерн<u>ое</u> легирование.*

Sometimes two different words from the terminological phrase are listed with synonyms. For example, translation of the term *усиление спонтанного излучения* is given in the following form: "spontaneous *emission* [radiation] *amplification* [enhancement]" which means four synonyms: *spontaneous emission amplification, spontaneous radiation amplification, spontaneous emission enhancement,* and *spontaneous radiation enhancement.*

The words clarifying the translation are also typed in italics and enclosed in parentheses. For example, the literal translation of the term *upconversion laser* should be *повышающий лазер.* To clarify **what exactly** increases, it is better to give a translation as "повышающий *(частоту)* лазер". In this case, *frequency* is going up. It should be noted that the clarifying word does not affect the term position in the Dictionary.

As already indicated, translation listed in square brackets means a synonym for an individual word. For example, the notation "active laser *substance* [medium, material]" means three synonyms: *active laser substance, active laser medium,* and *active* laser material.

To demonstrate an abundance of synonyms under translating, the internal square brackets are used. For example, the notation of term "[cross-*pumped* [-field], transversely-*excited* [-pumped]] laser" means the next four synonyms: *cross-pumped laser, cross-field laser, transversely-excited laser,* and *transversely-pumped laser.*

Translation of many scientific terms such as *emission, excimer, oscillation, aperture, jitter,* etc. into Russian language has been often made literally, which

приводит к появлению иноязычных слов: *эмиссия, эксимер, осцилляция, апертура, джиттер* и т.п. Автор делал перевод подобных терминов, как правило, используя в первую очередь русскоязычные синонимы, приводя затем англоязычные термины.

По-возможности автор стремился давать термины в единственном числе за исключением тех случаев, когда надо было представить совокупность терминов. Например, в единственном числе дан термин и его перевод *copper bromide vapor laser – лазер на парах бромида меди*. Однако, для группы лазеров на галогенидах одновалентной меди (на фториде, хлориде, бромиде и йодиде меди) использовано множественное число – термин *copper halide vapor lasers* (*CuF, CuCl, CuBr и CuI* лазеры). Аналогично включён термин *industrial lasers*, описывающий всю совокупность лазеров, используемых на практике, а не отдельно взятый *промышленный лазер*.

В подавляющем большинстве термины являются существительными. Как исключение, использованы глаголы, имеющие непосредственное отношение к генерированию излучений: *to lase, to emit, to excite, to gase**, *to grase**, *to xase**, *to sase**, *to spase**, *to uvase**, *to irase**, *to mase**, *to absorb, to keep* и *to build up*. Прилагательные, причастия, деепричастия, наречия и предлоги включены только в составные термины там, где это необходимо для полной их характеристики.

Словари полезны аспирантам и студентам, изучающим лазерные технологии, и которые станут следующим поколением лазерных специалистов. Они могут использоваться преподавателями универститетов при ведении соответствующих курсов лекций, а также инженерами и техниками, работающими в этих областях современных технологий. Словари также интересны специалистам, применяющим лазеры в различных областях знания и техники, и могут быть использованы русскоязычными и англоязычными читателями. Всё это будет способствовать дальнейшим лазерным исследованиям и появлению новых лазерных технологий.

leads to the occurrence of foreign (international) words in russian texts. The author translated such terms, as a rule, using both russian and international synonyms.

As a rule, the term is given in a singular form, except when it is necessary to represent a set of items. For example, the singular term *copper bromide vapor laser* is presented, but the plural term *copper halide vapor lasers* is used for the group of lasers based on monovalent copper halides. In the last case, there is a group of lasers (*CuF, CuCl, CuBr,* and *CuI* lasers). Similarly, the term *industrial lasers* is describing plentiful lasers used in practice rather than a single term *industrial laser.*

Most of the terms in the Dictionaries are nouns. An exception is made for the above-mentioned verbs: *to lase, to emit, to pump, to excite, to gase**, *to grase**, *to xase**, *to sase**, *to spase**, *to uvase**, *to irase**, *to mase**, *to absorb, to keep,* and *to build up* only. Adjectives, participles, participles *II*, adverbs, and prepositions are only included in compound terms, where it is necessary for the sake of completeness.

The Dictionaries are useful to graduate and post-graduate students, the current and future generations of laser specialists. They can be used by university professors in the courses of appropriate lectures, as well as by engineers and technicians working in these areas of modern technologies. The Dictionaries are also useful for professionals applying lasers in various fields of physics, biology, medicine, and practice. Both Russian-speaking and English-speaking readers could benefit from this book. All this would contribute to furthering laser sciences and technologies.

Англо-русский словарь лазерных и смежных терминов

English-Russian dictionary of laser and closely related terms[21]

A

aberration of laser radiation – аберрация лазерного излучения

ability to generate laser radiation – способность генерировать лазерное излучение

ablation – удаление (*материала с поверхности*) [абляция]

ablation plasma – абляционная плазма

ablation plume – абляционный *шлейф* [струя]

ablation threshold – порог абляции

ablation under laser irradiation – абляция при лазерном облучении

ablative laser propulsion – абляционный лазерный ракетный двигатель

abnormal modes – ненормальные *моды* [виды колебания]

(*to*) absorb – поглощать (*излучение*)

absorbability – поглощательная [абсорбционная] способность

absorbed electron – поглощённый электрон

absorbed laser radiation – поглощённое лазерное излучение

absorbed photon – поглощённый фотон

absorbed quantum – поглощённый квант

absorbed radiation – поглощённое излучение

absorbing ability – поглощательная [абсорбционная] способность

absorbing transition – поглощательный переход

absorptance of laser radiation – поглощение [абсорбция] лазерного излучения

absorption coefficient – коэффициент поглощения

absorption coefficient of laser radiation – коэффициент поглощения лазерного излучения

absorption cross section – поперечное сечение поглощения

absorption event – акт поглощения

absorption in gain medium – поглощение [абсорбция] в усиливающей среде

absorption in laser radiation field – поглощение [абсорбция] в поле лазерного излучения

absorption level – уровень поглощения

absorption mechanisms of laser radiation by substance – механизмы поглощения лазерного излучения веществом

---

[21] Автор предпочёл поместить первым англо-русский словарь как наиболее востребованный русскоязычными читателями. – The author chose placing the English-Russian Dictionary first due to big demand by Russian-speaking readers.

absorption of laser radiation

absorption of laser radiation – поглощение [абсорбция] лазерного излучения
absorption strength – интенсивность поглощения (*излучения*)
absorptivity – поглощающая [абсорбционная] способность
accelerated laser ageing – ускоренное лазерное старение (*сплавов*)
accessible emission limit – достижимый уровень эмиссии
accessories for laser systems – приспособления для лазерных систем
accuracy class – класс точности (*лазерной обработки поверхности*)
acentric laser crystals – ацентрические лазерные кристаллы
acidic umbelliferone laser – лазер на кислом растворе умбеллиферона
acoustic laser – акустический [звуковой, фононный] лазер; фазер*, зазер*, сазер
acoustic maser – акустический [звуковой, фононный] мазер
acoustic mirror – акустическое зеркало
acoustic phonon – акустический фонон
acoustic phonon emission – эмиссия акустических фононов
acoustic quantum – акустический квант
acousto-optic modulator – акустооптический модулятор
acousto-optical Q-switch – акустооптический (*лазерный*) переключатель добротности
acousto-optically tunable laser – лазер с акустооптической перестройкой (*частоты*)
acousto-optically tuned laser – акустооптически перестраиваемый лазер
acquisition laser – лазер для захвата (*цели*) на автоматическое сопровождение
activated laser crystals – активированные лазерные кристаллы
activator ions in laser crystals – ионы-активаторы в лазерных кристаллах
active element – активный элемент
active frequency stabilization – активная стабилизация частоты
active gas-liquid medium – активная газо-жидкостная среда (*для генерации излучения*)
active laser absorption spectroscopy – спектроскопия активного лазерного [активная лазерная спектроскопия] поглощения
active laser element – активный элемент лазера
active laser material – активный лазерный *материал* [вещество]
active laser medium – активная лазерная среда [рабочее вещество лазера]
active laser scattering spectroscopy – спектроскопия активного лазерного [активная лазерная спектроскопия] рассеяния
active laser shutter – активный лазерный затвор
active laser spectroscopy – активная лазерная спектроскопия
active laser stabilization – активная стабилизация лазера
active laser substance – активное вещество лазера
active maser material – активный материал мазера
active maser medium – активная среда мазера
active maser substance – активное вещество мазера
active material – активный материал
active medium – активная среда
active medium detonation in laser heating – детонация активных сред при лазерном нагреве
active medium pumping – накачка *активной среды* [рабочего вещества] (*лазера*)
active mediums of solid-state lasers – активные среды твёрдотельных лазеров
active mode locking – активная синхронизация мод
active mode locking methods – методы активной синхронизации мод
active mode locking regime – режим активной синхронизации мод

active optical cable – активный оптический кабель

active optical fiber – активное оптоволокно

active oscillation frequency stabilization – активная стабилизация частоты генерации

active Q-switching – активное переключение добротности

active Q-switching technique – техника активного переключения добротности

active stabilization – активная стабилизация

active substance – активное вещество

active synchronization modes – моды активной синхронизации

actively mode locked laser – лазер с активно синхронизированными модами

actively Q-switched fiber laser – оптоволоконный лазер с активно переключаемой добротностью

actively Q-switched laser – лазер с активно переключаемой добротностью

actively stabilized laser – лазер с активной стабилизацией [активно стабилизированный лазер]

actively stabilized single frequency laser – активно стабилизированный одночастотный лазер

adaptive optics – адаптивная оптика

additional resonator modes – дополнительные моды резонатора

additive pulse mode locking – синхронизация мод дополнительным импульсом

adiabatic shearing under laser reaction – адиабатический сдвиг (в материале) при лазерном воздействии

adjoint modes – сопряжённые моды

adjustable cavity – перестраиваемый резонатор

advanced free electron laser facility – усовершенствованная лазерная установка на свободных электронах

advanced laser facility – усовершенствованная лазерная установка

advantages of laser processing – преимущества лазерной обработки (материалов)

after threshold behavior – надпороговый режим (работы лазера)

Ag laser – серебряный [Ag] лазер

Ag^+ laser – серебряный ионный [Ag^+] лазер

ageing after laser treatment – старение (сплавов) после лазерной обработки

agile beam laser – лазер с гибким [подвижным] пучком

agile laser beam – гибкий [подвижный] лазерный пучок

aiming laser beam – наведённый лазерный пучок

air cooled laser – лазер с воздушным охлаждением

air cooled lasing – лазерная генерация с воздушным охлаждением

air laser communication – воздушная лазерная связь

airborne laser – бортовой лазер [лазер на борту летательного аппарата]

airborne laser bathymeter – бортовой лазерный измеритель глубины [батиметр]

airborne laser designator – бортовой лазерный целеуказатель

airborne laser sound – бортовой лазерный зонд

airborne laser tracker – бортовая лазерная следящая система

airborne laser weapon – лазерное оружие воздушного базирования

airborne lidar – бортовой лидар (летательного аппарата)

Al_2O_3 laser – лазер на сапфире [Al_2O_3 лазер]

albedo of laser radiation – коэффициент диффузного отражения [альбедо] лазерного излучения

alexandrite laser – александритовый лазер [лазер на александрите, $Cr:BeAl_2O_3$ лазер]

alexandrite laser amplifier – лазерный усилитель на александрите

Alfven laser – альфвеновский лазер [лазер Альфвена]

Alfven maser – альфвеновский мазер [мазер Альфвена]

$Al_xGa_{1-x}As$ laser – лазер на алюмогаллиевом арсениде [$Al_xGa_{1-x}As$ лазер]

alignment laser – юстировочный лазер [лазер-визир*]

alignment sensitivity – юстировочная чувствительность

alignment system – система юстировки

alkali halide laser – щёлочно-галогенидный лазер

alkali vapor laser – лазер на парах щёлочи

all-chemical laser – полностью химический лазер

all-gas-phase iodine laser – полностью газовый лазер на йоде

all-gas-phase laser – полностью газовый лазер

all-nuclear laser – полностью ядерный лазер

allowed band – разрешённая (*энергетическая*) зона

allowed energy level – разрешённый энергетический уровень

allowed state – разрешённое (*энергетическое*) состояние

allowed transition – разрешённый [дозволенный] переход

allowed zone – разрешённая (*энергетическая*) зона

all-solid-state ultraviolet laser – полностью твёрдотельный ультрафиолетовый лазер

alpha-particle laser – лазер с накачкой альфа-частицами

alternating current Josephson junction microwave laser – микроволновый лазер на переходе Джозефсона при переменном токе

aluminum gallium arsenide [$Al_xGa_{1-x}As$] laser – лазер на алюмогаллиевом арсениде

aluminum oxide host glass – алюмооксидное стекло как материал-хозяин* (*активная среда лазера*)

ammonia beam maser – мазер на пучке (*молекул*) аммиака

ammonia maser – мазер на аммонии [аммиачный мазер, NH_3 мазер]

amorphization under laser reaction – аморфизация (*материала*) при лазерном воздействии

amorphous laser – лазер на аморфной среде

amplification of laser radiation – усиление лазерного излучения

amplified emission – усиленное *излучение* [эмиссия]

amplified spontaneous emission – усиленное спонтанное излучение [эмиссия]

amplified spontaneous emission density – плотность усиленного спонтанного излучения

amplified spontaneous emission laser – лазер с усиленным спонтанным излучением

amplifier cavity – полость [резонатор] усилителя

amplifying medium – усиливающая среда

amplitude modulation – амплитудная модуляция

amplitude of laser radiation – амплитуда лазерного излучения

amplitude stabilized laser – амплитудно-стабилизированный [стабилизированный по амплитуде] лазер; лазер со стабилизированной амплитудой

analaser* – лазер-анализатор*

angle of incidence – угол падения (*луча*)

angle of internal reflection – угол внутреннего отражения (*луча*)

angle of reflection – угол отражения (*луча*)

angle of refraction – угол преломления (*луча*)

angular laser cleaning – угловая лазерная чистка

anisotropic laser – лазер на анизотропной среде

antiballistic missile laser mirror – лазерное зеркало системы противоракетной обороны

antilaser – антилазер [лазер с *обратным* [инверсным] временем, противолазер*, противолазерный [-ная, -ное, ные, -но-,]]

antilaser hardening – противолазерное упрочнение

antimissile airborne laser – противоракетный лазер воздушного базирования

antimissile laser – противоракетный лазер

antireflection coating – противоотражательное [просветляющее] покрытие

antireflective-coated end – торец с *противоотражательным* [просветляющим] покрытием

antireflective-coated laser – лазер с просветляющим покрытием

antireflective-coated laser diode – лазерный диод с просветляющим покрытием

antispike coating – антибликовое покрытие

anti-Stokes Raman laser – лазер на антистоксовом *комбинационном* [рамановском] рассеянии

antisubmarine laser – лазер для противолодочной обороны

aperture – апертура [отверстие, диафрагма, растр]

apostible – апостибль (*единица яркости излучения*)

applied nonlinear optics – прикладная нелинейная оптика

Ar laser – *Ar* [аргоновый] лазер

Ar^+ laser – Ar^+ [аргоновый ионный] лазер; лазер на однократно ионизированном аргоне

Ar^{+8} laser – лазер на восьмикратно-ионизированном аргоне [Ar^{+8} лазер]

arc augmented laser cutting – улучшенная дуговым разрядом лазерная резка

arc augmented laser drilling – улучшенное дуговым разрядом лазерное сверление

arc augmented laser melting – улучшенная дуговым разрядом лазерная плавка

arc augmented laser welding – улучшенная дуговым разрядом лазерная сварка

arc driven laser – лазер, возбуждаемый дуговым разрядом [дуговой электроразрядный лазер]

arc excited laser – лазер, возбуждаемый дуговым разрядом [дуговой электроразрядный лазер]

arc lamp – дуговая лампа

arc laser cutting – дуговая лазерная резка

arc laser drilling – дуговое лазерное сверление

arc laser melting – дуговая лазерная плавка

arc laser welding – дуговая лазерная сварка

ArCl excimer laser – эксимерный лазер на хлориде аргона [*ArCl* эксимерный лазер]

ArCl laser – лазер на хлориде аргона [*ArCl* лазер]

Ar-Cl excimer laser – аргоново-хлорный [*Ar-Cl*] эксимерный лазер, эксимерный лазер на смеси (*газов*) аргона и хлора

Ar-Cl laser – аргоново-хлорный [*Ar-Cl*] лазер, лазер на смеси (*газов*) аргона и хлора

ArF excimer laser – эксимерный лазер на фториде аргона [*ArF* эксимерный лазер]

ArF laser – лазер на фториде аргона [*ArF* лазер]

Ar-F excimer laser – аргоново-фторный [*Ar-F*] эксимерный лазер, эксимерный лазер на смеси (*газов*) аргона и фтора

Ar-F laser – аргоново-фторный [*Ar-F*] лазер, лазер на смеси (*газов*) аргона и фтора

argon chloride excimer laser – эксимерный лазер на хлориде аргона [*ArCl* эксимерный лазер]

argon chloride excimer laser lithography – литография с помощью эксимерного лазера на хлориде аргона

argon chloride laser – лазер на хлориде аргона [*ArCl* лазер]

argon chlorine excimer laser – аргоново-хлорный [*Ar-Cl*] эксимерный лазер, эксимерный лазер на смеси (*газов*) аргона и хлора]

argon chlorine laser – аргоново-хлорный [*Ar-Cl*] лазер, лазер на смеси (*газов*) аргона и хлора]

argon fluoride excimer laser – эксимерный лазер на фториде аргона [*ArF* эксимерный лазер]

argon fluoride excimer laser lithography – литография с помощью эксимерного лазера на фториде аргона

argon fluoride laser – лазер на фториде аргона [*ArF* лазер]

argon fluorine excimer laser – аргоново-фторный [*Ar-F*] эксимерный лазер, эксимерный лазер на смеси (*газов*) аргона и фтора

argon fluorine laser – аргоново-фторный [*Ar-F*] лазер, лазер на смеси (*газов*) аргона и фтора

argon ion laser – аргоновый ионный [*Ar*⁺] лазер

argon ion laser pumping – аргоново-ионная лазерная накачка

argon krypton excimer laser – аргоново-криптоновый [*Ar-Kr*] эксимерный лазер, эксимерный лазер на смеси (*газов*) аргона и криптона

argon krypton laser – аргоново-криптоновый [*Ar-Kr*] лазер, лазер на смеси (*газов*) аргона и криптона

argon laser – аргоновый [*Ar*] лазер

argon nuclei laser – лазер на ядрах аргона

argon-xenon infrared laser – аргоново-ксеноновый инфракрасный лазер

Ar-Kr excimer laser – *Ar-Kr* эксимерный лазер [аргоново-криптоновый эксимерный лазер, эксимерный лазер на смеси (*газов*) аргона и криптона]

Ar-Kr laser – *Ar-Kr* лазер [аргоново-криптонный лазер, лазер на смеси (*газов*) аргона и криптона]

array laser – матричный лазер

array of laser nozzles – блок сопел лазера

arrayed waveguide grating – выстроенная световодная дифракционная решетка

articulated arm for laser – манипулятор для лазера

Ar-Xe infrared laser – аргоново-ксеноновый инфракрасный лазер

assist gas for laser – поддерживающий газ для (*работы*) лазера

associated state of electron and electron hole – связанное состояние электрона и электронной дырки [экситон]

astigmatic laser – лазер с астигматическим пучком

astrophysical laser – астрофизический лазер

astrophysical maser – астрофизический мазер

asymmetric laser – асимметричный лазер [лазер с несимметричным выводом]

asymmetric valent mode – асимметричная валентная мода

athermal laser – атермальнй [нетепловой] лазер

athermal phosphate glass laser – лазер на атермальном фосфатном стекле

atmospheric laser radar – атмосферный *лазерный радар* [*лидар*]

atmospheric lidar – атмосферный *лидар* [*лазерный радар*]

atmospheric pressure laser – лазер, работающий при атмосферном давлении

atom laser – атомный лазер

atom probe – атомный зонд

atom probe with laser illumination – атомный зонд с лазерной подсветкой

atomic beam laser – лазер на *пучке атомов* [атомном пучке]

atomic beam maser – мазер на атомном пучке

atomic beam tube – атомно-лучевая трубка

atomic gas laser – атомарный газовый лазер [лазер на атомарном газе]

atomic hydrogen laser – лазер на атомарном водороде [*H* лазер]

atomic hydrogen maser – мазер на атомарном водороде [*H* мазер]

atomic laser – атомарный [атомный] лазер; лазер на атомных переходах

atomic lasing – лазерная генерация на атомных переходах

atomic matter-wave amplification using Bose-Einstein condensate – усиление взаимодействия атомной материи с волной с помощью конденсата Бозе-Эйнштейна

atomic nitrogen laser – лазер на атомарном азоте [*N* лазер]

atomic oxygen laser – лазер на атомарном кислороде [*O* лазер]

atomic transition laser – лазер на атомных переходах

atomic vapor laser – лазер на атомном паре

atomic vapor laser isotope separation – лазерное разделение изотопов атомарных паров

atom-radiation coherent interaction – когерентное взаимодействие атомов с излучением
atom-radiation incoherent interaction – некогерентное взаимодействие атомов с излучением
atoms capture under optical cooling – захват атомов при оптическом охлаждении
attached plasma – привязанная плазма
attenuation – ослабление [затухание]
attenuator – устройство уменьшения амплитуды (*сигнала*) [ослабитель, аттенюатор]
attometer laser – аттометровый лазер [лазер аттометрового излучения]
attometer wave laser – лазер (*с излучением*) аттометрового излучения
attosecond fiber laser – аттосекундный оптоволоконный лазер
attosecond laser – аттосекундный лазер
attosecond laser ablation – аттосекундная лазерная абляция
attosecond laser annealing – аттосекундный лазерный отжиг
attosecond laser heating – аттосекундный лазерный нагрев
attosecond laser irradiation – аттосекундное лазерное облучение
attosecond optoelectronics – аттосекундная оптоэлектроника
attosecond phenomena – аттосекундные явления
attosecond physics – физика аттосекундных явлений
attosecond pulse – аттосекундный импульс
attosecond pulse amplifier – усилитель аттосекундных импульсов
attosecond pulse generator – генератор аттосекундных импульсов
attosecond pulse lasing – лазерная генерация аттосекундных импульсов
attosecond pulse technique – техника аттосекундных импульсов
Au laser – лазер на золоте [*Au* лазер]
austenforming under laser irradiation – образование аустенита при лазерном облучении
austenization under laser treatment – аустенизация при лазерной обработке
automated laser technological complex – автоматизированный лазерный технологический комплекс
automated laser technological workstation – автоматизированная лазерная технологическая установка
automatic laser device – автоматизированная лазерная установка
automatic laser facility – автоматизированная лазерная установка
automatic laser setup – автоматизированная лазерная установка
automatic laser workstation – автоматизированная лазерная установка
automatic tracking lidar – лидар с автоматическим сопровождением (*цели*)
auxiliary laser – вспомогательный лазер
avalanche discharge laser – лазер с лавинным разрядом
avalanche injection laser – лавинный инжекционный лазер
avalanche laser – *лавинный лазер*
avalanche photo diode – лавинный фотодиод
avalanching photon emission – лавинообразное излучение фотонов
average power – средняя мощность
axial coherence – осевая когерентность
axial flow carbon dioxide laser – лазер на осевом потоке двуокиси углерода
axial flow CO_2 laser – лазер на осевом потоке двуокиси углерода
axial flow laser – лазер на осевом потоке
axial mode – осевая *мода* [вид колебаний]
axially excited laser – лазер с аксиальным возбуждением
axicon lens – аксиконическая линза
azimuthal quantum number – азимутальное квантовое число

25

B

Ba$_2$NaNb$_5$O$_{15}$ crystal laser – лазер на кристалле "банан"
back end mirror – заднее [выходное, торцевое] зеркало
back surface mirror – зеркало с задней (*отражающей*) поверхностью
bad cavity limit – предел низкодобротного резонатора
"Banana" crystal laser – лазер на кристалле "банан"
band spectrum – спектр с полосой частот [полоса частот спектра]
band structure diagram – диаграмма зонной структуры (*твёрдых тел*)
band theory of solids – зонная теория твёрдых тел
bandgap – запрещённая (*энергетическая*) зона [энергетическая щель]
bandgap energy – величина *энергии запрещённой зоны* [энергетической щели]
bandgap width – ширина *запрещённой зоны* [энергетической щели]
bandpass – полоса пропускания (*частот*)
band-to-band absorption – межзонное поглощение
band-to-band transition – межзонный переход
bandwidth – ширина полосы (*частот*)
bandwidth limited pulse – импульс, ограниченный шириной полосы (*частот*)
bandwidth of gain medium – ширина полосы (*частот*) усиливающей среды
basic laser – основной [базовый] лазер
basic laser components – основные компоненты лазера
beam absorption – поглощение пучка
beam alignment – наведение [регулировка положения] пучка
beam area – сечение пучка
beam axis – ось пучка
beam bender – отклоняющее пучок устройство
beam chopper – прерыватель пучка
beam combining – пучковое объединение
beam configuration – конфигурация пучка
beam coupling – ввод-вывод пучка
beam defocusing – расфокусировка пучка
beam degradation – ухудшение (*качества*) пучка
beam delivery – доставка пучка
beam delivery system – система доставки пучка
beam diameter – диаметр пучка
beam divergence – расходимость пучка
beam dump – пучковое *отключение* [сброс, дамп]
beam expanded laser – лазер с расширенным пучком
beam expander – расширитель пучка
beam fluence – плотность потока пучка
beam flux – плотность пучка
beam focusing – фокусировка пучка
beam forming arrangement – устройство формирования пучка
beam guidance – наведение пучка
beam intensity – интенсивность пучка
beam laser – пучковый лазер
beam length – длина пучка

beam maser – пучковый мазер

beam parameters product – произведение параметров пучка

beam profiler – устройство профилирования [профиломер] пучка

beam profilling – профилирование пучка

beam propagation factor – фактор распространения пучка

beam quality – качество пучка

beam quality factor – фактор качества пучка

beam quide – световод

beam radius – радиус пучка

beam sharpening – сужение пучка

beam splitter – разделитель пучка

beam splitter cubes – кубы для разделения пучка

beam splitter ratio – коэффициент разделения пучка

beam splitting – разделение пучка

beam type maser – пучковый мазер [мазер на пучке (*молекул или атомов*)]

beam waist – шейка пучка

beam waist radius – радиус шейки пучка

beam width – ширина пучка

beat note – тон биений

Beer-Lambert-Buger law – закон Бэра-Ламберта-Бугера

before threshold behavior – допороговый режим *(работы лазера)*

bent resonator – изогнутый резонатор

Bessel-Gauss beam – пучок Бесселя-Гаусса

bidirectional laser – двухнаправленный лазер

bifurcation of laser oscillation – бифуркация лазерного колебания

bifurcation under laser irradiation – бифуркация (*в материале*) при лазерном облучении

bimorph laser – лазер с биморфным пьезоэлементом

biocavity laser – лазер с биорезонатором

biological effects of laser irradiation – биологические эффекты лазерного облучения

biological laser application – применение лазеров в биологии

biological microcavity laser – биологический лазер на *микрорезонаторе* [микрополости]

birefringence of laser beam – двойное лучепреломление лазерного пучка

birefringent tuner of laser – двоякопреломляющая настройка лазера

bistable amplifier – бистабильный усилитель

bistable laser – бистабильный лазер

bistable laser diode – бистабильный лазерный диод

bistable lasing – бистабильная *генерация лазерного* [лазерная генерация] излучения

bistable mode – бистабильная мода

bistable resonator – бистабильный резонатор

bistable semiconductor laser – бистабильный полупроводниковый лазер

bistatic lidar – двухпозиционный лидар

black body laser – лазер с накачкой излучением черного тела

black body pumped laser – лазер с накачкой излучением черного тела

black-white laser printer – чёрно-белый лазерный принтер

bleaching wave dye laser – лазер на красителе с волной обесцвечивания

blind laser cutting – слепая [зашторенная, незаконченная] лазерная резка

Bloch oscillation – колебание [осцилляция] Блоха

27

Bloch oscillator

Bloch oscillator – генератор [осциллятор] Блоха
blow laser hole – выдуваемое лазерное отверстие (*дефект сварки*)
blowholes under laser welding – раковины при лазерной сварке
blown powder laser cladding – лазерное плакирование при вдувании порошка
blue green laser diode – зелено-голубой лазерный диод
blue induced infrared absorption – инфракрасное поглощение, вызванное синим цветом
blue laser – синий [голубой] лазер; лазер, генерирующий излучение синего цвета
blue laser diode – голубой лазерный диод
blue lasing – генерация лазерного [*лазерная генерация*] излучения в синей области спектра
Boltzman distribution – распределение Больцмана
bomb pumped laser – лазер с взрывной накачкой
borate crystal laser – лазер на кристалле бората
Bose-Einstein condensate – бозе-эйнштейновский конденсат
Bose-Einstein condensate laser – лазер на бозе-эйнштейновском конденсате
Bragg laser – брэгговский лазер
Bragg mirror – брэгговское зеркало [зеркало Брэгга]
Bragg mirrors laser – лазер с брэгговскими зеркалами
Bragg reflectors laser – лазер с брэгговскими отражателями
branched reaction chemical laser – химический лазер на разветвлённых реакциях
branched reaction laser – лазер на разветвлённых реакциях
Brewster angle – угол Брюстера
Brewster angled laser – лазер с брюстеровскими срезами (*кристаллов для зеркал*)
Brewster angled laser rod – лазерный стержень с торцами под брюстеровским углом
Brewster windows – брюстеровские окна
Brewster windows laser – лазер с брюстеровскими окнами
brightness – яркость (*излучения*)
brightness converter – преобразователь яркости
Brillouin laser – лазер на бриллюэновском рассеянии
brittleness after laser irradiation – хрупкость (*сталей*) после лазерного облучения
broad area laser diode – лазерный диод с широкой площадью (*облучения*)
broad spectral width laser – лазер с широким спектром (*излучения*)
broadband amplifier – широкополосный усилитель
broadband excimer laser – эксимерный лазер с широким диапазоном частот
broadband generation – широкополосная генерация
broadband laser – широкополосный лазер
broadband lasing – широкополосная *генерация лазерного* [лазерная генерация] излучения
broadband light generation – широкополосная генерация света
broadband maser – широкополосный мазер
broadband optical pumping – широкополосная оптическая накачка
broadband pumping – широкополосная накачка
broadband solid-state laser – широкополосный твёрдотельный лазер
broadband tunable laser – лазер, перестраиваемый в широком диапазоне (*частот*)
broadband tunable laser materials – материалы для широкополосных перестраиваемых
    лазеров
broadband tunable solid-state laser – широкополосный перестраиваемый твёрдотельный
    лазер

bromine vapor laser – лазер на парах брома
(to) build up a laser – возбуждать лазер
(to) build up a laser oscillation – возбуждать лазерный осциллятор
bulk ionized laser – объёмно-ионизированный лазер
bulk laser – объёмный лазер [лазер на объёмном кристалле]
bulk resonator – объёмный резонатор
bunch of pulses – пачка [группировка] импульсов
bunched laser beam – сгруппированный лазерный пучок
bundle integrated guide – пучковый интегральный волновод
bundle integrated guide dynamic single mode laser – динамический одномодовый лазер с
    пучковым интегральным волноводом
bundle integrated guide laser – лазер с пучковым интегральным волноводом
buried heterostructure injection laser – инжекционный лазер со скрытой гетероструктурой
buried heterostructure laser – лазер со скрытой гетероструктурой
buried laser – лазер со скрытой (*активной*) областью
buried optical guide laser – лазер со скрытым световодом
buried stripe laser – лазер на скрытой (*меза*)полосковой структуре
burst laser – лазер, работающий в режиме пульсаций
butt coupled laser – лазер, состыкованный с торцом (*стекловолокна*)
butt joint in laser welding – соединение встык при лазерной сварке
butt-seam laser welding – лазерная сварка встык

C

Ca laser – кальциевый [*Ca*] лазер, лазер на кальции
cadmium chalcogenides lasers – лазеры на халькогенидах кадмия
cadmium ion laser – лазер на ионах кадмия [кадмиевый ионный [*Cd⁺*] лазер]
cadmium laser – кадмиевый [*Cd*] лазер
cadmium selenide laser – лазер на селениде кадмия [*CdSe* лазер]
cadmium sulfide laser – лазер на сульфиде кадмия [*CdS* лазер]
cadmium vapor laser – лазер на парах кадмия
CaF_2 laser – CaF_2 лазер [лазер на фториде кальция]
calcium fluoride laser – лазер на фториде кальция [CaF_2 лазер]
calcium gas discharge recombination plasma laser – газоразрядный рекомбинационный плазменный лазер на
    кальции
calcium laser – кальциевый [*Ca*] лазер
calcium niobate laser – лазер на ниобате кальция [$Ca(NbO_3)_2$ лазер]
calcium recombination plasma laser – рекомбинационный плазменный лазер па кальции
calcium vapor laser – лазер на парах кальция
calorimeter of laser radiation – калориметр лазерного излучения
$Ca(NbO_3)_2$ laser – лазер на ниобате кальция
capillary discharge – капиллярный разряд
capillary eight times ionized Ar^{+8} laser – капиллярный лазер на ионе восьмикратно-ионизированного
    аргона Ar^{+8}
capillary plasma-discharge medium – капиллярная среда на плазменном разряде

carbon dioxide continuous laser – непрерывный лазер на двуокиси углерода

carbon dioxide continuous laser with diffusion cooling – непрерывный лазер на двуокиси углерода с диффузионным охлаждением

carbon dioxide continuous laser with longitudinal flow – непрерывный лазер на двуокиси углерода с продольной прокачкой

carbon dioxide continuous laser with transverse flow – непрерывный лазер на двуокиси углерода с поперечной прокачкой

carbon dioxide laser with diffusion cooling – лазер на двуокиси углерода с диффузионным охлаждением

carbon dioxide laser with longitudinal flow – лазер на двуокиси углерода с продольной прокачкой

carbon dioxide laser with transverse flow – лазер на двуокиси углерода с поперечной прокачкой

carbon dioxide dynamic laser – (*газо*)динамический лазер на *двуокиси углерода* [углекислом газе]

carbon dioxide laser – лазер на *двуокиси* [диоксиде] углерода, лазер на углекислом газе [CO_2 лазер], углекислотный лазер

carbon dioxide laser with non-independent discharge – лазер на двуокиси углерода с несамостоятельным разрядом

carbon dioxide laser without water-cooling jacket – лазер на двуокиси углерода без рубашки с водяным охлаждением

carbon dioxide slab laser – плиточный лазер на двуокиси углерода

carbon dioxide waveguide laser – волноводный лазер на двуокиси углерода

carbon monoxide continuous laser – непрерывный лазер на моноокиси углерода

carbon monoxide dynamic laser – (*газо*)динамический лазер на моноокиси углерода

carbon monoxide laser – лазер на *моноокиси* [монооксиде] углерода [лазер на угарном газе [CO лазер]]

carbon monoxide molecular laser – молекулярный лазер на моноокиси углерода

carbon steel laser hardening – лазерная закалка углеродистых сталей

carbon steel laser quenching – лазерная закалка углеродистых сталей

carbon vapor laser – лазер на парах углерода

carbonization depth under laser treatment – глубина цементации при лазерной обработке

carbonization under laser treatment – карбонизация [науглероживание, цементация] при лазерной обработке

carbopyronine laser – лазер на карбопиронине

cascade generation of combinational frequencies – генерация каскада комбинационных частот

cascade laser – каскадный лазер

cascade laser action – каскадное лазерное действие [возбуждение, генерация]

cascade laser schemes – каскадные лазерные схемы

cascade laser transitions – каскадные лазерные переходы

cascade lasing – каскадная лазерная генерация

cascaded laser – многокаскадный лазер

cascaded Raman fiber laser – многокаскадный оптоволоконный *рамановский* [комбинационный] лазер

catalac – линейный ускоритель

catalac free electron laser – лазер на свободных электронах линейного ускорителя

cataphoresis laser – катафорезный лазер

cataphoresis pumping laser – лазер с катафорезной накачкой

catastrophic optical damage – катастрофическое оптическое повреждение

cathode-ray excitation – возбуждение *катодным* [электронным] пучком

cavity adjustment – юстировка резонатора

cavity axis – ось резонатора

cavity bandwidth – ширина полосы (*частот*) резонатора

cavity based coherence – резонаторная когерентность

cavity configuration – конфигурация резонатора
cavity coupling – ввод-вывод резонатора
cavity detuning – разъюстировка [расстройка] резонатора
cavity dimensions – размеры резонатора
cavity dumped laser – лазер с модулированной добротностью (*связанных резонаторов*)
cavity dumped mode locked laser – лазер с модулированной добротностью (*связанных резонаторов*) и синхронизированными модами
cavity dumped operation – работа (*лазера*) с модулированной добротностью (*связанных резонаторов*)
cavity dumper – модулятор добротности (*связанных резонаторов*)
cavity dumping – модуляция добротности (*связанных резонаторов*)
cavity dumping dye laser – лазер на красителе с модуляцией добротности (*связанных резонаторов*)
cavity eigenmodes – собственные моды резонатора
cavity laser – резонаторный лазер
cavity length – длина резонатора
cavity lifetime – время жизни резонатора
cavity maser – резонаторный мазер
cavity mirror – зеркало резонатора
cavity mirrors design – дизайн зеркал резонатора
cavity modes – моды резонатора
cavity photon lifetime – время жизни фотона в резонаторе
cavity quantum electrodynamics – квантовая электродинамика резонатора
cavity quantum electrodynamics effects – эффекты квантовой электродинамики резонатора
cavity radiation – излучение резонатора
cavity reflector – резонаторный отражатель
cavity resonance – резонанс *полости* [резонатора]
cavity resonator – объёмный резонатор
cavity wall – стенка резонатора
$CaWO_4$ laser – лазер на вольфрамате кальция [$CaWO_4$ лазер]
Cd laser – Cd [кадмиевый] лазер
Cd^+ laser – Cd^+ лазер [лазер на ионах кадмия]
CdS laser – CdS лазер [лазер на сульфиде кадмия]
$CdSe$ laser – $CdSe$ лазер [лазер на селениде кадмия]
Ce laser – цериевый Ce [Ce] лазер; лазер на церии
cementation depth under laser treatment – глубина цементации при лазерной обработке
centijoule laser – сантиджоулевый лазер
centimeter laser – сантиметровый лазер [лазер сантиметрового излучения]
centimeter wave laser – лазер (*с излучением*) сантиметрового излучения
centiwatt argon-ion laser – сантиваттный аргоново-ионный лазер
centiwatt laser – сантиваттный лазер
ceramic gain medium – керамическая усиливающая среда
ceramic laser – керамический лазер [лазер на керамике]
cerium laser – цериевый [Ce] лазер; лазер на церии
certified pump laser – лазер с гарантированной накачкой
cesium laser – цезиевый [Cs] лазер; лазер на цезии
cesium vapor laser – лазер на парах цезия
chain reaction chemical laser – химический лазер на цепной реакции [химический лазер, возбуждаемый цепной реакцией]

chain reaction laser

chain reaction laser – лазер на цепной реакции [лазер, возбуждаемый цепной реакцией]
channel guide laser – лазер с канальным световодом
characteristics of laser radiation – характеристики лазерного излучения
charge exchange in laser field – перезарядка в лазерном поле
chelate laser – лазер на хелатах
chemical laser – химический лазер [хемолазер]
chemical laser based on a chain reaction – химический лазер, основанный на цепной реакции
chemical laser nozzle – сопло химического лазера
chemical laser pumping – накачка химического лазера
chemical oxygen iodine laser – химический лазер на смеси йода с кислородом
chemical reactions in laser surface heating – химические реакции при лазерном нагреве поверхности
chemical transfer laser – химический лазер с передачей возбуждения
chemically etched groove coupled laser – лазер с *(оптической)* связью через химически вытравленную канавку
chemically excited laser – лазер с химическим возбуждением
chemically pumped laser – лазер с химической накачкой
chemolaser – хемолазер [химический лазер]
Cherenkov laser – черенковский лазер
Cherenkov maser – черенковский мазер
chirp – импульс с линейной частотной модуляцией
chirp generator – генератор импульсов с линейной частотной модуляцией
chirped laser – лазер с линейной частотной модуляцией
chirped mirror – зеркало с линейной частотной модуляцией
chirped pulse – импульс с *линейной частотной модуляцией* [плавно изменяющейся частотой], чирпированный импульс
chirped pulse amplification – усиление *чирпированных импульсов* [импульсов при *линейной модуляции частоты* [плавно изменяющейся частоте]]
chirped pulse amplification laser – лазер с усилением импульсов при *линейной модуляции частоты* [плавно изменяющейся частоте]
chirped pulse amplifier – усилитель с линейной частотной модуляцией
chlorine laser – лазер на хлоре [хлорный [*Cl*] лазер]
chopped beam – прерывистый пучок
chopped laser – лазер с прерываемым пучком
chromatic coherence – хроматическая [спектральная] когерентность
chromatic dispersion – хроматическая дисперсия
chromatic dispersion of laser radiation – хроматическая дисперсия лазерного излучения
chromium and neodimium doped gadolinium-scandium-gallium garnet laser – лазер на гадолиний-скандий-галлиевом гранате, легированном хромом и неодимом
chromium doped alexandrite laser – лазер на александрите, легированном хромом
chromium doped forsterite femtosecond laser – фемтосекундный лазер на форстерите, легированном хромом
chromium doped forsterite laser – лазер на форстерите, легированном хромом
chromium doped ruby laser – лазер на рубине, легированном хромом
chrysoberyl laser – лазер на хризоберилле
circular laser diode – кольцевой лазерный диод [лазерный диод с кольцевым резонатором]
circular ring laser – лазер на кольцевой схеме [кольцевой лазер]
circulated liquid laser – жидкостный лазер с циркуляцией *(активной смеси)*
circumstellar laser – (около, при)звёздный лазер
circumstellar maser – (около, при)звёздный мазер

32

Cl laser – лазер на хлоре [хлорный [*Cl*] лазер]

classification of carbon dioxide lasers – классификация лазеров на двуокиси углерода

classification of medical lasers – классификация медицинских лазеров

classification of high power carbon dioxide laser – классификация мощных лазеров на двуокиси углерода

cleaved coupled cavity laser – лазер со сколотыми связанными резонаторами

cleaved coupled cavity semiconductor laser – полупроводниковый лазер со сколотыми связанными резонаторами

cleaved laser – лазер со сколотыми гранями

cleaved mirrors laser – лазер с зеркалами, образованными сколотыми гранями

close confinement laser – лазер на *гетеропереходе* [гетероструктуре], гетероструктурный лазер, гетеролазер

closed cycle laser – лазер с замкнутым циклом

closed cycle transverse discharge laser – лазер с поперечным разрядом в закрытом цикле

closed laser installation – закрытая лазерная установка

cloud top lidar sensor – лидарный датчик для определения верхней границы облачности

CO laser – лазер на *моноокиси* [монооксиде] углерода, лазер на угарном газе [*CO* лазер]

CO_2 laser – лазер на *двуокиси* [диоксиде] углерода, лазер на углекислом газе [CO_2 лазер]

$CO_2 + N_2 + He$ laser – лазер на смеси газов CO_2, N_2 и He

CO_2 slab laser – плиточный лазер на двуокиси углерода [CO_2 плиточный лазер]

$Co^{+2}:MgF_2$ laser – лазер на фториде магния, легированном двукратно ионизированным кобальтом

coarse wavelength division multiplexing – уплотнение грубо разделённых по длинам волн лучей

coatings for laser processing – покрытия для лазерной обработки (*материалов*)

coaxial flow laser – коаксиальный лазер с прокачкой

coaxial gas – коаксиальный газ

coaxial gas under laser cutting – коаксиальный газ при лазерной резке

coaxial gas under laser drilling – коаксиальный газ при лазерном сверлении

coaxial gas under laser welding – коаксиальный газ при лазерной сварке

coaxial laser – коаксиальный лазер

coaxially pumped laser – лазер с *коаксиальной накачкой* [продольной накачкой вдоль оси]

cobalt doped magnesium fluoride laser – лазер на фториде магния, легированном двукратно ионизированным кобальтом [$Co^{+2}:MgF_2$ лазер]

codoped lanthanum scandium borate crystal laser – лазер на кристалле бората, легированном лантаном и скандием

codoping – совместное легирование (*лазерных кристаллов*)

coefficient of amplification – коэффициент усиления

coherence – когерентность

coherence area – площадь когерентности

coherence decay – затухание когерентности

coherence length – длина когерентности

coherence of laser radiation – когерентность лазерного излучения

coherence ratio – степень когерентности

coherence time – время когерентности

coherence time of laser radiation – время когерентности лазерного излучения

coherent active laser spectroscopy – когерентная активная лазерная спектроскопия

coherent amplifier – когерентный [оптический] усилитель

coherent beam – когерентный пучок

coherent beam combining – когерентное пучковое объединение

coherent broadband light generation – когерентная широкополосная генерация света

coherent emission

coherent emission – когерентное *излучение* [эмиссия]
coherent feedback – когерентная обратная связь
coherent imaging – формирование изображения в когерентном излучении
coherent interaction – когерентное взаимодействие
coherent laser beam – когерентный лазерный пучок
coherent laser radiation – когерентное лазерное излучение
coherent length of laser radiation – длина когерентности лазерного излучения
coherent light generation – когерентная генерация света
coherent modulation – когерентная модуляция
coherent nonstationary processes – когерентные нестационарные процессы
coherent optical pumping – когерентная оптическая накачка
coherent optoelectronics – когерентная (*лазерная*) оптоэлектроника
coherent oscillations – когерентные колебания
coherent oscillator – когерентный *генератор* [осциллятор]
coherent perfect absorber – когерентный совершенный поглотитель
coherent phonon laser – когерентный фононный лазер
coherent phonon laser structures – структуры (*активные среды*) когерентного фононного лазера
coherent phonons – когерентные фононы
coherent radiation – когерентное излучение
coherent radiation generation – генерация когерентного излучения
coherent radiation power – мощность когерентного излучения
coherent radiation source – источник когерентного излучения
coherent random lasers – когерентные случайные лазеры
coherent surface plasmons – когерентные поверхностные плазмоны
coherently locked modes – когерентно синхронизованные моды
coho (*acronym for* **coh**erent **o**scillator) – когерентный *генератор* [осциллятор]
cold cathode fluorescent lamp – флюоресцентная лампа с холодным катодом
cold laser – холодный [негенерирующий] лазер
cold laser cutting – холодная лазерная резка
colliding mode-locking – синхронизация встречных мод
colliding mode-locking laser – лазер с синхронизацией встречных мод
colliding mode-locking dye laser – лазер на красителе с синхронизацией встречных мод
colliding pulse amplification – усиление соударяюшимися импульсами (*пучков*)
colliding pulse mode locking – синхронизация мод встречными пучками
collimated laser beam – коллимированный лазерный пучок
collimation – коллимированность [коллимация] (*пучка*)
collimation of laser radiation – коллимация лазерного излучения
collision excitation – возбуждение *соударением* [столкновением]
collision laser – лазер на столкновениях (*пучков излучений или частиц*)
collision multiphoton dissociation mode – столкновительный режим многофотонной диссоциации
collisional laser – лазер на столкновениях (*пучков излучений или частиц*)
color center laser – лазер на центрах окраски
color filter for laser radiation – цветной фильтр для лазерного излучения
color laser printer – цветной лазерный принтер
color lasers – цветные лазеры
combiner mirror – зеркало-объединитель*
combustion assisted laser cutting – лазерная резка с помощью горения

combustion heated gas dynamic laser – газодинамический лазер с накачкой горением
combustion heated laser – (*газодинамический*) лазер с накачкой горением
combustion laser – (*газодинамический*) лазер с камерой сгорания
combustion powered laser – (*газодинамический*) лазер с камерой сгорания
combustor driven laser – лазер, управляемый камерой сгорания
commercial lasers – коммерческие лазеры
commercial lasers for materials procesing – коммерческие лазеры для обработки материалов
commercially available lasers – коммерчески доступные лазеры
communication laser – лазер для связи [коммуникационный лазер, лазер-передатчик*]
compact fluorescent lamp – компактная флюоресцентная лампа
compact free electron laser – компактный лазер на свободных электронах
compact laser – компактный [малогабаритный] лазер
comparison of pulsed laser measurements with theoretical predictions – сравнение измерений импульсного
  лазера с теоретическими расчетами
compensated laser – компенсирующий лазер
compensated laser system – компенсированная лазерная система
complete air cooling – полное воздушное охлаждение (*лазера*)
complete cooling – полное охлаждение (*лазера*)
complex glass laser – лазер на сложном стекле
composite laser crystals – композитные лазерные кристаллы
composite resonator – составной резонатор
composite rod laser – лазер с составным стержнем
compression laser – лазер для сжатия
compressively strained semiconductor laser – полупроводниковый лазер на сжато-напряжённом (*материале*)
Compton free-electron laser – комптоновский лазер на свободных электронах
Compton laser – комптоновский лазер [лазер на комптоновском излучении]
computer controlled laser system – компьютерно-контролируемая лазерная система
computer controlled tunable laser system – компьютерная лазерная система настройки
concave-convex cavity – вогнуто-выпуклый резонатор
concave-convex laser cavity – вогнуто-выпуклый лазерный *резонатор* [полость]
concentrated energy flows – концентрированные потоки энергии
concentrated energy flows processing – обработка концентрированными потоками энергии
concentrated laser energy flows – концентрированные потоки лазерной энергии
concentrated laser energy flows processing – обработка концентрированными потоками лазерной энергии
concentrated neodymium phosphate glass laser – лазер на фосфатном стекле, легированном неодимом
concentration quenching – концентрационное *гашение* [тушение]
concentric cavity – концентрический *резонатор* [полость]
concentric laser cavity – концентрическая лазерная *полость* [резонатор]
concentric resonator – концентрический *резонатор* [полость]
condensed explosive laser – пиротехнический лазер [лазер на уплотнённом взрывчатом веществе]
condensed matter laser – лазер на конденсированной среде
condensed phase laser – лазер на конденсированной фазе (*материала*)
conduction mode laser welding – лазерная сварка в режиме проводимости
confined phase laser – лазер с ограниченной активной областью
confinement of resonant radiation – удержание резонансного излучения
confocal cavity – конфокальный *резонатор* [полость]
confocal laser – конфокальный лазер [лазер с конфокальными зеркалами]

confocal laser cavity – конфокальная лазерная полость
confocal laser resonator – конфокальный лазерный *резонатор* [полость]
confocal laser scanning microscopy – конфокальная лазерная сканирующая микроскопия
confocal resonator – конфокальный резонатор
conical emission – коническая эмиссия
continuous laser – непрерывный лазер [лазер, генерирующий в непрерывном режиме]
continuous laser action – лазерная генерация в непрерывном режиме
continuous laser cutting – лазерная резка непрерывным излучением
continuous laser drilling – лазерное сверление непрерывным излучением
continuous laser melting – лазерная плавка непрерывным излучением
continuous laser welding – лазерная сварка непрерывным излучением
continuous lasing – непрерывная лазерная генерация
continuous mode – непрерывная *(лазерная)* мода
continuous near-infrared-to-ultraviolet lasing – непрерывная лазерная генерация от ближнего инфракрасного до
    ультрафиолетового излучения
continuous pumped lasing – непрерывно накачиваемая *генерация лазерного* [лазерная генерация] излучения
continuous semiconductor laser – непрерывный полупроводниковый лазер
continuous tunable lasing – лазерная генерация с непрерывной перестройкой *(частоты)*
continuous wave – непрерывная волна
continuous wave argon laser – аргоновый лазер с непрерывным излучением
continuous wave carbon dioxide laser – непрерывный лазер на двуокиси углерода
continuous wave chemical laser – непрерывный химический лазер
continuous wave high frequency laser – непрерывный высокочастотный лазер
continuous wave laser – лазер с непрерывным излучением [непрерывный лазер, *CW* лазер]
continuous wave laser action – воздействие лазера с непрерывным излучением [воздействие *CW* лазера]
continuous wave laser beacon – лазерный маяк, работающий в непрерывном режиме
continuous wave laser cutting – лазерная резка в непрерывном режиме
continuous wave laser drilling – лазерное сверление в непрерывном режиме
continuous wave laser excitation – непрерывное лазерное возбуждение [[генерация лазерного излучения,
    лазерная генерация, возбуждение лазера] в непрерывном режиме], возбуждение лазера в
    непрерывном режиме; непрерывное лазерное возбуждение
continuous wave laser holography – лазерное голографирование с непрерывным излучением
continuous wave laser melting – лазерная плавка в непрерывном режиме
continuous wave laser rocket – лазерный ракетный двигатель непрерывного действия
continuous wave laser welding – лазерная сварка в непрерывном режиме
continuous wave lasing – непрерывная *генерация лазерного* [лазерная генерация] излучения
continuous wave mixing laser – непрерывный лазер на смесях *(газов)*
continuous wave output beam – непрерывный выходной пучок
continuous wave Raman laser – рамановский [комбинационный] лазер с непрерывным излучением
continuously excited laser – лазер с непрерывным возбуждением
continuously operated laser – лазер, работающий в непрерывном режиме
continuously operated maser – мазер непрерывного действия
continuously operated ruby laser – рубиновый лазер, работающий в непрерывном режиме
continuously operating laser – лазер, генерирующий в непрерывном режиме
continuously pumped laser – лазер с непрерывной накачкой
continuously pumped lasing – генерация лазерного [лазерная генерация] излучения при непрерывной накачке
continuously running laser – лазер, генерирующий в непрерывном режиме [непрерывный лазер]

continuously tunable laser – лазер с непрерывной перестройкой *(частоты)*

continuously tunable lasing – генерация лазерного [лазерная генерация] излучения с непрерывной перестройкой *(частоты)*

continuum upconversion laser – непрерывный лазер с повышением *(частоты)*

controllable cavity – регулируемый резонатор

controlled area – котролируемая область *(лазерного излучения)*

controlled frequency laser – лазер с регулируемой частотой

controlled laser damage – управляемое лазерное разрушение

controlled line width laser – лазер с регулируемой шириной линии

convective laser – конвекционный лазер

convectively cooled laser – лазер с конвективным охлаждением

conventional beam delivery – традиционная [обычная] доставка пучка

conventional laser – традиционный [обычный] лазер

conventional laser staged vehicle – традиционный летательный аппарат с лазерным двигателем

conversion efficiency of laser – эффективность преобразования *(частоты)* лазера

coolable slab laser – лазер на охлаждаемой пластине

cooled laser – охлаждаемый лазер [лазер с охлаждением]

cooperative lasing – совместная [кооперативная] лазерная генерация

cooperative upconversion – совместное [кооперативное] преобразование с повышением *(частоты)*

copper bromide laser – лазер на бромиде меди [*CuBr* лазер]

copper bromide vapor laser – лазер на парах бромида меди

copper halide lasers – лазеры на галогенидах меди

copper halide vapor lasers – лазеры на парах галогенидов меди

copper iodide laser – лазер на йодиде меди [*CuI* лазер]

copper laser – лазер на меди [медный [*Cu*] лазер]

copper vapor green laser – зеленый лазер на парах меди

copper vapor laser – лазер на парах меди

copper vapor laser system – лазерная система на парах меди

corner cube laser – лазер с уголковым отражателем

corpuscular theory of radiation – корпускулярная теория излучения

corrugated laser – гофрированный лазер

cosmetic laser treatments – косметические лазерные обработки

coumarin laser – лазер на кумарине

counter laser – противолазер* [контрлазер*, встречный лазер]

counter laser hardening – противолазерное упрочнение

coupled cavity – связанный резонатор

coupled cavity laser – лазер на связанном резонаторе

coupled cavity maser – мазер со связанными резонаторами

coupled cavity mode locking – синхронизация мод связанных резонаторов

coupled waveguide laser – лазер на связанных световодах

coupling modulated laser – соединительная муфта модулированного лазера

coupling of laser energy – соединение лазерной энергии

CPA [chirped pulse amplification] laser – лазер с усилением импульсов при линейной модуляции частоты

Cr:BeAl₂O₃ laser – лазер на александрите [александритовый лазер, $Cr:BeAl_2O_3$ лазер]

Cr:LiCaF laser – лазер на кристалле *Cr:LiCaF*

Cr:LiSAF laser – лазер на кристалле *Cr:LiSAF*

$Cr^{+4}:Mg_2SiO_4$ laser – лазер на форстерите, легированном хромом

creep after laser irradiation – ползучесть (*материала*) после лазерного облучения
crescent laser – лазер с серповидной (*активной*) областью
crescent shaped laser – лазер с серповидной (*активной*) областью
critical population inversion – критическая инверсия (на, за)селённости
critical power – критическая мощность
cross beam laser – лазер со скрещенными пучками
cross cascade laser – перекрёстно-каскадный лазер
cross discharge laser – лазер с поперечным возбуждением разряда
cross field laser – лазер со скрещенными полями (*накачки*)
cross phase modulation – модуляция с поперечными фазами [перекрёстная фазовая модуляция]
cross pumped laser – лазер с поперечной накачкой
cross relaxation crystalline laser – кристаллический лазер с перекрёстной релаксацией
cross relaxation laser – перекрёстно-релаксационный лазер
cryogenic laser – низкотемпературный [криогенный] лазер
crystal laser – кристаллический лазер [лазер на кристалле]
crystalline fiber laser – кристаллический оптоволоконный лазер
crystalline laser – кристаллический лазер [лазер на кристалле]
crystalline laser converter – кристаллический лазерный преобразователь
crystalline planar laser – плоско-кристаллический лазер [лазер на плоском кристалле]
crystalline ribbon laser – ленточно-кристаллический лазер [лазер на ленточном кристалле]
crystalline sheet laser – кристаллический листовой лазер [лазер на листовом кристалле]
crystallization under laser irradiation – кристаллизация при лазерном облучении
Cs laser – *Cs* [цезиевый] лазер
Cu laser – лазер на меди [медный [*Cu*] лазер]
CuBr laser – *CuBr* лазер [лазер на бромиде меди]
CuCl₂ laser – *CuCl₂* лазер [лазер на хлориде меди]
CuI laser – *CuI* лазер [лазер на йодиде меди]
current commercial lasers – современные коммерческие лазеры
current modulated laser – лазер с модуляцией током
current regulation of laser system – токовая регулировка лазерной системы
current saturation in lasing – насыщаемость по току при лазерной генерации
current tuned laser – лазер с токовой перестройкой (*частоты*) [лазер с частотой, перестраиваемой током]
current wave laser – лазер, генерирующий в непрерывном режиме
curved resonator – изогнутый *резонатор* [полость]
CW laser – лазер с непрерывным излучением
CW laser action – воздействие лазера с непрерывным излучением
CW laser beacon – лазерный маяк, работающий в непрерывном режиме
CW laser cutting – лазерная сварка в непрерывном режиме
CW laser drilling – лазерная сварка в непрерывном режиме
CW laser excitation – возбуждение лазера в непрерывном режиме
CW laser melting – лазерная сварка в непрерывном режиме
CW laser welding – лазерная сварка в непрерывном режиме
CW lasing – непрерывная *лазерная генерация* [генерация лазерного] излучения
cyclotron autoresonance laser – лазер на циклотронном авторезонансе
cyclotron laser – циклотронный лазер
cyclotron resonance laser – лазер на циклотронном резонансе
cyclotron resonance maser – мазер на циклотронном резонансе

cylindrical cavity – цилиндрическая *полость* [резонатор]

D

damage threshold – порог *повреждения* [разрушения]

damping of laser radiation – затухание лазерного излучения

dark hollow beam – тёмный полый пучок

decajoule laser – декаджоулевый лазер

decawatt laser – декаваттный лазер

decijoule laser – дециджоулевый лазер

decimeter laser – дециметровый лазер

decimeter maser – дециметровый мазер

deciwatt laser – дециваттный лазер

decreasing amplitude device – устройство уменьшения амплитуды (*сигнала*) [ослабитель, аттенюатор]

deep penetration laser welding – глубокопроникающая лазерная сварка

deexcitation – снятие возбуждения [дезактивациия]

deexcited atom – невозбуждённый атом

deexcited ion – невозбуждённый ион

deexcited molecule – невозбуждённая молекула

deexcited state – невозбуждённое состояние

deflection laser – лазер с отклоняемым резонатором

deformational mode – деформационная мода

degeneracy degree – степень вырождения

degeneracy factor – фактор вырождения

degeneracy index – фактор вырождения

degenerate cavity – резонатор с вырожденными модами

degenerate gas – вырожденный газ

degenerate laser – вырожденный лазер

degenerate state – вырожденное (*энергетическое*) состояние

degeneration multiplicity – кратность вырождения (*энергетического уровня*)

degraphitization under laser irradiation – деграфитизация при лазерном облучении

delayed fluorescence – запаздывающая флюоресценция

dense wave length division multiplexing – уплотнение разделённых по длинам волн лучей

density of energy – плотность энергии

density of energy states – плотность энергетических состояний

depleted level – опустошённый (*энергетический*) уровень

depletion – опустошение (*энергетического уровня*)

depopulation – опустошение [уменьшение населённости] (*энергетического уровня*)

depopulation mechanics – механизм депопуляции

depopulation rate – скорость *снижения (на, за)селённости* [депопуляции]

depth of focus – глубина фокуса

desorption in laser radiation field – десорбция в поле лазерного излучения

destructive interference – деструктивная интерференция

detonation gas dynamic laser – взрывной газодинамический лазер

39

detuning – разъюстировка [расстройка] (*лазера*)

deuterium fluoride laser – лазер на фториде дейтерия [*DF* лазер]

device for generation of coherent synchrotron radiation – устройство для генерации когерентного синхротронного излучения [ондулятор]

DF laser – лазер на фториде дейтерия [*DF* лазер]

DFB [distributed feedback] laser – лазер с распределенной обратной связью

diameter-divergence product – произведение диаметра и расходимости (*пучка*)

diaphragm – диафрагма [апертура, отверстие, растр]

dichroic laser filter – дихроичный лазерный фильтр

dichroic laser mirror – дихроичное лазерное зеркало

Dicke superradiance – сверхизлучение Дике

Dicke superradiance laser – лазер на сверхизлучении Дике

dielectric Cherenkov maser – черенковский мазер на диэлектрике

dielectric crystal laser – лазер на диэлектрическом кристалле

dielectric gas laser – газовый лазер на диэлектрике

dielectric laser materials – диэлектрические лазерные материалы

dielectric solid-state laser – твёрдотельный лазер на диэлектрике

difference frequency generation – генерация разностной частоты

differential absorption lidar – лидар дифференциального поглощения

differential mode delay – задержка [запаздывание, замедление] разностных мод

diffraction coupled laser – лазер с дифракционно-связанным выводом (*излучения*)

diffraction efficiency – дифракционная эффективность

diffraction limited beam – дифракционно-ограниченный пучок

diffraction limited beam quality – качество дифракционно-ограниченного пучка

diffraction limited divergence – дифракционно-ограниченная расходимость

diffraction limited laser – лазер с дифракционно-ограниченным пучком

diffraction limited laser beam – дифракционно-ограниченный лазерный пучок

diffraction of laser radiation – дифракция лазерного излучения

diffraction optical elements – дифракционные оптические элементы

diffraction stabilized laser – лазер, стабилизированный дифракционной обратной связью

diffused heterojunction laser – лазер на диффузном гетеропереходе

diffused homojunction laser – лазер на диффузном гомопереходе

diffusion cooled laser – диффузионно-охлаждаемый лазер [лазер с диффузионным охлаждением]

diffusion laser – диффузионный лазер

diffusion laser welding – диффузионная лазерная сварка

digitalized scan laser – лазер с *цифровым* [дискретным, прерывистым] сканированием луча

digitally modulated laser – лазер с *цифровой* [дискретной, прерывистой] модуляцией

dimensional characteristics of laser beam – размерные характеристики лазерного пучка

dimer laser – лазер на димерах

dimmer laser – лазер на регуляторе освещённости

diode assembly – диодная сборка

diode bar – линейка диодов

diode chip – диодный *чип* [кристалл]

diode energy levels – энергетические уровни диода

diode laser – диодный [полупроводниковый] лазер

diode laser amplifier – полупроводниковый лазерный усилитель

diode laser bar – линейка диодных лазеров

diode laser gain – усиление диодного лазера
diode laser pumping – накачка диодного лазера
diode laser sensors – датчики диодного лазера
diode laser spectroscopy – диодная лазерная спектроскопия
diode maser – диодный [полупроводниковый] мазер
diode pumped fiber laser – оптоволоконный лазер с диодной накачкой
diode pumped laser – лазер с *диодной накачкой* [накачкой светодиодами]
diode pumped regenerative amplifier – регенеративный усилитель с диодной накачкой
diode pumped solid state green laser – твёрдотельный зелёный лазер с диодной накачкой
diode pumped solid state laser – твёрдотельный лазер с диодной накачкой
diode pumped solid state ultraviolet laser – ультрафиолетовый твёрдотельный лазер с диодной накачкой
diode pumped thin disk laser – тонкодисковый лазер с диодной накачкой
diode pumped ultraviolet laser – ультрафиолетовый лазер с диодной накачкой
diode pumping – диодная накачка
diode stack – диодный магазин [магазин диодов]
direct current excited laser – лазер с возбуждением постоянным током
direct diode laser – прямой диодный лазер
direct gap injection laser – инжекционный лазер с прямыми переходами (*через запрещённую зону*)
direct in-band diode pumping – прямая накачка (*лазера*) из зонной полосы (*полупроводника*)
direct injection laser – инжекционный лазер с прямыми переходами
direct metal laser deposition – прямое лазерное осаждение металла
direct optical excitation laser – лазер с прямым оптическим возбуждением
direct writing laser technique – прямая записывающая лазерная техника
directed beam – направленный пучок
directional beam – направленный пучок
directionality of laser beam – направленность лазерного пучка
directive beam – направленный пучок
directly modulated laser – лазер с прямой модуляцией
disadvantages of laser processing – недостатки лазерного процесса (*обработки*)
discharge active medium – разрядная активная среда
discontinuously tuned laser – лазер с дискретной перестройкой (*частоты*)
discrete laser-induced spark – дискретная лазерная искра
disk laser – дисковый лазер (*на стекле*)
disk microresonator – дисковый микрорезонатор
dispersion compensating fiber – дисперсионно-компенсирующее оптоволокно
dispersion compensation module – дисперсионно-компенсирующий модуль
dispersion decreasing fiber – уменьшающее дисперсию оптоволокно
dispersion laser resonator – дисперсионный лазерный резонатор
dispersion of laser radiation – дисперсия лазерного излучения
dispersion properties of photonic crystals – дисперсионные свойства фотонных кристаллов
dissociation laser – диссоционный лазер
distance laser measurement – лазерное измерение расстояний
distributed Bragg reflector – распределённый брэгговский *отражатель* [рефлектор]
distributed Bragg reflector heterolaser – гетеролазер с распределённым брэгговским *отражателем*
      [рефлектором]
distributed Bragg reflector laser – лазер с распределённым брэгговским *отражателем* [рефлектором]

distributed Bragg reflector lasing

distributed Bragg reflector lasing – генерация лазерного [лазерная генерация] излучения с распределённным брэгговским *отражателем* [рефлектором]

distributed erbium-doped fiber amplifier – усилитель на оптоволокне с распределённым при легировании эрбием

distributed feedback heterolaser – гетеролазер с распределённой обратной связью

distributed feedback laser – лазер с распределённой обратной связью

distributed feedback laser array – матрица лазера с распределённой обратной связью

distributed feedback lasing – генерация лазерного [лазерная генерация] излучения с распределённой обратной связью

distributed feedback resonator – резонатор с распределённой обратной связью

distributed laser – лазер с распределёнными параметрами

distributed reflector laser – лазер с распределённым отражателем

dithered ring laser – кольцевой лазер с размытым пучком

divergence – расходимость [дивергенция] (*пучка*)

divergence of laser beam – расходимость [дивергенция] лазерного пучка

divided pulse amplification – усиление разделённых импульсов

doped insulator laser – лазер на легированном *изоляторе* [диэлектрике]

doped insulator saturable absorber – насыщаемый поглотитель из легированного *изолятора* [диэлектрика]

doped insulator solid state laser – твёрдотельный лазер на легированном диэлектрике

doped laser crystals – легированные лазерные кристаллы

doping level – уровень легирования

Doppler broadening free laser spectroscopy – лазерная спектроскопия, свободная от доплеровского уширения

Doppler broadening free laser two-photon spectroscopy – двухфотонная лазерная спектроскопия, свободная от доплеровского уширения

Doppler free laser spectroscopy – лазерная спектроскопия, свободная от доплеровского эффекта [бездоплеровская лазерная спектроскопия]

Doppler free spectroscopy of laser induced dichroism and birefringence – бездоплеровская спектроскопия индуцированного лазером дихроизма и двулучепреломления

Doppler laser – доплеровский лазер

Doppler laser cooling – доплеровское лазерное охлаждение

Doppler lidar – доплеровский лидар

Doppler limited laser spectroscopy – лазерная спектроскопия, ограниченная доплеровским эффектом

double beam laser – двухпучковый [двухлучевой] лазер

double beam laser cutting – двухлучевая лазерная резка

double beam laser welding – двухлучевая лазерная сварка

double carrier confined laser – лазер с двойным (*электронным и оптическим*) удержанием

double chirped mirror – зеркало со сдвоенной линейной частотной модуляцией

double clad fiber – оптоволокно с двойным плакированием

double discharge excitation – возбуждение с двойным разрядом

double discharge laser – лазер с двойным разрядом

double doped laser – лазер на материале, легированном двумя примесями [двухпримесный лазер]

double frequency laser – двухчастотный лазер

double heterojunction laser – лазер на двойном гетеропереходе

double heterostructure heterolaser – гетеролазер на двойной гетероструктуре

double heterostructure junction – двойной гетероструктурный переход

double heterostructure laser – лазер на двойной гетероструктуре

double injection laser – лазер (*полупроводниковый*) с двойной инжекцией double laser pulse – двойной лазерный импульс

double longitudinal mode lasing – генерация лазерного [лазерная генерация] излучения на двух продольных модах

double mirror laser – двухзеркальный лазер

double mode laser – двухмодовый лазер

double mode locked laser – двухмодовый синхронизированный лазер

double pulse laser – двухимпульсный лазер

double pulse ruby laser – рубиновый лазер с двойным импульсом [двухимпульсный рубиновый лазер]

double quantum laser – двухфотонный лазер

doubly resonant oscillator – двойной резонирующий осциллятор

driven laser – ведомый лазер

driver electronics – управляющая электроника

dry laser cleaning – сухая лазерная чистка

DSM [dynamic single mode] laser – динамический одномодовый лазер

dual beam laser – двухпучковый лазер

dual beam laser trap – двухлучевая лазерная ловушка

dual cavity laser – двухрезонаторный лазер

dual corpuscular-wave nature of *light* [radiation] – двойственная корпускулярно-волновая природа *света* [*излучения*]

dual corpuscular-wave nature of microparticles – двойственная корпускулярно-волновая природа микрочастиц

dual frequency Doppler lidar – двухчастотный доплеровский лидар

dual laser – двухчастотный лазер (*с выводом излучения каждой частоты через противоположные торцы резонатора*)

dual line laser – двухволновый лазер

dual mirror laser – двухзеркальный лазер

dual polarization laser – лазер с двойной поляризацией

ductility after laser irradiation – пластичность (*материала*) после лазерного облучения

ductility under laser bending – пластичность при лазерном изгибании

ductility under laser fracture – пластичность при лазерном разрушении

duty laser cycle – рабочий лазерный цикл

Dy:CaF$_2$ laser – лазер на фториде кальция, легированном диспрозием [*Dy:CaF$_2$* лазер]

dye cell – кювета с красителем (*для лазера*)

dye doped polymers as laser medium – легированные красителями полимеры как лазерные среды

dye doped polymethylmethacrylate laser – лазер на красителе, внедрённом в полиметилметакрилат

dye jet laser – реактивный лазер на красителе

dye laser – лазер на красителе

dye laser amplifier – лазерный усилитель на красителе

dye laser pump – накачка [генератор накачки] лазера на красителе

dye laser pumping – накачка [генератор накачки] лазера на красителе

dye laser Q-switch – переключение добротности лазера на красителе

dye solution laser – лазер на растворе красителя

dye vapour laser – лазер на парах красителя

dynamic instability of laser – динамическая неустойчивость лазера

dynamic single mode laser – динамический одномодовый лазер

dynamical chaos in lasers – динамический хаос в лазерах

dysprosium doped calcium fluoride laser – лазер на фториде кальция, легированном диспрозием

E

economical laser – экономичный лазер

edge emitting diode – диод с торцевым излучателем

edge emitting laser – лазер с торцевым излучением

edge emitting laser diode – лазерный диод с торцевым излучением

edge emitting semiconductor laser – полупроводниковый лазер с торцевым излучением

edge pumped laser – лазер с торцевой накачкой

edge pumped slab – пластина с торцевой накачкой

effective brightness of laser – эффективная яркость лазера

effective brightness temperature of laser – эффективная температура яркости лазера

effective gain cross section – эффективное для усиления поперечное сечение

effective laser medium – эффективная лазерная среда

efficiency factor – эффективность [коэффициент полезного действия]

eigenmodes – собственные моды (*резонатора*)

eight times ionized argon [Ar^{+8}] laser – лазер на ионах восьмикратно-ионизированного аргона Ar^{+8}

Einstein coefficients – коэффициенты Эйнштейна

Einstein coefficients relation – отношение коэффициентов Эйнштейна

electric discharge initiated chemical laser – химический лазер, инициируемый электрическим разрядом

electric discharge initiated laser – лазер, инициируемый электрическим разрядом

electric discharge laser – электроразрядный лазер

electric discharge laser with ultraviolet preionization – электроразрядный лазер с ультрафиолетовой предионизацией

electric discharge pumped laser – лазер с накачкой электрическим разрядом

electrical absorption modulator – модулятор с электрическим *поглощением* [абсорбцией]

electrical dye laser – электрический лазер на красителе

electrical laser pumping – электрическая накачка лазера

electrical oxygen iodine laser – электрический лазер на смеси йода с кислородом

electrically excited laser – лазер с электрическим возбуждением

electrically powered laser – электрически управляемый лазер

electro-generated chemical luminescence dye laser – лазер на красителе с (*накачкой*) электрохимической люминесценцией

electro-generated chemical luminescence laser – лазер с (*накачкой*) электрохимической люминесценцией

electro-ionization laser – электроионизационный лазер

electromagnetic laser radiation – электромагнитное лазерное излучение

electromagnetic periodic field shaper – формирователь периодического электромагнитного поля [электромагнитный *виглер*] (*в лазерах на свободных электронах*)

electromagnetic radiation – электромагнитное излучение

electromagnetic wave – электромагнитная волна

electromagnetic wiggler – электромагнитный виглер [формирователь периодического электромагнитного поля] (*в лазерах на свободных электронах*)

electron beam controlled discharge laser – лазер с разрядом, управляемым электронным пучком

electron beam controlled laser – лазер, контролируемый электронным пучком

electron beam driven laser – лазер, управляемый электронным пучком

electron beam excited laser – лазер с электронным возбуждением

electron beam initiated chemical laser – химический лазер, инициируемый электронным пучком

electron beam initiated laser – лазер, инициируемый электронным пучком

electron beam laser – лазер с (*возбуждением*) электронным пучком electron beam plasma laser – плазменный лазер с электронным пучком

electron beam pumped laser – лазер с *накачкой* [возбуждением] электронным пучком

electron beam pumping – накачка электронным пучком

electron beam stabilized laser – лазер с электронной стабилизацией

electron beam triggering laser – лазер с электронным инициированием

electron collision excited ionic laser – ионный лазер, возбуждаемый электронным столкновением

electron collisional resettlement (*for energy level*) – электронно-столкновительное расселение (*энергетического уровня*)

electron conduction – электронная проводимость

electron deexcitation (*for plasma*) – электронное девозбуждение (*плазмы*)

electron energy levels – энергетические уровни электрона

electron energy spectrum – энергетические спектры электронов

electron energy spectrum of laser plasma – энергетические спектры электронов лазерной плазмы

electron hole transition – электронно-дырочный переход

electron hole transition laser – лазер на электронно-дырочном переходе

electron injection laser – лазер с инжекцией электронов

electron optically modulated laser – лазер с электронно-оптическим модулятором

electron optically tuned laser – лазер с электронно-оптической перестройкой (*частоты*)

electron population – электронная (на, за)селённость (*энергетических уровней*)

electron population inversion – инверсия электронных (на, за)селённостей

electron pumped laser – лазер с электронной накачкой

electron ray excitation – возбуждение электронным пучком

electron transition – электронный переход

electron transition laser – лазер на электронных переходах

electron vibrational transition – электронно-колебательный переход

electron vibrational transition laser – лазер на электронно-колебательном переходе

electron-electron relaxation – электрон-электронная релаксация

electronic cascades laser – лазер на электронных каскадах

electronic cascades phonon laser – фононный лазер на электронных каскадах

electronic dispersion compensation – электронно-дисперсная компенсация

electronic laser – лазер на электронных переходах

electronic transition – электронный переход

electronic transition laser – лазер на электронных переходах

electronic vibrational transition laser – лазер на электронно-колебательных переходах

electron-phonon relaxation – электрон-фононная релаксация

electro-optic modulator – электрооптический модулятор

electro-optic *Q* switching – электрооптическое переключение добротности

electro-optical Q-switching – электрооптическое переключение добротности

electro-optically modulated laser – лазер с электрооптическим модулированием

electro-optically tuned laser – лазер с электрооптической перестройкой *(частоты)*

elliptical cavity – эллиптическая *полость* [резонатор]

embedded heterostructure laser – лазер на встроенной гетероструктуре

embedded laser – встроенный лазер

embrittlement under laser irradiation – охрупчивание (*сталей*) при лазерном облучении

emergency stop of laser – аварийная [экстренная] остановка лазера

emergent beam diameter – оценочный диаметр пучка

emission ability – излучательная способность

emission bandwidth – ширина полосы *излучения* [эмиссии]
emission cross section – поперечное сечение эмиссии
emission energy – энергия излучения
emission event – акт испускания
emission intensity – интенсивность излучения
emission line – (*спектральная*) линия испускания
emission of laser radiation – эмиссия лазерного излучения
emission processes in laser heating – эмиссионные процессы при лазерном нагреве
emission rate – интенсивность излучения
emitted flux – излучаемый поток
emitting radiation – испускаемое излучение
emitting substance – эмитирующее [излучающее] вещество
emitting transition – излучательный переход
empty band – свободная (*энергетическая*) зона
emptying – опустошение (*энергетических уровней*)
enclosed laser – ограждённый лазер
enclosed laser device – ограждённое лазерное устройство
end laser pumping – накачка лазера с торца [торцевая накачка лазера]
end pumped laser – лазер с торцевой накачкой
end pumping – накачка (*лазера*) с торца
energy band – энергетическая зона
energy band diagram – диаграмма энергетических зон [зонная диаграмма]
energy band gap – энергетическая запрещённая зона
energy characteristics of laser radiation – энергетические характеристики лазерного излучения
energy characteristics of lasers – энергетические характеристики лазеров
energy density of laser radiation – энергетическая плотность лазерного излучения
energy flow – поток энергии
energy flux – поток энергии
energy gap – энергетическая щель [запрещённая (*энергетическая*) зона]
energy ladder based laser – лазер, основанный на энергетической лестнице
energy ladder system – система энергетической лестницы
energy level – энергетический уровень
energy level depopulation – *уменьшение (на, за)селённости* [депопуляция] энергетического уровня
energy level diagram – диаграмма энергетических уровней
energy level diagram for laser – диаграмма энергетических уровней для лазера
energy level distribution – распределение энергетических уровней
energy level population – (на, за)селённость энергетического уровня
energy measurements of lasers – энергетические измерения лазеров
energy optical laser systems – энергетические оптические лазерные системы
energy optical systems for laser technological setups – энергетические оптические системы лазерных
    технологических установок
energy quantum – квант энергии
energy sharing – распределение энергии
energy states – энергетические состояния
energy storage laser – лазер с накоплением энергии
energy transfer – перенос энергии
energy zones – энергетические зоны

enhanced laser electrolysis deposition – электролизное осаждение, усиленное лазерным излучением

enhanced laser pulsing – усиленное лазерное пульсирование

enhanced spontaneous radiation – усиленное спонтанное излучение

enhancement cavity – усиливающая полость

enhancement resonator – усиливающий резонатор

epitaxial grown laser – эпитаксиальный (*полупроводниковый*) лазер

epitaxial laser – эпитаксиальный (*полупроводниковый*) лазер

equilateral triangular laser – лазер (*с резонатором*) в виде равностороннего треугольника

Er laser – эрбиевый [*Er*] лазер

erasing laser – стирающий лазер

erbium doped fiber amplifier – усилитель на оптоволокне, легированном эрбием

erbium doped fiber laser – лазер на оптоволокне, легированном эрбием

erbium doped gadolinium vanadate laser – лазер на гадолиниевом ванадате, легированном эрбием [*Er:GdVO₄* лазер]

erbium doped gadolinium vanadate solid-state laser – твёрдотельный лазер на гадолиниевом ванадате, легированном эрбием [*Er:GdVO₄* лазер]

erbium doped lutetium vanadate laser – лазер на лютециевом ванадате, легированном эрбием [*Er:LuVO₄* лазер]

erbium doped lutetium vanadate solid-state laser – твёрдотельный лазер на лютециевом ванадате, легированном эрбием [*Er:LuVO₄* лазер]

erbium doped yttrium aluminum garnet laser – лазер на иттрий-алюминиевом гранате, легированном эрбием; [[*Er:YAG, Er³⁺:YAG*] лазер]

erbium doped yttrium aluminum garnet solid-state laser – твёрдотельный лазер на иттрий-алюминиевом гранате, легированном эрбием; [[*Er:YAG, Er³⁺:YAG*] лазер]

erbium doped yttrium vanadate laser – лазер на иттриевом ванадате, легированном эрбием [*Er:YVO₄* лазер]

erbium doped yttrium vanadate solid-state laser – твёрдотельный лазер на иттриевом ванадате, легированном эрбием [*Er:YVO₄* лазер]

erbium glass laser – лазер на эрбиевом стекле

erbium laser – эрбиевый [*Er*] лазер

Er:GdVO₄ laser – (*твёрдотельный*) лазер на гадолиниевом ванадате, легированном эрбием [*Er:GdVO₄* лазер]

Er:LuVO₄ laser – (*твёрдотельный*) лазер на лютециевом ванадате, легированном эрбием [*Er:LuVO₄* лазер]

erosion laser plasma – эрозионная лазерная плазма

erosion under laser irradiation – эрозия при лазерном облучении

Er:YAG laser – *Er:YAG* лазер [лазер на иттрий-алюминиевом гранате, легированном эрбием]

Er³⁺:YAG laser – *Er³⁺:YAG* [лазер на иттрий-алюминиевом гранате, легированном эрбием]

Er:YVO₄ laser – (*твёрдотельный*) лазер на иттриевом ванадате, легированном эрбием [*Er:YVO₄* лазер]

etalon controlled laser – лазер, контролируемый эталоном

etalon laser – эталонный [стандартный] лазер

etalon of laser cavity – эталон лазерной полости

etalon of laser resonator – эталон лазерного резонатора

europium chelate laser – лазер на хелате европия

eutectic change under laser irradiation – изменение эвтектики (*стали*) при лазерном облучении

evanescent field pumped laser – лазер с накачкой быстро исчезающим полем

evanescent wave pumped laser – лазер с накачкой быстро исчезающей волной

evaporation in laser heating – испарение при лазерном нагреве

evaporative laser cutting – лазерная резка с испарением

exahertz laser – эксагерцевый лазер

exajoule laser – эксаджоулевый лазер

exawatt laser – эксаваттный лазер

exceess population – избыточная (на, за)селённость

excimer – эксимер [возбуждённый димер, двухатомная молекула с одним возбуждённым атомом]

excimer energy levels – эксимерные энергетические уровни

excimer F_2 laser – эксимерный F_2 лазер [фторный эксимерный лазер, эксимерный лазер на фторе]

excimer laser – эксимерный лазер

excimer laser ablation – абляция с помощью эксимерного лазера

excimer laser gas alloying – газовое сплавление с помощью эксимерного лазера

excimer laser lithography – литография с помощью эксимерного лазера

excimer laser machining – обработка эксимерным лазерным излучением

excimer laser micromachining – обработка микроизделий эксимерным лазерным излучением

excimer laser processing – эксимерная лазерная обработка

excimer laser reactive sputtering – реактивное распыление эксимерным лазерным излучением

excimer laser sputtering – распыление эксимерным лазерным излучением

excimer laser technology – эксимерная лазерная технология

excimer laser treatment – эксимерная лазерная обработка

excimer molecular fluorine laser – эксимерный лазер на молекулярном фторе

exciplex – эксиплекс [возбуждённый комплекс, возбуждённое электронное состояние молекулярного
     комплекса]

exciplex laser – эксиплексный лазер

excitation – возбуждение

excitation degree – степень возбуждения

excitation energy – энергия возбуждения

excitation event – акт возбуждения

excitation frequency – частота возбуждения

excitation laser – возбуждающий лазер

excitation laser spectroscopy – лазерная спектроскопия возбуждения

excitation level – уровень возбуждения

excitation of laser medium – возбуждение лазерной среды

excitation of laser pieces – возбуждение лазерных частиц

excitation probability – вероятность возбуждения

excitation quantum – квант возбуждения

excitation rate – вероятность [коэффициент] возбуждения

excitation source – источник возбуждения

excitation technique – метод *возбуждения* [накачки]

(*to*) excite – возбуждать

(*to*) excite a laser – возбуждать лазер

excited atom – возбуждённый атом

excited complex – возбуждённый комплекс [эксиплекс, возбуждённое электронное состояние молекулярного
     комплекса]

excited complex laser – эксиплексный лазер [лазер на возбуждённом (*молекулярном*) комплексе]

excited dimer – возбуждённый димер [эксимер, двухатомная молекула с одним возбуждённым атомом]

excited electron – возбуждённый электрон

excited electronic state – возбуждённое электронное состояние

excited energy level – возбуждённый энергетический уровень

excited energy state – возбуждённое энергетическое состояние

excited ion – возбуждённый ион

excited level – возбуждённый уровень
excited mode – возбуждённая *мода* [вид колебаний]
excited molecule – возбуждённая молекула
excited particle state – возбуждённое состояние частицы
excited quantum state – возбуждённое квантовое состояние
excited state – возбуждённое состояние
excited state absorption – поглощение [абсорбция] в возбуждённом состоянии
excited state decay – затухание возбуждённого состояния
excited state depletion – опустошение возбуждённого состояния
excited state dimer – димер в возбуждённом состоянии
excited state dimer laser – лазер на димерах в возбуждённом состоянии [эксимерный лазер на димерах]
excited state energy – энергия возбуждённого состояния
excited state lifetime – время жизни возбуждённого состояния
excited state population – (на, за)селённость возбуждённого состояния
excited state population grating – сетка (на, за)селённости возбуждённого состояния
exciting laser – лазер накачки [возбуждающий [накачивающий] лазер]
exciton – экситон [связанное состояние электрона и электронной дырки]
exciton laser – экситонный лазер [лазер на связанной электронно-дырочной паре]
exciton lasing – генерация лазерного [лазерная генерация] излучения на экситонах
exergy – эксергия [энергия термодинамического процесса]
exothermic heat – экзотермическое тепло
exotic gain medium – экзотическая усиливающая (*лазерная*) среда
expander – расширитель (*пучка*)
experimental laser technological workstation – экспериментальная лазерная технологическая установка
exploding metal wire pumped laser – лазер с накачкой взрывающимися металлическими проволочками
explosion heated gas dynamic laser – газодинамический лазер с взрывной накачкой
explosion laser – лазер с взрывной накачкой
explosively driven laser – лазер с взрывной накачкой
explosively pumped laser – лазер с взрывной накачкой
extended coherence – повышенная когерентность
external cavity – внешний резонатор
external cavity controlled laser – лазер, контролируемый внешним резонатором
external cavity diode laser – диодный лазер с внешним резонатором
external cavity laser – лазер с внешним резонатором
external cavity semiconductor laser – полупроводниковый лазер с внешним резонатором
external excitation – внешнее возбуждение
external frequency reference – опора внешней частоты
external mirrors laser – лазер с внешними зеркалами
external modulation – внешняя модуляция
externally excited laser – лазер с внешним возбуждением
externally modulated laser – лазер с внешней модуляцией
extinguish lasing – лазерная генерация с *гашением* [тушением]
extra cavity frequency doubling – удвоение частоты вне резонатора
extra transition state – дополнительное для (*лазерного*) перехода состояние
extreme coherence – чрезвычайно высокая когерентность
extreme ultraviolet – экстремально ультрафиолетовый (*луч, длина волны*)
extremely short pulses laser – лазер предельно коротких импульсов

extrinsically tuned laser

extrinsically tuned laser – лазер с внешней настройкой (*частоты*)
eyesave lasers – безопасные для глаз лазеры

F

f-center laser – лазер на центрах окраски
f-center maser – мазер на центрах окраски
F-number – *F*-число [величина, обратная относительному отверстию (*пучка*)]
F-theta lens – *F*-тэта линза
F_2 excimer laser – F_2 эксимерный лазер [эксимерный фторный лазер, эксимерный лазер на молекулярном
    фторе]
F_2 laser – F_2 лазер [лазер на молекулярном фторе, фторный лазер]
Fabry-Perot heterolaser – гетеролазер с резонатором Фабри-Перо
Fabri-Perot laser – лазер с резонатором Фабри-Перо
Fabri-Perot resonant chamber – объёмный резонатор Фабри-Перо
Fabri-Perot resonator – резонатор Фабри-Перо
Fabry-Perot resonator laser – лазер с резонатором Фабри-Перо
face pumped laser – лазер с лицевой накачкой (*среды*)
face pumped slab – лицевая накачка пластины
face pumping – лицевая накачка (*лазера*)
FAF [fast axial flow] laser – лазер с быстрой продольной прокачкой
fagot laser – лазер на решётке с некогерентным сложением
far field laser imaging – дальнодействующее формирование лазерного изображения
far field of laser – дальнее [дальнодействующее] поле лазера
far infrared – дальнее [коротковолновое] инфракрасное (*излучение*)
far infrared free electron laser – лазер на свободных электронах с дальним инфракрасным излучением
far infrared gas laser – газовый лазер дальнего инфракрасного *излучения*
far infrared laser – лазер дальнего инфракрасного излучения
far infrared quantum cascaded laser – квантово-каскадный лазер дальнего инфракрасного излучения
far infrared radiation – дальнее инфракрасное излучение
far off resonance optical trap – удалённая резонансная оптическая ловушка
far ultraviolet laser – лазер дальнего ультрафиолетового излучения
fast absorber – быстрый поглотитель (*лазерного излучения*)
fast axial flow laser – лазер с быстрой продольной прокачкой (*активной среды*)
fast flow laser – быстропроточный лазер
fast flowing laser – лазер с быстрой прокачкой (*активной среды*)
fast ignition laser experiments – быстровоспламенямые лазерные эксперименты
fast pulse suppression – подавление быстрого импульса
fast *Q*-switched laser – лазер с быстрой переключаемой добротностью
fast transverse flow laser – лазер с быстрой поперечной прокачкой (*активной среды*)
fatigue after laser irradiation – усталость (*материала*) после лазерного облучения
feedback laser – лазер с обратной связью
femtometer laser – фемтометровый лазер
femtometer wave laser – лазер фемтометрового излучения

femtosecond fiber laser – фемтосекундный оптоволоконный лазер

femtosecond laser – фемтосекундный лазер

femtosecond laser ablation – фемтосекундная лазерная абляция

femtosecond laser annealing – фемтосекундный лазерный отжиг

femtosecond laser heating – фемтосекундный лазерный нагрев

femtosecond laser irradiation – фемтосекундное лазерное облучение

femtosecond optoelectronics – фемтосекундная оптоэлектроника

femtosecond petawatt laser – фемтосекундный петаваттный лазер

femtosecond phenomena – фемтосекундные явления

femtosecond physics – физика фемтосекундных явлений

femtosecond pulse – фемтосекундный импульс

femtosecond pulse amplifier – усилитель фемтосекундных импульсов

femtosecond pulse generator – генератор фемтосекундных импульсов

femtosecond pulse lasing – лазерная генерация фемтосекундных импульсов

femtosecond pulse technique – техника фемтосекундных импульсов

fiber amplifier – оптоволоконный усилитель

fiber based amplification – оптоволоконное усиление

fiber based chirped pulse amplification – оптоволоконное усиление при линейной модуляции частоты

fiber Bragg grating – оптоволоконная брэгговская дифракционная решётка

fiber bundle – оптоволоконный кабель

fiber cable – оптоволоконный кабель

fiber cavity laser – лазер с оптоволоконным резонатором

fiber coupled diode laser – волоконно-связанный диодный лазер

fiber coupled laser – волоконно-связанный лазер

fiber coupled pump diode – диод с накачкой через оптоволокно

fiber coupled semiconductor laser – волоконно-связанный полупроводниковый лазер

fiber disk laser – оптоволоконный дисковый лазер

fiber laser – оптоволоконный лазер

fiber laser amplifier – оптоволоконный лазерный усилитель

fiber laser cutting – резка с помощью оптоволоконного лазера

fiber laser drillng – сверление с помощью оптоволоконного лазера

fiber laser melting – плавка с помощью оптоволоконного лазера

fiber laser operation – режим работы оптоволоконного лазера

fiber laser welding – сварка с помощью оптоволоконного лазера

fiber lasers versus bulk lasers – оптоволоконные лазеры против объёмных лазеров

fiber optic beam delivery – оптоволоконная доставка пучка

fiber optic sensor – оптоволоконный датчик

fiber optic waveguide – оптоволоконный световод

fiber optical cable – оптоволоконный кабель

fiber optics – волоконная оптика

fiber Raman laser – оптоволоконный *рамановский* [комбинационный] лазер

fiber sensor – оптоволоконный датчик

fiber tailed laser – лазер с оптоволоконным выводом

fiberscope – оптоволоконный эндоскоп

fiberscope laser – оптоволоконный лазер-эндоскоп*

fiberscope laser operation – режим работы оптоволоконного лазера-эндоскопа*

fictional laser predictions – фантастические предсказания лазеров

field sweep maser – мазер с полем развёртки
figure-of-eight laser – лазер в виде восьмёрки
filamentary lasing – нитевидная *генерация лазерного* [лазерная генерация] излучения
filled gap – заполненная (*энергетическая*) зона
film growth by laser deposition – выращивание плёнок лазерным напылением
film growth by laser evaporation – выращивание плёнок лазерным испарением
film laser – плёночный лазер [лазер на плёнке]
first commercial laser – первый коммерческий лазер
five-level gain medium – пятиуровневая усиливающая среда
five-level laser – пятиуровневый лазер
five-level laser material – пятиуровневый лазерный материал
five-level laser medium – пятиуровневая лазерная среда
five-level lasing – генерация лазерного [лазерная генерация] излучения по пятиуровневой схеме
five-level maser – пятиуровневый мазер
five-level system – пятиуровневая система (*лазерного возбуждения*)
fixed frequency laser – лазер с фиксированной частотой (*излучения*)
flame laser – пламенный лазер [лазер с инициированием пламенем]
flash bulb – лампа-вспышка [импульсная лампа]
flash initiated chemical laser – химический лазер с инициированием импульсной лампой
flash initiated laser – лазер с инициированием импульсной лампой
flash tube – лампа-вспышка [импульсная лампа]
flashlamp – лампа-вспышка [импульсная лампа]
flashlamp excited laser – лазер с накачкой импульсной лампой
flashlamp initiated chemical laser – химический лазер, инициируемый лампой-вспышкой
flashlamp initiated laser – лазер, инициируемый лампой-вспышкой
flashlamp pumped laser – лазер с накачкой лампой-вспышкой
flexible laser cutting system – гибкая система лазерной резки
flexible laser drilling system – гибкая система лазерного сверления
flexible laser melting system – гибкая система лазерной плавки
flexible laser system – гибкая лазерная система
flexible laser welding system – гибкая система лазерной сварки
flow density – плотность потока
flowing carbon dioxide laser – лазер на прокачиваемой двуокиси углерода
flowing gas laser – газовый лазер с прокачкой (*рабочей смеси*)
flowing gas mixture laser – лазер с прокачкой газовой смеси
flowing laser – лазер с прокачкой (*газовой смеси*)
flowing molecular laser – молекулярный лазер с прокачкой (*газовой смеси*)
fluence – плотность *потока* [энергии]
fluid flow in molten pool – течение жидкости в зоне (*лазерного*) расплава
fluid laser – жидкостный лазер
fluorescence lifetime imaging microscopy – микроскопия, основанная на изображении продолжительности
    флюоресценций
fluorescence quenching in lasers – гашение [тушение] флюоресценции в лазерах
fluorescent crystal laser – лазер на флуоресцентном кристалле
fluorescent glass laser – лазер на флуоресцентном стекле
fluorescent quantum efficiency – флуоресцентная квантовая эффективность
fluoride fibers – фтористые оптоволокна

fluoride laser – фтористый лазер

fluorine atoms laser production – лазерное получение атомов фтора

fluorine excimer laser – фторный эксимерный лазер [эксимерный лазер на фторе, эксимерный F_2 лазер]

fluorine laser – фторный лазер [лазер на фторе]

fluorite crystal laser – лазер на кристалле флюорита

flux intensity – интенсивность потока

FM [frequency-modulated] laser – частотно-модулированный лазер

focussability of laser radiation – способность лазерного излучения к фокусировке

focusing methods of high-power laser radiation – методы фокусировки высокомощного лазерного излучения

focusing of laser beam – фокусировка лазерного пучка

focusing of laser radiation – фокусировка лазерного излучения

folded resonator – складчатый резонатор

forbidden band – запрещённая (*энергетическая*) зона

forbidden gap – запрещённая (*энергетическая*) зона

forbidden mode – запрещённая мода

forbidden region – запрещённая (*энергетическая*) зона

forbidden transition – запрещённый (*энергетический*) переход

forced mode locked laser – лазер с принудительной синхронизацией мод

forced transition – вынужденный [индуцированный, стимулированный] переход

formation of beams with the specified structure – формирование пучков с заданной структурой

forms of laser cutting – формы [виды] лазерной резки

forsterite femtosecond laser – фемтосекундный лазер на форстерите

forsterite laser – лазер на форстерите [магний-оливин лазер]

four-level gain medium – четырёхуровневая усиливающая среда

four-level laser – четырёхуровневый лазер

four-level laser material – четырёхуровневый лазерный материал

four-level laser medium – четырёхуровневая лазерная среда

four-level lasing – генерация лазерного [лазерная генерация] излучения по четырёхуровневой схеме

four-level maser – четырёхуровневый мазер

four-level system – четырёхуровневая система (*лазерного возбуждения*)

four-mirror laser cavity – четырёхзеркальная лазерная полость

fracture under laser irradiation – разрушение (*материала*) при лазерном облучении

free aluminum diode laser – диодный лазер на свободном алюминии

free electron laser – лазер на свободных электронах

free electron laser facility – лазерная установка на свободных электронах

free electron laser medium – (*активная*) среда лазера на свободных электронах

free electron lasing – генерация лазерного [лазерная генерация] излучения на свободных электронах

free electron maser – мазер на свободных электронах

free oscillation regime – режим свободной *генерации* [осцилляции] (*колебаний*)

free running laser – лазер, работающий в режиме свободной генерации [несинхронизированный лазер]

free running laser oscillation – колебания лазера, работающего в режиме свободной генерации

free running lasing – свободная *генерация лазерного* [лазерная генерация] излучения

free running operation – режим свободной генерации (*в лазерах*)

free running semiconductor disk laser – полупроводниковый дисковый лазер, работающий в режиме свободной генерации

free running semiconductor laser – полупроводниковый лазер, работающий в режиме свободной генерации

free space laser communication – беспроводная лазерная связь free spectral range – свободная спектральная область

frequency – частота (*колебаний*)

frequency addition source of optical radiation – дополнительный источник частоты оптического излучения

frequency adjustment – настройка частоты

frequency chirped laser – лазер с линейной модуляцией частоты

frequency controlled laser – контролируемый по частоте лазер [лазер с контролем частоты]

frequency conversion – преобразование частоты

frequency converter – преобразователь частоты

frequency doubled diode pumped solid state laser – твёрдотельный лазер с диодной накачкой и удвоением частоты

frequency doubled laser – лазер с удвоением частоты (*генерации*)

frequency doubled microchip laser – лазер на микрочипе с удвоением частоты

frequency doubled solid state laser – твёрдотельный лазер с удвоением частоты

frequency doubling – удвоение частоты

frequency locked laser – лазер с заданной частотой

frequency mixing – смешивание частот

frequency modulated laser – частотно-модулированный лазер [лазер с частотной модуляцией]

frequency modulation of laser – частотная модуляция лазера

frequency multiplication – умножение частоты [частотное умножение]

frequency multiplied laser – лазер с умножением частоты

frequency narrowed laser – лазер с уменьшенной шириной (*линии частот*)

frequency quadrupled Q-switched laser – лазер с переключаемой добротностью и учетверённой частотой

frequency quadrupling – учетверение частоты

frequency range – диапазон [полоса] частот

frequency resolved optical gating – частотно-разрешённое оптическое стробирование

frequency selective laser – лазер с частотной *выборкой* [селекцией]

frequency selective resonator – частотно-селективный резонатор

frequency stabilized helium-neon laser – частотно-стабилизированный гелий-неоновый лазер

frequency stabilized laser – стабилизированный по частоте лазер [лазер со стабильной частотой]

frequency switchable laser – лазер с изменяемой частотой

frequency tripler – утроитель частоты

frequency tripling – утроение частоты

frequency tunable resonator – резонатор с частотной перестройкой

frequency tuned laser – перестраиваемый по частоте лазер

frequency tuning – перестройка (*лазера*) по частоте

Fresnel number – число Френеля

front end discharge laser – лазер с разрядом с переднего торца

front surface mirror – зеркало с передней (*отражающей*) поверхностью

full quantum-mechanical theory of laser – полная квантово-механическая теория лазера

full rate mirror – полностью отражающее зеркало

full width at high maximum – ширина линии на половине максимума (*интенсивности*)

full width half-maximum of laser line – ширина лазерной линии на половине максимума (*интенсивности*)

fullerene-oxygen-iodine laser – фуллерен-кислород-йодный лазер [лазер на смеси фуллерена-кислорода-йода]

fully reflecting mirror – полностью отражающее зеркало

fundamental mode laser – лазер, генерирующий на основной моде

fundamental resonator modes – основные моды резонатора

fusion zone – зона плавления (*при лазерном облучении, обработке, резке и сварке*)

G

Ga-As laser – галлиево-мышьяковый [*Ga-As*] лазер, лазер на галлии и мышьяке

GaAs laser – *GaAs* лазер [лазер на арсениде галлия]

GaAs quantum well laser – лазер на квантовых ямах арсенида галлия

gadolinium gallium garnet – гадолиний-галлиевый гранат [$Gd_3Ga_5O_{12}$]

gadolinium gallium garnet laser – лазер на гадолиний-галлиевом гранате [$Gd_3Ga_5O_{12}$ лазер]

gadolinium scandium gallium garnet – гадолиний-скандий-галлиевый гранат

gadolinium scandium gallium garnet laser – лазер на гадолиний-скандий-галлиевом гранате

gadolinium vanadate laser – лазер на гадолиниевом ванадате [$GdVO_4$ лазер]

gadolinium vanadate solid-state laser – твёрдотельный лазер на гадолиниевом ванадате [$GdVO_4$ лазер]

$Gd_3Ga_5O_{12}$ laser – лазер на гадолиний-галлиевом гранате [$Gd_3Ga_5O_{12}$ лазер]

gain adjustment – регулировка усиления

gain bandwidth – ширина полосы *усиления* [пропускания]

gain bandwidth product – произведение коэффициента усиления и ширины полосы пропускания

gain clamping – фиксация уровня усиления

gain coefficient – коэффициент усиления

gain efficiency – эффективность усиления

gain guided laser – лазер с управляемым усилением

gain guided stripe laser – полосковый лазер с управляемым усилением

gain guiding – управление усилением

gain medium – усиливающая среда [активная среда] (*лазера*)

gain medium refraction – преломление усиливающей среды

gain modulation – модуляция усиления

gain narrowing – сужение усиления

gain saturation – насыщение усиления

gain switched fiber coupled semiconductor laser – волоконно-связанный полупроводниковый лазер с переключаемым усилением

gain switched laser – лазер с переключаемым усилением

gain switched laser diode – лазерный диод с переключаемым усилением

gain switched operation – работа (*лазера*) с переключаемым усилением

gain switching – переключение усиления

galactic laser – галактический лазер

galactic maser – галактический мазер

gallium arsenic [*Ga-As*] laser – галлиево-мышьяковый [*Ga-As*] лазер, лазер на галлии и мышьяке

gallium arsenide injection laser – инжекционный лазер на арсениде галлия

gallium arsenide laser – лазер на арсениде галлия [*GaAs* лазер]

gallium arsenide quantum well laser – лазер на квантовых ямах арсенида галлия

gallium arsenide quantum wells – квантовые ямы арсенида галлия

gallium nitride laser – лазер на нитриде галлия [*GaN* лазер]

gamma-radiation generator – генератор гамма-излучения

gamma-ray amplification by stimulated emission of radiation – усиление гамма-лучей с помощью стимулированной эмиссии излучения

gamma-ray generator – генератор гамма-излучения

gamma-ray laser – лазер гамма-излучения [гамма-лазер, γ-лазер, газер, гразер]

gamma-ray lasing – генерация лазерного [лазерная генерация] гамма-излучения; газерная* [гразерная*] генерация

gamma-ray pumped laser – лазер с накачкой гамма-излучением

GaN laser – лазер на нитриде галлия [*GaN* лазер]

garnet laser – лазер на гранате

garnet maser – мазер на гранате

gas as lasing medium – газ как среда, генерирующая лазерное излучение

gas carbon dioxide laser – газовый лазер на двуокиси углерода

gas cell maser – мазер на газовой ячейке

gas cluster laser – лазер на газовом скоплении

gas desorption in laser heating – десорбция газа при лазерном нагреве

gas discharge laser – газоразрядный лазер

gas discharge plasma soft *X*-ray laser – лазер мягкого рентгеновского излучения на газоразрядной плазме

gas discharge pumping – газоразрядная накачка

gas discharge recombination laser – газоразрядный рекомбинационный лазер

gas discharge recombination plasma laser – газоразрядный рекомбинационный плазменный лазер

gas dynamic laser – газодинамический лазер

gas flow laser – газовый проточный лазер

gas generating laser radiation – газ, генерирующий лазерное излучение [газовый лазант*]

gas immersion laser doping – газоиммерсионное лазерное легирование

gas jet assist – помощь газовой реактивной струи (*при лазерной обработке*)

gas lasant – газовый лазант* [газ, генерирующий лазерное излучение]

gas laser – газовый лазер

gas laser cutter – газолазерный резак

gas laser cutting – газолазерная резка

gas laser drilling – газолазерное сверление

gas laser melting – газолазерная плавка

gas laser nozzle – газовое сопло лазера (*при обработке*)

gas laser welding – газолазерная сварка

gas laser with excitation transfer – газовый лазер с передачей возбуждения

gas maser – газовый мазер

gas mixtures for excimer lasers – газовые смеси для эксимерных лазеров

gas transport laser – газотранспортный лазер

gasability* – способность генерировать *лазерное гамма-* [газерное*] излучение

gasable* – способный генерировать *лазерное гамма-* [газерное*] излучение

gasable* material – генерирующий газерное* излучение материал

gasant* – газант* [гразант*, газерная* среда, активная *среда* [вещество] газера; вещество, генерирующее *лазерное гамма-* [газерное*] излучение]

(to) gase* – генерировать [производить, создавать] *лазерное гамма-* [газерное*] излучение

gaseous laser – газовый лазер

gaseous laser radar – газовый лазерный радар

gaseous maser – газовый мазер

gaser (acronym for *gamma-ray **a**mplification by **s**timulated **e**mission of **r**adiation* – усиление гамма-лучей с помощью стимулированной эмиссии излучения) – газер [гразер, гамма-лазер, γ-лазер, лазер гамма-излучения, лазер, генерирующий гамма-излучение; лазер, излучающий в гамма-области спектра; квантовый генератор лазерного гамма-излучения; газерный* генератор]

gaser action – (воз)действие генератора лазерного гамма-излучения [газерное* (воз)действие]

gaser generation – газерная* генерация [генерация лазерного гамма-излучения]

gaser generator – газерный* генератор [квантовый генератор лазерного гамма излучения]

gases for *CO₂* laser – газы для CO_2 лазера

gases for lasing medium – газы для лазерных сред

gasing* – газерная* генерация [гразерная* генерация, генерация лазерного гамма-излучения]

gated pulsing – генерирование *избранных* [стробированных] импульсов

Gaussian beam – гауссовский пучок

Gaussian laser beam – гауссовский лазерный пучок

Gaussian laser mode – гауссовская лазерная мода

gauze like laser effect – сетчато-лазерный эффект

GdVO₄ laser – лазер на гадолиниевом ванадате [*GdVO₄* лазер]

general laser analysis and design – общий лазерный анализ и дизайн

generalized spherical resonator – обобщённый сферический резонатор

generalized two-level system – обобщённая двухуровневая система

generated pulse duration changes tunable laser – лазер с перестраиваемой длительностью генерируемых импульсов

generation of coherent radiation – генерация когерентного излучения

generation of coherent synchrotron radiation – генерация когерентного синхротронного излучения

generation of combinational frequencies – генерация комбинационных частот

generation of gaser radiation – генерация лазерного [лазерная генерация] гамма-излучения; газерная* генерация

generation of graser radiation – генерация лазерного [лазерная генерация] гамма-излучения; гразерная* генерация

generation of iraser radiation – генерация лазерного [лазерная генерация] инфракрасного излучения; иказерная* генерация

generation of laser light – генерация лазерного света

generation of laser radiation – генерация лазерного [лазерная генерация] излучения

generation of maser radiation – генерация мазерного [мазерная генерация] излучения; мазерная генерация

generation of saser radiation – генерация лазерного [лазерная генерация] звукового излучения; зазерная* генерация

generation of spaser radiation – генерация лазерного [лазерная генерация] поверхностно-плазмонного излучения; повплазерная* генерация

generation of uvaser radiation – генерация лазерного [лазерная генерация] ультрафиолетового излучения; уфазерная* генерация

generation of xaser radiation – генерация лазерного [лазерная генерация] рентгеновского излучения; разерная* генерация

generation threshold – порог генерации

generator of gaser radiation – генератор *газерного** [лазерного инфракрасного] излучения; газерный* генератор

generator of iraser radiation – генератор *иказерного** [лазерного инфракрасного] излучения; иказерный* генератор

generator of laser radiation – генератор лазерного излучения [лазерный генератор]

generator of maser radiation – генератор *мазерного* [лазерного микроволнового] излучения; мазерный генератор

generator of saser radiation – генератор *зазерного** [лазерного звукового] излучения; зазерный* генератор

generator of spaser radiation – генератор *повплазерного** [лазерного поверхностно-плазмонного] излучения; повплазерный* генератор

generator of uvaser radiation – генератор *уфазерного** [лазерного ультрафиолетового] излучения; уфазерный* генератор

generator of xaser radiation – генератор *разерного** [лазерного рентгеновского] излучения; разерный* генератор

geometry of laser cavity – геометрия лазерной *полости* [резонатора]

GGG [gadolinium gallium garnet] laser – лазер на гадолиний-галлиевом гранате [ГГГ лазер]

giant pulse – гигантский импульс

giant pulse laser – лазер гигантских импульсов [лазер, *генерирующий гигантские импульсы;* лазер, работающий в режиме гигантских импульсов]

giant pulse ruby laser – рубиновый лазер гигантских импульсов [рубиновый лазер, *генерирующий гигантские импульсы* [работающий в режиме гигантских импульсов]]

gigahertz laser – гигагерцевый лазер

gigajoule laser – гигаджоулевый лазер

gigawatt laser – гигаваттный лазер

glass ceramics amorphization in laser heating – аморфизация стеклокерамики при лазерном нагреве

glass ceramics crystallization in laser heating – кристаллизация стеклокерамики при лазерном нагреве

glass laser – стеклянный лазер [лазер на стекле]

glass softening in laser heating – размягчение стекла при лазерном нагреве

glazing incidence laser – лазер со скользящим падением (*пучка*)

gold [*Au*] laser – лазер на золоте [*Au* лазер]

gold vapor laser – лазер на парах золота

gold vapor red laser – красный лазер на парах золота

graded index laser – лазер на материале с переменным показателем преломления

graded index multimode fibers – многомодовые оптоволокна с переменным показателем преломления

graphitization under laser irradiation – графитизация при лазерном облучении

grasability* – способность генерировать *лазерное гамма-* [гразерное*] излучение

grasable* – способный генерировать *лазерное гамма-*[гразерное*] излучение

grasable* material – генерирующий гразерное* излучение материал

grasant* – гразант* [газант*, гразерная* среда, активная *среда* [вещество] гразера*; вещество, генерирующее *лазерное гамма-* [гразерное*] излучение]

(*to*) grase* – генерировать [производить, создавать] *лазерное гамма-* [гразерное*] излучение

graser (acronym for *gamma-ray amplification by stimulated emission of radiation* – усиление гамма-лучей с помощью стимулированной эмиссии излучения) – гразер [газер, гамма-лазер, γ-лазер, лазер гамма-излучения, лазер, генерирующий гамма-излучение; лазер, излучающий в гамма-области спектра; квантовый генератор лазерного гамма-излучения; гразерный* генератор]

graser action – (воз)действие генератора лазерного гамма-излучения [гразерное* (воз)действие]

graser generation – гразерная* генерация [генерация лазерного гамма-излучения]

graser generator – гразерный* генератор [квантовый генератор лазерного гамма излучения]

grasing* – гразерная* генерация [газерная* генерация, генерация лазерного гамма-излучения]

grating controlled laser – лазер, контролируемый дифракционной решеткой

grating coupled laser – лазер на дифракционной решетке (*с распределённой обратной связью*)

grating resonator – резонатор с дифракционной решеткой

green argon laser – аргоновый лазер, генерирующий излучение зелёного света [зелёный аргоновый лазер]

green fluorescent protein as gain medium – зеленый флуоресцентный протеин как усиливающая среда

green induced infrared absorption – инфракрасное поглощение, вызванное зеленым излучением

green laser – зелёный лазер [Лазер, генерирующий излучение зелёного цвета]

green laser diode – зелёный лазерный диод

green lasing – генерация лазерного [лазерная генерация]) излучения в зелёной области спектра

ground based laser – лазер наземного базирования

ground based laser space relay – лазерный космический ретранслятор наземного базирования
ground based laser space relay mirror – лазерное космическое зеркало-ретранслятор наземного базирования
ground based laser weapon – лазерное оружие наземного базирования
ground level of atom – основной уровень атома
ground quantum state – основное квантовое состояние
ground state – основное состояние (*атома*)
ground state energy – энергия основного состояния
ground state laser transitions – лазерные переходы в основное состояние
ground state level depletion – опустошение уровня основного состояния
ground state of atom – основное состояние атома
ground state population – (на, за)селённость основного состояния
ground state population grating – сетка (на, за)селённости основного состояния
group synchronism – групповой синхронизм
GSGG [gadolinium scandium gallium garnet] laser – лазер на гадолиний-скандий-галлиевом гранате
guide wavelength – длина волны волновода
guided laser – управляемый лазер
guiding systems of laser beam – системы управления лазерным пучком

H

H laser – лазер на атомарном водороде [водородный [*H*] лазер]
H maser – мазер на атомарном водороде [водородный [*H*] мазер]
H₂ laser – лазер на молекулярном водороде [*H₂* лазер]
H₂O maser – мазер на молекулах воды [*H₂O* мазер]
half-power beamwidth – ширина пучка на уровне половинной мощности
half-symmetric confocal laser cavity – полусимметричная конфокальная лазерная *полость* [резонатор]
half-symmetric laser cavity – полусимметричная лазерная *полость* [резонатор]
handheld laser – ручной лазер [лазер с ручным управлением]
harmonic generation – генерация гармоник
harmonic mode locking – синхронизация гармонических мод
harmonic of laser radiation – гармоника лазерного излучения
harmonically mode locked fiber laser – оптоволоконный лазер с гармонически синхронизированными модами
harmonically mode locked laser – лазер с гармонически синхронизированными модами
HCl laser – лазер на хлористом водороде [*HCl* лазер]
HCl vibrational-rotational laser – лазер на колебательно-вращательных переходах молекулы *HCl*
He-Ag laser – гелий-серебряный [*He-Ag*] лазер
health and laser physics – здоровье и лазерная физика
heat affected zone – зона теплового воздействия (*при лазерном облучении*)
heat affected zone cracking – растрескивание в зоне теплового воздействия (*при лазерной сварке*)
heat capacity laser – лазер на *теплоёмкости* [тепловой мощности]
heat capacity solid state laser – твёрдотельный лазер на тепловой мощности
heat flows under laser irradiation – тепловые потоки при лазерном облучении
heat influenced zone – зона теплового воздействия (*при лазерном облучении*)
heat pumped laser – лазер с тепловой накачкой

heat sink under laser irradiation – теплоотвод при лазерном облучении
heavy doped laser – сильнолегированный лазер [лазер на сильнолегированном материале]
He-Ca лазер – гелий-кальциевый [*He-Ca*] лазер
He-Cd laser – гелий-кадмиевый [*He-Cd*] лазер
hectojoule laser – гектоджоулевый лазер
hectowatt laser – гектоваттный лазер
He-Hg laser – гелий-ртутный [*He-Hg*] лазер
He-I laser – гелий-йодный [*He-I*] лазер
He-Kr laser – гелий-криптоновый [*He-Kr*] лазер
helium diluted laser – лазер с гелиевым разбавителем
helium-cadmium laser – гелий-кадмиевый [*He-Cd*] лазер
helium-calcium laser – гелий-кальциевый [*He-Ca*] лазер
helium-fluorine laser – гелий-фторный лазер [лазер на смеси (*газов*) гелия и фтора; *He-F* лазер]
helium-iodine laser – гелий-йодный [*He-I*] лазер
helium-krypton laser – гелий-криптоновый [*He-Kr*] лазер
helium-mercury laser – гелий-ртутный [*He-Hg*] лазер
helium-neon laser – гелий-неоновый [*He-Ne*] лазер
helium-neon laser stabilized on the iodine cell – гелий-неоновый лазер, стабилизированный йодной ячейкой
helium-neon laser stabilized on the methane cell – гелий-неоновый лазер, стабилизированный метановой
          ячейкой
helium-selenium laser – гелий-селеновый [*He-Se*] лазер
helium-silver laser – гелий-серебрянный [*He-Ag*] лазер
helium-strontium laser – гелий-стронциевый [*He-Sr*] лазер
helium-xenon laser – гелий-ксеноновый [*He-Xe*] лазер
He-Ne laser – гелий-неоновый [*He-Ne*] лазер
Hermite–Gaussian function – функция Эрмита-Гаусса
Hermite–Gaussian laser beam – лазерный пучок Эрмита-Гаусса
Hermite–Gaussian modes – моды Эрмита-Гаусса
He-Se laser – гелий-селеновый [*He-Se*] лазер
He-Sr лазер – гелий-стронциевый [*He-Sr*] лазер
heterodyne laser – гетеродиновый лазер
heterodyne laser spectrometer – гетеродиновый лазерный спектрометр
heterojunction laser – гетеролазер [лазер на *гетеропереходах* [гетероструктурах]]
heterolaser – гетеролазер [лазер на *гетеропереходах* [гетероструктурах]]
heterolaser with Fabry-Perot resonator – гетеролазер с резонатором Фабри-Перо
heterostructure injection laser – инжекционный *гетеролазер* [лазер на гетероструктурах, гетероструктурный
          лазер]
heterostructure laser – гетеролазер [лазер на гетероструктурах, гетероструктурный лазер]
He-Xe laser – гелий-ксеноновый [*He-Xe*] лазер
H-F laser – водородно-фторный лазер [лазер на смеси (*газов*) водорода и фтора; *H-F* лазер]
HF laser – лазер на фтористом водороде [*HF* лазер]
Hg laser – ртутный [*Hg*] лазер, лазер на ртути
HgBr₂ laser – лазер на бромиде ртути [*HgBr₂* лазер]
H-I laser – водородно-йодный [*H-I*] лазер
high brightness laser diodes – высокояркостные лазерные диоды
high coherence laser – высококогерентный лазер [лазер с высокой когерентностью]
high concentrated glass laser – лазер на высококонцентрированном стекле

high current ion laser – ионный лазер с сильным током (*накачки*)

high density limit – предел высоких плотностей

high efficiency laser – высокоэффективный лазер [лазер с высоким коэффициентом полезного действия]

high efficient codoped lanthanum scandium borate crystal laser – высокоэффективный лазер на кристалле
        бората, легированном лантаном и скандием

high energy laser – высокоэнергетический лазер [лазер с высокой энергией излучения]

high frequency excited laser – лазер с высокочастотным возбуждением

high gain laser – лазер с высоким усилением (*активной среды*)

high gain resonator – резонатор с высоким усилением

high harmonic generation – генерация высоких гармоник

high harmonic lasing – лазерная генерация высоких гармоник (*излучения*)

high intensity laser – лазер с высокой интенсивностью (*излучения*)

high intensity laser radiation – высокоинтенсивное лазерное излучение

high intensity limit – предел высоких интенсивностей (*лазера*)

high level laser technology – лазерная технология высокого уровня

high level lifetime – время жизни (*носителей*) на *высоком* [возбуждённом] (*энергетическом*) уровне

high loss cavity – резонатор с высокими потерями [нестабильный резонатор]

high power diode laser – высокомощный диодный лазер

high power diode laser array – матрица высокомощного диодного лазера

high power fiber amplifier – высокомощный оптоволоконный усилитель

heat capacity solid state laser – высокомощный оптоволоконный лазер

high power free-electron laser – высокомощный лазер на свободных электронах

high power gamma-ray laser – высокомощный лазер гамма-излучения

high power laser – высокомощный лазер

high power laser radiation – лазерное излучение высокой мощности

high power laser system – высокомощная лазерная система

high power semiconductor laser – высокомощный полупроводниковый лазер

high power solid-state laser – высокомощный твёрдотельный лазер

high power ultrafast fiber laser – высокомощный сверхбыстрый оптоволоконный лазер

high precision laser processing – высокоточная лазерная *обработка* [технология]

high pressure carbon dioxide laser – лазер на *двуокиси углерода* [углекислом газе] высокого давления

high pressure gas laser – газовый лазер высокого давления

high pressure laser – (*газовый*) лазер высокого давления

high pressure laser cutting – лазерная резка при высоком давлении

high pressure laser drilling – лазерное сверление при высоком давлении

high pressure laser melting – лазерная плавка при высоком давлении

high pressure laser welding – лазерная сварка при высоком давлении

high pressure pulsed carbon dioxide laser – импульсный лазер на двуокиси углерода высокого давления

high pure frequency laser – лазер с высокоточной частотой

high Q – высокая добротность (*резонатора*)

high Q cavity – высокодобротный резонатор

high Q resonator– высокодобротный резонатор

high quality – высокая добротность (*резонатора*)

high radiance laser – лазер с высокой энергетической яркостью

high repetition laser – лазер с высокой частотой повторения (*импульсов*)

high repetition rate laser – лазер с высокой частотой повторения (*импульсов*)

high spectral resolution lidar – лидар с высоким спектральным разрешением

high speed laser recrystallization – высокоскоростная лазерная перекристаллизация
high temperature color-center laser – высокотемпературный лазер на центрах окраски
high temperature laser – высокотемпературный лазер
high vacuum laser – высоковакуумный лазер
high vacuum laser melting – высоковакуумное лазерное *плавление* [расплавление, оплавление]
higher order modes – моды более высокого порядка
highly coherent laser – высококогерентный лазер [лазер с высокой когерентностью (*излучения*)]
highly nonlinear fiber – сильно нелинейное оптоволокно
Ho/Cr/Tm:YAG laser – лазер на иттрий-алюминиевом гранате, легированном гольмием-хромом-тулием [*Ho/Cr/Tm:YAG* лазер]
Ho:GdVO₄ laser – (*твёрдотельный*) лазер на гадолиниевом ванадате, легированном гольмием [*Ho:GdVO₄* лазер]
hole conduction – дырочная проводимость
hole coupling – ввод-вывод (*излучения*) через отверстие
hollow cathode laser – лазер с полым катодом
hollow cathode metal vapour laser – лазер на парах металла с полым катодом
holmium-chromium-thulium triple-doped yttrium aluminum garnet лазер – лазер на иттрий-алюминиевом гранате, легированном гольмием-хромом-тулием [*Ho/Cr/Tm:YAG* лазер]
holmium doped fiber laser – лазер на оптоволокне, легированном гольмием
holmium doped gadolinium vanadate laser – (*твёрдотельный*) лазер на гадолиниевом ванадате, легированном гольмием [*Ho:GdVO₄* лазер]
holmium doped gadolinium vanadate solid-state laser – твёрдотельный лазер на гадолиниевом ванадате, легированном гольмием [*Ho:GdVO₄* лазер]
holmium doped lutetium vanadate laser – (*твёрдотельный*) лазер на лютециевом ванадате, легированном гольмием [*Ho:LuVO₄* лазер]
holmium doped lutetium vanadate solid-state laser – твёрдотельный лазер на лютециевом ванадате, легированном гольмием [*Ho:LuVO₄* лазер]
holmium doped yttrium aluminum garnet laser – (*твёрдотельный*) лазер на иттрий-алюминиевом гранате, легированном гольмием [*Ho:YAG* лазер]
holmium doped yttrium aluminum garnet solid-state laser – твёрдотельный лазер на иттрий-алюминиевом гранате, легированном гольмием [*Ho:YAG* лазер]
holmium doped yttrium vanadate laser – (*твёрдотельный*) лазер на иттриевом ванадате, легированном гольмием [*Ho:YVO₄* лазер]
holmium doped yttrium vanadate solid-state laser – твёрдотельный лазер на иттриевом ванадате, легированном гольмием [*Ho:YVO₄* лазер]
holmium glass laser – лазер на гольмиевом стекле
holobeam laser – голографический лазер [гололазер]
holographic laser – голографический лазер [гололазер]
holographic laser recording – голографическая лазерная запись
hololaser – гололазер [голографический лазер]
Ho:LuVO₄ laser – (*твёрдотельный*) лазер на лютециевом ванадате, легированном гольмием [*Ho:LuVO₄* лазер]
homogeneously broadened laser – лазер с однородно уширенной линией (*излучения*)
homogeneously pumped laser – лазер с однородной накачкой
homojunction laser – гомолазер [лазер на гомопереходе]
homostructure laser – гомолазер [лазер на гомоструктуре]
horizontal cavity surface emitting laser – лазер поверхностного излучения с горизонтальным резонатором
host crystal – кристал-хозяин* (*лазера*)

host glass – стекло как материал-хозяин* (*активная среда лазера*)

host material – основной материал [материал-хозяин*] (*лазера*)

hot beam atom laser – лазер на горячем пучке атомов

hot beam of atoms – горячий пучок атомов

hot holes laser – лазер на горячих дырках

hot holes maser – мазер на горячих дырках

Ho:YAG laser – (*твёрдотельный*) лазер на иттрий-алюминиевом гранате, легированном гольмием [*Ho:YAG* лазер]

Ho:YVO₄ laser – (*твёрдотельный*) лазер на иттриевом ванадате, легированном гольмием [*Ho:YVO₄* лазер]

humping under laser welding – образование горба (*в области шва*) при лазерной сварке

hybrid fiber laser – гибридный оптоволоконный лазер

hybrid laser – гибридный лазер

hybrid laser arc cutting – гибридное лазерно-дуговое *резание* [резка]

hybrid laser arc drilling – гибридное лазерно-дуговое сверление

hybrid laser arc melting – гибридное лазерно-дуговое плавление

hybrid laser arc welding – гибридная лазерно-дуговая сварка

hybrid laser crystals – гибридные лазерные кристаллы

hybrid laser cutting – гибридное лазерное *резание* [резка]

hybrid laser drilling – гибридное лазерное сверление

hybrid laser welding – гибридная лазерная сварка

hybrid mode locking – гибридная синхронизация мод

hybrid resonator – гибридный резонатор

hybrid silicon laser – гибридный кремниевый лазер

hydrogen chloride chemical laser – химический лазер на хлористом водороде

hydrogen chloride laser – лазер на хлориде водорода [*HCl* лазер]

hydrogen fluoride chemical laser – химический лазер на *фториде водорода* [фтористом водороде]

hydrogen fluoride laser – лазер на фториде водорода [фтороводородный [*HF*] лазер]

hydrogen fluorine laser – водородно-фторный лазер

hydrogen halide lasers – лазеры на галогенидах водорода

hydrogen iodine laser – водородно-йодный [*H-I*] лазер

hydrogen laser – лазер на атомарном водороде [водородный [*H*] лазер]

hydrogen maser – мазер на атомарном водороде [водородный [*H*] мазер]

hydrogen maser standard – стандарт (*частоты*) на водородном мазере

hydrolaser – гидролазер

hydroxyl maser – гидроксиловый мазер [мазер на гидроксиловых радикалах *OH*]

hyper Raman scattering – рамановское [комбинационное] гиперрассеяние

hypergeometric laser beams – гипергеометрические лазерные пучки

hyperpulsing – генерирование гиперимпульсов

I

I laser – йодный [*I*] лазер; лазер на йоде

idler laser beam – холостой лазерный пучок

ignition in laser heating – воспламенение (*вещества*) при лазерном нагреве illuminated area – облучаемая поверхность

illuminating лазер – освещающий лазер (*в дисплеях*)

impact excitation – ударное возбуждение

impact ionization laser – лазер с ударной ионизацией

impurity level – примесный (*энергетический*) уровень

InAlGaAsP laser – лазер на соединении *InAlGaAsP*

in-band diode pumping – накачка (*лазера*) из зонной полосы полупроводника

in-band pumping – накачка (*лазера*) из зонной полосы

incident beam – падающий пучок

incident laser beam – падающий лазерный пучок

incident photon – падающий [поступающий] фотон

incident power – падающая мощность (*излучения*)

incident radiation – падающее излучение

incoherent active laser spectroscopy – некогерентная активная лазерная спектроскопия

incoherent pump – некогерентная накачка

incoherent source – некогерентный источник

incoherently pumped laser – лазер с некогерентной накачкой

incoming beam – падающий пучок

incoming photon – поступающий [падающий] фотон

incoming power – входящая мощность (*излучения*)

incoming radiation – падающее излучение

index guided laser – лазер (*со световодом*) с управляемым показателем преломления

index guided stripe laser – лазер на полосе с управляемым показателем преломления

indirect gap injection laser – инжекционный лазер с непрямыми переходами (*через запрещённую зону*)

indirect injection laser – инжекционный лазер с непрямыми переходами

indoor resonator – закрытый [внутренний] резонатор

induced absorption – индуцированное [вынужденное, стимулированное] поглощение

induced absorption probability – вероятность *индуцированного* [вынужденного, стимулированного] поглощения

induced emission – индуцированная [вынужденная, стимулированная] эмиссия

induced gamma emission – индуцированная [вынужденная, стимулированная] эмиссия гамма-излучения

induced radiation – индуцированное [вынужденное, стимулированное] излучение

induced radiation probability – вероятность индуцированного [вынужденного, стимулированного] излучения

induced transition – индуцированный [вынужденный, стимулированный] переход

induced transition probability – вероятность индуцированного [вынужденного, стимулированного] перехода

industrial laser application – применение лазеров в промышленности

industrial laser technology – промышленная лазерная технология

industrial lasers – промышленные [технологические] лазеры

inert gas halide lasers – лазеры на галогенидах *инертных* [благородных] газов

inert gas ion laser – ионный лазер на *инертном* [благородном] газе

inert gas laser – лазер на *инертном* [благородном] газе

influence of laser radiation on substance – воздействие лазерного излучения на вещество

infrared absorption – поглощение [абсорбция] инфракрасного излучения

infrared absorption band – полоса поглощения инфракрасного излучения

infrared amplification by stimulated emission of radiation – усиление инфракрасного излучения с помощью стимулированной эмиссии излучения

infrared chemical laser – инфракрасный химический лазер

infrared femtosecond laser – инфракрасный фемтосекундный лазер
infrared laser – инфракрасный лазер [иказер* [иразер]; лазер, излучающий в инфракрасной области спектра; ИК лазер]
infrared laser pointer – инфракрасный лазерный указатель
infrared lasing – генерация лазерного [лазерная генерация] излучения в инфракрасной области спектра
infrared lidar – инфракрасный лидар
infrared maser – инфракрасный мазер [мазер, излучающий в инфракрасной области спектра]
infrared petawatt laser – инфракрасный петаваттный лазер
infrared pulsed laser – инфракрасный импульсный лазер
infrared radiation emitting diode – инфракрасный *светоизлучающий диод* [светодиод]
infrared radiation generator – генератор инфракрасного излучения
InGaAsP laser – лазер на соединении *InGaAsP*
InGaP-based laser diode – лазерный диод на соединении *InGaP*
inhomogeneous gain saturation – неоднородное насыщение усиления
inhomogeneously broadened laser – лазер с неоднородно уширенной линией (*излучения*)
inhomogeneously pumped laser – лазер с неоднородной накачкой
initiated laser – инициируемый лазер
initiating laser – инициирующий [задающий] лазер
injection laser – инжекционный лазер
injection laser diode – инжекционный лазерный диод
injection level – инжекционный (*энергетический*) уровень
injection locked laser – лазер с внешней синхронизацией
injection locking – внешняя [инжекционная] синхронизация
injection locking laser – лазер с внешней синхронизацией
injection locking laser amplifier – лазерный усилитель с внешней синхронизацией
injection microlaser – инжекционный микролазер
injection plasma laser – инжекционный лазер на плазме
injection seeded slave laser – подстраиваемый лазер с внешней затравкой
injection seeding – внешнее затравливание
inner quantum number – внутреннее квантовое число
inorganic liquid laser – лазер на неорганической жидкости [жидкостный неорганический лазер]
inorganic vapor laser – лазер на парах неорганических соединений
in-phase vibrations – синфазные колебания
in-plane laser – лазер с плоскостным излучением
in-situ laser interferometry – лазерная интерферометрия in-situ (*«на месте»*)
integral compact glass laser – интегрально-компактный лазер на стекле
integrated array laser – интегральный матричный лазер
integrated laser – интегральный лазер
integrated optical array laser – интегрально-оптический матричный лазер
integrated optical laser – интегрально-оптический лазер
integrated optics – интегральная оптика
integrated twin guide laser – лазер с интегральным двойным волноводом
intensity distribution – распределение интенсивности
intensity modulated laser – лазер с модулированной интенсивностью
intensity modulation – модуляция интенсивности
intensity of laser noise – интенсивность лазерного шума
intensity of laser radiation – интенсивность лазерного излучения

interband absorption – межзонное поглощение
interband cascade laser – каскадный лазер на межзонном (*между энергетическими зонами*) переходе
interband laser – лазер на межзонном (*между энергетическими зонами*) переходе
interband semiconductor laser – полупроводниковый лазер на межзонном (*между энергетическими зонами*) переходе
interband transition – межзонный переход
interdiffusion of layers under laser heating – взаимная диффузия слоёв при лазерном нагреве
interlock – блокировка (*лазера*)
internal mirrors laser – лазер с внутренними зеркалами
internal modulation – внутренняя [внутрирезонаторная] модуляция
internal reflection – полное внутреннее отражение
internal reflection interference laser – лазер с интерферирующим внутренним отражением
internally doubled laser – лазер с внутрирезонаторным удвоением (*частоты*)
internally modulated laser – лазер с внутренней модуляцией
internally scanned laser – лазер с внутрирезонаторным сканированием пучка [лазер с внутрирезонаторным сканированием (*направленности излучения*)]
interpulse coherence – межимпульсная когерентность
intersubband transitions – межподзонные переходы (*в полупроводниках*)
intraband absorption – внутризонное поглощение
intraband semiconductor – прямозонный полупроводник
intraband semiconductor laser – лазер на прямозонном полупроводнике
intracavity absorption – внутрирезонаторное поглощение
intracavity doubled laser – лазер с внутрирезонаторным удвоением (*частоты*)
intracavity doubling – удвоение (*частоты*) внутри резонатора
intracavity frequency doubling – внутрирезонаторное удвоение частоты
intracavity inclined etalon – внутрирезонаторный наклонённый эталон
intracavity laser absorption spectroscopy – внутрирезонаторная лазерная абсорбционная спектроскопия [спектроскопия, основанная на поглощении внутри лазерных резонаторов
intracavity laser spectroscopy – внутрирезонаторная лазерная спектроскопия
intracavity modulated laser – лазер с внутрирезонаторной модуляцией
intracavity modulated laser technique – лазерная техника с внутрирезонаторной модуляцией
intracavity pulse energy – энергия импульса внутри резонатора
intrapulse coherence – когерентность импульса (*излучения*)
intrinsic absorption – собственное поглощение
intrinsic conduction – собственная проводимость
inverse population – инверсная (на, за)селённость (*энергетических уровней*)
inversion duration – длительность [продолжительность] инверсии (*населённости*)
inversion ratio – коэффициент инверсии
inversion threshold – порог инверсии
inversionless gain – усиление без инверсии
inversionless laser – лазер без инверсии (на, за)селённости
inverted level – (*энергетический*) уровень с инверсной (на, за)селённостью
inverted population – инверсная (на, за)селённость (*энергетических уровней*)
inverted population condition – условие (*возникновения*) инверсной (на, за)селённости
I-O_2 laser – йод-кислородный [I-O_2] лазер; лазер на смеси (*газов*) йода и кислорода
iodine chemical laser – йодистый химический лазер [химический лазер на йоде]
iodine laser – йодный [I] лазер; лазер на йоде

iodine oxygen laser – йод-кислородный [I-O_2] лазер

iodine stabilized laser – лазер со стабилизацией (*частоты*) по линиям (*поглощения*) йода

ion argon laser – ионный аргоновый [Ar^+] лазер

ion beam sputtering – ионно-лучевое распыление

ion energy spectrum of laser plasma – энергетические спектры ионов лазерной плазмы

ion laser – ионный лазер

ionic laser – ионный лазер

ionic lasing – генерация лазерного [лазерная генерация] излучения на ионных переходах

ionization assisted gas laser – газовый лазер с предионизацией (*активной среды*)

ionization assisted laser – лазер с предионизацией (*активной среды*)

ionization laser – ионизационный лазер

ionization potential – потенциал ионизации

ionized cadmium laser – лазер на ионах кадмия [Cd^+ лазер]

ionized eight times argon laser – лазер на восьмикратно-ионизированном аргоне Ar^{+8} [Ar^{+8} лазер]

ionized gas laser – лазер на ионизированном газе

ionized laser – ионизированный лазер

ionized zinc laser – лазер на ионах цинка [Zn^+ лазер]

ions capture under optical cooling – захват ионов при оптическом охлаждении

IR [infrared] laser – инфракрасный лазер [иказер* [иразер]; лазер, генерирующий инфракрасное излучение; лазер, излучающий в инфракрасной области спектра]

IR maser – инфракрасный мазер [мазер, излучающий в инфракрасной области спектра]

irasability* – способность генерировать *лазерное инфракрасное* [иказерное*] излучение

irasable* – способный генерировать *лазерное инфракрасное* [иказерное*] излучение

irasable* material – генерирующий иказерное* излучение материал

irasant* – иказант* [иказерная* среда, активная *среда* [вещество] иказера*; вещество, генерирующее *лазерное инфракрас*ное [иказерное*] излучение]

(*to*) irase* – генерировать [производить, создавать] *лазерное инфракрасное* [иказерное*] излучение

iraser (acronym for *infra-red amplification by stimulated emission of radiation* – усиление инфракрасного света с помощью стимулированной эмиссии излучения) – иказер* [инфракрасный лазер; *ИК* лазер; лазер, генерирующий инфракрасное излучение; лазер, излучающий в инфракрасной области спектра; квантовый генератор лазерного инфракрасного излучения; иказерный* генератор излучения]

iraser action – (воз)действие генератора лазерного инфракрасного излучения [иказерное* (воз)действие]

iraser generation – иказерная* генерация [генерация лазерного инфракрасного излучения]

iraser generator – иказерный* генератор [квантовый генератор лазерного инфракрасного излучения]

irasing* – иказерная* генерация [генерация лазерного *инфракрасного* [иказерного*] излучения]

iron doped sapphire maser – мазер на сапфире, легированном железом

irradiated area – поверхность облучения [облучённая поверхность]

irreversible laser damage – необратимое лазерное разрушение

isochronous storage ring laser – лазер с изохронным накопительным кольцом

isotopic laser – лазер на изотопе [изотопный лазер]

isotope laser separation – лазерное разделение изотопов

isotope laser separation by multiphoton dissociation – лазерное разделение изотопов методом многофотонной диссоциации

isotope laser separation in atomic pairs – лазерное разделение изотопов в атомарных парах

J

Javan's laser – лазер Джавана [гелий-неоновый лазер]

jet stream dye laser – струйный лазер на красителе

jet stream laser – струйный лазер (*на красителе*)

jetting dye laser – струйный лазер на красителе

jitter – дрожание (*лазерного луча*) [кратковременное изменение амплитуды или фазы колебания, джиттер]

jitter compensator – компенсатор дрожаний (*частоты или фазы лазерного луча*)

jitter frequency – частота дрожаний (*лазерного луча*)

jitter immunity – защищённость от дрожания (*лазерного импульса*)

Josephson junction microwave laser – микроволновый лазер на переходе Джозефсона

junction laser – полупроводниковый [диодный] лазер

junction maser – полупроводниковый [диодный] мазер

K

KBr laser – лазер на бромиде калия [*KBr* лазер]

(*to*) keep a laser in adjustment – сохранять лазерную юстировку [поддерживать лазер в рабочем состоянии]

kerf width – ширина реза (*при лазерной резке*)

Kerr cell – ячейка Керра

Kerr cell mode locking – синхронизация мод с помощью ячеек Керра

Kerr cell *Q*-switch – переключение добротности с помощью ячеек Керра

Kerr cell *Q*-switched laser – лазер с переключаемой добротностью на ячейках Керра

Kerr lens mode locked laser – лазер с синхронизацией мод с помощью линз Керра

Kerr lens mode locked titanium-sapphire laser – титаново-сапфировый лазер с синхронизацией мод с помощью линз Керра

Kerr lens mode locking – синхронизация мод с помошью линз Керра

Kerr medium – среда Керра

keyhole – замочная скважина (*при лазерной сварке*)

keyhole cavity shape – форма полости [замочных скважин] (*при лазерной сварке*)

keyhole under laser welding – раковина [замочная скважина] при лазерной сварке

KGd(WO₄)₂ laser – лазер на калий-гадолиниевом вольфрамате [*KGd(WO₄)₂* лазер]

kilojoule laser – килоджоулевый лазер

kilowatt laser – киловаттный лазер

kinetic theory of laser – кинетическая теория лазера

kink free laser – исправный [беспроблемный] лазер

Knudesen layer – слой Кнудсена

Kr laser – криптоновый [*Kr*] лазер

Kr⁺ laser – криптоновый ионный [*Kr⁺*] лазер

Kr-Cl excimer laser – криптоново-хлорный эксимерный лазер [*Kr-Cl* эксимерный лазер, эксимерный лазер на смеси (*газов*) криптона и хлора]

Kr-Cl laser – криптоново-хлорный лазер [*Kr-Cl* лазер, лазер на смеси (*газов*) криптона и хлора]

KrF excimer laser – эксимерный лазер на фториде криптона [*KrF* эксимерный лазер]

KrF laser – *KrF* лазер [лазер на фториде криптона]

Kr-F excimer laser – криптоново-фторный эксимерный лазер [*Kr-F* эксимерный лазер, эксимерный лазер на
    смеси (*газов*) криптона и фтора]
Kr-F laser – криптоново-фторный лазер [*Kr-F* лазер, лазер на смеси (*газов*) криптона и фтора]
krypton chlorine excimer laser – криптоново-хлорный эксимерный лазер [*Kr-Cl* эксимерный лазер,
    эксимерный лазер на смеси (*газов*) криптона и хлора]
krypton chlorine laser – криптоново-хлорный лазер [*Kr-Cl* лазер, лазер на смеси (*газов*) криптона и хлора]
krypton fluoride excimer laser – эксимерный лазер на фториде криптона [*KrF* эксимерный лазер]
krypton fluoride excimer laser lithography – литография с помощью эксимерного лазера на фториде криптона
krypton fluoride laser – лазер на фториде криптона [*KrF*-лазер]
krypton fluorine excimer laser – криптоново-фторный эксимерный лазер [*Kr-F* эксимерный лазер, эксимерный
    лазер на смеси (*газов*) криптона и фтора]
krypton fluorine laser – криптоново-фторный лазер [*Kr-F* лазер, лазер на смеси (*газов*) криптона и фтора]
krypton ion laser – криптоновый ионный [*Kr⁺*] лазер
krypton laser – криптоновый [*Kr*] лазер

L

ladar – лазерный радар [ладар]
Lamb-dip stabilized laser – лазер со стабилизацией (*частоты*) по лэмбовскому провалу
lamp excited laser – лазер с ламповой накачкой
lamp pumped laser – лазер с ламповой накачкой
lanthanide lasers – лазеры на лантаноидах
lap-joint in laser welding – соединение внахлёст при лазерной сварке
lap-seam laser welding – лазерная сварка внахлест
large aperture laser – лазер с большой (*выходной*) апертурой
large mode area fiber – оптоволокно с большой модовой площадью
large optical cavity laser – лазер с большим оптическим резонатором
large output-beam cross-section laser – лазер с большим сечением выходного пучка
lasability – способность генерировать лазерное излучение
lasable – способный генерировать лазерное излучение
lasable material – генерирующий лазерное излучение материал
lasant – лазант* [лазерная среда; активная лазерная *среда* [вещество]; вещество, генерирующее лазерное
    излучение]
(*to*) lase – создавать [производить, генерировать] лазерное излучение
laser (acronym for *light amplification by stimulated emission of radiation* – усиление света с помощью
    стимулированной эмиссии излучения) – лазер [квантовый [оптический квантовый] генератор;
    лазерный (-ая, -ое, -ые, -но-,)]
laser aberration – аберрация лазерного излучения
laser ablation – лазерная абляция
laser ablation deposition – лазерно-абляционное осаждение
laser ablation layer – лазерно-абляционный (*поверхностный*) слой
laser ablation mechanism – механизм лазерной абляции
laser ablation plume – лазерный абляционный шлейф
laser ablation threshold – порог лазерной абляции

laser absorptance – поглощение лазерного излучения
laser absorption – поглощение лазерного излучения
laser absorption coefficient – коэффициент поглощения лазерного излучения
laser absorption intensity – интенсивность лазерного поглощения
laser absorption spectroscopy – лазерная абсорбционная спектроскопия
laser acceleration – лазерное ускорение
laser acceleration of electrons – лазерное ускорение электронов
laser acceleration of electrons in plasma – лазерное ускорение электронов в плазме
laser accelerator – лазерный ускоритель
laser accelerometer – лазерный акселерометр
laser accessories – лазерные (*дополнительные*) приспособления
laser accuracy – лазерная точность [погрешность]
laser acoustical microscope – лазерно-акустический микроскоп
laser acoustical microscopy – лазерно-акустическая микроскопия
laser action – лазерное (воз)действие [генерация лазерного [лазерная генерация] излучения]
laser action mode – лазерная мода
laser action threshold – порог действия лазера
laser activation – активация лазера [лазерная активация]; активация лазерным излучением
laser active color centers – лазерно-активные центры окраски
laser active *f*-centers – лазерно-активные центры окраски
laser active ions – лазерно-активные ионы
laser active medium – лазерная активная среда
laser address label – лазерная этикетка с адресом
laser address printer – лазерный принтер с печатанием адреса
laser addressable random-access memory – лазерная адресация при случайной выборке памяти
laser addressed memory – память с лазерной адресацией
laser addressing – лазерная *адресация* [печатание адреса]
laser addressing system – система лазерной адресации
laser adhesion – лазерное сцепление
laser adjustment – доводка лазерным пучком [лазерная подгонка]
laser affected heat zone – зона теплового воздействия при лазерном облучении
laser affected interaction zone – зона взаимодействия лазерного излучения (*с материалами*)
laser affected zone – зона лазерного воздействия
laser ageing – лазерное старение (*сплавов*)
laser aiming – лазерное *наведение* [визирование]
laser air-jet engine – лазерный воздушно-ракетный двигатель
laser alarm – лазерная сигнализация
laser albedo – коэффициент диффузного отражения [альбедо] лазерного излучения
laser alignment – юстировка [настройка] лазера; лазерная *центровка* [доводка, подгонка]
laser alloy – лазерный сплав
laser alloy diffusion – диффузия при лазерном *сплавлении* [легировании]
laser alloy diffusion technique – лазерная диффузионно-сплавная технология
laser alloy technique – методы [техника] лазерного *сплавления* [легирования]
laser alloying – лазерное *легирование* [сплавление, получение сплава]
laser alloying of semiconductors – лазерное легирование полупроводников
laser alloys interaction – взаимодействие лазерного излучения со сплавами
laser altimeter – лазерный высотомер

laser amorphization – лазерная аморфизация

laser amplification – лазерное усиление

laser amplifier – лазерный усилитель [лазер-усилитель*]

laser amplifier with highest gain – лазерный усилитель с наибольшим коэффициентом усиления

laser amplitude – лазерная амплитуда [амплитуда лазерного излучения]

laser anemometer – лазерный анемометр

laser angle – угол падения лазерного луча

laser angle of incidence – угол падения лазерного луча

laser annealing – лазерный отжиг

laser annealing device – установка лазерного отжига

laser annealing of semiconductor – лазерный отжиг полупроводников

laser annealing of semiconductors after ion implantation – лазерный отжиг полупроводников после ионной имплантации

laser anti-missile weapons – лазерное противоракетное оружие

laser apparatus – лазерный аппарат

laser applications – применение лазеров

laser applications in electronics – применение лазеров в электронике

laser applications in microelectronics – применение лазеров в микроэлектронике

laser arc cutting – лазерно-дуговая резка

laser arc drilling – лазерно-дуговое сверление

laser arc melting – лазерно-дуговое плавление

laser arc welding – лазерно-дуговая сварка

laser architecture – архитектура лазера

laser arrangement – лазерная установка

laser array – лазерная *матрица* [решётка]

laser arrested crack – остановленная лазерным излучением трещина

laser artwork generator – лазерный генератор *изображений оригиналов* [фотошаблонов]

laser aspherization of optical surfaces – лазерная асферизация оптических поверхностей

laser assisted chemical deposition – химическое *осаждение* [напыление] с помощью лазера

laser assisted chemical vapor deposition – химическое паровое *осаждение* [напыление] с помощью лазера

laser assisted etching – травление с помощью лазера

laser assisted lithography – литография с помощью лазера

laser assisted machining – механическая обработка с помощью лазера

laser assisted microscale deformation – микродеформация с помощью лазера

laser assisted nanolithography – нанолитография с помощью лазера

laser assisted oxygen cutting – лазерная резка с помощью кислорода

laser assisted oxygen drilling – лазерное сверление с помощью кислорода

laser assisted oxygen melting – лазерная плавка с помощью кислорода

laser assisted oxygen welding – лазерная сварка с помощью кислорода

laser assisted surface modification – модификация поверхности с помощью лазера

laser atmosphere monitorimg – лазерный контроль атмосферы

laser atomic deposition – лазерное осаждение атомов

laser austenite-to-martensite transformation – лазерное аустенитно-мартенситное превращение (*в сталях*)

laser axis – ось лазера

laser bandwidth – ширина линии излучения лазера

laser bar – линейка лазеров [лазерный *бар* [магазин]]

laser barcode – лазерный штрихкод

laser based autocollimator – лазерный автоколлиматор
laser based inspection and control – лазерная инспекция и контроль
laser based landmine sweepers – устройство уничтожения *мин* [фугасов] с помощью лазера
laser based on chain reaction – лазер, основанный на цепной реакции
laser based single particle counter – лазерный счётчик частиц
laser basics – основы лазеров
laser beacon – лазерный маяк
laser beam – лазерный *пучок* [луч]
laser beam absorption – поглощение лазерного пучка
laser beam addressing – лазерная *адресация* [печатание адреса]
laser beam alignment – юстировка лазерного пучка
laser beam analyzer – лазерно-пучковый анализатор [лазер-анализатор*]
laser beam annealing – лазерно-лучевой отжиг
laser beam axis – ось лазерного пучка
laser beam bender – отклоняющее лазерный пучок устройство
laser beam characteristics – характеристики лазерного пучка
laser beam chopper – прерыватель лазерного пучка
laser beam combiner – устройство сведения лазерных пучков
laser beam combining – сложение [комбинирование] лазерных пучков
laser beam communication – лазерная связь
laser beam compression – сжатие лазерным пучком
laser beam control – управление лазерным пучком
laser beam cooling – охлаждение лазерного пучка
laser beam correction – коррекция лазерного пучка
laser beam cross-section – поперечное сечение лазерного пучка
laser beam cross-section area – площадь поперечного сечения лазерного пучка
laser beam cutting – резка лазерным пучком
laser beam defocusing – расфокусировка лазерного пучка
laser beam delivery – доставка лазерного пучка
laser beam diameter – диаметр лазерного пучка
laser beam direction – направление лазерного пучка
laser beam display – лазерный *дисплей* [индикатор]
laser beam divergence – расходимость [дивергенция] лазерного пучка
laser beam drilling – сверление лазерным пучком
laser beam dump – отключение лазерного пучка
laser beam energy distribution – распределение энергии лазерного пучка
laser beam expander – расширитель лазерного пучка
laser beam eye defence – защита глаз от лазерного излучения
laser beam fluence – плотность потока лазерного пучка
laser beam flux – плотность лазерного пучка
laser beam focus – фокус лазерного пучка
laser beam focusing – фокусировка лазерного пучка
laser beam former – формирователь лазерного пучка
laser beam forming arrangement – устройство формирования лазерного *пучка* [профиля]
laser beam growth – рост лазерного пучка
laser beam guidance – наведение лазерного пучка
laser beam guiding system – система управления лазерным пучком

laser beam handling – управление лазерным пучком
laser beam heating – лазерно-лучевой нагрев
laser beam induced current – лазерно-индуцированный ток
laser beam integrator – интегратор лазерного пучка
laser beam intensity – интенсивность лазерного пучка
laser beam interaction with ceramics – взаимодействие лазерного излучения с керамиками
laser beam interaction with composite – взаимодействие лазерного излучения с композитами
laser beam interaction with glass – взаимодействие лазерного излучения со стёклами
laser beam interaction with metals – взаимодействие лазерного излучения с металлами
laser beam interaction with polymers – взаимодействие лазерного излучения с полимерами
laser beam irradiation – облучение лазерным пучком
laser beam jitter – дрожание лазерного пучка [лазерный джиттер]
laser beam lithography – лазерно-лучевая литография
laser beam lithography aligner – установка лазерно-лучевой литографии
laser beam lithography system – система [установка] лазерно-лучевой литографии
laser beam machining – обработка лазерным пучком [лазерная обработка]
laser beam melting – плавление лазерным пучком
laser beam monitoring – мониторинг с помощью лазерного пучка
laser beam parameters – параметры лазерного пучка
laser beam parameters product – произведение параметров лазерного пучка
laser beam particle counter – лазерный счётчик частиц
laser beam path – траектория [путь] лазерного пучка
laser beam pattern – форма [характеристика] лазерного пучка
laser beam patterning – лазерно-лучевое формирование изображения (*с помощью литографии*)
laser beam permeability – проницаемость [проникающая способность] лазерного пучка
laser beam plotter – лазерный *графопостроитель* [плоттер]
laser beam pointing – лазерное наведение пучка
laser beam pointing stability – устойчивость [воспроизводимость] наведения лазерного пучка
laser beam positioning – позиционирование лазерного пучка
laser beam power – мощность лазерного пучка
laser beam power efficiency – эффективность мощности лазерного пучка
laser beam printimg – лазерно-пучковое *печатание* [литография]
laser beam probe – лазерно-пучковый зонд
laser beam profiler – лазерный профиломер [устройство профилирования лазерного пучка, профайлер лазерного пучка]
laser beam projector – лазерный проектор
laser beam propagation – распространение лазерного пучка
laser beam propagation in atmosphere – распространение лазерного пучка в атмосфере
laser beam properties – свойства лазерного пучка
laser beam pumping – накачка лазерным пучком
laser beam quality – качество лазерного пучка
laser beam quality improving technique – техника повышения качества лазерного пучка
laser beam radius – радиус лазерного пучка
laser beam recorder – лазерное записывающее устройство
laser beam recording – лазерно-лучевая запись
laser beam remelting – лазерно-лучевой переплав
laser beam sampler – пробоотборник лазерного пучка

laser beam sampling methods – методы отбора проб лазерного пучка

laser beam scanning – сканирование лазерным пучком [лазерно-лучевое сканирование]

laser beam scanning speed –скорость сканирования лазерного пучка

laser beam shape – форма лазерного пучка

laser beam shaper – устройство формирования лазерного профиля

laser beam shaping – формирование лазерного пучка

laser beam shaping device – устройство формирования лазерного пучка

laser beam sharpening – сужение лазерного пучка

laser beam size – размер лазерного пучка

laser beam spectral purity – спектральная чистота лазерного пучка

laser beam splitter – разделитель [расщепитель] лазерного пучка

laser beam splitting – разделение лазерного пучка

laser beam spot – лазерное пятно

laser beam spot size – размер лазерного пятна

laser beam sputtering – лазерно-лучевое распыление

laser beam stability – стабильность лазерного пучка

laser beam steering – управление лазерным пучком

laser beam stretcher – расширитель лазерного пучка

laser beam technology – лазерно-лучевая технология

laser beam transmission efficiency – эффективность пропускания лазерного пучка

laser beam trapping – захват лазерного пучка

laser beam visualization – визуализация лазерного излучения

laser beam waist – сужение [перетяжка, шейка] лазерного пучка

laser beam waist radius – радиус *шейки* [перетяжки] лазерного пучка

laser beam wander – медленное изменение (*параметров*) лазерного пучка

laser beam wavefront – волновой фронт лазерного пучка

laser beam wavefront correction – коррекция волнового фронта лазерного пучка

laser beam welding – сварка лазерным пучком

laser beam zone refining – лазерно-лучевая зонная плавка

laser beams combination – сведение лазерных пучков

laser bending – лазерное изгибание

laser bending elasticity – упругость при лазерном изгибании

laser bending of metal sheets – лазерное изгибание металлических пластин

laser bending strength – прочность на лазерный изгиб

laser biology – лазерная биология

laser biostimulation – лазерная биостимуляция

laser biotechnology – лазерная биотехнология

laser blade – лазерный скальпель

laser blanking – гашение лазера

laser blinding weapon – лазерное слепящее оружие

laser blow-off – лазерное выдувание

laser bomb – лазерная бомба [бомба, наводимая (*на цель*) лазерным пучком]

laser bonding – лазерное соединение [лазерная сварка]

laser boronising – лазерное борирование

laser brazing – лазерная пайка твёрдым (*среднеплавким*) припоем

laser brightness – яркость лазерного излучения

laser brightness temperature – яркостная температура лазерного излучения

laser brittle fracture – лазерное хрупкое разрушение (*материала*)

laser burst – лазерная вспышка [импульс [вспышка] лазера]

laser butt joint – лазерное стыковое соединение

laser butt seam – лазерный шов встык

laser cable – лазерный кабель

laser calorimeter – лазерный калориметр

laser calorimetry – лазерная калориметрия

laser camera – лазерная камера (*для получения изображений*)

laser cannon – лазерная *трость* [палка слепого, отмечающая препятствия на пути]

laser cannon – лазерная пушка

laser capture microdissection – лазерный микроанализ при захвате (*пучка*)

laser carbonitriding – лазерная нитроцементация

laser carbonization лазерное науглероживание [цементация] (*поверхности*)

laser carburizing – лазерное *науглероживание* [цементация] (*поверхности*)

laser carrier – лазерная несущая (*частота*)

laser carrier frequency – лазерная несущая частота

laser cartridge – лазерный *патрон* (*с краской*) [картридж]

laser carving – лазерная *резьба* [резание]

laser cascade transitions – лазерные каскадные переходы

laser casting – лазерное литьё

laser cathode – лазерный катод

laser cavity – лазерный *резонатор* [полость]

laser cavity assembly – сборка лазерного резонатора

laser cavity design – дизайн лазерного резонатора

laser cavity modes – моды лазерного резонатора

laser ceilometer – лазерный облакомер

laser cell – лазерная *кювета* [ячейка]

laser cementation – лазерная цементация (*поверхности*)

laser ceramic interaction – взаимодействие лазерного излучения с керамикой

laser chamber – лазерная камера (*для получения изображений*)

laser channel – лазерный канал

laser character generator – лазерный знакогенератор

laser characteristics – характеристики лазера

laser chemical deposition – лазерное химическое осаждение (*плёнок*)

laser chemical electrolysis – лазерный химический электролиз

laser chemical etching – лазерное химическое *травление* [гравировка]

laser chemical physics – лазерная химическая физика

laser chemical vapor deposition – лазерное химическое паровое *осаждение* (напыление)

laser chemical vapor deposition of metal – лазерное химическое паровое *осаждение* [напыление] металлов

laser chemistry – лазерная химия [лазерохимия]

laser chip – лазерно-удаляемый материал

laser chipping – лазерное разделение (*пластины на кристаллы*)

laser chromising – лазерное хромирование

laser cladding – лазерное *плакирование* [покрытие]

laser cladding methods – методы лазерного плакирования

laser cladding with preplaced powder – лазерное плакирование с предварительно размещённым (*на поверхности*) порошком

laser class

laser class – лазерный класс [класс лазера]
laser classification – классификация лазеров
laser cleaning – лазерная *чистка* [зачистка] (*при удалении загрязнений*)
laser cleaning efficiency – эффективность лазерной чистки
laser cleavage – лазерное раскалывание (*кристалла*)
laser cleavage fracture – лазерное разрушение (*кристалла*) сколом
laser coagulation – лазерная коагуляция
laser coating – лазерное *плакирование* [покрытие]
laser coating strength – прочность лазерного покрытия
laser coherence – когерентность лазерного излучения
laser cold cutting – лазерная холодная резка
laser comb – лазерная гребёнчатая структура
laser communication – лазерная связь
laser communication system – система лазерной связи
laser communication technology – технология лазерной связи
laser compact disk matrix – матрица лазерного компакт-диска
laser compact disk player – лазерный проигрыватель компакт-дисков
laser composer – лазерная наборная машина
laser composites interaction – взаимодействие лазерного излучения с композитами
laser compression – лазерное сжатие
laser compression strength – прочность (*материала*) при лазерном сжатии
laser computer – лазерный *компьютер* [вычислительная машина]
laser conduction joining – лазерное соединение за счёт проводимости
laser configuration – конфигурация [конструкция, схема] лазера
laser confocal microscope – лазерный конфокальный микроскоп
laser construction – конструкция лазера
laser control by atomic beams – лазерное управление атомными пучками
laser controlled doping – управляемое лазером легирование
laser conversion efficiency – эффективность преобразования лазерного излучения
laser converter – лазерный преобразователь [лазер-преобразователь*]
laser converting – преобразование лазерного излучения
laser cooled atoms – атомы, охлаждённые лазерным излучением
laser cooled ions – ионы, охлаждённые лазерным излучением
laser cooled molecules – молекулы, охлаждённые лазерным излучением
laser cooling – охлаждение лазера [лазерное охлаждение]
laser cooling of beam – лазерное охлаждение пучка
laser cooling of solids – лазерное охлаждение твёрдых тел
laser cooling transition – переход при лазерном охлаждении
laser correlation spectroscopy – лазерная корреляционная спектроскопия
laser coupling – ввод-вывод лазерного излучения
laser crack strength – сопротивление (*материала*) лазерному разрушению
laser cross section – лазерное эффективное сечение
laser crystals – лазерные кристаллы
laser crystals codoping – совместное легирование лазерных кристаллов
laser crystals interaction – взаимодействие лазерного излучения с кристаллами
laser crystals physics – физика лазерных кристаллов
laser crystals versus laser glass – лазерные кристаллы против лазерных стёкол

laser crystallization – лазерная кристаллизация
laser crystallization front – фронт лазерной кристаллизации
laser cutoff – срыв [отключение] генерации лазера
laser cutter – лазерный резак
laser cutting – лазерная резка
laser cutting area – площадь лазерной резки
laser cutting chamber – камера лазерной резки
laser cutting defects – дефекты лазерной резки
laser cutting device – установка лазерной резки
laser cutting edge – край лазерной резки
laser cutting edge deformation – деформация края лазерной резки
laser cutting edge factor – краевой фактор лазерной резки
laser cutting edge quality – качество края лазерной резки
laser cutting efficiency – эффективность лазерной резки
laser cutting gas – газ для лазерной резки
laser cutting heating – нагрев при лазерной резке
laser cutting initiation – инициирование лазерной резки
laser cutting jet – лазерная режущая струя
laser cutting machine – станок лазерной резки
laser cutting of alloys – лазерная резка сплавов
laser cutting of ceramics – лазерная резка керамик
laser cutting of composites – лазерная резка композитов
laser cutting of dielectrics – лазерная резка *изоляторов* [диэлектриков]
laser cutting of glass – лазерная резка стёкол
laser cutting of materials – лазерная резка материалов
laser cutting of metals – лазерная резка металлов
laser cutting of nonmetals – лазерная резка неметаллов
laser cutting of polymers – лазерная резка полимеров
laser cutting of sheet materials – лазерная резка листовых материалов
laser cutting of steels – лазерная резка сталей
laser cutting pattern – шаблон для лазерной резки
laser cutting process – процесс лазерной резки
laser cutting profiling – профилирование лазерной резки
laser cutting quality – качество лазерной резки
laser cutting rate – скорость лазерной резки
laser cutting slag – шлак при лазерной резке
laser cutting spatter – брызги *(каплеобразные на поверхности)* при лазерной резке
laser cutting speed – скорость лазерной резки
laser cutting system – комплекс [установка] лазерной резки
laser cutting technique – техника лазерной резки
laser cutting termination – завершение лазерной резки
laser cutting width – ширина лазерной резки
laser cutting zone – зона [площадь] лазерной резки
laser damage – лазерное повреждение [повреждение или разрушение лазерным излучением; дефект, созданный лазерным излучением]
laser damage resistance – лазерная прочность [сопротивление лазерному разрушению]
laser damage stability – стойкость *(материала)* к лазерному повреждению

laser damage threshold – порог лазерного разрушения [лазерная прочность]

laser danger – опасность поражения лазерным излучением

laser data link – система передачи лазерных данных [лазерная система передачи данных]

laser dazzle – лазерное ослепление

laser dazzle system – лазерная ослепляющая система

laser deceleration of atoms – лазерное замедление атомов

laser defectoscopy – лазерная дефектоскопия

laser deflashing – лазерное *снятие* [удаление] заусенцев

laser dehardening – лазерное разупрочнение

laser densification – лазерное уплотнение

laser densitometer – лазерный денситометр

laser depolymerization – лазерная деполимеризация

laser deposition – лазерное осаждение

laser deposition of coatings – лазерное *осаждение* [нанесение] покрытий

laser deposition process – процесс лазерного *осаждения* [нанесения]

laser deposition system – система лазерного *осаждения* [напыления]

laser depth sounding – лазерная батиметрия

laser depthometer – лазерный глубиномер

laser design – конструкция [дизайн] лазера

laser designator – лазерный целеуказатель

laser desorption – лазерная десорбция

laser desorption and ionization mass spectrometry – масс-спектрометрия с лазерной десорбцией и ионизацией

laser desorption mass-spectrometry – лазерная десорбционная масс-спектрометрия

laser destruction – лазерная деструкция (*полимеров*)

laser detection – лазерное детектирование

laser detection of rare isotopes – лазерное детектирование редких изотопов

laser detector – детектор лазерного излучения

laser detuning – лазерная расстройка

laser development – развитие лазеров

laser device – лазерная *установка* [система]

laser device for measuring turbidity of liquids and gases – лазерный *прибор для измерения мутности жидкостей и газов* [нефелометр]

laser diagnostics – лазерная диагностика

laser diagnostics of plasma – лазерная диагностика плазмы

laser dicing – лазерное разрезание (*полупроводниковой пластины*)

laser dielectrics interaction – взаимодействие лазерного излучения с диэлектриками

laser diffractometer – лазерный дифрактометр

laser diffusion – лазерная диффузия

laser diffusion alloying – лазерное диффузионное *легирование* [сплавление]

laser diode – лазерный диод

laser diode array – матрица [решётка] лазерных диодов

laser diode bar – линейка лазерных диодов [лазерная диодная линейка]

laser diode drivers – лазерные диодные драйверы

laser diode face – лицевая поверхность лазерного диода

laser diode matrix – матрица [решётка] лазерных диодов

laser diode module – лазерный диодный модуль [модуль лазерного диода]

laser diode pumping – накачка лазерного диода [лазерная диодная накачка]

laser diode stack – стопка лазерных диодов
laser direct casting – лазерное *прямое* [бесслитковое] литьё
laser direct metal deposition – лазерное прямое осаждение металов
laser direction indicator – лазерный указатель направления
laser directivity – лазерная *направленность* [коэффициент направленного действия]
laser disk – лазерный диск (*с однократной записью и многократным считыванием*)
laser disk face-pump – лицевая накачка лазерного диска
laser dispersion – дисперсия лазерного излучения
laser display – лазерный *дисплей* [индикатор, экран]
laser display industry – индустрия лазерных дисплеев
laser distance meter – лазерный дальномер
laser distillation – лазерная дистилляция
laser doping – лазерное легирование
laser doping efficiency – эффективность лазерного легирования
laser doping technique – техника [метод] лазерного легирования
laser Doppler anemometer – лазерный доплеровский анемометр
laser Doppler current meter – лазерный доплеровский измеритель *потоков* [тока]
laser Doppler spectroscopy – лазерная доплеровская спектроскопия
laser Doppler velocimeter – лазерный доплеровский измеритель скорости
laser Doppler velocimetry – лазерное доплеровское измерение скорости
laser drawing – лазерное *рисование* [черчение]
laser dressing – лазерная правка [(*окончательная, финишная*) доработка]
laser drill – лазерный *бур* [установка для сверления]
laser drilling – лазерное бурение [лазерное сверление, обработка на лазерном прошивочном станке]
laser drilling area – площадь лазерного сверления
laser drilling contour – контур лазерного сверления
laser drilling contour deformation – деформация контура лазерного сверления
laser drilling contour factor – фактор контура лазерного сверления
laser drilling contour quality – качество контура лазерного сверления
laser drilling depth – глубина лазерного сверления
laser drilling device – установка лазерного сверления
laser drilling efficiency – эффективность лазерного сверления
laser drilling gas – газ для лазерного сверления
laser drilling heating – нагрев при лазерном сверлении
laser drilling hole – отверстие при лазерном сверлении
laser drilling initiation – инициирование лазерного сверления
laser drilling machine – станок лазерного сверления
laser drilling of alloys – лазерное сверление сплавов
laser drilling of ceramics – лазерное сверление керамик
laser drilling of composites – лазерное сверление композитов
laser drilling of dielectrics – лазерное сверление *изоляторов* [диэлектриков]
laser drilling of glass – лазерное сверление стёкол
laser drilling of materials – лазерное сверление материалов
laser drilling of metals – лазерное сверление металлов
laser drilling of nonmetals – лазерное сверление неметаллов
laser drilling of polymers – лазерное сверление полимеров
laser drilling of sheet materials – лазерное сверление листовых материалов

laser drilling of steels – лазерное сверление сталей
laser drilling quality – качество лазерного сверления
laser drilling rate – скорость лазерного сверления
laser drilling slag – шлак при лазерном сверлении
laser drilling spatter – брызги *(каплеобразные на поверхности)* при лазерном сверлении
laser drilling speed – скорость лазерного сверления
laser drilling technique – техника лазерного сверления
laser drilling technology – технология лазерного сверления
laser drilling zone – зона лазерного сверления
laser driven – управляемый лазерным излучением
laser driven deflagration – управляемое лазерным излучением мгновенное сгорание
laser driven fusion – лазерный управляемый *синтез* [термоядерный синтез]
laser driven rocket engine – лазерно-управляемый ракетный двигатель
laser driven solar sail spacecraft – космический аппарат с солнечным парусом, управляемый лазером
laser driven sunsail – солнечный парус, управляемый лазером
laser dulled sheets – лазерно-затупленные листы
laser dye – краситель для лазеров [лазерный краситель]
laser dynamic fracture – лазерное динамическое разрушение *(материала)*
laser dynamics – лазерная динамика
laser edge guide sensor – лазерный датчик направления кромки *(полосы листа при прокатке)*
laser effect – лазерный эффект
laser efficiency – эффективность [коэффициент полезного действия] лазера
laser efficiency factor – лазерная эффективность [коэффициент полезного действия лазера]
laser electrochemistry – лазерная электрохимия
laser electrodynamics – лазерная электродинамика
laser electronic technology – лазерная электронная технология
laser electronics – лазерная электроника
laser electrothermal thruster – лазерный электротермический ракетный двигатель малой тяги
laser element – лазерный *элемент* [компонент]
laser embrittlement – лазерное охрупчивание *(сталей)*
laser emission – лазерная *эмиссия* [излучение]
laser emission power – мощность лазерной эмиссии
laser emission process – процесс лазерного излучения
laser emissivity – лазерная излучательная способность
(a) laser emits at several frequencies – лазер работает на нескольких частотах
(a) laser emits at wavelength λ – лазер излучает на длине волны λ
(a) laser emits in continious wave mode – лазер работает в непрерывном режиме
(a) laser emits in near infra-red – лазер генерирует в ближней инфракрасной области спектра
(a) laser emits in pulse mode – лазер работает в импульсном режиме
(a) laser emits in wavelength range from λ_1 to λ_2 – лазер работает в области длин волн от λ_1 до λ_2
laser emittance – лазерная излучательная способность
laser emitter – лазерный излучатель
laser energy – энергия лазерного излучения [лазерная энергия]
laser energy density – плотность лазерной энергии
laser energy deposition – выделение лазерной энергии
laser energy fluence rate – плотность потока лазерной энергии
laser energy flux – поток лазерной энергии

laser energy level – лазерный энергетический уровень
laser energy meter – измеритель лазерной энергии
laser energy probe – измеритель лазерной энергии
laser energy transfer processes – процессы передачи лазерной энергии
laser engineered net shaping – лазерно-формируемый конечный профиль (*изделия*)
laser engineering – лазерная техника и технологии
laser engineering for manufacturing applications – лазерная инженерия промышленных применений
laser engraving – лазерное *гравирование* [гравировка]
laser enhanced diffusion – лазерно-усиленная диффузия
laser enhanced electrodeposition – лазерно-усиленное электроосаждение
laser enhanced electrolysis – лазерно-усиленный электролиз
laser enhanced electrolysis deposition – лазерно-усиленное электролизное осаждение
laser enhanced electroplating – лазерно-усиленное электроосаждение
laser enrichment – лазерное *обогащение* [повышение концентрации полезного компонента]
laser epitaxial growth – лазерный эпитаксиальный рост (*плёнки*)
laser epitaxial growth technique – техника лазерного эпитаксиального роста (*плёнки*)
laser epitaxy – лазерная эпитаксия
laser equations – лазерные уравнения
laser equipment – лазерная аппаратура
laser etching – лазерное травление
laser etching at a surface adsorbed layer – лазерное травление на поверхности поглощаемого слоя
laser etching depth – глубина лазерного травления
laser evaporation – лазерное испарение
laser excitation – возбуждение [накачка] лазера
laser excitation amplitude – амплитуда лазерного возбуждения
laser excitation enrichment – лазерное обогащение (*изотопов*)
laser excitation intensity – интенсивность лазерного возбуждения
laser excitation mechanism – механизм лазерного *возбуждения* [накачки]
laser excitation of sound – лазерное возбуждение звука
laser excited particle – возбуждаемая лазерным излучением частица
laser exciter – лазерный *возбудитель* [генератор, резонатор]
laser exposer – лазерная установка экспонирования
laser extinguishing – гашение лазера
laser eyewear – лазерные защитные очки
laser fabric – лазерная ткань
laser fabricated glass microlens arrays – лазерно-созданные ряды стеклянных микролинз
laser facility – лазерная *установка* [система]
laser facing – лазерная наплавка (*поверхности*)
laser facsimile – лазерная факсимильная копия
laser failure – лазерное *разрушение* [повреждение] (*материалов*); неудача при применении лазера
laser fed fiber – возбуждённое лазером оптоволокно
laser fed plasma – плазма, вызванная лазерным излучением
laser fed surface texture – текстура поверхности, вызванная лазерным излучением
laser fed texturation – текстурирование, вызванное лазерным излучением
laser femtosecond microscope – лазерный фемтосекундный микроскоп
laser femtotecnology – лазерная фемтотехнология
laser fiber – лазерное оптоволокно

laser fiberscope – лазерный оптоволоконный эндоскоп

laser field – лазерное поле [поле лазерного излучения]

laser film technique – лазерная плёночная технология

laser films covering – лазерное покрытие плёнками

laser filter – лазерный фильтр

laser fingerprint lock – лазерный замок, реагирующий на отпечатки пальцев

laser finish – лазерная *финишная* [чистовая] обработка (*поверхности*)

laser fission – лазерное расщепление (*при ядерной реакции*)

laser flare – лазерная *вспышка* [факел]

laser flashlamp – лазерная лампа-вспышка

laser flaw detection – лазерная дефектоскопия

laser flight-time mass-spectrometer – лазерный времяпролётный масс-спектрометр

laser fluence – плотность потока энергии лазерного излучения

laser fluorescence – лазерная флюоресценция

laser fluorescence spectrometer – лазерный флюоресцентный спектрометр

laser fluorometer – лазерный флюорометр

laser fluorimetry – лазерная флюориметрия

laser flux distribution – распределение плотности потока лазерного излучения

laser focus – фокус лазерного излучения

laser focused atomic deposition – лазерно-сфокусированное осаждение атомов

laser for fast ignition experiments – лазер для быстровоспламеняемых экспериментов

laser forming – лазерное формообразование

laser fracture – лазерное разрушение (*материала*)

laser fracturing – лазерное трещинообразование (*в материале*)

laser frequency – частота лазерного излучения

laser frequency bandwidth – ширина лазерного диапазона частот

laser frequency control – контроль лазерной частоты

laser frequency modulation – модуляция частоты лазерного излучения

laser frequency reproducibility – воспроизводимость частоты лазерного излучения

laser frequency stability – стабильность частоты лазера

laser frequency stabilization – стабилизация частоты излучения лазера

laser fritting – лазерное спекание (*порошковых материалов*)

laser fusing – лазерное *плавление* [расплавление, оплавление]

laser fusion – лазерное *плавление* [расплавление, оплавление], лазерный ядерный синтез

laser fusion area – площадь лазерного *плавления* [расплавления, оплавления]

laser fusion cutting – лазерная резка с оплавлением

laser fusion drilling – лазерное сверление с оплавлением

laser fusion microexplosions mission – полёт (*с двигателем*) на лазерно-термоядерных микровзрывах

laser fusion microexplosions propulsion – ракетный двигатель на лазерно-термоядерных микровзрывах

laser fusion mission – полёт с использованием лазерно-термоядерного реактора

laser fusion reactor – лазерно-термоядерный реактор

laser fusion requirements – требования лазерно-термоядерной реакции

laser fusion rocket – лазерно-термоядерный ракетный двигатель

laser fusion spacecraft – космический аппарат с лазерно-термоядерным двигателем

laser fusion synthesis – лазерно-термоядерный синтез

laser fuze – лазерный взрыватель

laser gage – лазерный датчик

laser gain – усиление лазера

laser gain coefficient – коэффициент усиления лазера

laser gain control – контроль лазерного усиления

laser gain medium – лазерная усиливающая среда

laser gain medium length – длина лазерной усиливающей среды

laser gas analyzer – лазерный газоанализатор

laser gas breakdown – лазерный пробой газов

laser gas powder deposition – лазерное газопорошковое напыление

laser gaseous nitriding – лазерное газовое азотирование

laser generated air contaminant – лазерно-генерируемое загрязнение воздуха

laser generated plasma – лазерно-генерируемая плазма

(*a*) laser generates longitudinal modes – лазер возбуждает продольные виды колебаний

laser generation – генерация лазерного [лазерная генерация] излучения

laser generation of hypersound – лазерная генерация гиперзвука

laser generation of sound – лазерная генерация звука

laser generation power improving methods – методы повышения мощности генерации лазера

laser generation time – время лазерной генерации

laser generator – генератор лазерного излучения [лазерный генератор]

laser generator efficiency – эффективность лазерного генератора

laser gettering – лазерное геттерирование

laser glancing – лазерное полирование

laser glancing angle – угол скольжения лазерного луча

laser glass – лазерное стекло

laser glass ceramics amorphization – лазерная аморфизация стеклокерамики

laser glass forming – лазерное стеклообразование

laser glass interaction – взаимодействие лазерного излучения со стёклами

laser glazing – лазерное *глазурование* [полирование, шлифовование]

laser grading – лазерная маркировка

laser graphic – лазерный график

laser graphitization – лазерная графитизация

laser gravimeter – лазерный гравиметр

laser grazing – лазерное царапание

laser grazing angle – угол скольжения лазерного луча

laser grinding – лазерное *шлифование* [диспергирование]

laser grooving – лазерная нарезка *пазов* [канавок]

laser grooving under water – лазерная нарезка *пазов* [канавок] под водой

laser guidance – лазерное наведение

laser guide – лазерный *волновод* [световод]

laser guide star – лазерная *опорная звезда* [звезда-ориентир]

laser gun – лазерная *пушка* [оружие, квантрон]

laser gyro – лазерный гироскоп

laser gyro technology – технология лазерных гироскопов

laser gyrocompass – лазерный гирокомпас

laser gyroscope – лазерный гироскоп

laser hard coating – лазерно-упрочняемое *плакирование* [покрытие]

laser hard surfacing – закалка поверхности лазерным излучением

laser hardened alloys – лазерно-упрочняемые сплавы [сплавы, упрочняемые лазерной обработкой] laser hardened surface layer – лазерно-упрочнённый поверхностный слой

laser hardening – лазерное *упрочнение* [повышение прочности, закалка]

laser hardening check – лазерная закалочная микротрещина

laser hardening depth – глубина (*поверхностного слоя*) при лазерном *упрочнении* [закалке]

laser hardening mechanism – механизм лазерного *упрочнения* [повышения прочности, закалки]

laser harmonic – гармоника лазерного излучения

laser hazard – лазерная опасность [опасность поражения лазерным излучением]

laser head – лазерная головка [излучатель лазера]

laser head block – блок лазерной головки [лазерная головка]

laser healing – лазерное залечивание (*дефектов поверхности*)

laser hearth – лазерный *горн* [высокотемпературный нагреватель]

laser hearth melting processing – обработка плавлением с помощью лазерного *горна* [высокотемпературного нагревателя]

laser heat exchanger – лазерный теплообменник

laser heat sink – лазерный теплоотвод

laser heat stress – лазерное тепловое напряжение

laser heat surface treatment – лазерная термообработка поверхности

laser heat transfer efficiency – эффективность передачи лазерного тепла

laser heat treatment – лазерная термообработка

laser heated pedestrial growth – рост лазерно-нагреваемой *подложки* [основания]

laser heated pedestrial growth technique – метод роста лазерно-нагреваемой *подложки* [основания]

laser heated rocket engine – лазерно-нагреваемый ракетный двигатель

laser heated rocket thruster – лазерно-нагреваемый ракетный двигатель малой тяги

laser heating – лазерный нагрев

laser heating of plasma – лазерный нагрев плазмы

laser heating with melting – лазерный нагрев с оплавлением

laser heating with vaporization – лазерный нагрев с парообразованием

laser heterodyne radiometer – лазерный гетеродиновый радиометр

laser heterodyning – лазерное гетеродинирование

laser heterostructure – лазерная гетероструктура

laser high-speed compacting – лазерное высокоскоростное компактирование (*порошков*)

laser history – история лазеров

laser hobbyist – любитель лазеров

laser hole – лазерное отверстие

laser hole drilling – лазерное сверление отверстий

laser hologram – лазерная голограмма [лазограмма*]

laser holography – лазерная голография [лазография*]

laser homogenizing – лазерная гомогенизация

laser host material – лазерный материал-хозяин*

laser illuminated – облучаемый лазерным излучением

laser illuminated area – лазерно-облучаемая поверхность

laser illumination – лазерная подсветка [подсвечивание лазером]

laser illumination tracking equipment – аппаратура сопровождения (*цели*) лазерной подсветкой

laser image – лазерное изображение

laser image projector – лазерный *проектор* [установка] для получения изображений

laser imaging – лазерное формирование изображений

laser imaging device – лазерный *видеодетектор* [устройство формирования изображений]

laser imaging system – лазерная система формирования изображений
laser imaging, detection and ranging – лазерный радар [лидар]
laser immunotherapy – лазерная иммунотерапия
laser impact – лазерный удар
laser impact fracture – лазерное ударное разрушение (*материала*)
laser impact strength – сопротивление (*материала*) лазерному удару
laser impact stress – лазерное ударное напряжение
laser implantation – лазерная имплантация
laser impurity doping – лазерное легирование примесями
laser induced – индуцированный лазерным излучением
laser induced ablation – лазерно-индуцированная абляция
laser induced activation – активация лазерным излучением
laser induced ageing – лазерно-индуцированное старение (*сплавов*)
laser induced alignment – лазерно-индуцированная юстировка
laser induced associated ionization – лазерно-индуцированная ассоциативная ионизация
laser induced backside dry etching – лазерно-индуцированное сухое травление задней стороны
laser induced backside wet etching – лазерно-индуцированное влажное травление задней стороны
laser induced blindness – вызванное лазером ослепление
laser induced breakdown – лазерно-индуцированный пробой
laser induced breakdown spectroscopy – спектроскопия лазерно-индуцированного пробоя [лазерно-
    индуцированная искровая спектроскопия]
laser induced brittleness – лазерно-индуцированная хрупкость (*материалов*)
laser induced chemical reaction – лазерно-индуцированная химическая реакция
laser induced coating damage – повреждение [разрушение] покрытия, вызванное лазерным излучением
laser induced crack – трещина, вызванная лазерным излучением
laser induced current – лазерно-индуцированный ток
laser induced damage – лазерно-индуцированное *повреждение* [разрушение]
laser induced damage thresholds – лазерно-индуцированное повреждение порогов
laser induced decomposition – лазерно-индуцированное разложение
laser induced deformation – лазерно-индуцированная деформация
laser induced desorption – лазерно-индуцированная десорбция
laser induced diffusion – лазерно-индуцированная диффузия [лазерная диффузия]
laser induced dissociation – лазерно-индуцированная диссоциация
laser induced electrolysis – лазерно-индуцированный электролиз
laser induced electrolysis deposition – лазерно-индуцированное электролизное осаждение
laser induced evaporation – лазерно-индуцированное испарение (*материала*)
laser induced fluorescence – лазерно-индуцированная флюоресценция
laser induced fractals – лазерно-индуцированные фракталы
laser induced fusion microexplosion – лазерно-индуцированный термоядерный микровзрыв
laser induced fracture – лазерно-индуцированное разрушение
laser induced fusion – лазерно-индуцированный ядерный синтез
laser induced fusion microexplosion spacecraft – космический аппарат с лазерно-индуцированным
    термоядерным микровзрывом
laser induced gas breakdown – лазерно-индуцированный пробой газа
laser induced grating – лазерно-индуцированная дифракционная решетка
laser induced heating – лазерно-индуцированный нагрев
laser induced ignition – лазерное инициирование (*термоядерной реакции*)

laser induced implantation

laser induced implantation – лазерно-индуцированная имплантация [ионное легирование]

laser induced incandescence – лазерно-индуцированное тепловое излучение

laser induced instability – лазерно-индуцированная неустойчивость

laser induced interstitials – лазерно-индуцированные внедрённые атомы (*в материалах*)

laser induced interstitial thermotherapy – термотерапия с помощью лазерно-индуцированных внедрённых атомов

laser induced ionization – лазерно-индуцированная ионизация [лазерная ионизация]

laser induced line narrowing – лазерно-индуцированное сужение линии (*при флюоресценции*)

laser induced liquid deposition – лазерно-индуцированное осаждение жидкости

laser induced luminescence – лазерно-индуцированная люминесценция

laser induced mass transport – лазерно-индуцированный масс-транспорт (*вещества*)

laser induced materials science – лазерно-индуцированное материаловедение

laser induced nanoparticles – лазерно-индуцированные наночастицы

laser induced nanostructures – лазерно-индуцированные наноструктуры

laser induced orientation of molecules – лазерно-индуцированная ориентация молекул

laser induced oxidation – лазерно-индуцированное окисление

laser induced particle injection – лазерно-индуцированная инжекция частиц

laser induced photoassociation – лазерно-индуцированная фотоассоциация

laser induced photoprocess – лазерно-индуцированный фотопроцесс

laser induced picosecond pulsed X-ray – лазерно-индуцированные пикосекундные импульсные рентгеновские лучи

laser induced plasma – лазерно-индуцированная плазма

laser induced plasma assisted ablation – лазерно-индуцированная абляция с помощью плазмы

laser induced pulsed X-ray – лазерно-индуцированные импульсные рентгеновские лучи

laser induced recombination – лазерно-индуцированная рекомбинация

laser induced reordering – лазерно-индуцированное разупорядочение (*сплавов*)

laser induced schock wave – лазерно-индуцированная ударная волна

laser induced solidification – лазерно-индуцированное затвердевание

laser induced spraying – лазерно-индуцированное напыление

laser induced strain – лазерно-индуцированная деформация

laser induced stress – лазерно-индуцированное напряжение

laser induced structural change – лазерно-индуцированное изменение структуры

laser induced sublimation – лазерно-индуцированная сублимация

laser induced surface texturing – лазерно-индуцированное поверхностное текстурирование

laser induced synthesis – лазерно-индуцированный (*фотохимический*) синтез

laser induced thermal processes – лазерно-индуцированные термические процессы

laser induced thermal stress – лазерно-индуцированное термическое напряжение

laser induced transition – лазерно-индуцированный переход

laser induced transparency – лазерно-индуцированная прозрачность

laser induced vaporizaton – лазерно-индуцированное испарение

laser induced *X*-ray – лазерно-индуцированные рентгеновские лучи

laser industry – лазерная *индустрия* [промышленность]

laser infrared spectroscopy – лазерная инфракрасная спектроскопия

laser initiated ionization – лазерно-инициируемая ионизация

laser initiated soft *X*-ray laser – лазерно-инициируемый рентгеновский лазер с мягким излучением

laser initiation – инициирование лазера [лазерное инициирование]

laser injury – лазерное *поражение* [травма]

laser inspection – лазерная *инспекция* [дефектоскопия]
laser instability – лазерная неустойчивость [неустойчивость (*генерации*) лазера]
laser intensity – интенсивность лазера
laser intensity distribution – распределение лазерной интенсивности
laser intensity limits – пределы интенсивности лазера
laser interaction zone – зона воздействия лазерного облучения
laser interference crystallization – кристаллизация при лазерной интерференции
laser interference thermometry – лазерная интерференционная термометрия
laser interferogram – лазерная интерферограмма
laser interferometer – лазерный интерферометр
laser interferometrical gravitational observatory – лазерная интерферометрическая гравитационная
    обсерватория
laser interferometry – лазерная интерферометрия
laser intergranular cracking – лазерное межкристаллитное растрескивание
laser interlock – лазерная блокировка [блокировка лазера]
laser intracavity spectrophotometer – внутрирезонаторный лазерный спектрофотометр
laser ion implantation – лазерная ионная *имплантация* [легирование]
laser ionization – лазерная ионизация
laser irradiated tissue – ткань (*биологическая*), облучённая лазером
laser irradiated tool – лазерно-облучённый инструмент
laser irradiation – лазерное облучение
laser irradiation intensity – интенсивность лазерного облучения
laser irradiation stability – устойчивость к лазерному облучению
laser irradiation sterilization – стерилизация лазерным облучением
(*a*) laser is turned on at time *t* – лазер включается в момент времени *t*
laser isotope separation – лазерное разделение изотопов
laser isotope separation by multiphoton dissociation – лазерное разделение изотопов методом многофотонной
    диссоциации
laser isotope separation in atomic pairs – лазерное разделение изотопов в атомарных парах
laser isotope separation in atomic power engineering – лазерное разделение изотопов в атомной энергетике
laser jet engine – лазерный реактивный двигатель
laser jet propulsion – лазерный реактивный двигатель
laser jet thrust – лазерная реактивная тяга
laser joining – лазерное соединение
laser joint efficiency – прочность лазерного соединения
laser kerf – лазерный рез
laser kerf width – ширина лазерного реза
laser keyhole – лазерная скважина
laser keyhole welding – лазерная сварка со скважиной
laser keyholing – лазерное клинообразование (*в материале при обработке*)
laser kinetics spectroscopy – лазерная кинетическая спектроскопия
laser knife – лазерный скальпель
laser labeling of atoms – лазерная маркировка атомов
laser labeling of molecules – лазерная маркировка молекул
laser lamp – лазерная лампа
laser lap joint – лазерное соединение внахлёст
laser lens – лазерный объектив

laser level – лазерный *уровень* [нивелир]

laser level pumping – накачка лазерного уровня

laser lifetime – время жизни [срок работы] лазера

laser lift-off – лазерное *отслаивание* [вспучивание] (*поверхностных слоёв*)

laser light – лазерный свет

laser light show – лазерное световое шоу

laser light valve – лазерный *световой затвор* [модулятор]

laser light wavelengths – длины волн лазерного *света* [излучения]

laser lighting display – лазерный *световой дисплей* [индикатор]

laser line – лазерная линия

laser line broadening – уширение лазерной линии

laser line intensity – интенсивность лазерной линии

laser line polarizer – лазерный линейный поляризатор

laser line shift – смещение линии (*излучения*) лазера

laser linewidth – ширина лазерной линии

laser link – лазерная линия связи

laser lithography – лазерная литография

laser location – лазерная локация

laser locator – лазерный *локатор* [радар]

laser locator designator – лазерный локатор-целеуказатель

laser lock – лазерный замок

laser loosen – лазерное разрыхление (*поверхности*)

laser machinability – лазерная обрабатываемость (*материалов и заготовок*)

laser machine – лазерный станок

laser machine for parting-off solid bars – лазерная машина для отрезания прутков

laser machining – лазерная обработка (*материалов*)

laser machining center – лазерный многоцелевой *центр* [станок]

laser machining information – лазерные технологические данные

laser machining process – процесс лазерной обработки

laser macrodiagnostics – лазерная макродиагностика

laser magnetic domain control – лазерный магнитный контроль доменов

laser magnetic resonance spectroscopy – лазерная магнитно-резонансная спектроскопия

laser magnetic spectrometer – лазерный магнитный спектрометр

laser mailing labels – лазерные почтовые этикетки

laser main types – основные типы лазеров

laser manipulation of particles – лазерное управление движением частиц

laser mapping – лазерное картографирование

laser marking – лазерная маркировка

laser marking alloy – лазерный маркировочный сплав

laser masking – лазерное маскирование

laser mass-spectrometer – лазерный масс-спектрометр

laser mass-spectrometer analysis– лазерный масс-спектрометрический анализ

laser mass-spectrometry – лазерная масс-спектрометрия

laser mass transfer – лазерный массоперенос [массообмен, массопередача]

laser mass transport – лазерный массоперенос [массообмен, массопередача]

laser material – лазерный *материал* [вещество, среда]

laser materials destruction – деструкция материалов при лазерном облучении

laser materials interaction – взаимодействие лазерного излучения с материалами
laser materials processing – лазерная обработка материалов
laser materials processing application – применение лазерной обработки материалов
laser materials processing variables – параметры лазерной обработки материалов
laser materials removal – лазерное удаление материалов
laser materials science – лазерное материаловедение
laser materials strength – лазерная прочность материалов
laser materials strength physics – физика лазерной прочности материалов
laser materials strength under fatique – лазерная прочность материалов при усталости
laser materials treatment – лазерная обработка материалов
laser matrix – лазерная *матрица* [решётка]
laser matter interaction – взаимодействие лазерного излучения с веществом
laser measure length – длина лазерного измерения
laser measurements – лазерные измерения
laser medical applications – лазерные применения в медицине
laser medicine – лазерная медицина
laser medium – лазерная среда
laser medium active state – активное [рабочее] состояние лазерной среды
laser medium pumping – накачка лазерной среды
laser melting – лазерное *плавление* [расплавление, оплавление]
laser melting area – площадь лазерной плавки
laser melting zone – зона лазерной плавки
laser memory – лазерная *память (вычислительной машины)* [запоминающее устройство]
laser merchromizing – лазерное нанесение сверхтвёрдых покрытий (*на поверхность*)
laser metal cutter – лазерный металлорежущий станок
laser metal quenching – лазерная закалка металлов
laser metallization – лазерная металлизация
laser metals interaction – взаимодействие лазерного излучения с металлами
laser meter – лазерный измеритель
laser method – лазерный метод
laser metrology – лазерная метрология
laser microalloying – лазерное микросплавление
laser microalloying technique – технология лазерного микросплавления
laser microanalysis – лазерный микроанализ
laser microanalytical mass-spectrometry – лазерная микроаналитическая масс-спектрометрия
laser microchip – лазерный микрочип
laser microchip convertor – лазерный микрочип-конвёртер
laser microcutting – лазерное *микрорезание* [микрорезка]
laser microdiagnostics – лазерная микродиагностика
laser microdrilling – лазерное микросверление
laser microelectronics – лазерная микроэлектроника
laser microelectronics technique – лазерная микроэлектронная техника
laser microfabrication – лазерное изготовление микроизделий
laser microfabrication technology – технология лазерной микрообработки
laser microjet – лазерная микроструя
laser micromachining – лазерная *микрообработка* [обработка миниатюрных материалов]
laser micromachining technique – техника лазерной микрообработки

laser micromachining technology

laser micromachining technology – технология лазерной микрообработки
laser microparticle analyzer – лазерный анализатор микрочастиц
laser microparticle trapping – лазерный захват микрочастиц
laser microprobe – лазерный микрозонд
laser microprobe analysis – лазерный микрозондовый анализ
laser microscope – лазерный микроскоп
laser microscopy – лазерная микроскопия
laser microsize materials treatment – лазерная обработка материалов микронных размеров
laser microsoldering – лазерная микропайка
laser microstructuring – лазерное микроструктурирование
laser microsurgery – лазерная микрохирургия
laser microwelder – лазерная установка микросварки
laser microwelding – лазерная микросварка
laser microwelding device – установка лазерной микросварки
laser microwelding machine – установка лазерной микросварки
laser milling – лазерное *дробление* [измельчение, фрезерование]
laser mirror – зеркало лазера [лазерное зеркало]
laser mirrors alignment – юстировка лазерных зеркал
laser misalignment – разъюстировка лазера
laser mixture – лазерная смесь (*газов для химического лазера*)
laser mode – мода лазерного излучения [лазерная *мода* [вид колебания]]
laser mode area – площадь лазерной моды
laser mode locking – синхронизация мод лазерного излучения
laser mode restriction – ограничение лазерных мод
laser mode transformation – преобразование лазерной моды
laser mode zone – площадь лазерной моды
laser modeling – лазерное моделирование
laser models – лазерные модели
laser modulator – лазерный модулятор
laser module – лазерный модуль
laser molecular beam – лазерный молекулярный пучок
laser molecular beam epitaxy – эпитаксия с помощью лазерного молекулярного пучка
laser molecules interaction – взаимодействие лазерного излучения с молекулами
laser multi-beam heating – лазерный многопучковый нагрев
laser nanofibers – лазерные нановолокна
laser nanoparticles analyzer – лазерный анализатор наночастиц
laser nanoscopy – лазерная наноскопия
laser nanotechnology – лазерная нанотехнология
laser nefelometer – лазерный *нефелометр* [прибор для измерения степени мутности жидкостей и газов]
laser nitriding – лазерное азотирование
laser nitro carburizing – лазерная нитроцементация
laser noise – лазерный шум
laser nonlinear crystals – лазерные нелинейные кристаллы
laser nonmetals cutting – лазерная резка неметаллов
laser nonmetals interaction – взаимодействие лазерного излучения с неметаллами
laser ocular imaging – лазерная визуализация
laser of "emitting mirror" type – лазер типа "излучающее зеркало"

laser on dye doped solid-liquid medium – лазер на твёрдотельно-жидкостной среде, легированной красителем

laser on multicharged ion transitions – лазер на переходах многозарядных ионов

laser on supersonic jet – лазер со сверхзвуковой прокачкой [лазер (*расположенный*) на сверхзвуковом самолёте]

laser on transitions of ... – лазер на переходах ...

(*a*) laser operates close to threshold – лазер работает вблизи порога генерации

(*a*) laser operates in continious wave mode – лазер работает в непрерывном режиме

(*a*) laser operates in pulse mode – лазер работает в импульсном режиме

laser operating principle – принцип работы лазера

laser operation – режим работы лазера

laser ophthalmology – лазерная офтальмология

laser optical adaptive system – лазерно-оптическая адаптивная система

laser optical damage – лазерное оптическое повреждение

laser optical system – лазерная оптическая система

laser optical acoustic tomography – лазерная оптико-акустическая томография

laser optical excitation heterostructure – лазерная гетероструктура с оптическим возбуждением

laser optics – лазерная оптика

laser optoelectronics – лазерная оптоэлектроника

laser optron – лазерный *оптрон* [оптронная пара]

laser oscillation – лазерное *колебание* [осцилляция]

laser oscillation frequency – частота лазерных колебаний

laser oscillation threshold – порог лазерной генерации [лазерный порог]

laser oscillator – лазерный *генератор* [осциллятор]

laser output – выход лазера [выходная мощность лазера]

laser output characteristics – выходные характеристики лазера

laser output frequency – лазерная выходная частота

laser output power – выходная *мощность* [энергия] лазера

laser overageing – лазерное перестаривание (*сплавов*)

laser oxidation – лазерное окисление

laser paint stripping – лазерное удаление лакокрасочного покрытия

laser parameters – параметры лазера

laser parameters measurement techniques – методы измерения параметров лазера

laser particle acceleration methods – лазерные методы ускорения частиц

laser particle injection – лазерная инжекция частиц

laser particle size analyzer – лазерный анализатор размеров частиц

laser particles – лазерные [лазерно-излучающие] частицы

laser pattern generation – генерация лазерной диаграммы [лазерное формирование *изображения* [рисунка]]

laser peening – лазерный наклёп [нагартовка]

laser pen – лазерная ручка

laser penetration – лазерное проникновение (*в материал*)

laser perforation – лазерная перфорация

laser phase array – лазерная фазированная решетка

laser phase modulation – фазовая модуляция лазера

laser phase transformation – лазерное фазовое превращение

laser photo typesetter – лазерное устройство фотопечати

laser photobiochemistry – лазерная фотобиохимия

laser photobiology – лазерная фотобиология

91

laser photochemical ablation

laser photochemical ablation – лазерная фотохимическая абляция
laser photochemistry – лазерная фотохимия
laser photocoagulator – лазерный фотокоагулятор
laser photoelectron microscopy – лазерная фотоэлектронная микроскопия
laser photography – лазерная фотография [фотосъёмка с использованием лазера]
laser photoinduced alignment – лазерная подгонка с помощью фотографирования
laser photoion microscope – лазерный фотоионный микроскоп
laser photoionization – лазерная фотоионизация
laser photoionization mass-spectrometry – лазерная фотоионизационная масс-спектрометрия
laser photoionization spectrometry – лазерная фотоионизационная спектрометрия
laser photoluminescence – лазерная фотолюминесценция
laser photon – лазерный фотон
laser photophysics – лазерная фотофизика
laser photoseparation – лазерное фоторазделение (*изотопов*)
laser phototype setter – лазерная фотонаборная машина
laser physical vapor deposition – лазерное физическое паровое *осаждение* [напыление]
laser physics – лазерная физика [физика лазеров]
laser physics basics – основы лазерной физики
laser physics methods – методы (*анализа*) лазерной физики
laser physics principle – основы лазерной физики
laser pickup – лазерный звукосниматель
laser plasma – лазерная плазма
laser plasma diagnostics – лазерная диагностика плазмы
laser plasma interaction – взаимодействие лазерного излучения с плазмой
laser plasma radiation source – лазерно-плазменный источник излучения
laser plasma source – источник лазерной плазмы
laser plasma *X*-ray source – лазерно-плазменный рентгеновский источник
laser plate making – лазерное изготовление печатных форм
laser platemaker – лазерная установка для копирования на формную пластину
laser plating – лазерное нанесение покрытий
laser player – лазерный проигрыватель
laser plotter – лазерный графопостроитель [плоттер]
laser pointed device – лазерное указательное устройство
laser pointer – лазерная *указка* [указатель]
laser pointing instability – нестабильность лазерного наведения
laser polarimeter – лазерный поляриметр
laser polarimetric technique – техника лазерной поляриметрии
laser polarimetry – лазерная поляриметрия
laser polarization – поляризация лазерного излучения
laser polishing – лазерное полирование
laser polishing of glass surface – лазерное полирование стеклянной поверхности
laser polymerization – лазерная полимеризация
laser polymers interaction – взаимодействие лазерного излучения с полимерами
laser power – мощность лазера
laser power density – плотность мощности лазерного излучения
laser power meter – измеритель мощности лазера
laser power probe – измеритель лазерной мощности

92

laser power scaling – масштабирование лазерной мощности
laser power supply – подвод лазерной мощности
laser powered aircraft – летательный аппарат с лазерной мощностью
laser powered flight – полёт (*летательного средства*) с лазерной мощностью
laser powered shuttle – шаттл [многоразовый летательный аппарат] с лазерной мощностью
laser powered transportation – транспортировка [перелёт, перемещение] с лазерной мощностью
laser principle – основы лазеров
laser printer – лазерный *принтер* [печатающее устройство]
laser printer optics – оптика лазерного принтера
laser printing – лазерная *печать* [полиграфия]
laser probing – лазерное зондирование
laser processed *p-n* junction – *p-n* переход, вызванный лазерной обработкой
laser processing – лазерная обработка
laser processing center – лазерный технологический центр
laser processing diagrams – лазерные технологические диаграммы
laser processing efficiency – эффективность лазерного процесса (*обработки*)
laser processing mechanisms – механизмы лазерной обработки
laser processing system – система лазерной обработки
laser processing technique – техника лазерной обработки
laser produced plasma – плазма, вызванная лазерным излучением
laser product – лазерное изделие [изделие для лазера]
laser production accessory – лазерная технологическая оснастка
laser production of silicides – лазерное создание силицидов
laser production of super pure substances – лазерное получение особо чистых веществ
laser profilometry – лазерная профилометрия
laser projection displays – лазерные проекционные дисплеи
laser projection microscope – лазерный проекционный микроскоп
laser projection system – лазерная проекционная система
laser projection television – лазерное проекционное телевидение
laser projector – лазерный проектор
laser propelled spacecraft – космический аппарат с лазерным двигателем
laser property – лазерная характеристика
laser propulsion – лазерное тяговое усилие
laser propulsion engine – лазерная силовая установка
laser propulsion rocket engine – лазерный ракетный двигатель
laser prototyping – лазерное *макетирование* [моделирование]
laser pulse – лазерный импульс
laser pulse compression – сжатие лазерного импульса
laser pulse duration – длительность лазерного импульса
laser pulse duration measurement – измерение длительности лазерных импульсов
laser pulse energy – энергия лазерного импульса
laser pulse evaporation – лазерное импульсное испарение
laser pulse forming network – формирование сети лазерных импульсов
laser pulse front – фронт лазерного импульса
laser pulse fusing – лазерное импульсное плавление
laser pulse fusion – лазерное импульсное плавление
laser pulse gain – усиление лазерного импульса

laser pulse generation

laser pulse generation – генерация лазерного импульса
laser pulse intensity – интенсивность лазерного импульса
laser pulse length – длина лазерного импульса
laser pulse melting – лазерное импульсное плавление
laser pulse parameter – параметр лазерного импульса
laser pulse repetition – повторение лазерных импульсов
laser pulse repetition interval – период повторения лазерных импульсов
laser pulse self-steepening – самопроизвольное повышение крутизны лазерного импульса
laser pulse shapes – формы лазерных импульсов
laser pulse strengthening – упрочнение лазерным импульсом
laser pulse stretcher – расширитель лазерных импульсов
laser pulse stretching – растяжение [расширение] лазерного импульса
laser pulse tail – хвостовая часть лазерного импульса
laser pulse termination – вывод лазерного импульса
laser pulse train – последовательность лазерных импульсов
laser pulse train generation – генерация последовательности лазерных импульсов
laser pulse ultrashort duration – сверхкороткая длительность лазерного импульса
laser pulse vaporization – лазерное импульсное испарение
laser pulse width – ширина лазерного импульса
laser pump – накачка лазера [лазерная накачка]
laser pump absorption – поглощение при лазерной накачке
laser pump cavity – резонатор накачки лазера
laser pump generator – генератор накачки лазера
laser pump intensity – интенсивность накачки лазера
laser pump level – уровень (*энергетический*) накачки лазера
laser pump noise – шум лазерной накачки
laser pump parameter – параметр накачки лазера
laser pump pulse intensity – интенсивность импульса накачки лазера
laser pumped amplifier – усилитель с лазерной накачкой
laser pumped device – прибор с лазерной накачкой
laser pumped laser – лазер с лазерной накачкой
laser pumped maser – мазер с лазерной накачкой
laser pumping – накачка лазера [лазерная накачка]; генератор накачки лазера
laser pumping energy – энергия лазерной накачки
laser pumping probability – вероятность накачки лазера
laser pumping process – процесс накачки лазера
laser pumping source – источник накачки лазера
laser pumping threshold – порог лазерной накачки
laser punch press – лазерный дыропробивной пресс
laser pushed solar sail mission – полёт с солнечным парусом под давлением излучения лазера
laser pyrolysis – лазерный пиролиз
laser *Q*-factor – добротность лазера
laser *Q*-switch – лазерный переключатель добротности
laser quality control – лазерный контроль качества
laser quality control of connections – лазерный контроль качества соединений
laser quantum – лазерный квант (*излучения*)
laser quantum dot heterostructure – лазерная гетероструктура с квантовыми точками

laser quantum electronics – лазерная квантовая электроника
laser quench cracking – лазерное образование закалочных трещин
laser quenching – лазерная закалка [гашение лазера]
laser quenching austenite – аустенит лазерной закалки
laser quenching martensite – мартенсит лазерной закалки
laser quenching with melting surface – лазерная закалка с оплавлением поверхности
laser radar – лазерный *дальномер* [радар], лидар
laser radar receiver – лазерный локационный приёмник
laser radiation – лазерное излучение [излучение лазера]
laser radiation damping – затухание лазерного излучения
laser radiation density – плотность лазерного излучения
laser radiation energy – энергия лазерного излучения
laser radiation energy absorption – поглощение энергии лазерного излучения
laser radiation energy absorption in metals – поглощение энергии лазерного излучения в металлах
laser radiation energy absorption in semiconductors – поглощение энергии лазерного излучения в
     полупроводниках
laser radiation fluctuations – флюктуации лазерного излучения
"laser radiation - free atoms" interaction – взаимодействие лазерного излучения со свободными атомами
laser radiation frequency – частота лазерного излучения
laser radiation generator – генератор лазерного излучения [лазерный генератор]
laser radiation intensity – интенсивность лазерного излучения
laser radiation line – (*спектральная*) линия лазерного излучения
laser radiation line width – ширина (*спектральной*) линии лазерного излучения
laser radiation noises – шумы лазерного излучения
laser radiation phase – фаза лазерного излучения
laser radiation power density – плотность потока лазерного излучения
laser radiation pressure – давление лазерного излучения
laser radiation scattering – рассеяние лазерного излучения
laser radiation spectral width – спектральная ширина лазерного излучения
laser radiation visualization – визуализация лазерного излучения
laser radiometer – лазерный радиометр
laser radiometry – лазерная радиометрия
laser rain gage – лазерный дождемер
laser range finder – лазерный (свето)дальномер
laser range finding – лазерная (свето)дальнометрия
laser ranger – лазерный (свето)дальномер
laser ranging – лазерная (свето)дальнометрия
laser ranging system – система лазерной дальнометрии
laser raster – лазерный растр
laser rate equations – уравнения для лазерных коэффициентов
laser ray – луч лазера [лазерный луч]
laser reactive fusion cutting – лазерная резка с помощью реактивного плавления
laser reader – лазерное считывающее устройство
laser reboring – лазерная расточка (*отверстий*)
laser receiver – лазерный приёмник
laser reconnaissance – лазерная разведка
laser recorder – лазерное устройство записи

laser recrystallization

laser recrystallization – лазерная *рекристаллизация* [перекристаллизация]
laser recrystallization annealing – лазерный рекристаллизационный отжиг
laser reflection – лазерное отражение
laser reflective camera – лазерный осветитель
laser reflectivity – коэффициент лазерного отражения
laser reflow soldering – лазерная пайка с оплавлением
laser refractometer – лазерный рефрактометр
laser refractometry – лазерная рефрактометрия
laser refrigeration – лазерное охлаждение
laser refrigerator – лазерный рефрижератор
laser regrowth – лазерная кристаллизация [перекристаллизация]
laser reinforced toughness – лазерно-усиленная *ударная вязкость* [прочность]
laser relay – лазерный ретранслятор
laser reliability – надёжность лазера
laser relief – лазерный рельеф (*поверхности после обработки*)
laser remelting – лазерный переплав
laser remote probing – лазерное дистанционное зондирование
laser remote sounding – лазерное дистанционное зондирование
laser reordering – разупорядочение (*сплавов*) с помощью лазерного излучения
laser repair – ремонт лазера
laser resonance fluorescence – лазерная резонансная флюоресценция
laser resonance photo ionization – лазерная резонансная фотоионизация (*атомов*)
laser resonator – лазерный *резонатор* [полость]
laser resurfacing – лазерное покрытие поверхности
laser rewelding – лазерная повторная сварка
laser ring – лазерное кольцо
laser robotics – лазерная робототехника
laser rod – лазерный стержень [стержень (*активного вещества*) лазера]
laser rod damage threshold – порог разрушения (*активного*) стержня лазера
laser rupture – лазерное разрушение или разрыв (*материала*)
laser safety – лазерная безопасность
laser safety limits – пределы лазерной безопасности
laser safety manager – руководитель [менеджер] лазерной безопасности
laser safety officer – работник лазерной безопасности
laser safety risks – риски лазерной безопасности
laser safety standarts – стандарты лазерной безопасности
laser saturation of isotopes – лазерное насыщение изотопов
laser scabbling – лазерное разрушение (*кристалла*) сколом
laser scalpel – лазерный скальпель
laser scanner – лазерный сканер
laser scanning – лазерное сканирование
laser scanning calorimetry – лазерная сканирующая калориметрия
laser scanning fluorescence microscopy – лазерная сканирующая флюоресцентная микроскопия
laser scanning microscopy – лазерная сканирующая микроскопия
laser scanning system – лазерная сканирующая система
laser scattering – рассеяние лазерного излучения
laser screening – лазерное растрирование

laser scriber – лазерный *гравировальный резец* [скрайбер]

laser scribing – лазерное *гравирование* [скрайбирование]

laser selective detection – лазерное селективное детектирование

laser selective ionization – лазерная селективная ионизация

laser selective spectroscopy – лазерная селективная спектроскопия

laser semiactive guidance – лазерное полуактивное наведение

laser sensitometer – лазерный сенситометр

laser sensor – лазерный датчик

laser setting – лазерная *настройка* [наладка, набор]

laser setup – лазерная *установка* [настройка]

laser shape cutting – лазерная фигурная резка

laser shape wood cutting – лазерная фигурная резка древесины

laser shaping – лазерное профилирование

laser shock – лазерный удар

laser shock cleaning – лазерно-ударная чистка

laser shock compression – лазерное сжатие ударом

laser shock cracking – лазерно-ударное растрескивание

laser shock hardening – упрочнение лазерным ударом

laser shock peening – наклеп лазерным ударом

laser shock processing – обработка лазерным ударом

laser shot – лазерный импульс

laser shot peening – лазерный ударный наклеп

laser show – лазерное шоу

laser show display place – лазериум* [место показа лазерного шоу]

laser shutter – лазерный затвор

laser signal – сигнал лазерного излучения

laser sintering – лазерное спекание (*порошков*)

laser sintering ability – лазерная спекаемость (*порошков*)

laser sizes – размеры лазера

laser skin care – лазерный уход за кожей

laser slowed atoms – атомы, *замедленные* [заторможенные] лазерным излучением

laser soldering – лазерная пайка

laser soldering of capacitor – лазерная пайка конденсатора

laser solid phase diffusion – лазерная твёрдофазная диффузия

laser solid phase doping – лазерное твёрдофазное легирование

laser solid target interaction – взаимодействие лазерного излучения с твёрдой мишенью

laser sound – лазерный зонд

laser sounding – лазерное зондирование

laser source – лазерный источник [оптический квантовый генератор]

laser space relay – лазерный космический ретранслятор

laser space relay mirror – лазерное космическое зеркало-ретранслятор

laser spallation – лазерное расщепление (*при ядерной реакции*)

laser spark – лазерная искра

laser spark spectroscopy – лазерная искровая спектроскопия

laser species – лазерная *частица* [объект, генерирующий лазерное излучение]; вид [тип] лазерных осциллирующих частиц (*электрон, атом, ион, молекула и т.п.*)

laser specifications – характеристики лазера

laser speckle

laser speckle – лазерное *дифракционное пятно* [спекл] изображения
laser speckle interferometry – лазерная спекл-интерферометрия
laser speckle structure – лазерная спекл-структура
laser spectrometer – лазерный спектрометр
laser spectrometry – лазерная спектрометрия
laser spectrophotometer – лазерный спектрофотометр
laser spectroscopic technique – лазерно-спектроскопическая техника [методы лазерной спектроскопии]
laser spectroscopy – лазерная спектроскопия
laser spectrum – лазерный спектр
laser spiking – лазерный пик (*при генерации*)
laser splash – лазерная плёнка (*от брызг металла при резании или сварке*)
laser splitting – разделение лазерного пучка
laser spot – лазерное пятно
laser spot area – площадь лазерного пятна
laser spot diameter – диаметр лазерного пятна
laser spot heating – нагрев (*в области*) лазерного пятна
laser spot size – размер лазерного пятна
laser spot tracker – лазерная система слежения (*цели*)
laser spot welding – лазерная точечная сварка
laser spot zone – зона [площадь] лазерного пятна
laser spraying – лазерное *распыление* [напыление]
laser sputtering – лазерное *распыление* [напыление]
laser sputtering of high-temperature superconducting films – лазерное напыление высокотемпературных
  сверхпроводящих пленок
laser stability – стабильность лазера
laser stabilized by saturated absorption – лазер со стабилизацией (*частоты по узким   резонансам*)
  насыщенного поглощения
laser standard – лазерный стандарт
laser stereolithography – лазерная стереолитография
laser stereometer – лазерный стереометр
laser stereometry – лазерная стереометрия
laser stimulated scattering microscope – лазерный микроскоп на стимулированном рассеянии
laser stimulation – лазерное *возбуждение* [стимуляция]
laser stimulation of chemical reactions – лазерное стимулирование химических реакций
laser storage – лазерное хранение (*информации*)
laser strengthening – лазерное упрочнение
laser stroboscope – лазерный стробоскоп
laser structure – лазерная структура
laser structure formation – лазерное структурообразование
laser sublimation – лазерная *сублимация* [возгонка]
laser sublimation cutting – лазерная резка с *сублимацией* [возгонкой]
laser substance heating – лазерный нагрев вещества
laser supermarket scanners – лазерные сканеры для супермаркетов
laser supported – поддерживаемый лазерным излучением
laser supported absorption – поддерживаемое лазерным излучением поглощение
laser supported absorption waves – волны поглощения, поддерживаемые лазерным излучением
laser supported combustion – горение, поддерживаемое лазерным излучением

laser supported rocket – ракета, поддерживаемое лазерным излучением
laser supported rocket engine – лазерный ракетный двигатель
laser supported rocket propulsion – лазерный ракетный двигатель
laser surface alloying – лазерное поверхностное *сплавление* [оплавление, легирование]
laser surface amorphization – лазерная аморфизация поверхности
laser surface cladding – лазерное поверхностное *осаждение* [плакирование]
laser surface cleaning – лазерная поверхностная очистка
laser surface diffusion treatment – лазерная поверхностная диффузионная обработка
laser surface evaporation – лазерное испарение поверхности
laser surface graphitization – лазерная графитизация поверхности
laser surface hardening – лазерное поверхностное упрочнение
laser surface heat treatment – лазерная поверхностная термообработка
laser surface heating – лазерное поверхностное нагревание
laser surface melting – лазерное оплавление поверхности
laser surface modification – лазерная модификация поверхности
laser surface plasma – лазерная поверхностная плазма
laser surface plating – лазерное поверхностное *плакирование* [металлизация]
laser surface processing – лазерная поверхностная обработка
laser surface roughening – лазерное создание шероховатости поверхности
laser surface strengthening – лазерное поверхностное упрочнение
laser surface stress – лазерное поверхностное напряжение
laser surface texturing – лазерное текстурирование поверхности
laser surface treatment – лазерная поверхностная обработка
laser surfacing – лазерное формирование поверхности
laser surgery – лазерная хирургия
laser sustained detonation wave rocket – ракетный двигатель с детонационной волной, поддерживаемой
        лазером
laser sword – лазерный меч
laser synchronization – синхронизация лазера
laser synthesis – лазерный *синтез* [синтезирование]
laser system – лазерная система
laser system controller – контроллер лазерной системы
laser tandem – лазерный тандем
laser target – лазерная мишень
laser target interaction – взаимодействие лазерного излучения с (*твёрдой*) мишенью
laser technique – лазерная техника
laser technique basics – основы лазерной техники
laser technique principle – основы лазерной техники
laser technological complex – лазерный технологический комплекс
laser technological setup – лазерная технологическая установка
laser technological systems – лазерные технологические системы
laser technological workstation – лазерная технологическая установка
laser technology – лазерная *технология* [обработка]
laser technology basics – основы лазерных технологий
laser technology classification – классификация лазерных технологий
laser technology of semiconductors – лазерная технология полупроводников
laser technology principle – основы лазерных технологий

laser television set – лазерный телевизор
laser tempering – лазерный отпуск (*стали*)
laser terminal cutter – лазерный резак терминала (*выхода*)
laser terminal scan – лазерное сканирование на выходе
laser terminal weld – шов при лазерной сварке
laser testing – лазерное испытание
laser texturing – лазерное текстурирование
laser texturizing – лазерное текстурирование
laser theodolite – лазерный теодолит
laser therapy – лазерная терапия
laser thermal action – лазерное тепловое воздействие
laser thermal cavitation – лазерная термокавитация
laser thermal chemistry – лазерная термохимия
laser thermal desorption – лазерная термодесорбция
laser thermal shock fracture – разрушение (*материала*), вызванное лазерным термоударом
laser thermal treatment – лазерная тепловая обработка
laser thermo-chemical processing – лазерная термохимическая обработка
laser thermometry – лазерная термометрия
laser thermometry of solids – лазерная термометрия твёрдых тел
laser thermonuclear target – лазерная термоядерная мишень
laser thermooptical generation of sound – лазерная термооптическая генерация звука
laser thermostat – лазерный термостат
laser thin film – лазерная тонкая плёнка
laser threshold – порог лазерной генерации [лазерный порог]
laser threshold oscillation condition – условие пороговой лазерной генерации
laser thruster – лазерный ракетный двигатель малой тяги
laser tissue interaction – взаимодействие лазерного излучения с (*биологической*) тканью
laser tolerance – стойкость (*материала*) к лазерному излучению
laser tomograph – лазерный томограф
laser tomography – лазерная томография
laser tool scanner – лазерный сканер для контроля инструмента
laser torch – лазерный факел
laser toughening – лазерная закалка с высоким отпуском
laser tracker – лазерная система слежения
laser tracking – лазерное сопровождение
laser tracking equipment – лазерная аппаратура сопровождения (*цели*)
laser tracking system – лазерная система слежения (*цели*)
laser training – лазерное обучение
laser training simulation – лазерное имитационное моделирование
laser transformation – лазерный фазовый переход (*в сплавах*)
laser transformation hardening – упрочнение при лазерном фазовом переходе (*в сплавах*)
laser transient – лазерное переходное состояние
laser transient surface heating – лазерный переходной (*внутри материала*) нагрев поверхности
laser transition – лазерный переход
laser transition levels – уровни лазерного перехода
laser transition line width – ширина линии лазерного перехода
laser transition object – объект лазерного перехода

laser transition probability – вероятность лазерного перехода

laser transition species – разновидности (*частиц [объектов]*) лазерного перехода

laser transmission – пропускание лазерного излучения

laser transmission factor – коэффициент пропускания лазерного излучения

laser transmission meter – лазерный *измеритель дальности видимости* [трансмиссомер]

laser transmittance – пропускание лазерного излучения

laser transmitter – лазерный передатчик [лазер-передатчик*]

laser transportation system – транспортная система с лазерным двигателем

laser trap – лазерная ловушка

laser trapping – лазерный захват

laser treatment – лазерная обработка (*материалов*)

laser treatment of cast irons – лазерная обработка чугунов

laser treatment of holes – лазерная обработка отверстий

laser treatment of metals and alloys – лазерная обработка металлов и сплавов

laser treatment of nonmetals – лазерная обработка неметаллов

laser treatment of steels – лазерная обработка сталей

laser trepanning – лазерная вырезка круглых изделий

laser trigger – лазерный *запуск* [триггер]

laser trigger annealing – лазерно-запускаемый отжиг [отжиг при лазерном запуске]

laser triggered discharge – лазерно-запускаемый разряд

laser trimmer – лазерное устройство выравнивания [триммер]

laser trimming – лазерное *выравнивание* [подгонка, отделка]

laser trimming technique – техника лазерного *выравнивания* [подгонки, отделки]

laser tube – лазерная трубка

laser tunability – перенастраиваемость лазера

laser tuning – лазерная *настройка* [юстировка]

laser turntable – лазерный поворотный стол

laser tweezer – лазерный пинцет

laser tweezers effect – эффект лазерного пинцета

laser types – типы лазеров

laser typesetter – лазерная наборная машина

laser ultrasonic inspection – лазерный ультразвуковой анализ

laser ultrasonic inspection of defects – лазерный ультразвуковой анализ дефектов

laser ultrasonic inspection of microstructure – лазерный ультразвуковой анализ микроструктуры

laser ultrasonic surface hardening – лазерно-ультразвуковое упрочнение поверхности

laser ultrasonic surface treatment – лазерно-ультразвуковая поверхностная обработка

laser ultrasonic treatment – лазерно-ультразвуковая обработка (*материалов*)

laser ultrasonics – лазерная ультразвуковая техника

laser underageing – лазерное недостаривание (*сплавов*)

laser underexcitation – недовозбуждение лазера

laser underhardening – лазерная неполная закалка

laser utilizing hot holes – лазер на горячих дырках

laser utilizing hot holes in germanium – лазер на горячих дырках в германии

laser utilizing hot holes in semiconductors – лазер на горячих дырках в полупроводниках

laser vapor deposition – лазерное осаждение из пара

laser vaporization – лазерное испарение

laser vaporization cutting – лазерное резание с испарением

101

laser vaporization drilling – лазерное сверление с испарением
laser vehicle – лазерное транспортное средство
laser velocimeter – лазерный измеритель скорости
laser velocimetry – лазерное измерение скорости
laser video player – лазерный видеопроигрыватель
laser viewing card – лазерная смотровая карточка
laser vision – лазерное видение
laser warning receiver – лазерный приёмник системы предупреждения
laser watch – лазерные часы
laser wavelengths – длины волн лазерного излучения
laser weak field acceleration – ускорение в слабом поле лазера
laser weapon – лазерное оружие
laser weight – вес лазера
laser weld – лазерный сварной шов [шов, полученный лазерной сваркой]
laser weld deposition – осаждение на лазерном шве
laser weld strength – прочность лазерного сварного шва
laser weldability – лазерная свариваемость (*материалов*)
laser welded – свариваемый лазерным излучением
laser welded tailored blank – лазерно-сваренная специальная заготовка
laser welder – лазерный сварочный аппарат
laser welder alignment device – лазерное сварочное устройство выравнивания (*концов стыков*)
laser welder device – лазерное сварочное устройство
laser welding – лазерная сварка
laser welding area – площадь лазерной сварки
laser welding chamber – камера лазерной сварки
laser welding cracks – трещины при лазерной сварке
laser welding defects– дефекты лазерной сварки
laser welding deposition – лазерная наплавка
laser welding device – установка лазерной сварки
laser welding efficiency – эффективность лазерной сварки
laser welding gas – газ для лазерной сварки
laser welding heating – нагрев при лазерной сварке
laser welding initiation – инициирование лазерной сварки
laser welding keyhole – лазерная сварочная скважина
laser welding machine – станок лазерной сварки
laser welding of alloys – лазерная сварка сплавов
laser welding of heterogeneous materials – лазерная сварка разнородных материалов
laser welding of metals – лазерная сварка металлов
laser welding of sheet materials – лазерная сварка листовых материалов
laser welding of steels – лазерная сварка сталей
laser welding process – процесс лазерной сварки
laser welding quality – качество лазерной сварки
laser welding rate – скорость лазерной сварки
laser welding side – сторона (*соединения*), с которой производится лазерная сварка
laser welding slag – шлак при лазерной сварке
laser welding spatter – брызги (*каплеобразные на поверхности*) при лазерной сварке
laser welding speed – скорость лазерной сварки

laser welding system – комплекс [установка] лазерной сварки
laser welding technology – технология лазерной сварки
laser welding termination – завершение лазерной сварки
laser welding wedge – лазерный сварочный клин
laser welding width – ширина лазерной сварки
laser welding zone – зона лазерной сварки
laser width measurement device – лазерное устройство измерения ширины (*полосы*)
laser with bleaching filtres – лазер с просветляющими фильтрами
laser with distributed feedback – лазер с распределённой обратной связью
laser with dynamic liquid crystal mirrors – лазер с динамическими жидкокристаллическими зеркалами
laser with Fabry-Perot resonator – лазер с резонатором Фабри-Перо
laser with folded resonator – лазер с изогнутым резонатором
laser with hybrid resonator – лазер с гибридным резонатором
laser with liquid crystal mirrors – лазер с жидкокристаллическими зеркалами
laser with nonself sustained discharge – лазер с несамостоятельным разрядом
laser with tunable broadband – лазер с перестраиваемой широкой полосой
laser with unstable resonator – лазер с неустойчивым резонатором
laser with waveguide output – лазер со световодным выходом
laser without inversion transition – лазер без инверсии перехода
laser wood engraving – лазерная резьба по дереву
laser workability – лазерная *обрабатываемость* [технологичность] (*материала, изделия*)
laser workhardening – лазерное деформационное упрочнение (*материала*)
laser workstation – лазерная установка
laser write and read system – лазерная система записи и считывания
laser writing – лазерная запись [запись лазерным лучом]
laser zone – лазерная зона
laser zone melting – лазерная зонная плавка
laser zone melting technology – технология лазерной зонной плавки
laser zone refining – лазерная зонная переплавка
laser, which operates – лазер, который работает
laser-atoms interaction – взаимодействие лазерного излучения с атомами
laser-cluster interaction – взаимодействие лазерного излучения с кластерами
laserist – лазерист [оператор лазерной установки, демонстратор лазерного шоу]
laserium – лазериум* [место показа лазерного шоу]
lasers based on activated crystals – лазеры на активированных кристаллах
lasers on neutral atoms of inert gases – лазеры на нейтральных атомах инертных газов
lasing – генерация лазерного [лазерная генерация] излучения
lasing ability – способность генерировать лазерное излучение
lasing bandwidth – ширина зоны лазерной генерации
lasing capability – способность генерировать лазерное излучение
lasing cavity – генерирующий лазерный резонатор
lasing chamber – генерирующая лазерная камера
lasing condition – условие лазерной генерации
lasing cutoff – срыв лазерной генерации
lasing discharge – лазерно-генерирующий разряд
lasing duration – длительность лазерной генерации
lasing dynamics – динамика лазерной генерации

lasing effect

lasing effect – эффект лазерной генерации [лазерный эффект]
lasing efficiency – эффективность лазерной генерации
lasing emitter – лазерный излучатель
lasing extinguishing – гашение [тушение] лазерной генерации
lasing frequency retuning – перестройка частоты лазерной генерации
lasing in random amplifying medium – лазерная генерация в *хаотической* [случайной] усиливающей среде
lasing jump – лазерный переход
lasing kinetics – кинетика лазерной генерации
lasing level – лазерный (*энергетический*) уровень
lasing material – вещество, генерирующее лазерное излучение [лазант*]
lasing medium – среда, генерирующая лазерное излучение
lasing mode – генерирующая лазерная мода [мода лазерного излучения, лазерная *мода* [волна]]
lasing mode classification – классификация режимов лазерной генерации
lasing power – мощность лазерной генерации
lasing process – процесс лазерной генерации
lasing quenching – гашение лазерной генерации
lasing regime – режим лазерной генерации
lasing resonator – генерирующий лазерный резонатор
lasing sequence – последовательность лазерной генерации
lasing signal – сигнал лазерной генерации
lasing spectrum – спектр лазерной генерации
lasing state – состояние лазерной генерации
lasing threshold – порог лазерной генерации [лазерный порог]
lasing wavelength – длина волны лазерного *излучения* [генерации]
lasing without inversion – генерация лазерного [лазерная генерация] излучения без инверсии перехода
lasing without mantaining medium excited – лазерная генерация без сохранения возбуждённой среды
lasogram* – лазограмма* [лазерная голограмма]
lasography – лазография* [лазерная голография]
lattice matched laser – лазер с согласованным параметром (*кристаллической решётки*)
layered laser – лазер на многослойной структуре
lead ion laser – лазер на ионах свинца [Pb^+ лазер]
lead salt laser – лазер на соли свинца
lead selenide laser – лазер на селениде свинца [$PbSe$ лазер]
lead sulfide laser – лазер на сульфиде свинца [PbS лазер]
lead telluride laser – лазер на теллуриде свинца [$PbTe$ лазер]
lead tin telluride laser – лазер на теллуриде олова-свинца [$(Pb-Sn)Te$ лазер]
lead vapor laser – лазер на парах свинца
leading edge spike – ведущий краевой пик
length modulated laser – лазер с изменяемой длиной модуляции
length optimized laser – лазер с оптимизированной длиной (*резонатора*)
lens coupled laser – лазер, сочленённый с линзой
lens-like laser – лазер на линзообразном активном материале
level population – (на, за)селённость уровня (*энергетического*)
leveling laser – лазер-нивелир*
LFEx laser [laser for fast ignition experiments] – лазер для быстровоспламеняемых экспериментов
lidar (acronym for *laser imaging, detection and ranging*) – лидар [лазерный радар]
lidar ceilometer – лазерный облакомер

lidar in-space technology experiment – технологический эксперимент в космосе с использованием *лидара* [лазерного локатора]

lidar sensor – лидарный датчик

lidar sounding – зондирование с помощью *лидара* [лазерного радара]

lidar wind sensor – лидарный датчик ветра

LiF laser – *LiF* лазер [лазер на фториде лития]

lifetime of excited energy level – время жизни [длительность] возбуждённого энергетического уровня

lifetime of excited energy state – время жизни [длительность] возбуждённого энергетического состояния

lifetime of laser – время жизни [срок работы] лазера

lifetime of laser level – время жизни (*частиц*) лазерного уровня

ight beams self-action – самовоздействие световых пучков

light emitting array – светоизлучающая матрица [матрица светодиодов]

light emitting diode – светоизлучающий диод [светодиод]

light emitting diode lamp – светодиодная *лампа* [излучатель]

light emitting diode pumped laser – лазер с накачкой светодиодом

light excitation – оптическое возбуждение

light excited laser – лазер с оптической накачкой

light excited maser – мазер с оптической накачкой

light guide cable – волоконно-оптический кабель

light laser – оптический лазер

light maser – оптический мазер

light oscillation phase control – управление фазой световых колебаний

light oscillation phase control in space – управление фазой световых колебаний в пространстве

light oscillation phase control in time – управление фазой световых колебаний во времени

light pulses self-action – самовоздействие световых импульсов

light pumped laser – лазер с оптической накачкой

light pumped maser – мазер с оптической накачкой

light scattering – рассеяние света

light wave cable – волоконно-оптический кабель

lightguide – оптический волновод [световод]

limit spatial coherence – предельная пространственная когерентность (*пучка*)

limit spatial coherence of laser beam – предельная пространственная когерентность лазерного пучка

linac (acronym for **lin**ear **ac**celerator) – линейный ускоритель

linac coherent light source – источник когерентного света линейного ускорителя

LiNbO₃ laser – лазер на ниобате лития [*LiNbO₃* лазер]

line center stabilized laser – лазер, стабилизированный по центру линии

line narrowed laser – лазер с уменьшенной шириной линии

line selectable laser – лазер с возможностью выбора линии

linear accelerator – линейный ускоритель

linear laser spectroscopy – линейная лазерная спектроскопия

linewidth – ширина (*спектральной*) линии

linewidth enhancement factor – фактор повышения ширины линии

linewidth lifetime – время жизни уширения линии

liquid as lasing medium – жидкость как среда, генерирующая лазерное излучение

liquid dye laser – лазер на жидком красителе

liquid flow laser – жидкостный лазер с прокачкой (*активной смеси*)

liquid generating laser radiation – жидкость, генерирующая лазерное излучение [жидкостный лазант*] liquid lasant – жидкостный лазант* [жидкость, генерирующая лазерное излучение]

liquid laser – жидкостный лазер [лазер на жидкости]

liquids for lasing medium – жидкости для лазерных сред

lithium fluoride laser – лазер на фториде лития [LiF лазер]

lithium niobate laser – лазер на ниобате лития [$LiNbO_3$ лазер]

LOC [large optical cavity] laser – лазер с большим оптическим резонатором

local oxidation in laser heating – локальное окисление при лазерном нагреве

lock mode – режим синхронизации

locked laser – синхронизированный лазер

locking – синхронизация

locking laser – синхронизирующий лазер

long laser induced spark – длинная лазерная искра

long laser pulse – длинный лазерный импульс

long lived isomer gamma-ray laser – гамма-лазер на долгоживущих изомерах

long mode locked fiber laser – длинный оптоволоконный лазер с синхронизированными модами

long pulse operation – работа *(лазера)* с длинными импульсами

long radius cavity – резонатор [полость] большого радиуса

long radius mirror laser cavity – лазерная полость с зеркалом большого радиуса

long wave infrared – длинноволновое [ближнее] инфракрасное *(излучение)*

long wavelength diode laser – длинноволновый диодный лазер

long wavelength laser – длинноволновый лазер [лазер субмиллиметрового излучения]

long wavelength lasing – длинноволновая лазерная генерация

long wavelength quantum cascade laser – длинноволновый квантово-каскадный лазер

long wavelength semiconductor laser – длинноволновый полупроводниковый лазер

long wavelength superlattice quantum cascade laser – длинноволновый квантово-каскадный лазер на супер-решётках

longitudinal coherence – продольная когерентность

longitudinal excited laser – лазер с продольным возбуждением

longitudinal flow laser – лазер с продольным потоком *(газа)* [лазер с продольной прокачкой]

longitudinal instability – продольная неустойчивость

longitudinal instability in nonlinear resonators – продольная неустойчивость в нелинейных резонаторах

longitudinal laser pumping – продольная накачка лазера

longitudinal mode – продольная мода

longitudinal mode selection – выбор [селекция] продольных мод

longitudinal pumped laser – лазер с продольной накачкой

longtitudinal pumping dye laser – лазер на красителе с продольной накачкой

longitudinally excited laser – продольно возбуждённый лазер

longitudinally pumped laser – лазер с продольной накачкой

longitudinally pumped semiconductor laser – полупроводниковый лазер с продольной накачкой

lossless resonator – резонатор без потерь

lossy laser cavity – лазерный резонатор с потерями

lossy medium – *(активная)* среда с потерями

lossy resonator – резонатор с потерями

low amplitude noise laser – лазер с низким уровнем амплитудных шумов

low coherence laser – лазер с низкой когерентностью [низкокогерентный лазер]

low coherence source – низкокогерентный источник

low divergence laser – лазер с малой расходимостью *(пучка)*

low energy laser – маломощный лазер
low energy laser radiation – низкоэнергетическое лазерное излучение
low frequency – низкая частота
low gain laser – лазер с низким усилением (*активной среды*)
low level lifetime – время жизни (*носителей*) на *низком* [невозбуждённом] (*энергетическом*) уровне
low loss cavity – полость [резонатор] с низкими потерями
low loss resonator – резонатор с малыми потерями
low order modes – моды низкого порядка
low power diode laser – маломощный диодный лазер
low power laser – маломощный лазер
low power pumped laser – лазер с маломощной накачкой
low pressure carbon dioxide laser – лазер на двуокиси углерода низкого давления
low pressure continuous wave carbon dioxide laser – непрерывный лазер на двуокиси углерода низкого давления
low pressure gas laser – газовый лазер низкого давления
low pressure laser – лазер низкого давления
low Q resonator – низкодобротный резонатор
low quality resonator – низкодобротный резонатор
low temperature color-center laser – низкотемпературный лазер на центрах окраски
low temperature f-center laser – низкотемпературный лазер на центрах окраски
low temperature laser – низкотемпературный лазер
low threshold laser – низкопороговый лазер [лазер с низким порогом генерации]
low toxicity chemical laser – (мало, низко)токсичный химический лазер
lower energy state depletion – опустошение более низкого энергетического состояния
lower energy state depletion laser – лазер с опустошением более низкого энергетического состояния
lower laser level – более нижний лазерный уровень
lower laser state – более нижнее лазерное состояние
lower order modes – моды более низкого порядка
lower state lifetime – время жизни (*частиц*) в более нижнем состоянии
luminance – яркость (*излучения*)
luminescence – люминесценция [свечение]
luminous area – излучающая поверхность
lunar laser ranging – лазерная локация Луны
lutetium vanadate laser – лазер на лютециевом ванадате [$LuVO_4$ лазер]
lutetium vanadate solid-state laser – твёрдотельный лазер на лютециевом ванадате [$LuVO_4$ лазер]
$LuVO_4$ laser – лазер на лютециевом ванадате [$LuVO_4$ лазер]

M

M^2-factor – M^2-фактор (*пучка*)
magnesium olivine laser – магний-оливин лазер [лазер на форстерите]
magnetic field undulator – ондулятор магнитного поля
magnetic resonance maser – мазер на магнитном резонансе

magnetic turning laser

magnetic turning laser – лазер, перенастраиваемый с помощью магнитного поля
magnetically confined ion gas laser – газовый лазер с магнитным удержанием ионов
magnetically confined laser – лазер с магнитным удержанием
magnetohydrodynamic laser – магнитогидродинамический лазер
magneto-optical laser – магнитооптический лазер
magneto-optical trap – магнитооптическая ловушка
Maiman laser – лазер Меймана [рубиновый лазер]
main lasing mode – основная генерирующая лазерная мода
manganese laser – марганцевый [*Mn*] лазер; лазер на марганце
manganese vapor laser – лазер на парах марганца
many-element laser – лазер на множественных элементах
masability* – способность генерировать *лазерное микроволновое* [мазерное] излучение
masable* – способный генерировать *лазерное микроволновое* [мазерное] излучение
masable* material – генерирующий мазерное излучение материал
masant* – мазант* [мазерная среда, активная *среда* [вещество] мазера; вещество, генерирующее мазерное
    излучение]
(*to*) mase* – генерировать [производить, создавать] мазерное излучение
maser (acronym for *microwave amplification by stimulated emission of radiation* – усиление микроволнового
    света с помощью стимулированной эмиссии излучения) – мазер [генератор лазерного
    сверхвысочастотного [микронного] излучения; лазер, генерирующий микронное излучение; лазер,
    излучающий в микронной области спектра; квантовый генератор мазерного излучения; мазерный
    генератор излучения]
maser action – (воз)действие генератора мазерного излучения [мазерное (воз)действие]
maser amplification – мазерное усиление
maser amplifier – мазерный усилитель
maser cloud – мазерное облако
maser coagulator – мазерный коагулятор
maser crystal – мазерный кристалл
maser driven sunsail – солнечный парус (*для перемещения космических объектов*), управляемый мазерным
    излучением
maser effect – мазерный эффект
maser emission – мазерное излучение
maser frequency – частота мазерного излучения
maser generation – мазерная генерация [генерация мазерного] излучениmaser generator – мазерный генератор
    [квантовый генератор мазерного излучения]
maser instability – мазерная неустойчивость
maser interferometer – мазерный интерферометр
maser line – мазерная линия
maser linewidth – ширина линии излучения мазера
maser mode – мазерная *мода* [волна]
maser noise – мазерный шум
maser oscillation – мазерная осцилляция [осцилляция в микронной области спектра]
maser oscillator – мазерный осциллятор
maser radiation – мазерное излучение [излучение мазера]
maser radiation generator – генератор мазерного [мазерный генератор] излучения
maser refrigerator – мазерный криостат [криостат мазера]
maser relaxation – релаксация мазера

maser resonator – мазерный резонатор
maser source – мазерный источник
maser transition – мазерный переход
maser transmitter – мазерный передатчик
masing* – мазерная генерация [генерация мазерного] излучения
masing* cloud – мазерное облако
mask – маска [трафарет, фотошаблон]
mask projection laser technique – лазерный метод проецирования маски
maskless laser patterning – лазерное формирование рисунка без маски
mass spectrometry with inductively coupled plasma – масс-спектрометрия с индуктивно-связанной плазмой
mass spectrometry with inductively coupled plasma and laser ablation – масс-спектрометрия с индуктивно-
       связанной плазмой и лазерной абляцией
mass spectrometry with laser ablation – масс-спектрометрия с лазерной абляцией
mass-transport – массоперенос [массообмен, массопередача]
mass-transport buried heterostructure laser – лазер со скрытой гетероструктурой, полученной методом масс-
       транспорта
master generator – задающий генератор
master laser – задающий лазер
master maser – задающий мазер
master oscillator – задающий осциллятор
master oscillator fiber amplifier – оптоволоконный усилитель с задающим *генератором* [осциллятором]
master oscillator laser – задающий колебания лазер
master oscillator maser – задающий колебания мазер
master oscillator power – мощность задающего *генератора* [осциллятора]
master oscillator power amplifier – усилитель мощности задающего *генератора* [осциллятора]
master oscillator power amplifier system – система "задающий осциллятор –усилитель мощности"
master oscillator power fiber amplifier – оптоволоконный усилитель мощности задающего *генератора*
       [осциллятора]
material gain coefficient – коэффициент усиления материала
material removal rate – скорость удаления материала (*с поверхности*)
materials properties reacting on laser action – свойства материалов, реагирующие на лазерное воздействие
materials relaxation after laser irradiation – релаксация материалов после лазерного облучения
matrix assisted pulsed laser evaporation – матричное выпаривание с помощью импульсного лазера
maximum gain – максимальный коэффициент усиления
maximum laser power – максимальная мощность лазера
maximum laser power output – максимальная выходная мощность лазера
maximum operating frequency of lasers – максимальная рабочая частота лазеров
maximum peak – максимальный пик
maximum peak output – максимальный пиковый выход
maximum peak output power – максимальная пиковая выходная мощность
maximum peak power of lasers – максимальная пиковая мощность лазеров
maximum permissible exposure – максимально допустимая экспозиция (*при лазерном облучении*)
maximum width of lasers spectral line – максимальная ширина спектральной линии лазеров
measurement methods of laser pulse duration – методы измерения длительности лазерных импульсов
measurement of pulse duration – измерение длительности импульса
mechanical design of laser – механический дизайн лазера
mechanical laser shutter – механический лазерный затвор

109

mechanical laser strength

mechanical laser strength – механическая лазерная прочность (*материала*)

mechanism of laser cutting – механизм лазерной резки

mechanism of laser drilling – механизм лазерного сверления

mechanism of laser melting – механизм лазерной плавки

mechanism of laser sound excitation – механизм лазерного возбуждения звука

mechanism of laser welding – механизм лазерной сварки

medical laser – медицинский лазер

medium infrared free electron laser – лазер на свободных электронах среднего инфракрасного излучения

medium infrared laser – лазер среднего инфракрасного излучения

medium with "negative" temperature – среда с "отрицательной" температурой

megahertz laser – мегагерцевый лазер

megajoule laser – мегаджоулевый лазер

megalaser – мегалазер

megamaser – мегамазер

megawatt laser – мегаваттный лазер

melting in laser heating – плавление при лазерном нагреве

mercury bromide laser – лазер на бромиде ртути

mercury ionic laser – ионный лазер на ртути

mercury laser – ртутный [*Hg*] лазер

mercury vapor laser – лазер на парах ртути

mesalaser – мезалазер [лазер на мезаструктуре]

mesa-stripe laser – лазер на мезаструктуре

mesa-structure laser – лазер на мезаструктуре

metal ion laser – лазер на ионах металла [металлический ионный лазер]

metal laser – металлический лазер [лазер на металле]

metal laser deposition – лазерное осаждение металла

metal laser spraying – лазерное напыление металла [лазерная металлизация напылением]

metal laser sputtering – лазерное напыление металла [лазерная металлизация напылением]

metal molecular laser – лазер на молекулах металла

metal oxide chemical vapor deposition – химическое осаждение из паров оксидов металла

metal vapor lasers – лазеры на парах металлов

metal-atom oxidation laser – лазер на окислении атомов металла

metastable level – метастабильный уровень

metastable excited level – метастабильный возбуждённый уровень

metastable state – метастабильное состояние

meter square ring laser – кольцевой лазер с квадратным сечением

methanol maser – метаноловый мазер [мазер на метаноле]

methods for creating the population inversion – методы создания инверсной (на, за)селённости

MHD [magnetohydrodynamic] laser – магнитогидродинамический лазер

Michelson-type laser – лазер с резонатором Майкельсона

microcavity – микрополость [-резонатор]

microcavity laser – микролазер [лазер на *микрорезонаторе* [*микрополости*], миниатюрный лазер, лазер на *микросхеме* [микрочипе]]

microcavity structure – микрорезонаторная структура

microchip laser – лазер на *микросхеме* [микрочипе]

microcleaved facet laser – лазер (*на кристалле*) с микросколотыми гранями

microfilm laser plotter – лазерное устройство микрофильмирования microjoule laser – микроджоулевый лазер

microlaser – микролазер [лазер с *микрорезонатором* [микрополостью], миниатюрный лазер, лазер на *микросхеме* [микрочипе]]

micromaser – микромазер [миниатюрный мазер]

micrometallurgy in laser heating – микрометаллургия при лазерном нагреве

micrometer laser – микрометровый [микронный] лазер

micrometer wave laser – лазер микронного излучения

microresonator – микрорезонатор [-полость]

microsecond laser – микросекундный лазер

microsecond laser pulse – микросекундный лазерный импульс

microsecond pulse – микросекундный импульс

microsecond pulses generator – генератор микросекундных импульсов

microstructure of laser transformation – микроструктура лазерного перехода

microstructure optical fiber – оптоволокно с микроструктурой

microstructure random laser – случайный лазер на микроструктуре

microwatt laser – микроваттный лазер

microwave amplification by stimulated emission of radiation – усиление микроволнового света с помощью стимулированной эмиссии излучения

microwave cavity – микроволновый резонатор

microwave excited laser – лазер с возбуждением волнами микронного излучения

microwave excited pump – накачка волнами микронного излучения [сверхвысокочастотная [СВЧ] накачка]

microwave laser – мазер [лазер с излучением волн микронного диапазона]

microwave lasing – генерация лазерного [лазерная генерация] излучения в микроволновой области спектра

microwave modulated laser – лазер с модуляцией волн микронного диапазона

microwave oscillator – микроволновый осциллятор

microwave pumped laser – лазер с накачкой волнами микронного диапазона

microwave technique – техника волн микронного диапазона

mid-infrared laser – лазер среднего инфракрасного излучения

mid-infrared laser source – источник среднего инфракрасного лазерного излучения

military laser weapon – лазерное оружие для военных целей

millijoule pulse – миллиджоулевый импульс

millimeter laser – миллиметровый лазер [лазер миллиметрового излучения]

millimeter wave free electron laser – лазер на свободных электронах миллиметрового излучения

millimeter wave laser – лазер (*с излучением*) миллиметрового диапазона [миллиметровый лазер]

millisecond laser – миллисекундный лазер

millisecond laser pulse – миллисекундный лазерный импульс

millisecond pulse – миллисекундный импульс

millisecond pulses generator – генератор миллисекундных импульсов

milliwatt laser – милливаттный лазер

miniature crystalline laser – миниатюрный кристаллический лазер

miniature laser – миниатюрный лазер [микролазер]

miniature resonator – миниатюрный резонатор [микрорезонатор]

minilaser – минилазер

minimum operating frequency of laser – минимальная рабочая частота лазера

minimum peak power of laser – минимальная пиковая мощность лазера

minimum width of laser spectral line – минимальная ширина спектральной линии лазера

mirror configuration – схема [форма] зеркал (*лазера*)

mirror angle tuned laser – лазер, перестраиваемый изменением углового положения зеркал
mirrorless laser – беззеркальный лазер
mirrorless random lasing – беззеркальная лазерная хаотическая генерация
mirrors alignment – юстировка зеркал (*лазера*)
misaligned resonator – разъюстированный резонатор
misalignment – разъюстировка [расстройка] (*лазера*)
mixed gas laser – лазер на смеси газов
mixing chemical laser – химический лазер на смеси (*газов*) [смесительный химический лазер]
mixing laser – лазер на смеси (*газов*)
Mn laser – лазер на марганце [*Mn* лазер]
mode – мода [вид колебаний]
mode area – модовая площадь
mode beating – биение мод
mode capture in ring laser – захват мод в кольцевом лазере
mode configuration – форма [конфигурация] моды
mode content – модовый состав
mode controlled giant-pulse laser – лазер гигантских импульсов с контролем мод
mode controlled laser – лазер с контролем мод
mode conversion – преобразование мод
mode coupled laser – лазер со связанными модами
mode coupled lasing – генерация лазерного [лазерная генерация] излучения со связанными модами
mode density – плотность мод
mode dumped laser – лазер с разгруженным режимом
mode field diameter – диаметр модового поля
mode hop – модовый шаг
mode hopping – модовое биение
mode limited laser – лазер с ограничением числа генерирующих мод
mode locked – синхронизированная мода
mode locked diode laser – диодный лазер с синхронизированными модами
mode locked fiber laser – оптоволоконный лазер с синхронизированными модами
mode locked laser – лазер с синхронизированными модами
mode locked laser pulses – лазерные импульсы с синхронизированными модами
mode locked laser pumping – накачка лазера с синхронизированными модами
mode locked lasing – генерация лазерного [лазерная генерация] излучения с синхронизированными модами
mode locked operation – режим синхронизированных мод
mode locked semiconductor laser – полупроводниковый лазер с синхронизированными модами
mode locked soliton laser – солитонный лазер с синхронизированными модами
mode locked titanium-sapphire laser – титаново-сапфировый лазер с синхронизированными модами
mode locking – синхронизация мод
mode locking device – устройство синхронизации мод
mode locking methods – методы синхронизации мод
mode locking process – процесс синхронизации мод
mode locking regime – режим синхронизации мод
mode locking stability – устойчивость синхронизации мод
mode locking techniques – методы синхронизации мод
mode matching – согласование мод
mode radius – модовый радиус

mode selected laser – лазер с выделенной модой
mode selective resonator – резонатор с выбором мод
mode stabilized laser – лазер со стабилизированными модами
mode structure of laser radiation – модовая структура лазерного излучения
mode suppression ratio – модовый коэффициент подавления
mode synchronization method – метод синхронизации мод
mode volume – модовый объём
modes of laser operation – режимы работы лазера
modulated beam – модулируемый пучок
modulated laser – модулируемый лазер
modulated wave – модулируемая волна
modulating laser – модулирующий лазер
modulation bandwidth – ширина полосы модуляции
modulation characteristics of lasers – модуляционные характеристики лазеров
modulation degree – степень модуляции
modulation depth – глубина модуляции
modulation efficiency – эффективность модуляции
modulation frequency – частота модуляции
modulation of laser radiation – модуляция лазерного излучения
molecular beam maser – мазер на молекулярном пучке
molecular fluoride lasers – лазеры на молекулярных фторидах
molecular fluorine laser – лазер на молекулярном фторе [фторный [F_2] лазер]
molecular gas laser – молекулярный газовый лазер
molecular hydrogen [H_2] laser – лазер на молекулярном водороде [водородный [H_2] лазер]
molecular laser – молекулярный лазер [лазер на молекулах]
molecular laser isotope separation – молекулярное лазерное разделение изотопов
molecular lasing – генерация лазерного [лазерная генерация] излучения на молекулярных переходах
molecular maser – молекулярный мазер [мазер на молекулах]
molecular nitrogen discharge laser – электроразрядный лазер на молекулярном азоте
molecular nitrogen laser – лазер на молекулярном азоте [N_2 лазер]
molecular radiation – молекулярное излучение
molecularly absorption stabilized laser – лазер, стабилизированный по молекулярному поглощению
monochromatic acoustic phonon emission – эмиссия монохроматических акустических фононов
monochromatic laser radiation – монохроматическое лазерное излучение
monochromatic terahertz acoustic phonon emission – эмиссия монохроматических терагерцевых акустических
      фононов
monochromatic terahertz phonon emission – эмиссия монохроматических терагерцевых фононов
monochromaticity of laser radiation – монохроматичность лазерного излучения
monocrystal laser – монокристаллический лазер [лазер на монокристалле]
monofrequency laser – одночастотный лазер
monolithic isolated single-mode ring – монолитное изолированное одномодовое кольцо
monolithic ring laser – монолитный кольцевой лазер
monomode laser – одномодовый лазер
monomode maser – одномодовый мазер
monopulse giant laser – моноимпульсный гигантский лазер
monopulse laser – моноимпульсный лазер
monopulse laser radar – моноимпульсный лазерный радар

monopulse lidar – моноимпульсный лидар
monoshot laser – моноимпульсный лазер
moving laser system – движущаяся лазерная система
moving optics laser – лазер с движущейся оптикой
moving slab *Nd:YAG* laser – *Nd:YAG* лазер с подвижной плитой
moving source of laser radiation – движущийся источник лазерного излучения
moving workpiece laser – лазер с движущейся обрабатываемой деталью
MTBH [mass-transport buried heterostructure] laser – лазер со скрытой гетероструктурой, полученной методом
    массообмена
multiaxial mode laser – лазер с многоосными модами
multiaxis laser cutting – многоосевая лазерная резка
multiaxis laser system – многоосевая лазерная система
multibeam laser – много*пучковый* [-лучевой] лазер
multibeam laser cutting – многопучковая лазерная резка
multibeam laser welding – многопучковая лазерная сварка
multichannel coherent scattering – многоканальное когерентное рассеяние
multichannel laser – многоканальный лазер
multichannel transverse discharge laser – многоканальный лазер с поперечным разрядом
multichannel transverse discharge laser with folded resonator – многоканальный лазер с поперечным разрядом и
    изогнутым резонатором
multichannel laser with folded resonator – многоканальный лазер с изогнутым резонатором
multichip laser – многочиповый лазер [лазер на нескольких микро*чипах* [-схемах]]
multicolor laser – многоцветный лазер
multicomponent laser – много*компонентный* [-элементный] лазер
multicomponent semiconductor laser – многокомпонентный полупроводниковый лазер
multifiber laser – много*волоконный* [-жильный] лазер
multifold cavity – зигзагообразная *полость* [резонатор]
multifold laser – зигзагообразный лазер [лазер зигзагообразной конфигурации]
multifold resonator – зигзагообразный *резонатор* [полость]
multifold slab geometry – зигзагообразная плиточная геометрия
multifrequency laser – многочастотный лазер
multikilowatt laser – многокиловаттный лазер
multilayer distributed Bragg reflector – многослойный распределенный брэгговский отражатель
multiline laser – многолинейный лазер
multiline laser mirror – многолинейное лазерное зеркало
multiline lasing – многолинейная *генерация лазерного* [лазерная генерация] излучения
multiline selected laser – лазер с выбором нескольких линий
multilongitudinal mode laser – лазер с несколькими продольными модами
multimodal laser – многомодовый лазер
multimode – многомодовый (*лазер*) [множественная мода]
multimode behavior – многомодовый режим (*работы лазера*)
multimode fiber – многомодовое оптоволокно
multimode generation – многомодовая генерация
multimode high frequency continuous wave laser – многомодовый высокочастотный лазер непрерывного
    действия
multimode high frequency laser – многомодовый высокочастотный лазер
multimode laser – многомодовый лазер

multimode laser beam – многомодовый лазерный пучок
multimode laser equations – уравнения многомодового лазера
multimode lasing – многомодовая *генерация лазерного* [лазерная генерация] излучения
multimode maser – многомодовый мазер
multipass laser amplifier – многопроходный лазерный усилитель
multipetawatt laser – многопетаваттный лазер
multiphonon ionization – многофононная ионизация
multiphonon transitions – многофононные переходы
multiphoton absorption – многофотонное поглощение
multiphoton atoms dissociation in laser field – многофотонная диссоциация атомов в лазерном поле
multiphoton atoms ionization – многофотонная ионизация атомов
multiphoton dissociation – многофотонная диссоциация
multiphoton dissociation mode – режим многофотонной диссоциации
multiphoton ionization – многофотонная ионизация
multiphoton molecules dissociation in laser field – многофотонная диссоциация молекул в лазерном поле
multiphoton molecules ionization – многофотонная ионизация молеул
multiphoton laser – многофотонный лазер
multiphoton pumped laser – лазер с многофотонной накачкой
multiphoton resonance processes – многофотонные резонансные процессы
multiphoton transitions – многофотонные переходы
multiple beam lasing – многопучковая *генерация лазерного* [лазерная генерация] излучения
multiple cavity laser – многорезонаторный лазер
multiple cavity maser – многорезонаторный мазер
multiple dye laser – лазер на смеси красителей
multiple emitter diode laser – многоэмиттерный диодный лазер
multiple host laser – лазер на многократных материалах-хозяевах*
multiple pulse laser – лазер, генерирующий последовательность импульсов
multiple quantum wells – множественные квантовые ямы
multiple quantum wells laser – лазер на квантовых ямах [многоямный лазер]
multiple shot laser damage resistance – лазерная прочность (*материала*) при многократном воздействии
multiple stripe laser – многополосный лазер
multiple wavelength laser – много*волновый* [-частотный] лазер
multiplexing – уплотнение (*разделённых по времени сигналов*)
multiplicative gain – множественное усиление
multiplicavity laser – многорезонаторный лазер
multiplicavity maser – многорезонаторный мазер
multiply charged atom laser – лазер на многократно заряженных атомах
multiply charged ion laser – лазер на многозарядных ионах
multiply ionized atom laser – лазер на многократно ионизированных атомах
multiprism laser – многопризменный лазер
multipulse percussion laser drilling – многоимпульсное ударное лазерное сверление
multiquantum well laser – лазер на множественных квантовых ямах
multiresonator laser diode – многорезонаторный лазерный диод
multisection laser – многосекционный лазер
multistability in lasers – мультистабильность в лазерах
multitube laser – многотрубочный лазер
multitube laser with folded resonator – многотрубочный лазер с изогнутым резонатором

multiwave laser

multiwave laser – многоволновый лазер
multiwave laser array – многоволновая лазерная *матрица* [решётка]
multiwave mixing spectroscopy – спектроскопия многоволнового смешения
mutual layers diffusion in laser heating – взаимная диффузия слоёв [микрометаллургия] при лазерном нагреве
mutually pumped injection laser – инжекционный лазер с взаимной накачкой
mutually quenched injection laser – инжекционный лазер с взаимным гашением

N

N laser – лазер на атомарном азоте [N лазер]
N_2 laser – лазер на молекулярном азоте [азотный [N_2] лазер]
$N_2 – CO_2$ laser – лазер на смеси азота с углекислым газом [$N_2 – CO_2$ лазер]
nanofiber – нановолокно
nanolaser – нанолазер
nanometer laser – нанометровый лазер [лазер нанометрового излучения]
nanometer sized particles – частицы нанометрового размера [наночастицы]
nanometer wave laser – лазер (*с излучением*) нанометрового диапазона
nanooptics – нанооптика
nanoparticles – наночастицы [частицы нанометрового размера]
nanophotonics – нанофотоника
nanosecond fiber laser – наносекундный оптоволоконный лазер
nanosecond laser – наносекундный лазер
nanosecond laser ablation – наносекундная лазерная абляция
nanosecond laser annealing – наносекундный лазерный отжиг
nanosecond laser heating – наносекундный лазерный нагрев
nanosecond laser irradiation – наносекундное лазерное облучение
nanosecond optoelectronics – наносекундная оптоэлектроника
nanosecond phenomena – наносекундные явления
nanosecond physics – физика наносекундных явлений
nanosecond pulse – наносекундный импульс
nanosecond pulse amplifier – усилитель наносекундных импульсов
nanosecond pulse generator – генератор наносекундных импульсов
nanosecond pulse lasing – лазерная генерация наносекундных импульсов
nanosecond pulse technique – техника наносекундных импульсов
nanostructure laser – лазер на наноструктуре
nanostructures made by laser anneaing – наноструктуры, полученные при лазерном отжиге
nanowire laser – лазер на нанопроволоке
narrow band laser – узкополосный лазер
narrow band maser – узкополосный мазер
narrow linewidth laser – лазер с узкой линией (*излучения*)
narrow linewidth laser materials – материалы для лазеров с узкой линией (*излучения*)
narrow spectral width laser – лазер с узкой спектральной шириной (*излучения*)
natural divergence of laser radiation – естественная расходимость лазерного излучения
natural emission – естественная эмиссия
natural laser source – естественный лазерный источник

natural lasers – естественные [натуральные, природные] лазеры

natural masers – естественные [натуральные, природные] мазеры

natural star laser – естественный звёздный лазер

natural star maser – естественный звёздный мазер

natural width of energy level – естественная ширина энергетического уровня

natural width of laser line – естественная ширина лазерной линии

Nd laser – неодимовый [*Nd*] лазер; лазер на неодиме

Nd:CaF₂ laser – *Nd:CaF₂* лазер [лазер на фториде кальция, легированном неодимом]

Nd:CaWO₄ laser – *Nd:CaWO₄* лазер [лазер на вольфрамате кальция, легированном неодимом]

Nd/Ce:YAG laser – лазер на иттрий-алюминиевом гранате, легированном неодимом и церием [*Nd/Ce:YAG* лазер]

Nd/Cr:YAG laser – лазер на иттрий-алюминиевом гранате, легированном неодимом и хромом [*Nd/Cr:YAG* лазер]

Nd:GdVO₄ laser – лазер на гадолиниевом ванадате, легированном неодимом [*Nd:GdVO₄* лазер]

Nd:Gd₃Ga₅O₁₂ laser – лазер на гадолиний-галлиевом гранате, легированном неодимом [*Nd:Gd₃Ga₅O₁₂* [*GGG*] лазер]

Nd-glass laser – лазер на неодимовом стекле

Nd:KGd(WO₄)₂ laser – лазер на калий-гадолиниевом вольфрамате, легированном неодимом [*Nd:KGd(WO₄)₂* лазер]

Nd:LiNbO₃ laser – лазер на ниобате лития, легированном неодимом [*Nd:LiNbO₃* лазер]

Nd:LiYF₄ laser – лазер на иттрий-литиевом фториде, легированном неодимом [*Nd:LiYF₄* [*Nd:YLF*] лазер]

Nd:LuVO₄ laser – лазер на лютециевом ванадате, легированном неодимом [*Nd:LuVO₄* лазер]

Nd:PCl₅ laser – *Nd:PCl₅* лазер [лазер на хлориде фосфора, легированном неодимом]

Nd:SeOCl₂ laser – лазер на оксихлориде селена, легированном неодимом [*Nd:SeOCl₂* лазер]

Nd:YAG laser – лазер на иттрий-алюминиевом гранате, легированном неодимом [*Nd:Y₃Al₅O₁₂* [*Nd:YAG*] лазер]

Nd:YAG laser rod – стержень лазера на иттрий-алюминиевом гранате, легированном неодимом

Nd:YAP laser – лазер на иттрий-алюминиевом фосфиде, легированном неодимом [*Nd:YAP* лазер]

Nd:YLiF₄ laser – *Nd:YLiF₄* лазер [лазер на иттрий-литиевом фториде, легированном неодимом]

Nd:YVO₄ laser – лазер на иттриевом ортованадате, легированном неодимом [*Nd:YVO₄* лазер]

Nd:Y₃Al₅O₁₂ laser – лазер на иттрий-алюминиевом гранате, легированном неодимом [*Nd:Y₃Al₅O₁₂* [*Nd:YAG*] лазер]

Ne laser – неоновый [*Ne*] лазер

near concentric laser cavity – близко-концентрический лазерный резонатор

near field distance – расстояние ближнего поля

near field laser imaging – ближнеполевое изображение лазерного излучения

near field of laser – ближнее поле лазера

near infrared – ближнее [длинноволновое] инфракрасное (*излучение*)

near infrared free electron laser – лазер на свободных электронах ближнего инфракрасного излучения

near infrared laser – лазер ближнего инфракрасного излучения

near infrared radiation – ближнее [длинноволновое] инфракрасное излучение

near-infrared-to-ultraviolet lasing – лазерная генерация от ближнего инфракрасного до ультрафиолетового излучения

near planar resonator – близко-плоскостной резонатор

Ne-Cu laser – неоново-медный [*Ne-Cu*] лазер

needle laser – лазер с игольчатой конструкцией электродов

negative absorption – отрицательное поглощение

negative absorption coefficient – коэффициент отрицательного поглощения negative mass hole maser – мазер на дырках с отрицательными массами

negative resistance oscillator – осциллятор отрицательного сопротивления

neoclassical laser equations – неоклассические лазерные уравнения

neodymium and cerium doped yttrium aluminum garnet laser – лазер на иттрий-алюминиевом гранате, легированном неодимом и церием [$Nd/Ce:YAG$ лазер]

neodymium and chromium doped yttrium aluminum garnet laser – лазер на иттрий-алюминиевом гранате, легированном неодимом и хромом [$Nd/Cr:YAG$ лазер]

neodymium doped calcium fluoride laser – лазер на фториде кальция, легированном неодимом [$Nd:CaF_2$ лазер]

neodymium doped calcium tungstate laser – лазер на вольфрамате кальция, легированном неодимом [$Nd:CaWO_4$ лазер]

neodymium doped fluoride fibers – фторидные оптоволокна, легированные неодимом

neodimium doped gadolinium gallium garnet laser – лазер на гадолиний-галлиевом гранате, легированном неодимом [$Nd:Gd_3Ga_5O_{12}$ [GGG] лазер]

neodymium doped gadolinium vanadate laser – лазер на гадолиниевом ванадате, легированном неодимом [$Nd:GdVO_4$ лазер]

neodymium doped gadolinium vanadate solid-state laser – твёрдотельный лазер на гадолиниевом ванадате, легированном неодимом [$Nd:GdVO_4$ лазер]

neodymium doped gain medium – усиливающая среда, легированная неодимом

neodymium doped glass – неодимовое стекло

neodymium doped glass laser – лазер на неодимовом стекле

neodymium doped laser crystal – лазерный кристалл, легированный неодимом

neodymium doped lithium niobate laser – лазер на ниобате лития, легированном неодимом [$Nd:LiNbO_3$ лазер]

neodymium doped lutetium vanadate laser – лазер на лютециевом ванадате, легированном неодимом [$Nd:LuVO_4$ лазер]

neodymium doped lutetium vanadate solid-state laser – твёрдотельный лазер на лютециевом ванадате, легированном неодимом [$Nd:LuVO_4$ лазер]

neodymium doped phosphate glass laser – лазер на фосфатном стекле, легированном неодимом

neodymium doped phosphorous chloride laser – лазер на хлориде фосфора, легированном неодимом [$Nd:PCl_5$ лазер]

neodymium doped potassium gadolinium tungstate laser – лазер на калий-гадолиниевом вольфрамате, легированном неодимом [$Nd:KGd(WO_4)_2$ лазер]

neodymium doped selenium oxychloride laser – лазер на оксихлориде селена, легированном неодимом [$Nd:SeOCl_2$ лазер]

neodymium doped vanadate crystals – кристаллы ванадатов, легированных неодимом

neodemium doped vanadate thin-disk laser – тонкодисковый лазер на ванадате, легированном неодимом

neodymium doped yttrium aluminate laser – лазер на алюминате иттрия, легированном неодимом

neodymium doped yttrium aluminum garnet laser – лазер на иттрий-алюминиевом гранате, легированном неодимом [$Nd:Y_3Al_5O_{12}$ [$Nd:YAG$] лазер]

neodymium doped yttrium aluminum garnet solid-state laser – твёрдотельный лазер на иттрий-алюминиевом гранате, легированном неодимом [$Nd:YAG$-лазер]

neodymium doped yttrium aluminum phosphide laser – лазер на иттрий-алюминиевом фосфиде, легированном неодимом [$Nd:YAP$ лазер]

neodymium doped yttrium aluminum phosphide solid-state laser – твёрдотельный лазер на иттрий-алюминиевом фосфиде, легированном неодимом [$Nd:YAP$ лазер]

neodymium doped yttrium lithium fluoride laser – лазер на иттрий-литиевом фториде, легированном неодимом [$Nd:LiYF_4$ [$Nd:YLF$] лазер] neodymium doped yttrium lithium fluoride solid-state laser – твёрдотельный лазер на иттрий-литиевом фториде, легированном неодимом [*Nd: YLF* лазер]

neodymium doped yttrium vanadate laser – лазер на иттриевом ванадате, легированном неодимом [*Nd: YVO₄* лазер]

neodymium doped yttrium vanadate solid-state laser – твёрдотельный лазер на иттриевом ванадате, легированном неодимом [*Nd: YVO₄* лазер]

neodymium glass laser – лазер на неодимовом стекле

neodymium glass laser amplifier – лазерный усилитель на неодимовом стекле

neodymium lanthanum pentaphosphate laser – лазер на пентафосфате лантана-неодима

neodymium laser – неодимовый [*Nd*] лазер; лазер на неодиме

neodymium liquid laser – лазер на неодимовом растворе

neodymium pentaphosphate laser – лазер на пентафосфате неодима

neodymium phosphate glass laser – лазер на неодимово-фосфатном стекле

neodymium ytterbium glass laser – лазер на неодимово-иттербиевом стекле

neodymium-yttrium-erbium glass laser – лазер на неодим-иттрий-эрбиевом стекле

neon laser – неоновый [*Ne*] лазер

neon-copper laser – неоново-медный [*Ne-Cu*] лазер

net gain – суммарное усиление

net mask laser shock processing – обработка лазерным ударом с помощью сетчатой маски

neutral argon laser – лазер на нейтральном аргоне

neutral atom lasers – лазеры на нейтральных атомах

neutral atoms emission in laser heating – эмиссия нейтральных атомов при лазерном нагреве

neutral gas laser – лазер на нейтральном газе

neutral neon laser – лазер на нейтральном неоне

NH₃ maser – мазер на аммонии [аммиачный мазер, *NH₃* мазер]

nitrogen carbon dioxide laser – лазер на смеси азота с углекислым газом [*N₂-CO₂* лазер]

nitrogen laser – азотный [*N₂*] лазер

noble gas halide excimer laser – эксимерный лазер на галогенидах *благородных* [инертных] газов

noble gas halide laser – лазер на галогенидах *инертных* [благородных] газов

noble gas ion laser – лазер на ионах *благородных* [инертных] газов

noble gas laser – лазер на *благородном* [инертном] газе

noisy mode of operation – шумовая мода работы (*лазера*)

nominal hazard zone – номинально-опасная зона

nominal laser hazard zone – номинальная лазерно-опасная зона

nominal ocular hazard distance – номинально-опасное окулярное расстояние

noncavity laser – безрезонаторный лазер

nonclassical light – неклассический свет

noncoherent excitation – некогерентное возбуждение

noncoherent source – некогерентный источник

noncollisions mode of multiphoton dissociation – бесстолкновительный режим многофотонной диссоциации

noncontact laser bending – неконтактное лазерное изгибание (*пластины*)

nondegenerate laser – невырожденный лазер

nondegenerate level – невырожденный (*энергетический*) уровень

nondegenerate state – невырожденное (*энергетическое*) состояние

nondegenerate vibrational modes – невырожденные колебательные моды

nonequilibrium population – неравновесная (на, за)селённость

nonexcited atom – невозбуждённый атом

119

nonexcited ion – невозбуждённый ион
nonexcited state – невозбуждённое состояние
nonlasing mode – негенерирующая лазерная мода
nonlinear crystals – нелинейные кристаллы
nonlinear dynamics of Q-switching – нелинейная динамика переключения добротности
nonlinear frequency conversion – нелинейное преобразование частоты
nonlinear laser heating – нелинейный лазерный нагрев
nonlinear laser heating of substance – нелинейный лазерный нагрев вещества
nonlinear laser spectroscopy – нелинейная лазерная спектроскопия
nonlinear mirror mode locking – синхронизация мод с помощью нелинейных зеркал
nonlinear optical effect – нелинейный оптический эффект
nonlinear optical medium – нелинейная оптическая среда
nonlinear optics – нелинейная оптика
nonlinear pulse distortions – нелинейные искажения импульса
nonlinear quantum electrodynamics – нелинейная квантовая электродинамика
nonlinear wave optics – нелинейная волновая оптика
nonmode locked laser – лазер с несинхронными модами
nonmode selected laser – лазер без выбора мод
non-normal modes – ненормальные моды
nonplanar laser resonator – неплоскостной лазерный резонатор
nonplanar ring oscillator – неплоскостной кольцевой *генератор* [осциллятор]
nonpolarizing beam splitter – неполяризационный расщепитель пучка
non-Q-switched laser – лазер без переключаемой добротности
nonradiative decay – безызлучательное [неизлучающее] затухание
nonradiative deexcitation – безызлучательное [неизлучающее] снятие возбуждения
nonradiative mode – неизлучающая мода
nonradiative process – безызлучательный [неизлучающий] процесс
nonradiative transition – безызлучательный [неизлучающий] переход
nonsaturable losses – ненасыщаемые потери
nonspiking laser – лазер, работающий в безпиковом режиме
nonstorage laser – лазер без накопления энергии
nonsynchronized laser – несинхронизированный лазер
nonzero linewidth laser – лазер с *конечной* [ненулевой] шириной линии (*излучения*)
normal level – невозбуждённый [нормальный] (*энергетический*) уровень
normal population – нормальная (на, за)селённость (*энергетического уровня*)
normal pulse laser – обычный импульсный лазер
nuclear activated laser – лазер с ядерным возбуждением
nuclear charged self-sustaining laser – самоподдерживающийся лазер с ядерным возбуждением
nuclear gamma laser – ядерный гамма-лазер
nuclear laser – ядерный лазер
nuclear magnetic resonance maser – мазер на ядерном магнитном резонансе
nuclear pumped laser – лазер с ядерной накачкой
nuclear pumped lasing – генерация лазерного [лазерная генерация] излучения при ядерной накачке
nuclear pumping – ядерная накачка (*лазера*)
nuclear reactions in laser plasma – ядерные реакции в лазерной плазме
nuclear transition gamma-ray laser – гамма-лазер на ядерных переходах
numerical aperture – числовая апертура [расходимость (*лазерного пучка*)]

O

O laser – лазер на атомарном кислороде [*O* лазер]

O_2 laser – O_2 лазер [кислородный лазер, лазер на (*молекулярном*) кислороде]

O_2-*I* laser – кислородно-йодный [O_2-*I*] лазер

occupation probability – вероятность *заселения* [заполнения] (*энергетического уровня*)

occupied level – занятый [заполненный] (*энергетический*) уровень

off-resonant pumped laser – лазер с нерезонансной накачкой

offset laser – лазер со смещённой частотой генерации

OH maser – мазер на гидроксиловых радикалах *OH*; гидроксиловый [*OH*] мазер

one-atom laser – одноатомный лазер [лазер на одиночных атомах]

one-dimensional active medium – одномерная активная среда

one-dimensional multiple quantum well confinement – одномерное удержание многократного квантования (*в потенциальной яме*)

one-mode laser – одномодовый лазер

one-quantum dot laser – лазер на одноквантовых точках

one-quantum process – одноквантовый процесс

one-sided heterostructure heterolaser – гетеролазер на односторонней гетероструктуре

one-sided heterostructure laser – лазер на односторонней гетероструктуре

one-way laser – однонаправленный лазер (*с усилением в одном направлении и поглощением в другом*)

onset of laser oscillation – начало лазерной осцилляции

open resonator – открытый резонатор

operating frequency of laser – рабочая частота лазера

operating laser – генерирующий [работающий] лазер

operating laser characteristics – рабочие характеристики лазера

operating regime – режим работы (*лазера*)

operating wavelength – рабочая длина волны (*лазера*)

operation modes of laser – режимы работы лазера

opposed beam laser – лазер на встречных пучках

opposed beam maser – мазер на встречных пучках

optical absorption – оптическое поглощение

optical alignment – оптическая *юстировка* [центровка]

optical amplifier – оптический усилитель

optical avalanche laser – лазер на оптической лавине

optical axis – оптическая ось

optical band – оптическая *полоса* [диапазон] (*частот*)

optical bandwidth – ширина полосы оптического диапазона (*частот*)

optical bistable system – оптическая бистабильная система

optical breakdown of transparent dielectrics – оптический пробой прозрачных диэлектриков

optical breakdown of transparent dielectrics in laser heating – оптический пробой прозрачных диэлектриков при лазерном нагреве

optical cavity – оптический резонатор

optical coherence – оптическая когерентность

optical coherence tomography – оптическая когерентная томография

optical components of laser – оптические компоненты лазера

optical cooling – оптическое охлаждение

optical device – оптическое устройство

optical element – оптический элемент

optical excitation – оптическое возбуждение
optical feedback – оптическая обратная связь
optical fiber – оптическое волокно [оптоволокно]
optical fiber cable – оптоволоконный кабель
optical fiber laser – оптоволоконный лазер
optical fiber sensor – оптический волоконный датчик
optical frequency comb – оптическая частотная гребёнка
optical frequency comb technique – метод оптической частотной гребёнки
optical frequency metrology – оптическая метрология частот
optical frequency standards – оптические стандарты частоты
optical gain medium – оптическая усиливающая среда
optical gating – оптическое стробирование
optical intensity – оптическая интенсивность
optical laser – оптический лазер
optical laser pumping– оптическая накачка лазера
optical maser (*obsolete term*) – оптический *мазер* [лазер]
optical modulator – оптический модулятор
optical nutation – оптическая нутация
optical parametric amplifier – оптический параметрический усилитель
optical parametric chirped-pulse amplification – оптическое параметрическое усиление при линейной
      модуляции частоты
optical parametric generation – оптическая параметрическая генерация
optical parametric generator – оптический параметрический генератор
optical parametric laser – параметрический лазер оптического (*видимого*) излучения
optical parametric oscillator – оптический параметрический *генератор* [осциллятор]
optical pulses generation – генерация оптических импульсов
optical pump – оптическая накачка
optical pumped iodine laser – йодный лазер с оптической накачкой
optical resonance phonon laser – фононный лазер на оптическом резонансе
optical resonator – оптический резонатор
optical resonator for lasing – оптический резонатор для лазерной генерации
optical sampling – оптическая выборка
optical signal-to-noise ratio – отношение оптического сигнала к шуму
optical stimulated radiation device – прибор для создания оптического стимулированного излучения
optical stimulation of chemical reactions – оптическое стимулирование химических реакций
optical time division multiplexing – оптическое уплотнение разделенных по времени лучей
optically coupled laser – лазер с оптической связью
optically excited laser – оптически возбуждённый лазер
optically pumped gas laser – оптически накачиваемый газовый лазер
optically pumped laser – оптически накачиваемый лазер [лазер с оптической накачкой]
optically pumped maser – мазер с оптической накачкой
optically pumped semiconductor laser – полупроводниковый лазер с оптической накачкой
optically pumped semiconductor vertical external-cavity surface-emitting laser – полупроводниковый лазер с
      оптической накачкой и вертикальным резонатором с внешней эмитирующей поверхностью
optically pumped solid-state laser – твёрдотельный лазер с оптической накачкой
optimum output coupling – оптимальное выходное соединение (*лазера*)
optoacoustic laser microscopy – оптоакустическая лазерная микроскопия

optoelectronics – оптоэлектроника
optomechanical Q-switch – оптикомеханический *переключатель* [переключение] добротности
orange and yellow lasers – оранжевые и жёлтые лазеры [лазеры, генерирующие излучение оранжевого и
    жёлтого цветов]
orange laser – оранжевый лазер [лазер, генерирующий излучение оранжевого цвета]
orange lasing – генерация лазерного [лазерная генерация] излучения в оранжевой области спектра
orbiting laser beam relay unit – орбитальное зеркало-ретранслятор лазерного пучка
orbiting lidar – орбитальный лидар
orbitron laser – орбитронный лазер
orbitron maser – орбитронный мазер
organic dye laser – лазер на органическом красителе
organic laser – лазер на органическом соединении
organic liquid laser – лазер на органической жидкости [жидкостный органический лазер]
organometallic liquid laser – лазер на органо-металлической жидкости [жидкостный металлоорганический
    лазер]
oscillating frequency – генерирующая частота [частота возбуждения]
oscillation frequency – частота *колебания* [осцилляции]
oscillation frequency stabilization – стабилизация частоты генерации
oscillation period – период *колебания* [осцилляции]
oscillator – вибратор [излучатель, осциллятор, генератор (*колебаний*)]
outcoming radiation – выходящее излучение
outdoor resonator – внешний резонатор
outgoing radiation – выходящее излучение
output coupler – выходная муфта
output energy – выходная энергия
output laser wavelength – выходная длина волны лазерного излучения
output mirror – выходное зеркало
output power – выходная мощность
output pulse – выходной импульс
output pulse duration – длительность выходного импульса
output wavelength – выходная длина волны (*излучения*)
output windows – выходные окна
over-barrier ionization of atoms – надбарьерная ионизация атомов
over-barrier ionization of ions – надбарьерная ионизация ионов
overheated material under laser radiation – перегрев материала при лазерном облучении
overlapping spots – перекрывающиеся (*лазерные*) пятна
overtone laser – обертоновый лазер [лазер на обертонах]
oxazine laser – лазер на оксазине
oxidation in laser heating – окисление (*материала*) при лазерном нагреве
oxides restoring in laser heating – восстановление оксидов при лазерном нагреве
oxygen assisted laser – лазер, использующий кислород (*для технологии обработки*)
oxygen assisted laser cutting – лазерная резка с помощью кислорода
oxygen-iodine chemical laser – химический кислородно-йодный лазер
oxygen-iodine [O_2-I] laser – кислородно-йодный [O_2-I] лазер
oxygen lancing under laser cutting – продувка кислородом при лазерной резке
oxygen laser – кислородный (*молекулярный*) лазер [лазер на молекулярном кислороде, O_2 лазер]

P

P laser – *P* лазер [лазер на фосфоре]
pale lasers – голубые лазеры
pale lasing – генерация лазерного [лазерная генерация] излучения в голубой области спектра
parallel plane cavity – резонатор с параллельными плоскостями [плоскопараллельный резонатор]
parallel plane laser – лазер на резонаторе с параллельными плоскостями
parallel plate cavity – резонатор с параллельными пластинами [плоскопараллельный резонатор]
parallel plate laser – лазер на резонаторе с параллельными пластинами
paramagnetic laser – парамагнитный лазер [лазер на парамагнетике]
paramagnetic maser – парамагнитный мазер [мазер на парамагнетике]
paramagnetic maser amplifier – парамагнитный мазерный усилитель
parameters product of laser beam – произведение параметров лазерного пучка
parametric gain – параметрическое усиление
parametric generation – параметрическая генерация
parametric laser – параметрический лазер
parametric scattering – параметрическое рассеяние
parasitic lasing – паразитная лазерная генерация
parasitic resonator losses – паразитные потери резонатора
parasitic transition – паразитный переход
partially mode locked laser – лазер с частичной синхронизацией мод
partially occupied band – частично заполненная (*энергетическая*) зона
partially reflective beam splitter – частично отражающий разделитель пучка
partially transmissive beam splitter – частично пропускающий разделитель пучка
partially transparent mirror – частично прозрачное зеркало
passive laser shutter – пассивный лазерный затвор
passive laser stabilization – пассивная лазерная стабилизация
passive mode locked laser – лазер с пассивной синхронизацией мод
passive mode locking – пассивная синхронизация мод
passive mode locking dye laser – лазер на красителе с пассивной синхронизацией мод
passive mode locking methods – методы пассивной синхронизации мод
passive *Q*-switched laser – лазер с пассивно переключаемой добротностью
passive *Q*-switching – пассивное переключение добротности
passive synchronization modes – моды пассивной синхронизации
passively mode locked laser – лазер с пассивной синхронизацией мод
passively *Q*-switched laser – лазер с пассивно переключаемой добротностью
passively *Q*-switched microchip laser – лазер на микросхеме с пассивно переключаемой добротностью
passively stabilized laser – пассивно стабилизированный лазер [лазер с пассивной схемой стабилизации]
pattern generation – генерация *изображения* [шаблона]
pattern laser generation – лазерная генерация *изображения* [шаблона]
Pb⁺ laser – ионный лазер на свинце [*Pb⁺* лазер]
PbS laser – лазер на сульфиде свинца [*PbS* лазер]
PbSe laser – лазер на селениде свинца [*PbSe* лазер]
(Pb-Sn)Te laser – лазер на теллуриде свинца-олова [*(Pb-Sn)Te* лазер]
PbTe laser – лазер на теллуриде свинца [*PbTe* лазер]
peak laser intensity – пиковая лазерная интенсивность
peak laser power – пиковая лазерная мощность
peak power of laser – пиковая мощность лазера

pencil thin laser beam – карандашеподобный тонкий лазерный пучок
penetration depth – глубина проникновения *(лазерного излучения)*
Penning recombination laser – пеннинговский рекомбинационный лазер
Penning recombination plasma laser – пеннинговский рекомбинационный плазменный лазер
periodic action iodine-oxygen laser – йодно-кислородный лазер периодического действия
periodic magnetic field shaper (*in free-electron in lasers*) – виглер [формирователь периодического магнитного
    поля (*в лазерах на свободных электронах*)]
periodic resonator – периодический резонатор
periodic structure laser – лазер на периодической структуре
permitted band – разрешённая (*энергетическая*) зона
permitted state – разрешённое (*энергетическое*) состояние
permitted zone – разрешённая (*энергетическая*) зона
petahertz laser – петагерцевый лазер
petajoule laser – петаджоулевый лазер
petawatt laser – петаваттный лазер
petawatt pulse – петаваттный импульс
petawatt titanium-sapphire laser – петаваттный титаново-сапфировый лазер
phasability* – способность генерировать *лазерное фононное* [фазерное*] излучение
phasable* – способный генерировать *лазерное фононное* [фазерное*] излучение
phasable* material – генерирующий фазерное* излучение материал
phasant* – фазант* [фазерная* среда, активная *среда* [вещество] фазера; вещество, генерирующее *лазерное
    фононное* [фазерное*] излучение]
(*to*) phase* – генерировать [производить, создавать] *лазерное фононное* [фазерное*] излучение
phase adjusted distributed feedback laser – лазер с распределенной обратной связью и фазовой подстройкой
phase aperture – фазовое отверстие
phase coherence – фазовая когерентность
phase coincidence – фазовое совпадение
phase conjugate laser – лазер с сопряжением по фазе
phase locked laser – лазер с фазовой синхронизацией [фазово-синхронизованный лазер]
phase locked laser array – фазированная решётка лазера
phase locked modes – фазово-синхронизированные моды
phase locking – фазовая синхронизация
phase modulated mode locked laser – лазер с синхронизацией мод при фазовой модуляции
phase modulation – фазовая модуляция
phase noise – фазовый шум
phase shifting laser interferometry – лазерная интерферометрия с фазовым сдвигом
phase slit – фазовая щель
phase step – фазовый шаг
phase synchronism – фазовый синхронизм
phase synchronization of lasers – фазовая синхронизация лазеров
phased array diode laser – диодный лазер с фазированной решеткой
phased array laser – лазер с фазированной решеткой
phaser* (*acronym for phonon laser*) – фазер* [фононный [звуковой, акустический] лазер; зазер*, сазер]
phasing* – фазерная генерация [генерация фазерного* излучения]
phonon laser – фононный [акустический, звуковой] лазер; фазер *, зазер*, сазер
phonon laser action – генерация фононного лазера
phonon laser crystal – фононный лазерный кристалл

phonon laser device

phonon laser device – устройство фононного лазера
phonon level thermal laser – тепловой лазер на фононных *переходах* [уровнях]
phonon maser – фононный мазер
phonon terminated laser – лазер на фононно-ограниченном переходе
phonon-phonon relaxation – фонон-фононная релаксация
phosphate glass laser – лазер на фосфатном стекле
phosphate glass laser amplifier – лазерный усилитель на фосфатном стекле
phosphor laser – лазер на люминофоре
phosphorous laser – лазер на фосфоре [*P* лазер]
phosphorous vapor laser – лазер на парах фосфора
photo preionized laser – лазер с предварительной фотоионизацией (*активной среды*)
photo pumped laser – лазер с фотонакачкой
photoacoustic laser microscopy – фотоакустическая лазерная микроскопия
photoacoustic microscopy – фотоакустическая микроскопия
photoacoustic phenomena – фотоакустические явления
photoacoustic spectroscopy – фотоакустическая спектроскопия
photochemical laser – фотохимический лазер
photochemical laser impact – фотохимическое лазерное воздействие
photochemical laser interaction with matter – фотохимическое взаимодействие лазерного излучения с
    веществом
photodarkening – фотопотемнение
photodissociation iodine laser – фотодиссоционный йодный лазер
photodissociation laser – фотодиссоционный лазер [лазер на основе фотодиссоциации]
photodissociation pulsed iodine laser – фотодиссоционный импульсный йодный лазер
photodissociation pulsed iodine laser with optical pumping – фотодиссоционный импульсный йодный лазер с
    оптической накачкой
photodissociation pulsed laser – фотодиссоционный импульсный лазер
photoelectron – фотоэлектрон
photoexcitation laser – лазер с фотовозбуждением
photoinitiated chemical laser – химический лазер с фотоинициированием
photoinitiated laser – фотоинициируемый лазер [лазер с фотоинициированием]
photoionization laser – фотоионизационный лазер
photoionized laser – фотоионизируемый лазер
photoionized state – фотоионизированное состояние
photoluminescence – фотолюминесценция
photolysis initiated chemical laser – химический лазер, инициируемый фотолизом
photolytic iodine laser – фотолитический йодный лазер
photolytic iodine laser system – лазерная система на фотолитическом йоде
photolytically initiated laser – фотолитически инициируемый лазер
photon – фотон
photon absorption probability – вероятность поглощения фотона
photon antibunching – фотонная антигруппировка
photon beam – фотонный пучок
photon counting – подсчёт фотонов
photon energy – энергия фотона
photon flux – поток фотонов
photon preionization laser – лазер с предварительной ионизацией (*активной среды*) фотонами

photon terminated laser – лазер на фотонно-ограниченном переходе
photonic crystal fiber – фотонное кристаллическое оптоволокно
photonic crystal laser – фотонный кристаллический лазер
photonic crystals – фотонные кристаллы
photonic integrated circuit – фотонная интегральная схема
photonics – фотоника
photorecombination laser – фоторекомбинационный лазер
photoredox laser chemistry – лазерная химия фотоокисления и восстановления
photothermal laser impact – фототермическое лазерное воздействие
photothermal laser interaction with matter – фототермическое взаимодействие лазерного излучения с
    веществом
physical basics of laser technology – физические основы лазерных технологий
physics basics of lasers – физические основы лазеров
picojoule pulse – пикоджоулевый импульс
picometer laser – пикометровый лазер [лазер пикометрового излучения]
picometer wave laser – лазер (с излучением) пикометрового излучения
picosecond fiber laser – пикосекундный оптоволоконный лазер
picosecond laser – пикосекундный лазер
picosecond laser ablation – пикосекундная лазерная абляция
picosecond laser annealing – пикосекундный лазерный отжиг
picosecond laser heating – пикосекундный лазерный нагрев
picosecond laser irradiation – пикосекундное лазерное облучение
picosecond optoelectronics – пикосекундная оптоэлектроника
picosecond phenomena – пикосекундные явления
picosecond physics – физика пикосекундных явлений
picosecond pulse – пикосекундный импульс
picosecond pulse amplifier – усилитель пикосекундных импульсов
picosecond pulse generator – генератор пикосекундных импульсов
picosecond pulse lasing – лазерная генерация пикосекундных импульсов
picosecond pulse technique – техника пикосекундных импульсов
pigtailed laser – лазер с гибкими выводами
pin laser – лазер со штырьковой конструкцией электродов
pinch affected laser – лазер с накачкой пинч-разрядом
pinch discharge pumped laser – лазер с накачкой пинч-разрядом
pinched plasma laser – лазер с накачкой самостягивающимся разрядом в плазме
pink ruby laser – лазер на кристалле розового рубина
pipe-type neodymium glass laser – трубчатый лазер на неодимовом стекле
planar laser – планарный [плоский] лазер
planar light wave circuit – плоская схема световой волны
planar microcavity – планарный микрорезонатор
planar stripe contact laser – планарный лазер с полосковой геометрией
planar stripe laser – планарный полосковый лазер
plane parallel resonator – плоскопараллельный резонатор
plane resonator laser – лазер с плоским резонатором
planographic laser scanner – плоское лазерное сканирующее устройство
plasma as active medium – плазма в качестве активной среды
plasma as laser mirror – плазма как лазерное зеркало

plasma as lasing medium – плазма как среда, генерирующая лазерное излучение
plasma cathode laser – лазер с плазменным катодом
plasma dynamic laser – плазмодинамический лазер
plasma formation in laser welding keyhole – образование плазмы в лазерной сварочной скважине
plasma generating laser radiation – плазма, генерирующая лазерное излучение [плазменный лазант*]
plasma lasant – плазменный лазант* [плазма, генерирующая лазерное излучение]
plasma laser – плазменный лазер [лазер на плазме]
plasma laser amplifier – лазерный усилитель на плазме
plasma laser melting – плазменно-лазерная плавка
plasma maser – плазменный мазер
plasma sputtering – плазменное напыление
plasmas for lasing medium – плазмы для лазерных сред
plasmonic Fabry-Perot nanolaser – плазмонный нанолазер с резонатором Фабри-Перо
plasmonic nanolaser – плазмонный нанолазер
plasmons laser – плазмонный лазер
platelet laser – пластинчатый лазер
plastic optical fiber – пластиковое оптоволокно
plasticity after laser irradiation – пластичность (*материала*) после лазерного облучения
plasticity under laser bending – пластичность при лазерном изгибании
plasticity under laser fracture – пластичность при лазерном разрушении
plume under laser cutting – факел выбросов при лазерной резке
plume under laser drilling – факел выбросов при лазерном сверлении
plume under laser welding – факел выбросов при лазерной сварке
p-n diode laser – диодный лазер на *p-n* переходе
p-n junction – *p-n* переход
p-n junction laser – инжекционный лазер на *p-n* переходе
p-n laser – лазер на *p-n* переходе
p-p-n-n laser –лазер на *p-p-n-n* гетеропереходе
Pockel's cell – ячейка Покела
pocket crystal laser – лазер на кристалле с включениями
point-by-point laser scanning – лазерное сканирование от точки к точке
pointing laser – лазер, задающий направление
polarization beam combining – комбинирование лучей с помощью поляризации
polarization laser – лазер, генерирующий поляризованное излучение
polarization of laser emission – поляризация лазерного излучения
polarization of laser radiation – поляризация лазерного излучения
polarization modulated laser – лазер с модулируемой поляризацией
polarized laser output – поляризованный лазерный пучок на выходе
polychrome solid-state laser – полихроматический твёрдотельный лазер
polycrystalline laser – поликристаллический лазер [лазер на поликристалле]
polymer laser – полимерный лазер [лазер на полимере]
polymer laser active medium – полимерные лазерно-активные среды
polymers degradation in laser heating – деградация [деструкция] полимеров при лазерном нагреве
population – (на, за)селённость (*энергетических уровней*)
population decay – затухание (на, за)селённости
population density – плотность (на, за)селённости

population depletion – снижение (на, за)селённости (*энергетических уровней*) [обеднение (*энергетического*) состояния]

population distribution – распределение (на, за)селённости

population grating – сетка (на, за)селённости

population inverse difference – инверсная разность (на, за)селённости

population inversion – инверсия (на, за)селённости (*энергетических уровней*)

population inversion creation methods – методы создания инверсии (на, за)селённости

population inversion distribution – распределение инверсии (на, за)селённости

population inversion kinetics – кинетика инверсной (на, за)селённости

population inversion methods – методы инверсии (на, за)селённости

population lifetime – время жизни (на, за)селённости

population recovery – восстановление (на, за)селённости

population relaxation mechanics – механизм релаксации (на, за)селённости

population relaxation rate – скорость релаксации (на, за)селённости

population threshold difference – пороговая разность (на, за)селённостей

portable laser – портативный [переносной] лазер

portable laser with adjustable intensity – портативный [переносной] лазер с регулируемой интенсивностью

positive column discharge laser – лазер на разряде с положительным столбом

positive feedback amplifier – усилитель с положительной обратной связью

potassium bromide laser – лазер на бромиде калия [*KBr* лазер]

potassium gadolinium tungstate [*KGd(WO₄)₂*] laser – лазер на калий-гадолиниевом вольфрамате [*KGd(WO₄)₂* лазер]

powder feeding laser cladding – лазерное плакирование при подаче порошка

powder laser – порошковый лазер [лазер на порошке, плазер*]

powder laser spraying – лазерное распыление порошка [лазерное порошковое напыление]

power amplifier – усилитель мощности

power characteristics of lasers – мощностные характеристики лазеров

power control – контроль мощности

power conversion efficiency – эффективность преобразования мощности

power density – плотность мощности

power efficiency – эффективность мощности

power extraction – вывод мощности *(из лазера)*

power intensity – интенсивность мощности

power levels of laser – уровни мощности лазера

power meter – измеритель мощности

power scaling of lasers – масштабирование лазеров по мощности

power spectral density – спектральная плотность мощности

power supply – источник *мощности* [энергии]

Pr laser – лазер на празеодиме [празеодимовый лазер, *Pr* лазер]

praseodymium laser – лазер на празеодиме [празеодимовый лазер, *Pr* лазер]

precision laser cutting – прецизионная лазерная резка

precision laser drilling – прецизионное лазерное сверление

precision laser machining – прецизионная лазерная обработка

precision laser welding – прецизионная лазерная сварка

preheat for laser treatment – предварительный нагрев для лазерной обработки

preionization laser – лазер с предварительной ионизацией *(активной среды)*

preionized laser – лазер с предварительной ионизацией *(активной среды)*

prelasing state

prelasing state – состояние (*активной среды*) перед лазерной генерацией

premixed chemical laser – химический лазер с предварительным смешиванием (*газов*)

premixed laser – лазер с предварительным смешиванием (*газов*)

preplaced powder methof of laser cladding – метод лазерного плакирования с предварительно размещённым (*на поверхности*) порошке

pressure tuned laser – лазер, перестраиваемый изменением давления (*газа*)

prism dye laser – лазер на красителе с призменным резонатором

prism tuned laser – лазер, перестраиваемый с помощью призмы

probing laser – зондирующий лазер

probing laser beam – зондирующий лазерный пучок

processes of laser materials heating – процессы лазерного нагрева материалов

profile laser cutting – профильная лазерная резка

profiled laser pulse – профилированный лазерный импульс

prompt fluorescence – немедленная флюоресценция

properties of laser plasma – свойства лазерной плазмы

protective laser cladding – защитное лазерное покрытие

pseudo-nickel-samarium laser – псевдо-никель-самариевый лазер

pulse compressed mode locked dye laser – лазер на красителе со сжатым импульсом и синхронизированными модами

pulse compression – сжатие [сужение] импульса

pulse configuration – форма импульса

pulse duration – длительность импульса

pulse energy – энергия импульса

pulse excitation – импульсное возбуждение

pulse flashlamp initiated chemical laser – химический лазер, инициируемый импульсной лампой-вспышкой

pulse flashlamp initiated laser – лазер, инициируемый импульсной лампой-вспышкой

pulse forming network – формирование сети импульсов

pulse frequency – частота (*следования*) импульсов

pulse frequency modulation – частотно-импульсная модуляция

pulse generation – генерация импульсов

pulse generation with mode locking – генерация импульсов с синхронизацией мод

pulse generator – импульсный генератор [генератор импульсов]

pulse *HF* laser – импульсный лазер на фтористом водороде

pulse hydrogen fluorine laser – импульсный лазер на фтористом водороде

pulse initiated chemical laser – химический лазер, инициируемый импульсом

pulse initiated laser – лазер, инициируемый импульсом

pulse laser – импульсный лазер

pulse laser ablation – импульсная лазерная абляция

pulse laser annealing – импульсный лазерный отжиг

pulse laser array – импульсная лазерная решётка

pulse laser assisted chemical deposition – химическое осаждение с помощью импульсного лазера

pulse laser assisted deposition – осаждение с помощью импульсного лазера

pulse laser beacon – импульсный лазерный маяк

pulse laser beam – импульсный лазерный пучок

pulse laser deposition – импульсное лазерное осаждение

pulse laser generation – импульсная лазерная генерация

pulse laser generation with *Q*-switched mode – импульсная лазерная генерация в режиме переключаемой добротности

pulse laser heating – импульсный лазерный нагрев

pulse laser initiation – инициирование импульсного лазера

pulse laser matrix – импульсная лазерная *матрица* [решётка]

pulse laser operation – режим импульсного генерирования лазерного излучения

pulse laser soldering – импульсная лазерная пайка

pulse laser welding – импульсная лазерная сварка

pulse lasing – импульсная *генерация лазерного* [лазерная генерация] излучения

pulse length – длительность импульса

pulse length adjustment – регулировка длительности импульсов

pulse maser – импульсный мазер

pulse modulation – импульсная модуляция

pulse periodic laser – импульсно-периодический лазер

pulse periodic laser radiation – импульсно-периодическое лазерное излучение

pulse picker – выделитель импульсов

pulse pumped laser – лазер с импульсной накачкой

pulse radiation laser – лазер импульсного излучения

pulse radiation laser action – действие генератора лазерного импульсного излучения

pulse rate modulation – частотно-импульсная модуляция

pulse reactive beam laser ablation – лазерная абляция с помощью реактивного импульсного пучка

pulse repetition frequency – частота *повторения* [следования] импульсов

pulse repetition modulation – частотно-импульсная модуляция

pulse repetition rate – скорость *повторения* [следования] импульсов

pulse semiconductor laser – импульсный полупроводниковый лазер

pulse shaping system – система формирования импульса

pulse shortening – сокращение импульса

pulse train – последовательность импульсов

pulse train pumping – накачка последовательностью импульсов

pulse train pumping from high-power laser – накачка последовательностью импульсов мощного лазера

pulse wave – импульсная волна

pulse width – ширина [длительность] импульса

pulsed DF–CO_2 laser – импульсный лазер на смеси (*газов*) фторида дейтерия и двуокиси углерода [импульсный DF–CO_2 лазер]

pulsed deuterium fluoride laser– импульсный лазер на фториде дейтерия

pulsed deuterium fluoride and carbon dioxide laser– импульсный лазер на смеси (*газов*) фторида дейтерия и двуокиси углерода [импульсный DF–CO_2 лазер]

pulsed Doppler lidar – импульсный доплеровский лидар

pulsed electrical laser – импульсный лазер с электрическим возбуждением

pulsed gallium-arsenide laser – импульсный лазер на арсениде галлия

pulsed HCl–CO_2 laser – импульсный HCl–CO_2 лазер

pulsed iodine laser – импульсный йодный лазер

pulsed iodine laser with optical pumping – импульсный йодный лазер с оптической накачкой

pulsed laser – импульсный лазер

pulsed laser action – импульсное *лазерное (воз)действие* [лазерная генерация]

pulsed laser beacon – импульсный лазерный маяк

pulsed laser cutting – импульсная лазерная резка

pulsed laser deflashing

pulsed laser deflashing – импульсно-лазерное *снятие* [удаление] заусенцев
pulsed laser deposition – импульсное лазерное осаждение
pulsed laser drilling – импульсное лазерное сверление
pulsed laser light – импульсный лазерный свет
pulsed laser measurements – измерения с помощью импульсного лазера
pulsed laser melting – импульсное лазерное плавление [плавка]
pulsed laser propulsion – импульсный лазерный ракетный двигатель
pulsed laser radar – импульсный *лазерный радар* [лидар]
pulsed laser radiation – импульсное лазерное излучение
pulsed laser welding – импульсная лазерная сварка
pulsed lasing – импульсная лазерная генерация
pulsed lidar – импульсный *лидар* [лазерный радар]
pulsed maser – импульсный мазер
pulsed N_2–CO_2 laser – импульсный N_2–CO_2 лазер
pulsed OD–CO_2 laser – импульсный OD–CO_2 лазер
pulsed operation – импульсный режим
pulsed reactive crossed beam laser ablation – лазерная абляция с помощью импульсных реактивных
    скрещенных пучков
pulsed ruby laser – импульсный рубиновый лазер
pulsed single mode – импульсно-одномодовый режим (*работы лазера*)
pulsed water-vapor laser – импульсный лазер на парах воды
pulsing – генерация [генерирование] импульсов; работа в импульсном режиме
pulsing laser – пульсирующий лазер
pulsing maser – пульсирующий мазер
pump – накачка [возбуждение, генератор накачки]
(*to*) pump a laser – накачивать лазер
(*to*) pump a laser from end – накачивать лазер с торца
(*to*) pump a laser from its disk end – накачивать лазер с торца диска
pump absorption – поглощение при накачке
pump absorption length – длина поглощения при накачке
pump adjustment – регулировка накачки
pump arrangement – устройство накачки
pump band – полоса накачки (*лазера*)
pump beam quality – качество пучка накачки
pump cavity – полость [резонатор] накачки (*лазера*)
pump diode – диод накачки
pump energy – энергия накачки
pump frequency – частота накачки
pump generator – генератор накачки
pump lamp – лампа накачки (*лазера*)
pump laser – лазер накачки
pump laser energy – энергия накачки лазера
pump level – уровень накачки
pump light – свет накачки
pump parameter – параметр накачки
pump photon – фотон накачки
pump power density – плотность мощности накачки

pump pulse – импульс накачки
pump rate – скорость накачки
pump transitions – переходы при накачке
pump wavelength – длина волны накачки
pumped laser – лазер с накачкой
pumped medium – накаченная (*активная*) среда
pumped semiconductor solid state laser – твёрдотельный лазер с полупроводниковой накачкой
pumping – накачка (*лазера*)
pumping action – накачка (*лазера*)
pumping band – зона [полоса] накачки (*лазера*)
pumping beam – пучок накачки
pumping cavity – резонатор накачки (*лазера*)
pumping efficiency – эффективность накачки
pumping energy – энергия накачки (*лазера*)
pumping intensity – интенсивность накачки
pumping laser – лазер накачки
pumping level – уровень накачки
pumping light – световой пучок накачки
pumping maser – мазер накачки
pumping method – метод [способ] накачки
pumping photon – фотон накачки
pumping power – мощность накачки
pumping power density – плотность мощности накачки
pumping power density for lasing – плотность мощности накачки для лазерной генерации
pumping radiation – излучение накачки
pumping rate – скорость накачки
pumping source – источник накачки
pumping speed of active medium – скорость накачки активной среды
pumping stage – стадия накачки
pumping system – система накачки
pumping threshold – порог накачки
pure neon laser – лазер на чистом неоне
pure rotational laser – лазер на чисто вращательных переходах
pure xenon laser – лазер на чистом ксеноне
purely chemical laser – чисто химический лазер
purple laser – пурпурный [фиолетовый] лазер
push-pull maser – мазер с двухтактной накачкой
pyrotechnically pumped laser – лазер с пиротехнической накачкой

Q

Q – добротность (*резонатора*)
Q-factor – фактор добротности (*резонатора*)
Q-factor modulation methods – методы модуляции добротности (*резонатора*)

Q-meter – измеритель добротности (*резонатора*)

Q-quality – добротность (*резонатора*)

Q-spoiled laser – лазер с испорченной добротностью

Q-spoiling – ухудшение добротности

Q-switch – переключатель добротности (*лазера*)

Q-switch action – действие переключателя добротности

Q-switch design – конструкция переключателя добротности

Q-switched fiber laser – оптоволоконный лазер с переключаемой добротностью

Q-switched laser – лазер с переключаемой добротностью

Q-switched laser emission – излучение лазера с переключаемой добротностью

Q-switched laser pulse – импульс лазера с переключаемой добротностью

Q-switched lasing – генерация лазерного [лазерная генерация] излучения с переключаемой добротностью

Q-switched microchip laser – лазер на микросхеме с переключаемой добротностью

Q-switched mode – режим переключения добротности

Q-switched mode locking – синхронизация мод с переключаемой добротностью

Q-switched mode locking threshold – порог синхронизации мод с переключаемой добротностью

Q-switched operation – работа *(лазера)* с переключаемой добротностью

Q-switched pulse – импульс с переключаемой добротностью

Q-switched pulse train – последовательность импульсов с переключаемой добротностью

Q-switched ruby laser – рубиновый лазер с переключаемой добротностью

Q-switching – переключение добротности

Q-switching arrangement – устройство переключения добротности

Q-switching instabilities – неустойчивости переключения добротности

Q-switching laser – лазер с переключением добротности

quality factor – фактор добротности (*резонатора*)

quantum amplifier – квантовый усилитель

quantum box laser – лазер на квантовых *коробках* [каплях]

quantum *cascade* [cascaded] laser – квантово-каскадный лазер

quantum coherence – квантовая когерентность

quantum defect – квантовый дефект

quantum dot – квантовая точка

quantum dot heterostructure – гетероструктура с квантовыми точками

quantum dot laser – лазер на квантовых точках

quantum dot microcavity – микрорезонатор на квантовых точках

quantum efficiency – квантовая *эффективность* [выход]

quantum efficiency of laser – квантовая эффективность лазера

quantum electrodynamics – квантовая электродинамика

quantum electronics – квантовая электроника

quantum energy – энергия кванта

quantum gain – квантовое усиление

quantum generator – квантовый генератор

quantum laser theory – квантовая теория лазера

quantum limited timing jitter – квантово-ограниченное временное дрожание (*импульсов*)

quantum optics – квантовая оптика

quantum theory of radiation – квантовая теория излучения

quantum transition – квантовый переход

quantum versus classical emission processes – квантовые процессы эмиссии против классических
quantum well heterolaser – гетеролазер на квантовых ямах
quantum well laser – квантово-размерный лазер [лазер на квантовых ямах, лазер на структуре с квантовыми ямами]
quantum well microcavity – микрорезонатор на квантовых ямах
quantum wire laser – лазер на квантовых нитях
quartz glass laser – лазер на кварцевом стекле
quartz laser – кварцевый лазер
quasi-band laser – лазер с квазиполосой (*частот*)
quasi-classical laser equations – квазиклассические лазерные уравнения
quasi-classical laser theory – квазиклассическая теория лазера
quasi-classical oscillator – квазиклассический осциллятор
quasi-concentric resonator – квазиконцентрический резонатор
quasi-continuous laser – квазинепрерывный лазер
quasi-continuous wave – квазинепрерывная волна
quasi-degenerate level – квазивырожденный уровень
quasi-phase matching – квазифазовое *соответствие* [синхронизм]
quasi-soliton pulse – квазисолитонный импульс
quasi-three-level gain medium – квазитрёхуровневая усиливающая среда
quasi-three-level laser – квазитрёхуровневый лазер
quasi-three-level laser material – квазитрёхуровневый лазерный материал
quasi-three-level laser medium – квазитрёхуровневая лазерная среда
quasi-three-level lasing – генерация лазерного (*лазерная генерация*) излучения по квазитрёхуровневой схеме
quasi-three-level maser – квазитрёхуровневый мазер
quasi-three-level system – квазитрёхуровневая система (*лазерного возбуждения*)
quasi-waveguide laser – квазиволноводный лазер
quench – гашение [тушение]
quenched laser – погашенный [потушенный] лазер
quenching – гашение [тушение]
quenching effects – эффекты гашения *(энергетического уровня)*
quenching laser – гасящий [тушащий] лазер
quenching of lasing – срыв лазерной генерации
quenching of the upper-state population – гашение (на, за)селённости более верхнего
    состояния

R

radar (acronym for **ra**dio **d**etection **a**nd **r**anging) – радиообнаружение и измерение дальности
radial-discharge laser – лазер с радиальным разрядом
radiance brightness – яркость излучения
radiant energy – энергия излучения
radiant exposure – экспозиция [выдержка, продолжительность] излучения
radiant flux – поток излучения
radiant flux density – плотность потока излучения

radiant intensity – интенсивность излучения
radiant mirror laser – лазер типа "излучающее зеркало"
radiant power – мощность излучения
radiant pulse energy – энергия импульса излучения
radiated photon – излучённый фотон
radiating area – излучающая поверхность
radiating substance – излучающее вещество
radiating surface – излучающая поверхность
radiation – излучение [испускание]
radiation balanced laser – лазер со сбалансированным излучением
radiation brightness – яркость излучения
radiation capture – захват излучения
radiation decay – затухание [угасание] излучения
radiation deexcitation – снятие излучающего возбуждения
radiation energy – энергия излучения
radiation energy density – плотность энергии излучения
radiation flow – поток излучения
radiation flux – поток излучения
radiation intensity – интенсивность излучения
radiation matter interaction – взаимодействие излучения с веществом
radiation quantum – квант излучения
radiation rate – интенсивность излучения
radiation transition – излучательный переход
radiationless decay – безизлучательное [неизлучающее] затухание
radiationless deexcitation – безизлучательное [неизлучающее] снятие возбуждения
radiationless process – безизлучательный [неизлучающий] процесс
radiationless transition – безизлучательный [неизлучающий] переход
radiative decay – излучающее затухание
radiative deexcitation – излучающее снятие возбуждения
radiative transition – излучательный переход
radiatively pumped maser – мазер с радиоактивной накачкой
radio detection and ranging – радиообнаружение и измерение дальности
radio excited laser – лазер, возбуждаемый (*сверхвысокими*) радиочастотами
radio frequency laser – разер (*устаревший термин*)
radioactive preionization laser – лазер с предионизацией (*активной среды*) радиоактивным излучением
Raman amplification – рамановское усиление
Raman amplification in plasma – рамановское усиление в плазме
Raman amplifier – рамановский усилитель
Raman continuum upconversion laser – рамановский [комбинационный] непрерывный лазер с повышением
   (*частоты*)
Raman effect – эффект Рамана [комбинационное рассеяние света]
Raman fiber laser – оптоволоконный *рамановский* [комбинационный] лазер
Raman fiber laser amplifier – усилитель *рамановского* [комбинационного] оптоволоконного лазера
Raman frequency converter – преобразователь рамановской частоты [комбинационный преобразователь
   частоты (*лазерного излучения*)]
Raman gas laser – рамановский [комбинационный] газовый лазер
Raman generator – рамановский генератор

Raman laser – рамановский [комбинационный] лазер
Raman laser radar – рамановский [комбинационный] лазерный радар
Raman lidar – рамановский [комбинационный] лидар
Raman shifting – рамановский сдвиг
Raman type free-electron laser – рамановский [комбинационный] лазер на свободных электронах
random excitation – случайное [стохастическое] возбуждение
random laser – лазер с *хаотической* [случайной] генерацией; случайный лазер
random lasing – хаотическая [случайная] *генерация лазерного* [лазерная генерация] излучения
random modulated pulses self-action – самовоздействие случайно-модулированных импульсов
rapid solidification – быстрое затвердевание
rapid solidification laser deposition – лазерное осаждение при быстром затвердевании (*с использованием вдувания порошков*)
rapid solidification laser deposition process – процесс лазерного осаждения при быстром затвердевании (*с использованием вдувания порошков*)
rare earth chelate laser – лазер на хелатах редкоземельных элементов
rare earth doped fiber laser – лазер на оптоволокне, легированном редкоземельными элементами
rare earth doped gain medium – усиливающая среда, легированная редкоземельными элементами
rare earth doped laser – лазер на материале, легированном редкоземельными элементами
rare gas electrical discharge laser – электроразрядный лазер на *благородном* [инертном] газе
rare gas excimer laser – эксимерный лазер на *благородных* [инертных] газах
rare gas halide excimer laser – эксимерный лазер на галогенидах *благородных* [инертных] газов
rare gas halide laser – лазер на галогенидах *благородных* [инертных] газов
rare gas ion laser – лазер на ионах *благородных* [инертных] газов
rare gas laser – лазер на *благородном* [инертном] газе
raser – разер (*устаревший термин*) [радиолазер, радиочастотный лазер][22]
Rayleigh length – рэлеевская длина
Rb maser – рубидиевый [*Rb*] мазер; мазер на рубидии
reabsorption in gain medium – повторное поглощение в усиливающей среде
reactions in laser heating – реакции при лазерном нагреве
reactions pertinent to carbon monoxide laser – реакции, относящиеся к лазеру на моноокиси углерода
reactive laser ablation source – реактивный лазерно-абляционный источник
reactive laser cutting – реактивная лазерная резка [лазерная резка с помощью реактивного газа]
reactive laser fusion cutting – реактивная лазерная резка с оплавлением [резка с помощью лазерного реактивного оплавления]
reading laser – считывающий лазер
real laser beams – реальные лазерные пучки
recast layer – заново отлитый слой (*на изделии при лазерной обработке*)
recombining plasma – рекомбинирующая плазма
recombination laser – рекомбинационный лазер
recombination laser pumping – рекомбинационная накачка лазера
recombination plasma laser – рекомбинационный плазменный лазер
recovery of energy level population – восстановление (на, за)селённости энергетического уровня
rectangular cavity – прямоугольно окантованный резонатор [резонатор в виде прямоугольного параллелепипеда]

---

[22] Термины *raser* и *разер* (или *радиолазер*) являются устаревшими, и они попадают в класс современных мазеров. – The terms *raser* and *разер* are obsolete, and they fall into the class of modern masers.

red laser – красный лазер [лазер, излучающий в красной области спектра]

red lasing – генерация лазерного [лазерная генерация] излучения в красной области спектра

red semiconductor laser – полупроводниковый лазер красной области спектра

red-green-blue laser – красно-зелёно-синий лазер

red-green-blue laser projector – красно-зелёно-синий лазерный проектор

red-green-blue source – красно-зелёно-синий источник *(излучения)*

red-only krypton laser – красный криптоновый лазер

redundant laser system – избыточная [необязательная] лазерная система

reference cavity – опорная полость

reference laser – опорный лазер

reflection maser – отражательный мазер

reflective beam splitter – отражающий разделитель пучка

reflective cavity – отражающая *полость* [резонатор]

reflectivity coefficient – коэффициент отражения

reflectivity of workpiece surface – отражательная способность [коэффициент отражения] рабочей поверхности
(обрабатываемой детали)

refractive index – показатель преломления

refractive index guided laser – лазер (со световодом), управляемым показателем преломления

regenerative amplifier – регенеративный усилитель

regenerative laser amplifier – регенеративный лазерный усилитель

regular lasing – генерация лазерного [лазерная генерация] излучения с регулярной последовательностью
(импульсов)

regularly pulsing laser – регулярно пульсирующий лазер [лазер, работающий в пиковом режиме; лазер с
регулярными импульсами]

reinforced radiation – усиленное излучение

relaxation oscillations – релаксационные колебания

relaxation time – время релаксации

(to) remain a laser in adjustment – сохранять [оставлять прежней] лазерную юстировку

remote laser probing – дистанционное лазерное зондирование

remote laser probing of space objects – дистанционное лазерное зондирование космических объектов

repetition frequency – частота повторения *(лазерных импульсов)*

repetition pulse train – периодическая последовательность импульсов

repetition rate – частота повторения *(лазерных импульсов)*

repetitive pumping – периодическая накачка

repetitive Q-switched mode – режим периодического переключения добротности

repetitively pulsed laser – лазер с повторяющимися импульсами

repetitively pulsed laser rocket – импульсный лазерный ракетный двигатель периодического действия

repetitively pulsed operation – импульсно-периодический режим

repetitively pulsed regime – импульсно-периодический режим

repetitively pumped laser – лазер с периодической накачкой

requirements for lasing – требования лазерной генерации

research and development lasers – исследование и развитие лазеров

residual strains after laser irradiation – остаточные деформации *(в материале или детали)* после лазерного
облучения

residual stresses after laser irradiation – остаточные напряжения *(в материале или детали)* после лазерного
облучения

resonance in laser cavity – резонанс в лазерной полости

resonance passive mode-locking – резонансная пассивная синхронизация мод
resonant amplification – резонансное усиление
resonant cavity – резонансная [объёмная] *полость* [резонатор]
resonant emission – резонансная *эмиссия* [излучение]
resonant enhancement – резонансное усиление
resonant excitation – резонансное возбуждение
resonant frequency – резонансная частота
resonant frequency doubler – удвоитель резонансной частоты
resonant frequency doubling – удвоение резонансной частоты
resonant laser – резонансный лазер
resonant medium – резонансная среда
resonant mode – резонансная мода
resonant optical cavity – резонансная оптическая полость
resonant passive mode-locking – резонансная пассивная синхронизация мод
resonant pumping – резонансная накачка
resonant radiation – резонансное излучение (*лазера*)
resonantly pumped laser – лазер с резонансной накачкой
resonator – резонатор (*лазера*)
resonator configuration – конфигурация резонатора
resonator for lasing – резонатор для лазерной генерации
resonator laser – резонаторный лазер
resonator losses – потери резонатора
resonator maser – резонаторный мазер
resonator mirror – резонаторное зеркало
resonator mode range – спектр мод резонатора
resonator modes – моды резонатора
resonator Q-factor – добротность резонатора
resonator Q-spoil – ухудшение добротности резонатора
resonator reflector – резонаторный отражатель
resonator round-trip – прохождение (*импульса*) в прямом и обратном направлениях в резонаторе
resonator round-trip time – время прохождения импульса в прямом и обратном направлениях в резонаторе
resonatorless laser – безрезонаторный лазер
return light – возвращённый свет
RGB [red-green-blue] laser – красно-зелёно-синий лазер
RGB laser projector – красно-зелёно-синий лазерный проектор
rhodamine laser – лазер на родамине
ribbon laser – ленточный лазер
Ridley-Watkins-Hillsum-mechanism laser – лазер, работающий на механизме Ридли-Уоткинса-Хилсума
ring laser – кольцевой лазер
ring laser gyro – кольцевой лазерный гироскоп
ring laser sensing – восприятие кольцевого лазера
ring resonator – кольцевой резонатор
rise time – время нарастания (*импульса*)
rod laser – стержневой лазер
Röentgen-rays – рентгеновские лучи
roof top ruby laser – лазер на рубине с клинообразным торцом
room temperature laser – лазер, генерирующий при комнатной температуре

139

room temperature lasing – генерация лазерного [лазерная генерация] излучения при   комнатной температуре

rotating laser – вращающийся лазер

rotation laser – лазер на вращательных переходах

rotational laser – лазер на вращательных переходах

rotational levels – вращательные *(энергетические)* уровни

rotational transition laser – лазер на вращательных переходах

rotational-vibrational levels – вращательно-колебательные *(энергетические)* уровни

roughness after laser irradiation – шероховатость *(поверхности)* после лазерного облучения

round-trip gain – усиление при прохождении импульса в прямом и обратном направлениях *(в резонаторе)*

round-trip time – время прохождения импульса в прямом и обратном направлениях *(в резонаторе)*

rubidium maser – рубидиевый [*Rb*] мазер; мазер на рубидии

ruby laser – рубиновый лазер [лазер на рубине]

ruby maser – рубиновый мазер [мазер на рубине]

S

S laser – *S* лазер [лазер на сере]

SAF [slow axial flow] laser – лазер с медленной продольной прокачкой

sampled grating laser – лазер на образцовых решетках

sapphire [Al_2O_3] laser – лазер на сапфире [сапфировый [Al_2O_3] лазер]

sasability* – способность генерировать *зазерное** [лазерное *акустическое* [звуковое] излучение

sasable* – способный генерировать *зазерное** [лазерное *акустическое* [звуковое] излучение

sasable* material – генерирующий зазерное* излучение материал

sasant* – зазант* [зазерная* среда; активная *среда* [вещество] зазанта*; вещество, генерирующее *лазерное звуковое* [зазерное*] излучение]

(*to*) sase* – генерировать [производить, создавать] *лазерное звуковое* [зазерное*] излучение

saser (acronym for *sound-wave **amplification** by **stimulated emission** of **radiation*** – усиление звуковых волн с помощью стимулированной эмиссии излучения) – зазер* [акустический [звуковой] лазер; лазер, генерирующий звуковое излучение; лазер, излучающий в звуковой области спектра; квантовый генератор звукового излучения; зазерный* генератор излучения]

saser action – (воз)действие генератора лазерного звукового излучения [зазерное* (воз)действие]

saser generation – зазерная* генерация [генерация зазерного* излучения]

saser generator – генератор зазерного* [зазерный* генератор] излучения; зазерный* генератор

saser radiation generator – генератор лазерного звукового излучения [зазерный* генератор]

sasing* – зазерная* генерация [генерация лазерного звукового излучения]

satellite laser – спутниковый *(искусственный с Земли)* лазер

satellite laser ranging – лазерная локация со спутников *(искусственных Земли)*

saturable absorber – насыщающийся поглотитель

saturable absorber mirror – зеркало с насыщающимся поглотителем

saturable absorber mode-locking – синхронизация мод насыщающимся поглотителем

saturable absorption – насыщающееся поглощение

saturable maser – насыщающийся мазер

saturated absorption laser spectroscopy – лазерная спектроскопия насыщающегося поглощения

saturated maser – мазер в режиме насыщения

saturation effect – эффект насыщения *(усиления)*

SBS [stimulated Brillouin scattering] laser – лазер на вынужденном бриллюэновском рассеянии
scan laser – сканирующий лазер
scanning laser – сканирующий лазер
scanning laser acoustic microscope – сканирующий [растровый] акустический микроскоп
scanning laser beam – сканирующий лазерный *пучок* [*луч*]
scanning laser microscopy – сканирующая [растровая] лазерная микроскопия
scanning laser polarimeter – сканирующий лазерный поляриметр
scattering losses within laser cavity – потери на рассеяние в лазерной полости
SCH [separate confinement heterostructure] laser – лазер на гетероструктуре с раздельным (*оптическим и электрическим*) удержанием
Schawlow–Townes equation – уравнение Шалоу-Таунса
Schawlow–Townes linewidth – ширина линии Шалоу-Таунса
schemes of laser isotope separation – схемы лазерного разделения изотопов
schemes of laser technological setups – схемы лазерных технологических установок
scotch whisker laser – лазер на надрезанном нитевидном кристалле
Se laser – лазер на селене [селеновый [*Se*] лазер]
sealed discharge laser – герметичный разрядный лазер
sealed laser – герметичный лазер
sealed tube laser – герметичный трубочный лазер
sealed-off laser – разгерметизированный лазер
seed laser – затравочный лазер
selection of laser ray out of spectrum – выделение лазерного луча из спектра
selective excitation – селективное возбуждение
selective laser annealing – селективный лазерный отжиг
selective laser excitation – селективное лазерное возбуждение
selective laser pumping – селективная лазерная накачка
selective laser sintering – селективное лазерное спекание
selenium laser – лазер на селене [селеновый [*Se*] лазер]
selenium oxychloride laser – лазер на оксихлориде селена
selenium vapor laser – лазер на парах селена
self-activated laser crystals – самоактивируемые лазерные кристаллы
self-amplified spontaneous emission – самоусиленная спонтанная эмиссия
self-ceased metal vapour laser – лазер на парах металла с самоограниченными переходами
self-contained laser – лазер на самоограниченном переходе [самоограниченный лазер]
self-contained laser transition – самоограниченный лазерный переход
self-contained transition laser – лазер на самоограниченном переходе
self-defocusing of laser beam – саморасфокусировка лазерного пучка
self-excited oscillator – самовозбуждающийся осциллятор
self-focused laser – лазер с самофокусировкой (*излучения*)
self-focusing – самофокусировка (*излучения*)
self-focusing in medium – самофокусировка (*излучения*) в среде
self-focusing in medium with Kerr's nonlinearity – самофокусировка в среде с керровской нелинейностью
self-focusing laser – самофокусирующийся лазер
self-focusing length – длина самофокусировки
self-frequency doubled crystal laser – лазер на кристалле с автоматическим удвоением частоты
self-gained spontaneous radiation – самоусиленное спонтанное излучение
self-generation regime – режим самогенерации

141

self-induced transparency – самоиндуцированная прозрачность
self-induced transparency solitons – солитоны самоиндуцированной прозрачности
self-injection seeding – самостоятельное внешнее затравливание
self-ionization laser – самоионизационный лазер
self-locked laser – самосинхронизируемый лазер
self-locked mode – самосинхронизируемая мода
self-mode locked laser – лазер с самосинхронизацией мод
self-mode locking – самосинхронизация мод
self-mode locking laser – лазер с самосинхронизацией мод
self-modulation – самомодуляция
self-modulation of laser beam – самомодуляция лазерного пучка
selfoc laser – лазер *на материале селфок* [с самофокусировкой *(излучения)*]
self-phase modulation – фазовая самомодуляция
self-Q-switched – самопереключаемая добротность
self-Q-switched mode – режим самопереключаемой добротности
self-Q-switching – самопереключение добротности
self-Q-switching laser – лазер с самопереключением добротности
self-starting laser – самозапускающийся [самовозбуждающийся] лазер
self-starting mode locking – самозапускающаяся синхронизация мод
self-sustained discharge laser – лазер с самоподдерживаемым разрядом
self-sustained laser – самоподдерживаемый лазер
self-sustained lasing – самоподдерживаемая лазерная генерация
self-sustaining laser – самоподдерживающийся лазер
self-synchronization – самосинхронизация *(мод)*
self-terminated laser transition – самозавершённый лазерный переход
self-terminated transition laser – лазер на самозавершённом переходе
self-terminating laser – самозавершающий *(работу)* лазер
self-terminating lasing – самозавершающаяся лазерная генерация
self-tuned laser – лазер с самонастройкой
semiclassical laser equations – квазиклассические лазерные уравнения
semiconductor as lasing medium – полупроводник как среда, генерирующая лазерное излучение
semiconductor diode laser – полупроводниковый диодный лазер
semiconductor diode-pumped solid-state laser – твёрдотельный лазер с накачкой полупроводниковым диодом
semiconductor disk laser – полупроводниковый дисковый лазер
semiconductor fiber laser – полупроводниковый оптоволоконный лазер
semiconductor generating laser radiation – полупроводник, генерирующий лазерное излучение [полупроводниковый лазант*]
semiconductor infrared laser – полупроводниковый *инфракрасный лазер* [иказер*]
semiconductor infrared tuned high resolution laser spectroscopy – спектроскопия с использованием полупроводникового инфракрасного перестраиваемого лазера с высокой разрешающей способностью
semiconductor iraser – полупроводниковый *иказер* * [инфракрасный лазер]
semiconductor junction laser – полупроводниковый инжекционный лазер
semiconductor lasant – полупроводниковый лазант* [полупроводник, генерирующий лазерное излучение]
semiconductor laser – полупроводниковый [диодный] лазер
semiconductor laser amplifier – полупроводниковый лазерный усилитель
semiconductor laser array – полупроводниковая лазерная матрица

semiconductor laser as analogue of recombination plasma laser – полупроводниковый лазер как аналог рекомбинационного плазменного лазера

semiconductor laser microchip – полупроводниковый лазерный микрочип

semiconductor laser pumped laser – лазер с накачкой полупроводниковым лазером

semiconductor maser – полупроводниковый мазер

semiconductor microcavity – полупроводниковый *микрорезонатор* [микрополость] semiconductor nanolaser – полупроводниковый нанолазер

semiconductor nanowire laser – полупроводниковый лазер на нанопроволоке

semiconductor optical amplifier – полупроводниковый оптический усилитель

semiconductor saturable absorber mirror – полупроводниковое зеркало с насыщающимся поглотителем

semiconductor superlattices – полупроводниковые сверхрешётки

semiconductors for lasing medium – полупроводники для лазерных сред

semiconfocal laser cavity – полуконфокальная лазерная полость

separate confinement heterostructure laser – лазер на гетероструктуре с раздельным (*оптическим и электрическим*) удержанием

separate confinement laser – лазер с раздельным (*оптическим и электрическим*) удержанием

separation of isotopes by laser excitation – разделение изотопов с помощью лазерного излучения

servo laser system – следящая лазерная система

setting pulses generator – генератор задающих импульсов

sheet laser – листовой лазер

shielding gas in laser cutting – защитный газ при лазерной резке

shielding gas in laser drilling – защитный газ при лазерном сверлении

shielding gas in laser melting – защитный газ при лазерной плавке

shielding gas in laser welding – защитный газ при лазерной сварке

shielding plasma in laser cutting – защитная плазма при лазерной резке

shielding plasma in laser drilling – защитная плазма при лазерном сверлении

shielding plasma in laser melting – защитная плазма при лазерной плавке

shielding plasma in laser welding – защитная плазма при лазерной сварке

shock excitation – ударное возбуждение

shock tube laser – лазер с ударной трубой

shock wave driven laser – лазер, управляемый ударной волной

shock wave pumped laser – лазер с накачкой ударной волной

short cavity laser – лазер с коротким резонатором

short laser pulse – короткий лазерный импульс

short lived isomer gamma-ray laser – гамма-лазер на короткоживущих изомерах

short lived isomer laser – лазер на короткоживущих изомерах

short pulse laser heating – короткоимпульсный лазерный нагрев

short pulse lasing – лазерная генерация коротких импульсов

short pulsed laser – короткоимпульсный лазер

short pulsed laser crystallization – кристаллизация с помощью короткоимпульсного лазера

short term change in amplitude or phase fluctuations – кратковременное изменение [дрожание] амплитуды или фазы колебания; джиттер

short upper-state lifetimes – короткие времена жизни верхних (*энергетических*) состояний

short wave infrared – коротковолновое [дальнее] инфракрасное излучение

short wavelength laser – коротковолновый лазер

short wavelength lasing – коротковолновая лазерная генерация [лазерная генерация коротковолнового] излучения

short wavelengths phonons – коротковолновые фононы
short waves – короткие волны
Si laser – лазер на кремнии [кремниевый [*Si*] лазер]
side laser pumping – боковая накачка лазера
side pumped laser – лазер с боковой накачкой
silicon laser – лазер на кремнии [кремниевый [*Si*] лазер]
silicon vapor laser – лазер на парах кремния
silver laser – серебряный лазер [лазер на серебре, *Ag* лазер]
silver vapor laser – лазер на парах серебра
single atom laser – одноатомный лазер [лазер на одиночных атомах]
single beam gradient laser trap – однолучевая градиентная лазерная ловушка
single cavity maser – однорезонаторный мазер
single crystal laser – лазер на монокристалле [монокристаллический лазер]
single frequency laser – одночастотный лазер
single frequency laser linewidth – ширина (*спектральной*) линии одночастотного лазера
single frequency laser oscillations – одночастотные лазерные колебания
single frequency lasing – одночастотная *генерация лазерного* [лазерная генерация] излучения
single frequency resonator – одночастотный резонатор
single frequency seed laser – одночастотный затравочный лазер
single heterodyne laser – одногетеродиновый лазер
single heterojunction laser – лазер на одиночном гетеропереходе
single heterostructure heterolaser – гетеролазер на одиночной гетероструктуре
single heterostructure laser – лазер на одиночной гетероструктуре
single laser pulse – одиночный лазерный импульс
single line continuous wave hydrogen fluoride laser – одночастотный непрерывный лазер на фториде водорода
single line continuous wave laser – одночастотный непрерывный лазер
single line lasing – одноволновая *генерация лазерного* [лазерная генерация] излучения
single longitudinal mode – одиночная продольная мода
single longitudinal mode laser – лазер на одной продольной моде
single mode – одиночная мода
single mode action – одномодовое действие
single mode fiber – одномодовое оптоволокно
single mode laser – одномодовый лазер
single mode laser beam – одномодовый лазерный пучок
single mode laser equations – уравнения одномодового лазера
single mode lasing – одномодовая *генерация лазерного* [лазерная генерация] излучения
single mode operation – одномодовый режим
single mode oscillation – одномодовое колебание
single mode pumped laser – лазер с одномодовой накачкой
single mode pumping – одномодовая накачка
single mode regime – одномодовый режим (*работы лазера*)
single mode resonator – одномодовый резонатор
single mode waveguide – одномодовый волновод
single pass gain – усиление за проход (*в одном направлении в резонаторе*)
single photon avalanche diode – однофотонный лавинный диод
single photon ionization of atoms and molecules – однофотонная ионизация атомов и молекул
single point laser pattern generation – генерация [формирование] точечной лазерной *диаграммы* [фотомаски]

single pulse action – моноимпульсное действие

single pulse giant laser – моноимпульсный гигантский лазер

single pulse laser – моноимпульсный лазер

single pulse laser drilling – моноимпульсное лазерное сверление

single pulse lasing – моноимпульсная *генерация лазерного* [лазерная генерация] излучения

single pump laser – лазер с обычной накачкой

single Q-switched mode – режим однократной модуляции добротности

single quantum dot laser – лазер на одиночных квантовых точках

single quantum transition – одноквантовый переход

single quantum well laser – лазер на *одиночных квантовых ямах* [квантоворазмерной структуре]

single resonator mode – одиночная мода резонатора

single shot laser – моноимпульсный лазер

single shot lasing – моноимпульсная лазерная генерация

single shot pumped laser – лазер с моноимпульсной накачкой

single stage laser – однокаскадный лазер

single stripe laser – однополосковый лазер

single transition laser – лазер на одиночном переходе

single transverse mode – одиночная поперечная мода

single transverse mode laser – лазер с одной поперечной модой

single wavelength laser – лазер на одной длине волны [одночастотный лазер]

single wavelength lasing – генерация лазерного [лазерная генерация] излучения на одной длине волны

singly ionized argon laser – лазер на однократно ионизированном аргоне [Ar^+ лазер]

singly ionized xenon laser – лазер на однократно ионизированном ксеноне [Xe^+ лазер]

singly resonant (*parametric*) oscillator – отдельно резонирующий (*параметрический*) осциллятор

sinusoidal oscillations – синусоидальные *колебания* [осцилляции]

Sisyphus cooling – сизифовское охлаждение

sky lasers – голубые лазеры

sky lasing – генерация лазерного [лазерная генерация] излучения в голубой области спектра

slab crystal – плиточный кристалл

slab laser – плиточный лазер

slab laser resonator – резонатор плиточного лазера

slave laser – подстраиваемый лазер [лазер, синхронизируемый внешним сигналом]

SLM [single longitudinal mode] laser –лазер на одной продольной моде

slotted cathode laser – лазер с щелевым катодом

slow absorbers – медленные поглотители

slow axial flow laser – лазер с медленной продольной прокачкой

slow flowing laser – лазер с медленной прокачкой

slubbing under laser welding – выравнивание (*поверхности*) при лазерной сварке

smallest laser – самый маленький [наименьший] лазер

smallest random laser – самый маленький [наименьший] случайный лазер

small-scale self-focusing – мелкомасштабная самофокусировка

smart laser guided bomb – умная бомба с лазерным наведением

Smith-Purcell free-electron laser – лазер на свободных электронах с излучением Смита-Парселла

Sn laser – лазер на олове [оловянный [*Sn*] лазер]

sodium laser beacon – натриевый лазерный маяк

soft X-ray laser – рентгеновский лазер с мягким излучением

software laser – запрограммированный [программный] лазер

solar powered laser – лазер с солнечной накачкой

solar pumped laser – лазер с солнечной накачкой

solar simulator pumped laser – лазер с накачкой, имитирующей солнечное излучение

soldering – *(лазерная)* пайка

solid dye laser – лазер на твёрдом красителе

solid laser – твёрдотельный лазер [лазер на твёрдом теле]

solid laser rod – твёрдотельный лазерный стержень

solid liquid medium laser – лазер на твёрдотельно-жидкостной среде

solid rare earth ion laser – твёрдотельный лазер на редкоземельных ионах

solid slab target medium – твёрдотельная *(активная)* среда мишени в виде плиты

solid state as lasing medium – твёрдое тело как среда, генерирующая лазерное излучение

solid state dye gain media – усиливающая среда на твёрдотельном красителе

solid state dye laser – твёрдотельный лазер на красителе

solid state gain medium – твёрдотельная усиливающая среда

solid state generating laser radiation – твёрдое тело, генерирующее лазерное излучение [твёрдотельный лазант*]

solid state green laser – твёрдотельный зелёный лазер

solid state lasant – твёрдотельный лазант* [твёрдое тело, генерирующее лазерное излучение]

solid state laser – твёрдотельный лазер [лазер на твёрдом теле]

solid state laser for ultrashort pulse – твёрдотельный лазер для сверхкоротких импульсов

solid state laser head – излучатель [головка] твёрдотельного лазера

solid state laser materials – материалы для твёрдотельных лазеров

solid state laser with tunable broadband – твёрдотельный лазер с перестраиваемой широкой полосой

solid state maser – твёрдотельный мазер [мазер на твёрдом теле]

solid state microlaser – твёрдотельный микролазер

solid state oscillator – твёрдотельный осциллятор

solid state phase laser amplifier – лазерный усилитель на твёрдофазной среде

solid state ring laser – твёрдотельный кольцевой лазер

solid state slab laser – твёрдотельный плиточный лазер

solid state ultraviolet laser – твёрдотельный ультрафиолетовый лазер

solid states for lasing medium – твёрдые тела для лазерных сред

solidification speed – скорость затвердевания *(при лазерном оплавлении)*

soliton laser – солитонный лазер

soliton mode locked laser – лазер с синхронизацией солитонных мод

soliton mode locking – синхронизация солитонных мод

sonic laser – зазер* [звуковой [акустический] лазер]

sound amplification by stimulated emission of radiation – усиление звука с помощью стимулированного излучения

sound generation by laser pulses – генерация звука лазерными импульсами

sound generation by laser radiation – генерация звука лазерным излучением

sound laser – звуковой [акустический, фононный] лазер; фазер *, зазер*, сазер

sound quantum – акустический квант

sources of laser energy loss – источники потерь лазерной энергии

space based laser station – лазерная станция космического базирования [космическая лазерная станция]

space based laser weapon – лазерное оружие космического базирования

space based X-ray laser – *рентгеновский лазер* [разер*] космического базирования

space coherence – пространственная когерентность

146

space coherent beam – пространственно-когерентный пучок

space laser – космический лазер

space laser applications – космические применения лазеров

space laser beacon – космический лазерный маяк

space laser power system – космическая лазерная энергетическая установка

space laser power system-powered satellite – спутник с космической лазерной энергоустановкой

space maser – космический мазер

space time waves laser analysis – лазерный анализ волн пространства-времени

space tracking laser beacon – лазерный маяк космического сопровождения

spaceborne lidar – бортовой лидар космического аппарата

spark initiated chemical laser – химический лазер, инициируемый искровым разрядом

spark initiated laser – лазер, инициируемый искровым разрядом

spasability* – способность генерировать *лазерное поверхностно-плазмонное* [повплазерное*] излучение

spasable* – способный генерировать повплазерное* излучение

spasable* material – генерирующий повплазерное* излучение материал

spasant* – повплазант* [повплазерная* среда, активная *среда* [вещество] повплазанта*; вещество, генерирующее *лазерное поверхностно-плазмонное* [повплазерное*] излучение]

(*to*) spase* – генерировать [производить, создавать] *лазерное поверхностно-плазмонное* [повплазерное*] излучение

spaser (acronym for *surface plasmons amplification by stimulated emission of radiation* – усиление поверхностных плазмонов с помощью стимулированной эмиссии   излучения) – повплазер* [**пове**рхностно-**пла**змонный **лазер**; лазер, генерирующий поверхностно-плазмонное излучение; квантовый генератор поверхностно-плазмонного излучения; повплазерный* генератор излучения]

spaser action – (воз)действие генератора лазерного поверхностно-плазмонного излучения [повплазерное* (воз)действие]

spaser generation – генерация лазерного [лазерная генерация] поверхностно-плазмонного излучения; повплазерная* генерация

spaser generator – генератор лазерного [лазерный генератор] поверхностно-плазмонного излучения; повплазерный* генератор

spaser radiation generator – генератор лазерного [лазерный генератор] поверхностно-плазмонного излучения; повплазерный* генератор

spasing* – повплазерная* генерация [генерация лазерного [лазерная генерация] поверхностно-плазмонного излучения]

spatial coherence – пространственная когерентность

spatial light modulator – пространственно-световой модулятор

spatial mode – пространственная мода

spatial optical solitons – пространственные оптические солитоны

spatial properties of laser beam – пространственные свойства лазерного пучка

spatial width of pulse – пространственная ширина импульса

spatially coherent beam – пространственно-когерентный пучок

spatial-temporal characteristics of laser radiation – пространственно-временные характеристики лазерного излучения

spatiotemporal mode-locking – пространственно-временная синхронизация мод

species of laser particles – виды лазерно-излучающих частиц [разновидности (*квантовых*) частиц, создающих лазерное излучение]

speckle free laser marking – свободная от *спекла* [дифракционного пятна изображения, (*полученного в когерентном свете,*)] лазерная маркировка

speckle pattern – спекл-картина [пятнистая структура изображения, полученная в когерентном свете]

spectral characteristics of lasers – спектральные характеристики лазеров

spectral limited pulse – спектрально-ограниченный импульс

spectral properties of laser beam – спектральные свойства лазерного пучка

spectral ranges of lasers – спектральные диапазоны лазеров

spectral tuning laser – спектрально-перестраивающийся лазер

spectrally narrow laser – лазер с узким спектром излучения

spectrally scanning laser – спектрально-сканирующий лазер

spectrum of hydrogen-like atom in laser field – спектр водородоподобного атома в лазерном поле

spectrum widening – уширение спектра

spherical laser – сферический лазер

spherical maser – сферический мазер

spherical microresonator – сферический микрорезонатор

spherical resonator – сферический резонатор

spherical resonator stability – устойчивость сферического резонатора

spiked laser – пиковый лазер [лазер, работающий в пиковом режиме]

spikeless laser – безпиковый лазер [лазер, работающий в безпиковом режиме]

spiking laser – пиковый лазер [лазер, работающий в пиковом режиме]

spiking under laser cutting – выброс (*материала из зоны расплава*) при лазерной резке

spiking under laser welding – выброс (*материала из зоны расплава*) при лазерной сварке

spin flip converter – преобразователь (*частоты*) с обращением спинов

spin flip laser – лазер с *переориентацией* [обращением] спинов

spin flip maser – мазер с *переориентацией* [обращением] спинов

spin flip Raman laser – лазер Рамана [комбинационный лазер] с переориентацией спинов

spin laser – спиновый лазер

spinning mirror – вращающееся зеркало

spontaneous coherent radiation – спонтанное [самопроизвольное] когерентное излучение

spontaneous emission – спонтанная [самопроизвольная] эмиссия

spontaneous emission amplification – усиление спонтанного излучения

spontaneous emission coefficient – коэффициент спонтанного излучения

spontaneous emission density – плотность спонтанного излучения

spontaneous emission enhancement – усиление спонтанного излучения

spontaneous emission process – процесс спонтанного излучения

spontaneous emission rate – скорость спонтанного излучения

spontaneous emission regime – режим спонтанного излучения

spontaneous incoherent radiation – спонтанное [самопроизвольное] некогерентное излучение

spontaneous lifetime – спонтанное [самопроизвольное] время жизни (*лазерных частиц*)

spontaneous mode locking – спонтанная [самопроизвольная] синхронизация мод

spontaneous parametric scattering of light – спонтанное параметрическое рассеяние света

spontaneous radiation – спонтанное [самопроизвольное] излучение

spontaneous radiation amplification – усиление спонтанного излучения

spontaneous radiation enhancement – усиление спонтанного излучения

spontaneous radiation rate – скорость спонтанного излучения

spontaneous transition – спонтанный [самопроизвольный] переход

spontaneous transition probability – вероятность спонтанного перехода

spot adjustment – регулировка (*лазерного*) пятна

spot welding laser machine – лазерная установка точечной сварки

square cavity – квадратная (*в сечении*) полость
square microresonator – квадратный микрорезонатор
Sr laser – лазер на стронции [стронциевый [*Sr*] лазер]
SRS [stimulated Raman scattering] laser – лазер со стимулированным рассеянием Рамана
SSL [solid-state laser] – твёрдотельный лазер
stability enhanced laser – лазер с улучшенной стабильностью
stabilization of laser – стабилизация лазера
stabilization of laser frequency – стабилизация лазерной частоты
stable cavity – стабильная [устойчивая] *полость* [резонатор]
stable laser resonator – стабильный лазерный резонатор
stable laser resonator with circle symmetry – стабильный лазерный резонатор с круговой симметрией
stable laser resonator with square symmetry – стабильный лазерный резонатор с квадратной симметрией
stable lasing – устойчивая *генерация лазерного* [лазерная генерация] излучения
stable reference cavity – устойчивая опорная полость
stable resonator – стабильный [устойчивый] резонатор
stack laser – стек-лазер*
stacked laser – лазер в виде сборки
standard laser – стандартный [эталонный] лазер
standing wave laser – лазер стоячей волны
standing wave laser resonator – лазерный резонатор со стоячей волной
Stark level structure – структура (*энергетических*) уровней Штарка
Stark tunable laser – лазер со штарковской перестройкой (*частоты*)
stationary laser self-focusing – стационарная лазерная самофокусировка
stationary lasing – стационарная лазерная генерация
statistical laser model – статистическая лазерная модель
steady state laser intensity – лазерная интенсивность стационарного состояния
steady state laser regime – устойчивый [стабильный, установившийся] лазерный режим
steady state lasing – устойчивая [стабильная, установившаяся] лазерная генерация
steady state population – устойчивая [стабильная, установившаяся] (на, за)селённость состояния
steady state radiation – устойчивое [стабильное, установившееся] излучение
steam laser cleaning – паровая лазерная чистка
steel after laser treatment – сталь после лазерной обработки
stellar maser – звёздный мазер
step index multimode fibers – многомодовые оптоволокна со ступенчатым профилем показателя преломления
step tunable laser – лазер со ступенчатой перестройкой (*частоты*)
stimulated absorption – стимулированное [вынужденное, индуцированное] поглощение
stimulated absorption probability – вероятность вынужденного поглощения
stimulated Brillouin scattering – стимулированное рассеяние Бриллюэна
stimulated Brillouin scattering laser – лазер на вынужденном рассеянии Бриллюэна
stimulated emission – стимулированная [вынужденная, индуцированная] эмиссия
stimulated emission coefficient – коэффициент стимулированного излучения
stimulated emission cross section – сечение стимулированного излучения
stimulated emission depletion microscopy – микроскопия стимулированного эмиссионного ослабления
stimulated emission effect – эффект стимулированного излучения
stimulated emission process – процесс *стимулированного* [вынужденного, индуцированного] излучения
stimulated emission properties of laser crystals – свойства стимулированного излучения лазерных кристаллов
stimulated emission wavelengths – длины волн стимулированной [вынужденной, индуцированной] эмиссии

149

stimulated jump – вынужденный [стимулированный, индуцированный] (*энергетический*) переход
stimulated photon – вынужденный [стимулированный, индуцированный] фотон
stimulated quantum – вынужденный [стимулированный, индуцированный] квант
stimulated radiation – стимулированное [вынужденное, индуцированное] излучение
stimulated radiation probability – вероятность индуцированного [вынужденного, стимулированного] излучения
stimulated Raman scattering – вынужденное *комбинационное* [рамановское] рассеяние
stimulated Raman scattering laser – лазер на вынужденном комбинационном рассеянии
stimulated scattering Mandelshtam-Brillouin – вынужденное рассеяние Мандельштама-Бриллюэна
stimulated scattering Mandelshtam-Brillouin zone – зона с вынужденным рассеянием Мандельштама-Бриллюэна
stimulated transition – стимулированный [вынужденный, индуцированный] переход
storage laser – лазер с накоплением энергии
storage ring laser – лазер с накопительным кольцом
stored energy – накопленная [запасённая] энергия
strain anneal laser technique – лазерный отжиг для снятия напряжений
strained-layer quantum well laser – лазер на квантовых ямах с напряжёнными слоями
streamer laser – стримерный лазер [лазер со стримерным разрядом]
streamer semiconductor laser – стримерный полупроводниковый лазер
strength of laser radiation – интенсивность лазерного излучения
strengthening with continuous laser radiation – упрочнение непрерывным лазерным излучением
strengthening with pulsed laser radiation – упрочнение импульсным лазерным излучением
stretcher – расширитель (*пучка*)
striation under laser cutting – бороздчатость при лазерной резке
stripe geometry laser – лазер с полосковой геометрией
stripe heterolaser – полосковый гетеролазер
stripe injection laser – полосковый инжекционный лазер
stripe laser – полосковый лазер
stripe microwaveguide – полосковый микроволновод
strontium gas discharge recombination plasma laser – газоразрядный рекомбинационный плазменный лазер на стронции
strontium laser – лазер на стронции [стронциевый [*Sr*] лазер]
strontium recombination plasma laser – рекомбинационный плазменный лазер на стронции
strontium vapor laser – лазер на парах стронция
structural changes in the iron-carbon steels in laser heating – структурные изменения в железоуглеродистых сталях при лазерном нагреве
structural changes in the iron-carbon steels in laser hardening – структурные изменения в железоуглеродистых сталях при лазерном упрочнении
structure processes in laser heating – структурные процессы при лазерном нагреве
sub-Doppler laser cooling – субдоплеровское лазерное охлаждение
subfemtosecond laser – субфемтосекундный лазер
subfemtosecond pulse – субфемтосекундный импульс
submicron laser – субмикронный лазер
submicron laser machining – субмикронная лазерная обработка
submicron laser technology – субмикронная лазерная технология
submillimeter laser – субмиллиметровый лазер
subpicosecond laser – субпикосекундный лазер
subpicosecond pulse – субпикосекундный импульс

sub-Poissonian laser – субпуассоновский лазер
subsonic flow laser – лазер с дозвуковой прокачкой
subsonic laser – лазер на дозвуковом потоке
subsonic mixing chemical laser – химический лазер со смешиванием в дозвуковом потоке
subsonic mixing laser – лазер со смешиванием в дозвуковом потоке
sulfur hexafluoride laser – лазер на гексафториде серы
sulfur laser – лазер на сере [серный [S] лазер]
sulfur vapor laser – лазер на парах серы
sum frequency generation – генерация суммарной частоты
sum frequency mixing – преобразование суммарной частоты
sun pumped laser – лазер с солнечной накачкой
super brightened laser – сверхизлучающий лазер
supercontinuum generation – сверхнепрерывная генерация [генерация суперконтинуума]
supercontinuum lasing – супернепрерывная *лазерная генерация* [генерация лазерного] излучения
superficial laser – поверхностный лазер
superfluorescence – сверхфлюоресценция
superfluorescent fiber source – сверхфлюоресцентный [сверхлюминесцентный] оптоволоконный источник
superfluorescent laser – сверхфлюоресцентный [сверхлюминесцентный] лазер
superlattice Bloch laser – лазер на сверхрешётке Блоха
superlattice laser – лазер на сверхрешётке
superluminescence – сверхлюминесценция
superluminescent diode – сверхлюминесцентный диод
superluminescent emitting diode – суперлюминесцентный излучающий диод
superluminescent laser – сверхлюминесцентный лазер
superluminescent radiation – сверхлюминесцентное излучение
superluminescent source – сверхлюминесцентный источник
supermirrors – сверхзеркала
supermode laser – сверхмодовый [одночастотный] лазер
supermode lasing – сверхмодовая [одночастотная] *генерация лазерного* [лазерная генерация] излучения
superpower laser – сверхмощный лазер
superpower laser pulse – сверхмощный лазерный импульс
superpulse – сверхимпульс [суперимпульс]
superpulsed laser – сверхимпульсный лазер
superpulsing – генерирование суперимпульсов
superradiance effect – эффект сверхизлучения
superradiance regime – режим сверхизлучения
superradiant fluorescence – сверхизлучающая флюоресценция
superradiant laser – сверхизлучающий лазер [лазер на сверхизлучении]
superradiant lasing – генерация лазерного [лазерная генерация] сверхизлучения
superradiant maser – сверхизлучающий мазер
superradiant mode – сверхизлучающая мода
superradiant transition – сверхизлучательный переход
superradiant transition laser – лазер на сверхизлучательном переходе
superradiative laser – сверхизлучающий лазер [лазер на сверхизлучении]
superregenerative maser – сверхрегенеративный мазер
supershort pulse – суперкороткий импульс
supershort wavelength laser – суперкоротковолновый лазер

151

supersonic chemical laser – химический сверхзвуковой лазер
supersonic laser – сверхзвуковой лазер [лазер на сверхзвуковом потоке]
supersonic mixing chemical laser – химический лазер со смешиванием в сверхзвуковом потоке
supersonic mixing laser – лазер со смешиванием в сверхзвуковом потоке
supersonic transfer laser – лазер на сверхзвуковом переходе
surface chemical reactions in laser heating – поверхностные химические реакции при лазерном нагреве
surface emitting diode – диод с поверхностным излучателем
surface emitting injection microlaser – поверхностно-излучающий инжекционный микролазер
surface emitting laser – поверхностно-излучающий лазер [лазер с поверхностным излучением]
surface emitting semiconductor laser – поверхностно-излучающий полупроводниковый лазер
surface hardening with laser beam – поверхностная закалка лазерным пучком
surface laser – поверхностный лазер
surface laser amorphization – поверхностная лазерная аморфизация
surface laser graphitization – поверхностная лазерная графитизация
surface laser hardening – поверхностная лазерная *закалка* [упрочнение]
surface laser heating – поверхностный лазерный нагрев
surface laser melting – поверхностное лазерное плавление
surface laser micromachining – поверхностная лазерная микрообработка
surface laser plasma – приповерхностная лазерная плазма
surface light emitting diode – излучающий с поверхности светодиод
surface normal emitting laser – лазер, излучающий вдоль нормали к поверхности
surface plasmons – поверхностные плазмоны
surface plasmons amplification by stimulated emission of radiation – усиление поверхностных плазмонов с помощью стимулированной эмиссии излучения
surface plasmons laser – **пов**ерхностно-**пл**азменный **ла**зер [повплазер*]
surface reactions in laser heating – поверхностные реакции при лазерном нагреве
surface texture after laser irradiation – текстура поверхности после лазерного облучения
surface wave pumped laser – лазер с накачкой поверхностной волной
swept laser – перестраиваемый лазер
symmetric laser – лазер с симметричным (двухсторонним) выводом
symmetric valent mode – симметричная валентная мода
synchronization mode – режим синхронизации
synchronization of laser – синхронизация лазера
synchronized shutter – синхронизированный затвор
synchronizing signal – синхронизирующий сигнал
synchronous laser pumping – синхронная накачка лазера
synchronous modulation – синхронная модуляция
synchronous pumping mode-locking – синхронизация мод в режиме синхронной накачки
synchronously phase modulation – синхронно-фазовая модуляция
synchronously pumped dye laser – лазер на красителе с синхронной накачкой
synchronously pumped laser – лазер с синхронной накачкой
synchronously pumped mode – режим синхронной накачки
synchronously pumped mode-locked dye laser – лазер на красителе с синхронизацией мод и синхронной накачкой
synchronously pumped mode-locked laser – лазер с синхронизацией мод и синхронной накачкой
synchronously pumped optical parametric oscillator – синхронно накачиваемый оптический параметрический генератор

T

tactical high energy laser – высокоэнергетический боевой лазер

tactical laser – боевой лазер

tandem laser – сдвоенный лазер

taper – конусность *(при лазерной обработке)*

taper resonator – конусообразный резонатор

tapered laser diode – конический лазерный диод

tapered stripe laser – лазер с конической полоской

target fine adjustment – точная *юстировка* [настройка] цели

TCL [transfer chemical laser] – химический лазер с передачей *(возбуждения)*

TEA [transversely excited atmosphere] laser – лазер атмосферного давления с поперечным возбуждением

telescope expanded laser – лазер с телескопическим расширителем *(пучка)*

telescopic resonator laser – лазер с телескопическим резонатором

temperature controlled laser – температурно-контролируемый лазер [лазер с температурным контролем (*перестройки частоты*)]

temperature gradient – градиент температуры *(в зоне расплава)*

temperature humidity lidar sound – лидарный зонд температуры и влажности

temperature stabilized laser – термостабилизированный лазер

temperature tunable laser – температурно-перестраиваемый лазер [лазер с тепловой перестройкой *(частоты)*]

temporal coherence – временная когерентность

temporal coherent beam – когерентный во времени *пучок* [луч]

temporal mode – временная мода

temporal mode of laser – временная мода лазера

temporal properties of laser beam – свойства лазерного пучка во времени

temporally tunable laser – временно перестраиваемый лазер

terahertz frequency ultrasound – ультразвук терагерцевой частоты

terahertz frequency ultrasound laser – ультразвуковой лазер на терагерцевой частоте

terahertz laser – терагерцевый лазер

terahertz quantum cascade laser – терагерцевый квантово-каскадный лазер

terahertz transient – терагерцевый *переходный* [неустановившийся] *режим* [процесс]

terajoule laser – тераджоулевый лазер

terawatt laser – тераваттный лазер

terawatt laser system – тераваттная лазерная система

terbium chelate laser – лазер на хелате тербия

terraced substrate laser – лазер на ступенчатой подложке

terrestrial laser driven sunsail – солнечный парус, управляемый излучением наземного лазера

texturation under laser radiation – текстурирование *(поверхности)* при лазерном облучении

thallium laser – лазер на таллии [таллиевый [*Tl*] лазер]

thallium vapor laser – лазер на парах таллия

theoretical prediction of laser measurement parameters – теоретическое предсказание параметров лазерных измерений

theoretical simulation of *X*-ray lasers – теоретическое моделирование рентгеновских лазеров

thermal action – тепловое воздействие *(при лазерном облучении)*

thermal decomposition of organometallic compounds in laser heating – термическое разложение металлоорганических соединений при лазерном нагреве

thermal diode bar laser – лазер на тепловой линейке диодов

thermal diode single stripe laser – однополосковый лазер на тепловом диоде

thermal excitation

thermal excitation – тепловое возбуждение
thermal laser – термический [тепловой] лазер
thermal lens – тепловая линза
thermal lensing – термическое линзирование
thermal radiation in laser heating – тепловое излучение при лазерном нагреве
thermal relaxation time – время тепловой релаксации
thermal stresses in laser heating – термические напряжения при лазерном нагреве
thermally controlled laser – лазер, контролируемый (*перестройку частоты*) термически
thermally excited laser – лазер, возбуждаемый термически
thermally initiated chemical laser – химический лазер с тепловым инициированием
thermally initiated laser – лазер с тепловым инициированием
thermally pumped laser – термически накачиваемый лазер
thermally stabilized laser – термически стабилизированный лазер
thermally tuned laser – термически перестраиваемый (*по частоте*) лазер
thermoacoustic laser – термоакустический лазер
thermodynamics process energy – энергия термодинамического процесса [эксергия]
thermoelectronic emission in laser heating – термоэлектронная эмиссия при лазерном нагреве
thermoelectronic laser energy converter – термоэлектронный преобразователь лазерной энергии
thermoelectronic laser energy converter powered spacecraft – **космический аппарат с термоэлектронным** преобразователем лазерной энергии
thermoionic emission in laser heating – термоионная эмиссия при лазерном нагреве
thermomechanical effects in laser heating – термомеханические эффекты при лазерном нагреве
thermostatted laser – термостатированный лазер
thick cavity junction laser – инжекционный лазер с толстым резонатором
thin disk laser – тонкодисковый лазер
thin disk laser crystal – кристалл тонкодискового лазера
thin disk laser head – головка тонкодискового лазера
thin film diode laser – тонкоплёночный *диодный* [полупроводниковый] лазер
thin film dye laser – тонкопленочный лазер на красителе
thin film laser – тонкопленочный лазер
thin film laser deposition – лазерное осаждение тонкоплёночных покрытий
thin film polarizer – тонкопленочный поляризатор
thin film semiconductor laser – тонкоплёночный *полупроводниковый* [диодный] лазер
thin metal films amorphization in laser heating – аморфизация тонких металлических плёнок при лазерном нагреве
three-beam semiconductor laser – трёхлучевой полупроводниковый лазер
three-dimensional active medium – трёхмерная [объёмная] активная среда
three-dimensional laser effect – трёхмерное [объёмное] лазерное *воздействие* [эффект]
three-dimensional laser prototyping – трёхмерное [объёмное] лазерное моделирование
three-dimensional laser synthesis – трёхмерный лазерный синтез
three-fold laser – трёхплечий лазер
three-level gain medium – трёхуровневая усиливающая среда
three-level laser – трёхуровневый лазер
three-level laser material – трёхуровневый лазерный материал
three-level laser medium – трёхуровневая лазерная среда
three-level lasing – лазерная генерация излучения по трёхуровневой схеме
three-level maser – трёхуровневый мазер

three-level scheme of optical pumping – трёхуровневая схема оптической накачки
three-level system – трёхуровневая система (*лазерного возбуждения*)
three-micrometer laser – лазер трёхмикронной длины волны
three-mirror cavity – трёхзеркальная полость
three-mirror laser cavity – трёхзеркальная лазерная полость
threshold density of population inversion – пороговая плотность инверсии (на, за)селённости
threshold flux – пороговый поток
threshold for optical damage – порог оптического разрушения
threshold gain – пороговое усиление
threshold inversion – пороговая инверсия
threshold population – пороговая (на, за)селённость
threshold population inversion – инверсия пороговой (на, за)селённости
threshold pump power – пороговая мощность накачки
threshold pumping – пороговая накачка
threshold pumping speed – скорость пороговой накачки
thresholdless laser – беспороговый лазер
thulium doped fiber laser – лазер на оптоволокне, легированном тулием
thulium doped gadolinium vanadate laser – лазер на гадолиниевом ванадате, легированном тулием [*Tm:GdVO₄* лазер]
thulium doped gadolinium vanadate solid-state laser – твёрдотельный лазер на гадолиниевом ванадате, легированном тулием [*Tm:GdVO₄* лазер]
thulium doped lutetium vanadate laser – лазер на лютециевом ванадате, легированном тулием [*Tm:LuVO₄* лазер]
thulium doped lutetium vanadate solid-state laser – твёрдотельный лазер на лютециевом ванадате, легированном тулием [*Tm:LuVO₄* лазер]
thulium doped yttrium aluminum garnet laser – лазер на иттрий-алюминиевом гранате, легированном тулием [*Tm:YAG* лазер]
thulium doped yttrium aluminum garnet solid-state laser – твёрдотельный лазер на иттрий-алюминиевом гранате, легированном тулием [*Tm:YAG* лазер]
thulium doped yttrium vanadate laser – лазер на иттриевом ванадате, легированном тулием [*Tm:YVO₄* лазер]
thulium doped yttrium vanadate solid-state laser – твёрдотельный лазер на иттриевом ванадате, легированном тулием [*Tm:YVO₄* лазер]
thulium fiber laser – лазер на тулиевом оптоволокне
Ti:Al₂O₃ laser – лазер на сапфире, легированном титаном
time bandwidth product – произведение длительности (*импульса*) и ширины (*полосы пропускания*)
time coherence – временная когерентность
time reversed laser – лазер с *инверсным* [обратным] временем; антилазер
time sharing – разделение во времени
time sharing two frequencies laser – лазер на двух частотах, разделённых во времени
time-temperature-transformation curve – график в координатах время-температура-превращение (*для сталей при охлаждении после лазерного нагрева*) [кривая изотермического распада аустенита; кривая TTT]
timing jitter – временное дрожание (*лазерного луча*) [временный джиттер]
timing stabilization – стабилизация режима синхронизации
tin laser – лазер на олове [оловянный [*Sn*] лазер]
tin vapor laser – лазер на парах олова
titanium doped sapphire laser – лазер на сапфире, легированном титаном
titanium sapphire laser – титаново-сапфировый лазер
T-joint in laser welding – *T*-образное соединение при лазерной сварке

Tl laser

Tl laser – лазер на таллии [таллиевый [*Tl*] лазер]
Tm:YAG laser – лазер на иттрий-алюминиевом гранате, легированном тулием [*Tm:YAG* лазер]
torch laser – малогабаритный [факельный] лазер
toroidal laser – тороидальный лазер
toroidal microcavity – тороидальная микрополость
toroidal microresonator – тороидальный микрорезонатор
total internal reflection – полное внутреннее отражение
total reflection mirror – полностью отражающее зеркало
tracking laser – лазер для сопровождения (*цели*)
transfer chemical laser – химический лазер с передачей (*энергии возбуждения*)
transfer laser – лазер с передачей (*возбуждения*)
transferring energy – передаваемая энергия (*при лазерном переходе*)
transient dual-energy lasing – лазерная генерация при переходе с удвоенной энергией
transient population inversion – переходная инверсия (на-, за)селённости
transient dual-energy lasing in semiconductor microcavity – лазерная генерация при переходе с удвоенной
    энергией в полупроводниковой микрополости
transition cross section – поперечное сечение (*лазерного*) перехода
transition energy – энергия перехода
transition metals doped cadmium chalcogenides lasers – лазеры на халькогенидах кадмия, легированных
    переходными металлами
transition metals doped gain media – усиливающая среда, легированная переходными металлами
transition metals doped zinc chalcogenides lasers – лазеры на халькогенидах цинка, легированных переходными
    металлами
transmission maser – проходной мазер
transmissive beam splitter – пропускающий разделитель пучка
transmitted laser intensity – интенсивность прошедшего (*через среду*) лазерного излучения
transmitted radiation – прошедшее излучение
transparency intensity – прошедшая (*через среду*) интенсивность
transverse coherence – поперечная когерентность
transverse discharge laser – лазер с поперечным разрядом
transverse electrically initiated laser – лазер с поперечным электроинициированием
transverse electromagnetic mode – поперечная электромагнитная мода
transverse excitation atmospheric laser – лазер с поперечным возбуждением при атмосферном давлении
transverse excitation atmospheric pressure laser – лазер с поперечным возбуждением при атмосферном
    давлении
transverse excitation laser – лазер с поперечным возбуждением
transverse excitation mode – мода поперечного возбуждения
transverse flow laser – лазер с поперечной прокачкой
transverse flow mixing laser – лазер с поперечной прокачкой и перемешиванием
transverse junction stripe laser – полосковый лазер с поперечным переходом
transverse mode – поперечная мода
transverse mode selection – выбор [селекция] поперечных мод
transverse pumping – поперечная накачка
transverse pumping dye laser – лазер на красителе с поперечной накачкой
transverse spatial effects in nonlinear resonators – поперечные пространственные эффекты в нелинейных
    резонаторах
transversely excited atmosphere laser – лазер при атмосферном давлении с поперечным возбуждением

transversely excited atmospheric pressure laser – лазер при атмосферном давлении с поперечным возбуждением

transversely excited laser – лазер с поперечным возбуждением

transversely pumped laser – лазер с поперечной накачкой

transversely pumped semiconductor laser – полупроводниковый лазер с поперечной накачкой

trapping laser – лазер-ловушка*

traveling wave laser – лазер бегущей волны

traveling wave laser amplifier – усилитель лазера бегущей волны

traveling wave maser – мазер бегущей волны

triangular laser – треугольный лазер

triode laser – триодный лазер [лазер на триоде, лазер-триод]

TTT curve – кривая ТТТ [график в координатах время-температура-превращение (*для сталей при охлаждении после лазерного нагрева*); кривая изотермического распада аустенита]

tube laser – электронно-лучевой [трубочный] лазер

Tu:GdVO₄ laser – (*твёрдотельный*) лазер на гадолиниевом ванадате, легированном тулием [*Tu:GdVO₄* лазер]

Tu:LuVO₄ laser – (*твёрдотельный*) лазер на лютециевом ванадате, легированном тулием [*Tu:LuVO₄* лазер]

tunability of laser – перестраиваемость (*частоты*) лазера

tunable crystal laser – перестраиваемый кристаллический лазер

tunable diode laser – перестраиваемый *полупроводниковый* [диодный] лазер; полупроводниковый [диодный] лазер с перестройкой частоты

tunable dye laser – перестраиваемый лазер на красителе

tunable laser – перестраиваемый лазер

tunable laser cavity – полость перестраиваемого лазера

tunable laser crystal – кристалл перестраиваемого лазера

tunable semiconductor laser – перестраиваемый полупроводниковый лазер

tunable solid-state laser – перестраиваемый твёрдотельный лазер

tuned laser – перестраиваемый лазер

tuned maser – перестраиваемый мазер

tungstate lasers – лазеры на вольфраматах

tuning ability – перестраиваемость (*частоты*)

tuning of laser – настройка лазера

tunnel injection laser – лазер с туннельной инжекцией

tunnel ionization of atoms and ions – туннельная ионизация атомов и ионов

tunnel laser – лазер на туннельном эффекте [туннельный лазер]

Tu:YAG laser – (*твёрдотельный*) лазер на иттрий-алюминиевом гранате, легированном тулием [*Tu:YAG* лазер]

Tu:YVO₄ laser – (*твёрдотельный*) лазер на иттриевом ванадате, легированном тулием [*Tu:YVO₄* лазер]

twin beam laser cutting – двухпучковая лазерная резка

twin beam laser drilling – двухпучковое лазерное сверление

twin beam laser melting – двухпучковая лазерная плавка

twin beam laser welding – двухпучковая лазерная сварка

twin cavity laser – двухрезонаторный лазер

twin stripe laser – двухполосковый лазер

twisted beam – скрученный пучок

twisted mode – скрученная мода

two-band laser – лазер на двухзонном переходе

two-dimensional active medium – двухразмерная активная среда

two-excimer laser – лазер на двухкомпонентном эксимере

two-fold mode-locking dye laser – лазер на красителе с синхронизацией мод второго порядка
two-frequency dye laser – двухчастотный лазер на красителе
two-frequency laser – двухчастотный лазер
two-isotopes active medium laser – лазер с двухизотопной активной средой
two-level atom – двухуровневый атом
two-level gain medium – двухуровневая усиливающая среда
two-level laser – двухуровневый лазер
two-level laser material – двухуровневый лазерный материал
two-level laser medium – двухуровневая лазерная среда
two-level lasing – лазерная генерация по двухуровневой схеме
two-level maser – двухуровневый мазер
two-level medium relaxation – релаксация (*состояний*) двухуровневой среды
two-level system – двухуровневая система (*лазерного возбуждения*)
two-mirror laser – двухзеркальный лазер
two-mirror laser cavity – двухзеркальный лазерный резонатор
two-mirror resonator – двухзеркальный резонатор
two-mirror ring laser – двухзеркальный кольцевой лазер
two-mode laser – двухмодовый лазер
two-photon absorption – двухфотонное поглощение
two-photon laser – двухфотонный лазер
two-photon laser spectroscopy – двухфотонная лазерная спектроскопия
two-photon pumped laser – лазер с двухфотонной накачкой
two-pulse laser – двухимпульсный лазер [лазер, генерирующий сдвоенный импульс]
two-quasiband laser – лазер на двух квазизонных переходах
two-section laser – двухсекционный лазер
two-stage optical pumping – двухступенчатая оптическая накачка
two-step excitation – двухступенчатое возбуждение
two-wave laser – двухволновый лазер
types of laser oscillations – виды лазерных *колебаний* [осцилляций]
types of lasers – типы лазеров

U

$U^{3+}:CaF_2$ laser – $U^{3+}:CaF_2$- лазер [лазер на фториде кальция, легированном ураном]
ultrabroad laser – сверхширокополосный лазер
ultrafast diode laser – сверхбыстрый диодный лазер
ultrafast fiber laser – сверхбыстрый оптоволоконный лазер
ultrafast laser – сверхбыстрый лазер
ultrafast laser micromachining – сверхскоростная лазерная микрообработка
ultrafast laser physics – сверхбыстрая лазерная физика
ultrafast optics – сверхбыстрая оптика
ultrafast solid-state laser – сверхбыстрый твёрдотельный лазер
ultrahigh frequency – (сверх-, ультра)высокая частота
ultrahigh spectral purity laser – лазер сверхвысокой спектральной чистоты

ultraintense laser – сверхмощный лазер

ultralong wavelength diode laser – диодный лазер со сверхдлинными волнами излучения

ultralong wavelength laser – лазер со сверхдлинными волнами излучения

ultralow threshold laser – сверхнизкопороговый лазер

ultranarrow frequency tunable laser – сверхузкий по частоте перестраиваемый лазер

ultrashort duration – сверхкороткая длительность

ultrashort laser pulse – ультракороткий лазерный импульс

ultrashort laser pulses getting – получение ультракоротких лазерных импульсов

ultrashort optical pulse diode laser – диодный лазер со сверхкороткими оптическими импульсами

ultrashort optical pulse laser – лазер со сверхкороткими оптическими импульсами

ultrashort pulse – сверхкороткий импульс

ultrashort pulse generation – генерация сверхкоротких импульсов

ultrashort pulse formation – формирование сверхкоротких импульсов

ultrashort pulse formation by self phase modulation – формирование сверхкоротких импульсов методом фазовой самомодуляции

ultrashort pulse laser – сверхкороткий импульсный лазер

ultrashort pulse laser ablation – сверхкороткая импульсная лазерная абляция

ultrashort pulse regime – режим сверхкоротких импульсов

ultrashort superpower laser pulse – ультракороткий сверхмощный лазерный импульс

ultrasonic frequency – ультразвуковая частота

ultraviolet amplification by stimulated emission of radiation – усиление ультрафиолетового света с помощью стимулированной эмиссии излучения

ultraviolet free electron laser – ультрафиолетовый лазер на свободных электронах

ultraviolet laser – ультрафиолетовый лазер [UV laser, лазер ультрафиолетового излучения, уфазер*]

ultraviolet laser diode – ультрафиолетовый лазерный диод

ultraviolet lasing – генерация лазерного [лазерная генерация] излучения в ультрафиолетовой области спектра; уфазерная* генерация

ultraviolet molecular gas laser – ультрафиолетовый лазер на молекулярном газе

ultraviolet nitrogen laser – ультрафиолетовый азотный лазер

ultraviolet radiation – ультрафиолетовое излучение

uncontrolled laser – лазер в режиме *неконтролируемой* [свободной] генерации

uncooled laser – неохлаждаемый лазер

undamped oscillator – незатухающий *генератор* [осциллятор]

undamped relaxation oscillations – незатухающие релаксационные колебания

undercutting – подрезание (*нижней поверхности при лазерной резке и сварке*)

underwater laser communication – подводная лазерная связь

undulator – ондулятор [устройство для генерации когерентного синхротронного излучения]

undulator laser – лазер на ондуляторе

unexcited atom – невозбуждённый атом

unexcited ion – невозбуждённый ион

unexcited state – невозбуждённое состояние

unidirectional laser (*с усилением в одном направлении и поглощением в другом*) – однонаправленный лазер

unidirectional ring laser – однонаправленный кольцевой лазер

unimodal laser – одномодовый лазер

unipolar semiconductor laser – однополярный полупроводниковый лазер

unoccupied band – незанятая (*энергетическая*) зона

unoccupied state – незанятое (*энергетическое*) состояние

unsoldered laser – отпаянный лазер
unstable cavity – нестабильная *полость* [резонатор]
unstable laser resonator – нестабильный лазерный резонатор
unstable resonator – неустойчивый резонатор
unstable resonator laser – лазер с *нестабильным* [неустойчивым] резонатором
unsynchronized laser – несинхронизированный лазер
upconversion – преобразование с повышением *(частоты)*
upconversion effect – эффект преобразования *(частоты излучения)* с повышением
upconversion fiber laser – повышающий *(частоту)* оптоволоконный лазер
upconversion fluorescence – флюоресценция при преобразовании с повышением *(частоты излучения)*
upconversion frequency laser – лазер, повышающий частоту *(излучения)* [повышающий частоту *(излучения)*
     лазер]
upconversion laser – повышающий *(частоту)* лазер
upper laser level – верхний лазерный уровень
upper laser level lifetime – время жизни *(частиц)* на верхнем лазерном уровне
upper laser state – верхнее лазерное состояние
upper state lifetime – время жизни *(частиц)* в более верхнем состоянии
uranium doped calcium fluoride laser – лазер на фториде кальция, легированном ураном [U^{3+} :CaF_2 лазер]
uranium isotope laser separation – лазерное разделение изотопов урана
uranium laser enrichment – лазерное обогащение урана
UV [ultraviolet] laser – ультрафиолетовый лазер
uvasability* – способность генерировать *лазерное ультрафиолетовое* [уфазерное*] излучение
uvasable* – способный генерировать *лазерное ультрафиолетовое* [уфазерное*] излучение
uvasable* material – генерирующий уфазерное* излучение материал
uvasant* – уфазант* [уфазерная* среда, активная *среда* [вещество] уфазера*; вещество, генерирующее
     лазерное ультрафиолетовое [уфазерное*] излучение]
(to) uvase* – генерировать [производить, создавать] *лазерное ультрафиолетовое* [уфазерное*] излучение
uvaser (acronym for ***ultra violet amplification** by **stimulated emission** of **radiation** or **ultra violet laser*** – усиление
     ультрафиолетового света с помощью стимулированной эмиссии излучения) – уфазер*
     [ультрафиолетовый [*UV*] лазер, лазер ультрафиолетового излучения; лазер, генерирующий
     ультрафиолетового излучение; лазер, излучающий в ультрафиолетовой области спектра; генератор
     лазерного ультрафиолетового излучения; уфазерный* генератор]
uvaser action – (воз)действие генератора лазерного ультрафиолетового излучения [уфазерное* (воз)действие]
uvaser generation – генерация лазерного [лазерная генерация] ультрафиолетового излучения
uvaser generator – генератор лазерного ультрафиолетового излучения [уфазерный* генератор]
uvaser radiation generator – генератор лазерного ультрафиолетового излучения [уфазерный* генератор]
uvasing* – генерация лазерного [лазерная генерация] ультрафиолетового излучения; уфазерная* генерация

V

vacant level – незанятый *(энергетический)* уровень
vacuum laser melting – вакуумное лазерное *плавление* [расплавление, оплавление]
vacuum ultraviolet – вакуумный ультрафиолетовый *(диапазон)*

vacuum ultraviolet free electron laser – лазер на свободных электронах вакуумного ультрафиолетового
излучения

vacuum ultraviolet hydrogen laser – водородный лазер вакуумного ультрафиолетового излучения

vacuum ultraviolet laser – вакуумный ультрафиолетовый лазер [лазер, работающий в области вакуумного
ультрафиолета]

vanadate lasers – лазеры на ванадатах

vapor-phase axial deposition – осевое осаждение из паровой фазы

variable laser pulse – изменяемый лазерный импульс

variable laser pulse excitation – возбуждение изменяемого лазерного импульса

variable pulse-length laser – лазер с переменной длительностью импульса

variable wavelength laser – лазер с переменной длиной волны

vernier interferometric laser – интерферометрический лазер со шкалой-нониусом [перестраиваемый (*с
помощью шкалы-нониуса*) интерферометрический лазер]

vertical cavity surface emitting laser – лазер поверхностного излучения с вертикальным резонатором

vertical external cavity surface emitting laser – лазер поверхностного излучения с вертикальным внешним
резонатором

very long laser – очень длинный лазер

very low power laser – лазер очень малой мощности

vibrational electronic laser – лазер на колебательно-электронных переходах

vibrational energy levels – энергетические уровни колебательных переходов

vibrational modes – колебательные моды

vibrational rotational laser – лазер на колебательно-вращательных переходах (*молекулы*)

vibrational transition laser – лазер на колебательных переходах

vibrational transitions – колебательные переходы

vibration-rotation laser – лазер на колебательно-вращательных переходах (*молекулы*)

vibrator – излучатель [вибратор, осциллятор, генератор] (*колебаний*)

vibronic (*acronym for* **vibr**ational-elect**ronic**) – колебательно-электронный

vibronic energy levels – колебательные энергетические уровни

vibronic laser – вибронный лазер [лазер на колебательно-электронных переходах]

vibronic lasing – генерация лазерного [лазерная генерация] излучения на колебательно-электронных
переходах

vibronic medium – среда с колебаниями (*составляющих частиц*)

vibronic solid state laser – вибронный твёрдотельный лазер [твёрдотельный лазер на колебательно-
электронных переходах]

violet laser – фиолетовый лазер [лазер, генерирующий излучение фиолетового цвета]

violet lasing – генерация лазерного [лазерная генерация] излучения в фиолетовой области спектра

visible diode laser – диодный лазер видимого излучения

visible laser – лазер видимого света [лазер, генерирующий излучение видимого света]

visible laser diode – лазерный диод, работающий в видимой области излучения

visible light – видимый свет

visible light emitting diode – световод [светоизлучающий диод] видимого излучения

visible light laser – лазер видимого света [лазер, генерирующий излучение видимого света]

visible radiation – излучение видимого света

visible wavelength chemical laser – химический лазер видимого излучения

volume excited laser – лазер с объемной накачкой

VUV [vacuum ultraviolet] laser – лазер вакуумного ультрафиолетового излучения

161

W

wallplug efficiency – коэффициент [эффективность] полезного действия

wallplug laser efficiency – коэффициент [эффективность] полезного действия лазера

water cooled laser – лазер с водяным охлаждением

water cooled pump chamber – камера накачки с водяным охлаждением

water cooled tube laser – трубочный лазер с водяным охлаждением

water jet guided laser – управляемый лазер с водяным соплом

water maser – мазер на молекулах воды [H_2O мазер]

water maser emission – излучение мазера на молекулах воды

water vapor laser – лазер на парах воды

wave frequency – частота волны

wave number – волновое число

wave optics – волновая оптика

wave theory of radiation – волновая теория излучения

wavefront – волновой фронт

wavefront conversion – обращение волнового фронта

waveguide cavity – волноводный резонатор

waveguide coupled laser – лазер, связанный со световодом

waveguide grating – световодная дифракционная решетка

waveguide laser – волноводный [световодный] лазер

waveguide laser with electric pumping – волноводный лазер с электрической накачкой

waveguide microcavity – волноводный микрорезонатор

waveguide mode – мода световода

waveguide pumping laser – лазер с волноводной накачкой

waveguide resonator – волноводный резонатор

wavelength – длина волны [*излучения*]

wavelength division multiplexing – уплотнение по длинам волн

wavelength effects – эффекты длин волн [*излучения*]

wavelength properties for laser applications – свойства длин волн для лазерных применений

wavelength size resonator – резонатор с размерами порядка длины волны излучения

wavelength tunability – перестраиваемость на (*определённую*) длину волны

wavelength tunable laser – лазер с перестраиваемой длиной волны

wavelength tunable solid-state laser – твёрдотельный лазер с перестраиваемой длиной волны

waves in space-time periodic medium – волны в пространственно-периодических средах

waves in waveguides – волны в световодах

wedge shaped beam splitter – клиновидный разделитель пучка

weld bead – наплавленный валик (*сварного шва*)

weldability – свариваемость (*материалов*)

whirling laser beams – вихревые лазерные пучки

white laser – белый лазер [лазер, генерирующий одновременно излучение трех основных цветов]

white laser color – белый лазерный цвет

white light gas laser – газовый лазер белого света

white light laser – белый лазер

white light source – источник белого света

wide aperture laser – широкоапертурный лазер [лазер с большой (*выходной*) апертурой]

wide bandwidth resonator – широкополосный резонатор

wide spectrum laser – лазер с широким спектром (*излучения*) width of laser kerf – ширина лазерного реза

wiggler – виглер [формирователь периодического магнитного поля (*в лазерах на свободных электронах*)]

wiggler versus undulator – виглер против ондулятора [формирователь периодического магнитного поля (*в лазерах на свободных электронах*) против устройства для генерации когерентного синхротронного излучения]

wind sensing lidar – лидар для измерения параметров ветра

working laser material – рабочее вещество [материал, среда] лазера

working laser medium – рабочее вещество [материал, среда] лазера

working maser material – рабочее вещество [материал, среда] мазера

working maser medium – рабочее вещество [материал, среда] мазера

workpiece – обрабатываемая деталь (*при лазерном облучении*)

world-largest petawatt laser – крупнейший в мире петаваттный лазер

write once read-many laser disk – дисковый лазерный накопитель с однократной записью и многократным считыванием [лазерный диск]

writing laser – записывающий лазер

X

xasability* – способность генерировать *лазерное рентгеновское* [разерное*] излучение

xasable* – способный генерировать *лазерное рентгеновское* [разерное*] излучение

xasable* material – генерирующий разерное* излучение материал

xasant* – разант* [разерная* среда; активная *среда* [вещество] разанта*; вещество, генерирующее *лазерное рентгеновское* [разерное*] излучение]

(*to*) xase* – генерировать [производить, создавать] *лазерное рентгеновское* [разерное*] излучение

xaser (acronym for *X-ray **amplification** by stimulated **emission** of radiation* or *X-ray **laser*** – усиление рентгеновских лучей с помощью стимулированной эмиссии излучения) – разер* [**рентгеновский лазер**; лазер рентгеновского излучения; лазер, генерирующий рентгеновское излучение; лазер, излучающий в рентгеновской области излучения; генератор лазерного рентгеновского излучения; разерный* генератор, ксазер*]

xaser action – (воз)действие генератора лазерного рентгеновского излучения [разерное* (воз)действие]

xaser generation – генерация лазерного [лазерная генерация] рентгеновского излучения; разерная* генерация

xaser generator – генератор лазерного рентгеновского излучения [разерный* генератор]

xasing* – разерная* генерация [генерация лазерного рентгеновского излучения]

Xe laser – *Xe* лазер [ксеноновый лазер, лазер на ксеноне]

Xe$^+$ laser – *Xe*$^+$ лазер [ксеноновый ионный лазер, лазер на однократно ионизированном ксеноне]

XeBr laser – лазер на бромиде ксенона [*XeBr* лазер]

XeCl excimer laser – эксимерный лазер на хлориде ксенона [*XeCl* эксимерный лазер]

XeCl laser – лазер на хлориде ксенона [*XeCl* лазер]

Xe-Cl excimer laser – ксеноново-хлорный эксимерный лазер [эксимерный лазер на смеси (*газов*) ксенона и хлора]

Xe-Cl laser – ксеноново-хлорный лазер [лазер на смеси (*газов*) ксенона и хлора]

XeF excimer laser – эксимерный лазер на фториде ксенона [*XeF* эксимерный лазер]

XeF laser – лазер на фториде ксенона [*XeF* лазер]

Xe-F excimer laser

Xe-F excimer laser – ксеноново-фторный эксимерный лазер [эксимерный лазер на смеси (*газов*) ксенона и фтора]

Xe-F laser – ксеноново-фторный лазер [лазер на смеси (*газов*) ксенона и фтора]

xenon bromide laser – лазер на бромиде ксенона [*XeBr* лазер]

xenon chloride excimer laser – эксимерный лазер на хлориде ксенона [*XeCl* эксимерный лазер]

xenon chloride laser – лазер на хлориде ксенона [*XeCl* лазер]

xenon flashlamp – ксеноновая лампа-вспышка

xenon flashlamp as ruby pump – ксеноновая лампа-вспышка для накачки рубина

xenon flashlamp as yttrium aluminum garnet pump – ксеноновая лампа-вспышка для накачки иттрий-алюминиевого граната

xenon fluoride laser – лазер на фториде ксенона [*XeF* лазер]

xenon ion laser – ксеноновый ионный [Xe^+] лазер

xenon laser – ксеноновый [*Xe*] лазер

XFEL [*X*-ray free electron laser] – рентгеновский лазер на свободных электронах

X-ray amplification by stimulated emission of radiation – усиление рентгеновских лучей с помощью стимулированной эмиссии излучения

X-ray beam – рентгеновский пучок

X-ray C^{+5} laser – рентгеновский лазер на водородоподобном пятикратно-ионизированном углероде C^{+5}

X-ray energy spectrum of laser plasma – энергетические спектры рентгеновского излучения лазерной плазмы

X-ray fivefold ionized hydrogen-like carbon laser – рентгеновский лазер на водородоподобном пятикратно-ионизированном углероде C^{+5}

X-ray free electron laser – рентгеновский лазер на свободных электронах

X-ray laser – рентгеновский лазер [лазер рентгеновского д излучения, разер*]

X-ray laser active medium – активная среда рентгеновского лазера

X-ray laser configuration – конфигурация рентгеновского лазера

X-ray laser emission – излучение рентгеновского лазера

X-ray laser interferometry – интерферометрия рентгеновского лазерного излучения

X-ray laser transition – рентгеновский лазерный переход

X-ray lasing – генерация лазерного [лазерная генерация] рентгеновского излучения

X-ray mirror – рентгеновское зеркало

X-ray preionized laser – лазер с предионизацией (*активной среды*) рентгеновским излучением

X-Y scanning laser system – *X-Y* сканирующая лазерная система

Y

YAG – иттриево-алюминиевый гранат

YAG laser – лазер на иттрий-алюминиевом гранате [*YAG* лазер]

YAP – иттриево-алюминиевый фосфид

YAP laser – твёрдотельный лазер на иттрий-алюминиевом фосфиде [*YAP* лазер]

YIG [yttrium iron garnet] laser – лазер на иттрий-железном гранате

YVO₄ laser – лазер на иттриевом ортованадате [*YVO₄* лазер]

$Y_3Al_5O_{12}$ – иттриево-алюминиевый гранат [$Y_3Al_5O_{12}$]

$Y_3Al_5O_{12}$ laser – лазер на иттрий-алюминиевом гранате [$Y_3Al_5O_{12}$ лазер]

Yb:YAG laser – лазер на иттрий-алюминиевом гранате [*YAG* лазер]

Yb:CaF₂ laser – лазер на фториде кальция, легированном иттербием [*Yb:CaF₂* лазер]

Yb fiber laser – иттербиевый [*Yb*] волоконный лазер

Yb:GdVO₄ laser – (*твёрдотельный*) лазер на гадолиниевом ванадате, легированном иттербием [*Yb·GdVO₄* лазер]

Yb:KGW laser – лазер на калий-гадолиниевом вольфрамате, легированном иттербием [*Yb:KGW* –лазер]

Yb: KLuW laser – лазер на калий-лютециевом вольфрамате, легированном иттербием; *Yb:KLuW* лазер

Yb:KYW laser – лазер на калий-иттриевом вольфрамате, легированном иттербием [*Yb:KYW* лазер]

Yb:LuVO₄ laser – (*твёрдотельный*) лазер на лютециевом ванадате, легированном иттербием [*Yb:LuVO₄* лазер]

Yb:YAG laser – (*твёрдотельный*) лазер на иттрий-алюминиевом гранате, легированном иттербием [*Yb:YAG* лазер]

Yb:YVO₄ laser – (*твёрдотельный*) лазер на иттриевом ванадате, легированном иттербием [*Yb:YVO₄* лазер]

yellow laser – жёлтый лазер [лазер, излучающий в жёлтой области излучения]

yellow lasing – генерация лазерного [лазерная генерация] излучения в жёлтой области спектра

YIG laser – лазер на иттрий-железном гранате [*YIG* лазер]

YLF laser – лазер на иттриево-литиевом фториде [*YLF* лазер]

yottahertz laser – иоттагерцевый лазер

yottajoule laser – иоттаджоулевый лазер

yottawatt laser – иоттаваттный лазер

ytterbium doped double-clad fiber laser – лазер на оптоволокне, легированном иттербием, с двойным покрытием

ytterbium doped fiber amplifier – усилитель на оптоволокне, легированном иттербием

ytterbium doped fiber laser – лазер на оптоволокне, легированном иттербием

ytterbium doped gadolinium vanadate laser – лазер на гадолиниевом ванадате, легированном иттербием [*Yb:GdVO₄* лазер]

ytterbium doped gadolinium vanadate solid-state laser – твёрдотельный лазер на гадолиниевом ванадате, легированном иттербием [*Yb:GdVO₄* лазер]

ytterbium doped gain medium – усиливающая среда, легированная иттербием

ytterbium doped laser crystals – лазерные кристаллы, легированные иттербием

ytterbium doped lutetium vanadate laser – лазер на лютециевом ванадате, легированном иттербием [*Yb:LuVO₄* лазер]

ytterbium doped lutetium vanadate solid-state laser – твёрдотельный лазер на лютециевом ванадате, легированном иттербием [*Yb:LuVO₄* лазер]

ytterbium doped vanadate crystals – ванадатовые кристаллы, легированные иттербием

ytterbium doped yttrium aluminum garnet laser – лазер на иттрий-алюминиевом гранате, легированном иттербием [*Yb:YAG* лазер]

ytterbium doped yttrium aluminum garnet solid-state laser – твёрдотельный лазер на иттрий-алюминиевом гранате, легированном иттербием [*Yb:YAG* лазер]

ytterbium doped yttrium vanadate laser – лазер на иттриевом ванадате, легированном иттербием [*Yb:YVO₄* лазер]

ytterbium doped yttrium vanadate solid-state laser – твёрдотельный лазер на иттриевом ванадате, легированном иттербием [*Yb:YVO₄* лазер]

ytterbium fiber laser – иттербиевый [*Yb*] волоконный лазер

ytterbium glass laser – лазер на иттербиевом стекле

yttrium aluminate laser – лазер на алюминате иттрия

yttrium aluminum garnet – иттриево-алюминиевый гранат [*Y₃Al₅O₁₂*]

yttrium aluminum garnet laser – лазер на иттрий-алюминиевом гранате [*Y₃Al₅O₁₂* лазер]

yttrium aluminum phosphide – иттрий-алюминиевый фосфид

yttrium aluminum phosphide solid-state laser – твёрдотельный лазер на иттрий-алюминиевом фосфиде [*YAP* лазер]

yttrium iron garnet laser

yttrium iron garnet laser – лазер на иттрий-железном гранате [*YIG* лазер]
yttrium lithium fluoride – иттрий-литиевый фторид
yttrium lithium fluoride laser – лазер на иттрий-литиевом фториде [*YLF* лазер]
yttrium lithium fluoride solid-state laser – твёрдотельный лазер на иттрий-литиевом фториде [*YLF* лазер]
yttrium orthovanadate laser – лазер на иттриевом ортованадате [*YVO₄* лазер]
yttrium orthovanadate solid-state laser – твёрдотельный лазер на иттриевом ортованадате [*YVO₄* лазер]
yttrium vanadate laser – лазер на ванадате иттрия [*YVO₄* лазер]
yttrium vanadate solid-state laser – твёрдотельный лазер на иттриевом ванадате [*YVO₄* лазер]

Z

z-cavity – *z*-полость [*z*-резонатор]
Zeeman laser – зеемановский лазер
Zeeman maser – зеемановский мазер
zero dispersion wavelength – длины волн с нулевой дисперсией
zero field laser bandwidth – ширина лазерной линии при нулевом поле
zero linewidth laser – лазер с нулевой шириной линии
zero order-mode laser – лазер с основной модой
zero-dimensional active medium – нуль-размерная активная среда
zettahertz laser – зеттагерцевый лазер
zettajoule laser – зеттаджоулевый лазер
zettawatt laser – зеттаваттный лазер
zigzag cavity – зигзагообразная *полость* [резонатор]
zigzag laser – зигзагообразный лазер
zigzag slab geometry – зигзагообразная плиточная геометрия
zigzag slab laser – зигзагообразный плиточный лазер
zinc ion laser – цинковый ионный лазер [лазер на ионах цинка, Zn^+ лазер]
zinc laser – лазер на цинке [цинковый [*Zn*] лазер]
zinc oxide laser – лазер на оксиде цинка [*ZnO* лазер]
zinc oxide nanowire laser – лазер на нанопроволоке из оксида цинка
zinc sulfide laser – лазер на сульфиде цинка [*ZnS* лазер]
zinc vapor laser – лазер на парах цинка
Zn laser – цинковый [*Zn*] лазер; лазер на цинке
Zn^+ laser – лазер на ионах цинка [Zn^+ лазер]
ZnO laser – *ZnO* лазер [лазер на оксиде цинка]
ZnS laser – лазер на сульфиде цинка [*ZnS* лазер]
zone structure of energy levels – зонная структура энергетических уровней
zone theory of solids – зонная теория твёрдых тел

Русско-английский словарь лазерных и смежных терминов

Russian-English dictionary of laser and closely-related terms

А

аберрация лазерного излучения – laser aberration [aberration of laser radiation]
абляционная плазма – ablation plasma
абляционная струя – ablation plume
абляционный лазерный ракетный двигатель – ablative laser propulsion
абляционный шлейф – ablation plume
абляция – ablation
абляция при лазерном облучении – ablation under laser radiation
абляция с помощью эксимерного лазера – excimer laser ablation
абсорбционная способность – absorbing ability [absorbability, absorptivity]
абсорбция в возбуждённом состоянии – excited state absorption
абсорбция в поле лазерного излучения – absorption in laser radiation field
абсорбция инфракрасного излучения – infrared absorption
абсорбция лазерного излучения – absorptance [absorption] of laser radiation
аварийная остановка лазера – emergency stop of laser
автоматизированная лазерная технологическая установка – automated laser technological workstation
автоматизированная лазерная установка – automatic laser *device* [setup, workstation, facility]
автоматизированный лазерный технологический комплекс – automated laser technological complex
автономный лазер – self contained laser
адаптивная оптика – adaptive optics
адиабатический сдвиг (*в материале*) при лазерном воздействии – adiabatic shearing under laser reaction
азимутальное квантовое число – azimuthal quantum number
азотный [N_2] лазер – nitrogen [N_2] laser
АИГ лазер [лазер на алюмоиттриевом гранате] – yttrium aluminum garnet laser
аксиконическая линза – axicon lens
акт возбуждения – excitation event
акт испускания – emission event
акт поглощения – absorption event
активация лазера – laser activation
активация лазерным излучением – laser induced activation
активированные лазерные кристаллы – activated laser crystals
активная газо-жидкостная среда (*для генерации излучения*) – active gas-liquid medium

активная лазерная спектроскопия – active laser spectroscopy

активная лазерная спектроскопия поглощения – active laser absorption spectroscopy

активная лазерная спектроскопия рассеяния – active laser scattering spectroscopy

активная лазерная среда – active laser *substance* [medium, material]

активная синхронизация мод – active *mode locking* [synchronization mode]

активная среда – active medium

активная среда газера* – gasant* [active gaser *substance* [medium, material]]

активная среда гразера* – grasant* [active graser *substance* [medium, material]]

активная среда зазера* – sasant* [active saser *substance* [medium, material]]

активная среда иказера* – irasant* [active iraser *substance* [medium, material]]

активная среда лазера – lasant [active laser *substance* [medium, material]]

активная среда мазера – masant* [active maser *substance* [medium, material]]

активная среда повплазера* – spasant* [active spaser *substance* [medium, material]]

активная среда разера* – xasant* [active xaser *substance* [medium, material]]

активная среда рентгеновского лазера – *X*-ray laser active medium

активная среда уфазера* – uvasant* [active uvaser *substance* [medium, material]]

активная среда фазера* – phasant* [active phaser* *substance* [medium, material]]

активная стабилизация – active stabilization

активная стабилизация лазера – active laser stabilization

активная стабилизация частоты – active frequency stabilization

активная стабилизация частоты генерации – active oscillation frequency stabilization

активно стабилизированный лазер – actively stabilized laser

активно стабилизированный одночастотный лазер – actively stabilized single-frequency laser

активное вещество – active substance

активное вещество газера – gasant* [active gaser *substance* [medium, material]]

активное вещество гразера* – grasant* [active graser *substance* [medium, material]]

активное вещество зазера* – sasant* [active saser *substance* [medium, material]]

активное вещество иказера* – irasant* [active iraser *substance* [medium, material]]

активное вещество лазера – lasant [active laser *substance* [medium, material]]

активное вещество мазера – masant* [active maser *substance* [medium, material]]

активное вещество повплазера* – spasant* [active spaser *substance* [medium, material]]

активное вещество разера* – xasant* [active xaser *substance* [medium, material]]

активное вещество рентгеновского лазера – *X*-ray laser active medium

активное вещество уфазера* – uvasant* [active uvaser *substance* [medium, material]]

активное вещество фазера* – phasant* [active phaser *substance* [medium, material]]

активное оптическое волокно – active optical fiber

активное лазерное вещество – active laser *substance* [medium, material]

активное оптоволокно – active optical fiber

активное переключение добротности – active *Q*-switching

активные среды твёрдотельных лазеров – active mediums of solid-state lasers

активный лазерный затвор – active laser shutter

активный лазерный материал – active laser material

активный материал – active material

активный материал газера – gasant* [active gaser *substance* [medium, material]]

активный материал гразера* – grasant* [active graser *substance* [medium, material]]

активный материал зазера* – sasant* [active saser *substance* [medium, material]]

активный материал иказера* – irasant* [active iraser *substance* [medium, material]] активный материал лазера – lasant [active laser *substance* [medium, material]]

активный материал мазера – masant* [active maser *substance* [medium, material]]

активный материал повплазера* – spasant* [active spaser *substance* [medium, material]]

активный материал разера* – xasant* [active xaser *substance* [medium, material]]

активный материал уфазера* – uvasant* [active uvaser *substance* [medium, material]]

активный материал фазера* – phasant* [active phaser *substance* [medium, material]]

активный оптический кабель – active optical cable

активный элемент – active element

активный элемент лазера – active laser element

акустический квант – acoustic [sonic, sound] quantum

акустический лазер – acoustic [sound, phonon] laser; phaser*, saser

акустический мазер – acoustic maser

акустический фонон – acoustic phonon

акустическое зеркало – acoustic mirror

акустооптическая настройка (*лазера*) – acousto-optical tuning

акустооптически перестраиваемый лазер – acousto-optically *tunable* [tuned] laser

акустооптический (*лазерный*) затвор – acousto-optical shutter

акустооптический модулятор – acousto-optic modulator

акустооптический переключатель добротности – acousto-optical *Q*-switch

александритовый лазер – alexandrite laser

альбедо лазерного излучения – laser albedo [albedo of laser radiation]

альфвеновский лазер – Alfven laser

альфвеновский мазер – Alfven maser

алюмооксидное стекло как материал-хозяин* (*активная среда лазера*) – aluminum oxide host glass

аммиачный [NH_3] мазер – ammonia [NH_3] maser

аморфизация (*материала*) при лазерном воздействии – amorphization under laser reaction

аморфизация стеклокерамики при лазерном нагреве – glass ceramics amorphization in laser heating

аморфизация тонких металлических плёнок при лазерном нагреве – thin metal films amorphization in laser heating

амплитуда лазерного возбуждения – laser excitation amplitude

амплитуда лазерного излучения – amplitude of laser radiation

амплитуда лазерного сигнала – laser amplitude

амплитудная модуляция – amplitude modulation

амплитудная модуляция лазерного излучения – amplitude modulation of laser radiation

амплитудно-стабилизированный лазер – amplitude stabilized laser

антибликовое покрытие – antispike coating

антилазер – antilaser [time reversed laser]

антиотражательное покрытие – antireflection coating

антистоксовский рамановский лазер – anti-Stokes Raman laser

апертура – aperture [diaphragm]

апостибль (*единица яркости излучения*) – apostible

аппаратура сопровождения (*цели*) лазерной подсветкой – laser illumination tracking equipment

аргоново-ионная лазерная накачка – argon ion laser pumping

аргоново-криптоновый [*Ar-Kr*] лазер – argon krypton [*Ar-Kr*] laser

аргоново-криптоновый [*Ar-Kr*] эксимерный лазер – argon krypton [*Ar-Kr*] excimer laser

аргоново-ксеноновый [*Ar-Xe*] лазер – argon-xenon [*Ar-Xe*] laser

аргоново-ксеноновый инфракрасный лазер – argon- [*Ar-Xe*] infrared laser

аргоново-фторный лазер

аргоново-фторный [*Ar-F*] лазер – argon fluorine [*Ar-F*] laser
аргоново-фторный [*Ar-F*] эксимерный лазер – argon fluorine [*Ar-F*] excimer laser
аргоново-хлорный [*Ar-Cl*] лазер – argon chlorine [*Ar-Cl*] laser
аргоново-хлорный [*Ar-Cl*] эксимерный лазер – argon chlorine [*Ar-Cl*] excimer laser
аргоновый ионный [*Ar⁺*] лазер – argon ion [*Ar⁺*] laser
аргоновый [*Ar*] лазер – argon [*Ar*] laser
аргоновый лазер с непрерывным излучением – continuous wave argon laser
аргоновый лазер, генерирующий излучение зелёного света – green argon laser
архитектура лазера – laser architecture
асимметричная валентная мода – asymmetric valent mode
асимметричный лазер – asymmetric laser
астрофизический лазер – astrophysical laser
астрофизический мазер – astrophysical maser
атермальнй лазер – athermal laser
атмосферный лазерный радар – atmospheric *laser radar* [lidar]
атмосферный лидар – atmospheric *lidar* [laser radar]
атомарный газовый лазер – atomic gas laser
атомарный лазер – atom [atomic] laser
атомно-лучевая трубка – atomic beam tube
атомный зонд – atom probe
атомный зонд с лазерной подсветкой – atom probe with laser illumination
атомный лазер – atom [atomic] laser
атомы, *замедленные* [заторможенные] лазерным излучением – laser slowed atoms
атомы, охлаждённые лазерным излучением – laser cooled atoms
аттенюатор – attenuator [decreasing amplitude device]
аттометровый лазер – attometer laser
аттосекундная лазерная абляция – attosecond laser ablation
аттосекундная оптоэлектроника – attosecond optoelectronics
аттосекундное лазерное облучение – attosecond laser irradiation
аттосекундные явления – attosecond phenomena
аттосекундный импульс – attosecond pulse
аттосекундный лазер – attosecond laser
аттосекундный лазерный нагрев – attosecond laser heating
аттосекундный лазерный отжиг – attosecond laser annealing
аттосекундный оптоволоконный лазер – attosecond fiber laser
аустенизация при лазерной обработке – austenization under laser treatment
аустенит лазерной закалки – laser quenching austenite
ацентрические лазерные кристаллы – acentric laser crystals

Б

базовый лазер – basic laser
бездоплеровская лазерная спектроскопия – Doppler free laser spectroscopy

бездоплеровская спектроскопия лазерно-индуцированного дихроизма и двулучепреломления – Doppler-free spectroscopy of laser induced dichroism and birefringence

беззеркальная лазерная хаотическая генерация – mirrorless random lasing

беззеркальный лазер – mirrorless laser

безизлучательное затухание – nonradiative [radiationless] decay

безизлучательное снятие возбуждения – nonradiative [radiationless] deexcitation

безизлучательный переход – nonradiative [radiationless] transition

безизлучательный процесс – nonradiative [radiationless] process

безопасные для глаз лазеры – eye-save lasers

безпиковый лазер – spikeless laser

безпороговый лазер – thresholdless laser

безрезонаторный лазер – noncavity [resonatorless] laser

белый лазер – white [white-light] laser

белый лазерный цвет – white laser color

беспроблемный лазер – kink free laser

беспроводная лазерная связь – free space laser communication

бесстолкновительный режим многофотонной диссоциации – non-collisions mode of multiphoton dissociation

биение мод – mode beating

биологические эффекты лазерного облучения – biological effects of laser irradiation

биологический лазер на микрополости – biological microcavity laser

биологический лазер на микрорезонаторе – biological microcavity laser

бистабильная генерация лазерного излучения – bistable lasing

бистабильная лазерная генерация – bistable lasing

бистабильная мода – bistable mode

бистабильный лазер – bistable laser

бистабильный лазерный диод – bistable laser diode

бистабильный полупроводниковый лазер – bistable semiconductor laser

бистабильный резонатор – bistable resonator

бистабильный усилитель – bistable amplifier

бифуркация излучения лазера – bifurcation of laser radiation

бифуркация лазерного колебания – bifurcation of laser oscillation

бифуркация (в материале) при лазерном облучении – bifurcation under laser irradiation

ближнее инфракрасное (излучение) – near [long wave] infrared

ближнее инфракрасное излучение – near [long wave] infrared radiation

ближнее поле лазера – near field of laser

ближнеполевое изображение лазерного излучения – near field laser imaging

близко-концентрический лазерный резонатор – near concentric laser cavity

близко-плоскостной резонатор – near planar resonator

блок лазерной головки – laser head block

блок сопел лазера – array of laser nozzles

блокировка (лазера) – interlock

блокировка лазера – laser interlock

боевой лазер – tactical laser

бозе-эйнштейновский конденсат – Bose-Einstein condensate

боковая накачка лазера – side laser pumping

более высокий лазерный уровень – upper laser level

более высокое лазерное состояние – upper laser state

более нижнее лазерное состояние

более нижнее лазерное состояние – lower laser state
более нижний лазерный уровень – lower laser level
бомба, наводимая (*на цель*) лазерным пучком – laser bomb
бороздчатость при лазерной резке – striation under laser cutting
бортовая лазерная следящая система – airborne laser tracker
бортовой лазер – airborne laser
бортовой лазерный батиметр – airborne laser bathymeter
бортовой лазерный зонд – airborne laser sound
бортовой лазерный измеритель глубины – airborne laser bathymeter
бортовой лазерный целеуказатель – airborne laser designator
бортовой лидар (*летательного аппарата*) – airborne lidar
бортовой лидар космического аппарата – spaceborne lidar
брызги (*каплеобразные на поверхности*) при лазерной резке – laser cutting spatter
брызги (*каплеобразные на поверхности*) при лазерной сварке – laser welding spatter
брызги (*каплеобразные на поверхности*) при лазерном сверлении – laser drilling spatter
брэгговский лазер – Bragg laser
брэгговское зеркало – Bragg mirror
брюстеровские окна – Brewster windows
быстровоспламеняемые лазерные эксперименты – fast ignition laser experiments
быстрое затвердевание – rapid solidification
быстропроточный лазер – fast flow laser
быстрый поглотитель (*лазерного излучения*) – fast absorber

В

вакуумное лазерное оплавление – vacuum laser melting
вакуумное лазерное плавление – vacuum laser melting
вакуумное лазерное расплавление – vacuum laser melting
вакуумный ультрафиолетовый (*диапазон*) – vacuum ultraviolet
вакуумный ультрафиолетовый лазер – vacuum ultraviolet laser
варьируемый лазерный импульс – variable laser pulse
ввод-вывод лазерного излучения – laser coupling
ввод-вывод пучка – beam coupling
ввод-вывод резонатора – cavity coupling
ввод-вывод (*излучения*) через отверстие – hole coupling
ведомый лазер – driven laser
ведущий краевой пик – leading edge spike
величина энергетической щели – bandgap energy
величина энергии запрещённой зоны – bandgap energy
величина, обратная относительному отверстию(*пучка*) [*F*-число] – *F*-number
вероятность возбуждения – excitation *probability* [rate]
вероятность вынужденного излучения – induced [stimulated] radiation probability
вероятность вынужденного перехода – induced [stimulated] transition probability

вероятность вынужденного поглощения – induced [stimulated] absorption probability
вероятность заполнения (*энергетического уровня*) – occupation probability
вероятность индуцированного излучения – induced [stimulated] radiation probability
вероятность индуцированного перехода – induced [stimulated] transition probability
вероятность индуцированного поглощения – induced [stimulated] absorption probability
вероятность лазерного перехода – laser transition probability
вероятность накачки лазера – laser pumping probability
вероятность *(на, за)селённости* (*энергетического уровня*) – occupation probability
вероятность поглощения – absorption probability
вероятность поглощения фотона – photon absorption probability
вероятность самопроизвольного излучения – spontaneous radiation probability
вероятность спонтанного излучения – spontaneous radiation probability
вероятность спонтанного перехода – spontaneous transition probability
вероятность стимулированного излучения – stimulated [induced] radiation probability
вероятность стимулированного перехода – stimulated [induced] transition probability
вероятность стимулированного поглощения – stimulated [induced] absorption probability
верхнее лазерное состояние – upper laser state
верхний лазерный уровень – upper laser level
вес лазера – laser weight
вещество, генерирующее газерное* излучение – gasant* [active gaser *substance* [medium, material]]
вещество, генерирующее гразерное* излучение – grasant* [active graser *substance* [medium, material]]
вещество, генерирующее зазерное* излучение – sasant* [active saser *substance* [medium, material]]
вещество, генерирующее иказерное* излучение – irasant* [active iraser *substance* [medium, material]]
вещество, генерирующее когерентное оптическое излучение – lasant [active laser *substance* [medium, material]]
вещество, генерирующее лазерное акустическое излучение – sasant* [active saser *substance* [medium, material]]
вещество, генерирующее лазерное гамма-излучение – gasant* [grasant*, active gaser *substance* [medium, material]]
вещество, генерирующее лазерное звуковое излучение – sasant* [active saser *substance* [medium, material]]
вещество, генерирующее лазерное излучение – lasant [active laser *substance* [medium, material]]
вещество, генерирующее лазерное инфракрасное излучение – irasant* [active iraser *substance* [medium, material]]
вещество, генерирующее лазерное поверхностно-плазмонное излучение – spasant* [active spaser *substance* [medium, material]]
вещество, генерирующее лазерное рентгеновское излучение – xasant* [active xaser *substance* [medium, material]]
вещество, генерирующее лазерное ультрафиолетовое излучение – uvasant* [active uvaser *substance* [medium, material]]
вещество, генерирующее лазерное фононное излучение – phasant* [active phaser* *substance* [medium, material]]
вещество, генерирующее мазерное излучение – masant* [active maser *substance* [medium, material]]
вещество, генерирующее повплазерное* излучение – spasant* [active spaser *substance* [medium, material]]
вещество, генерирующее разерное* излучение – xasant* [active xaser *substance* [medium, material]]
вещество, генерирующее фазерное* излучение – phasant* [active phaser* *substance* [medium, material]]
вещество, генерирующее уфазерное* излучение – uvasant* [active uvaser *substance* [medium, material]]
взаимная диффузия слоёв при лазерном нагреве – mutual layers diffusion [micrometallurgy] in laser heating

173

взаимодействие излучения с веществом

взаимодействие излучения с веществом – radiation-matter interaction
взаимодействие лазерного излучения с атомами – laser-atoms interaction
взаимодействие лазерного излучения с биологической тканью – laser-tissue interaction
взаимодействие лазерного излучения с веществом – laser-matter interaction
взаимодействие лазерного излучения с диэлектриками – laser-dielectrics interaction
взаимодействие лазерного излучения с керамикой – laser-ceramic interaction [laser beam interaction with ceramic]
взаимодействие лазерного излучения с кластерами – laser-clusters interaction
взаимодействие лазерного излучения с композитами – laser-composites interaction
взаимодействие лазерного излучения с кристаллами – laser-crystals interaction
взаимодействие лазерного излучения с материалом – laser-material interaction
взаимодействие лазерного излучения с металлами – laser-metals interaction
взаимодействие лазерного излучения с мишенью – laser-target interaction
взаимодействие лазерного излучения с молекулами – laser-molecules interaction
взаимодействие лазерного излучения с неметаллами – laser-nonmetals interaction
взаимодействие лазерного излучения с плазмой – laser-plasma interaction
взаимодействие лазерного излучения с полимерами – laser-polymers interaction
взаимодействие лазерного излучения с твёрдой мишенью – laser solid target interaction
взаимодействие лазерного излучения со свободными атомами – "laser radiation – free atoms" interaction
взаимодействие лазерного излучения со сплавами – laser-alloys interaction
взаимодействие лазерного излучения со стёклами – laser-glass interaction
взрыв пассивных сред при лазерном нагреве – passive medium explosion in laser heating
взрывной газодинамический лазер – detonation gas-dynamic laser
вибратор – oscillator [vibrator]
вибронный лазер – vibronic laser
вибронный твёрдотельный лазер – vibronic solid state laser
виглер – wiggler [periodic magnetic field shaper (*in free-electron in lasers*)]
виглер против ондулятора – wiggler [periodic magnetic field shaper (*in free-electron in lasers*)] versus *undulator* [device for generation of coherent synchrotron radiation]
вид колебаний – mode
вид лазерных осциллирующих частиц (*электрон, атом, ион, молекула и т.п.*) – laser species
видимый лазер небольшой мощности – low power visible laser
видимый свет – visible light
виды лазерно-излучающих частиц – laser species [species of laser particles]
виды лазерной резки – forms of laser cutting
виды лазерных колебаний – types of laser oscillations
виды лазерных осцилляций – types of laser oscillations
визуализация лазерного излучения – laser radiation visualization
вихревые лазерные пучки – whirling laser beams
ВКР лазер [лазер на вынужденном комбинационном рассеянии] – stimulated Raman scattering laser
внешнее возбуждение – external excitation
внешнее затравливание – injection seeding
внешний резонатор – external [outdoor] resonator [cavity]
внешняя модуляция – external modulation
внешняя синхронизация – injection locking
внутреннее квантовое число – inner quantum number
внутренний резонатор – indoor resonator

174

внутренняя модуляция – internal modulation
внутризонное поглощение – intraband absorption
внутрирезонаторная лазерная абсорбционная спектроскопия – intracavity laser absorption spectroscopy
внутрирезонаторная лазерная спектроскопия – intracavity laser spectroscopy
внутрирезонаторная лазерная спектроскопия поглощения – intra cavity laser absorption spectroscopy
внутрирезонаторная модуляция – internal modulation
внутрирезонаторное поглощение – intracavity absorption
внутрирезонаторное удвоение частоты – intracavity frequency doubling
внутрирезонаторный лазерный спектрофотометр – laser intracavity spectrophotometer
внутрирезонаторный наклонённый эталон – intracavity inclined etalon
вогнуто-выпуклая лазерная полость – concave-convex laser cavity
вогнуто-выпуклый лазерный резонатор – concave-convex laser cavity
вогнуто-выпуклый резонатор – concave-convex cavity
водородно-йодный [H-I] лазер – hydrogen-iodine [H-I] laser
водородно-фторный [H-F] лазер – hydrogen-fluorine [H-F] laser
водородный [H] лазер – hydrogen [H] laser
водородный лазер вакуумного ультрафиолетового излучения – vacuum ultraviolet hydrogen laser
водородный мазер – hydrogen maser
водородный молекулярный [H_2] лазер – molecular hydrogen [H_2] laser
возбуждаемая лазерным излучением частица – laser excited particle
возбуждать – (to) excite
возбуждать лазер – (to) excite [build up] a laser
возбуждать лазерный осциллятор – (to) build up a laser oscillation
возбуждающий лазер – exciting [excitation] laser
возбуждение – excitation
возбуждение изменяемого лазерного импульса – variable laser pulse excitation
возбуждение катодным пучком – cathode-ray excitation
возбуждение лазера – laser excitation
возбуждение лазера в непрерывном режиме – continuous wave laser excitation
возбуждение лазерной среды – excitation of laser medium
возбуждение лазерных частиц – excitation of laser pieces
возбуждение с двойным разрядом – double discharge excitation
возбуждение соударением – collision excitation
возбуждение столкновением – collision excitation
возбуждение электронным пучком – electron (cathode-) ray excitation
возбуждённая мода – excited mode
возбуждённая молекула – excited molecule
возбуждённое квантовое состояние – excited quantum state
возбуждённое лазером оптоволокно – laser fed fiber
возбуждённое состояние – excited state
возбуждённое состояние частицы – excited particle state
возбуждённое электронное состояние – excited electronic state
возбуждённое электронное состояние молекулярного комплекса – exciplex [excited complex]
возбуждённое энергетическое состояние – excited energy state
возбуждённый атом – excited atom
возбуждённый вид колебаний – excited mode
возбуждённый димер – excited dimer [excimer]

175

возбуждённый ион – excited ion
возбуждённый комплекс – excited complex
возбуждённый уровень – excited level
возбуждённый электрон – excited electron
возбуждённый энергетический уровень – excited energy level
возвращённый свет – return light
воздействие генератора лазерного гамма-излучения – gaser [graser] action
воздействие генератора лазерного излучения – laser action
воздействие генератора лазерного излучения с непрерывным излучением – continuous wave laser action
воздействие генератора лазерного инфракрасного излучения – iraser action
воздействие генератора лазерного звукового излучения – saser action
воздействие генератора лазерного поверхностно-плазмонного излучения – spaser action
воздействие генератора лазерного рентгеновского излучения – xaser action
воздействие генератора лазерного ультрафиолетового излучения – uvaser action
воздействие генератора мазерного излучения – maser action
воздействие лазера с непрерывным излучением – continuous wave laser action
воздействие лазерного излучения на вещество – influence of laser radiation on substance
воздушная лазерная связь – air laser communication
волновая оптика – wave optics
волновая теория излучения – wave theory of radiation
волноводный лазер – waveguide laser
волноводный лазер на двуокиси углерода – carbon dioxide waveguide laser
волноводный лазер с электрической накачкой – waveguide laser with electric pumping
волноводный лазер с электрической накачкой на оксиде цинка – waveguide laser with electric pumping zinc oxide
волноводный микрорезонатор – waveguide microcavity
волноводный резонатор – waveguide *cavity* [resonator]
волновое число – wave number
волновой фронт – wavefront
волновой фронт лазерного пучка – laser beam wavefront
волны в пространственно-периодических средах – waves in space-time periodic medium
волны в световодах – waves in waveguides
волны поглощения, поддерживаемые лазерным излучением – laser supported absorption waves
волоконная оптика – fiber optics
волоконно-оптический кабель – fiber [light wave] cable, light guide
волоконно-оптический лазер – fiber [optical fiber] laser
волоконно-связанный диодный лазер – fiber coupled diode laser
волоконно-связанный лазер – fiber coupled laser
волоконно-связанный полупроводниковый лазер – fiber coupled semiconductor laser
волоконно-связанный полупроводниковый лазер с переключаемым усилением– gain switched fiber coupled semiconductor laser
волоконный комбинационный лазер – fiber Raman laser
волоконный лазер – fiber [optical fiber] laser
волоконный лазер Рамана – fiber Raman laser
волоконный лазерный усилитель – fiber laser amplifier
воспламенение (*вещества*) при лазерном нагреве – ignition in laser heating
восприятие кольцевого лазера – ring laser sensing

воспроизводимость наведения лазерного пучка – laser beam pointing stability
воспроизводимость частоты лазерного излучения – laser frequency reproducibility
восстановление (на, за)селённости – population recovery
восстановление (на, за)селённости энергетического уровня – recovery of energy level population
восстановление оксидов при лазерном нагреве – oxides restoring in laser heating
вращательно-колебательные *(энергетические)* уровни – rotational-vibrational levels
вращательные *(энергетические)* уровни – rotational levels
вращающееся зеркало – spinning mirror
вращающийся лазер – rotating laser
временная когерентность – time [temporal] coherence
временная мода – temporal mode
временная мода лазера – temporal mode of laser
временно перестраиваемый лазер – temporally tunable laser
временное дрожание *(лазерного луча)* – timing jitter
временный джиттер – timing jitter
время жизни *(частиц)* в более высоком состоянии – upper state lifetime
время жизни *(частиц)* в более нижнем состоянии – lower state lifetime
время жизни *(частиц)* в верхнем состоянии – upper state lifetime
время жизни *(частиц)* возбуждённого состояния – excited state lifetime
время жизни *(частиц)* возбуждённого энергетического состояния – lifetime of excited energy state
время жизни лазера – lifetime of laser
время жизни *(частиц)* лазерного уровня – lifetime of laser level
время жизни *(частиц)* на верхнем лазерном уровне – upper laser level lifetime
время жизни *(частиц)* на возбуждённом *(энергетическом)* уровне – high level lifetime
время жизни *(частиц)* на высоком *(энергетическом)* уровне – high level lifetime
время жизни *(частиц)* на невозбуждённом *(энергетическом)* уровне – low level lifetime
время жизни *(частиц)* на низком *(энергетическом)* уровне – low level lifetime
время жизни (на, за)селённости – population lifetime
время жизни резонатора – cavity lifetime [lifetime of cavity]
время жизни уширения линии – linewidth lifetime
время жизни фотона в резонаторе – cavity photon lifetime
время когерентности – coherence time
время когерентности лазерного излучения – coherence time of laser radiation
время лазерной генерации – laser generation time
время нарастания *(импульса)* – rise time
время прохождения импульса в прямом и обратном направлениях в резонаторе – resonator round-trip time
время релаксации – relaxation time
время тепловой релаксации – thermal relaxation time
вспомогательный лазер – auxiliary laser
вспышка лазера – laser burst
встречный лазер – counter laser
встроенный лазер – embedded laser
ВУФ лазер [вакуумный ультрафиолетовый лазер] – vacuum ultraviolet laser
входящая мощность *(излучения)* – incoming power
выбор поперечных мод – transverse mode selection
выбор продольных мод – longitudinal mode selection
выброс *(материала из зоны расплава)* при лазерной резке – spiking under laser cutting

выброс (*материала из зоны расплава*) при лазерной сварке

выброс (*материала из зоны расплава*) при лазерной сварке – spiking under laser welding
вывод лазерного импульса – laser pulse termination
вывод мощности *(из лазера)* – power extraction
выделение лазерного луча из спектра – selection of laser ray out of spectrum
выделение лазерной энергии – laser energy deposition
выделитель импульсов – pulse picker
выдержка излучения – radiant exposure
выдуваемое лазерное отверстие (*дефект сварки*) – blow laser hole
вызванное лазером ослепление – laser induced blindness
вынужденная эмиссия – induced [stimulated] emission
вынужденная эмиссия гамма-излучения – induced [stimulated] gamma emission
вынужденное излучение – induced [stimulated] radiation
вынужденное комбинационное рассеяние – induced [stimulated] Raman scattering
вынужденное поглощение – induced [stimulated] absorption
вынужденное рамановское рассеяние – induced [stimulated] Raman scattering
вынужденное рассеяние Мандельштама-Бриллюэна – induced [stimulated] scattering Mandelshtam-Brillouin
вынужденный квант – stimulated quantum
вынужденный (*энергетический*) переход – stimulated jump [forced transition]
вынужденный фотон – stimulated photon
выравнивание (*поверхности*) при лазерной сварке – slubbing under laser welding
выращивание плёнок лазерным напылением – film growth by laser *deposition* [evaporation]
выращивание плёнок лазерным испарением – film growth by laser evaporation
вырожденное (*энергетическое*) состояние – degenerate state
вырожденный газ – degenerate gas
вырожденный лазер – degenerate laser
высокая добротность (*резонатора*) – high Q [quality]
высоковакуумное лазерное плавление – high vacuum laser melting
высоковакуумное лазерное оплавление – high vacuum laser melting
высоковакуумное лазерное расплавление – high vacuum laser melting
высоковакуумный лазер – high vacuum laser
высокодобротный резонатор – high Q *cavity* [resonator]
высокоинтенсивное лазерное излучение – high intensity laser radiation
высококогерентный лазер – highly *coherent* [coherence] laser
высокомощная лазерная система – high power laser system
высокомощный диодный лазер – high power diode laser
высокомощный лазер – high power laser
высокомощный лазер гамма-излучения – high power gamma-ray laser
высокомощный лазер на свободных электронах – high power free-electron laser
высокомощный оптоволоконный лазер – high power fiber laser
высокомощный оптоволоконный усилитель – high power fiber amplifier
высокомощный полупроводниковый лазер – high power semiconductor laser
высокомощный сверхбыстрый оптоволоконный лазер – high power ultrafast fiber laser
высокомощный твёрдотельный лазер – high power solid-state laser
высокоскоростная лазерная перекристаллизация – high speed laser recrystallization
высокотемпературный лазер – high temperature laser
высокотемпературный лазер на центрах окраски – high temperature color-center laser
высокоточная лазерная обработка – high precision laser *treatment* [processing, machining]

высокоточная лазерная технология – high precision laser technology
высокоэнергетический лазер – high energy laser
высокоэнергетический боевой лазер – tactical high energy laser
высокоэффективный лазер – high efficiency laser
высокоэффективный лазер на кристалле бората, легированном лантаном и скандием – high efficient codoped lanthanum scandium borate crystal laser
высокояркостные лазерные диоды – high brightness laser diodes
выстроенная световодная дифракционная решетка – arrayed waveguide grating
выход лазера – laser output
выходная длина волны (*излучения*) – output wavelength
выходная длина волны лазерного излучения – output laser wavelength
выходная мощность – output power
выходная мощность лазера – laser output power
выходная муфта – output coupler
выходная энергия – output energy
выходная энергия лазера – laser output power
выходное зеркало (*лазера*)– output mirror [back end mirror]
выходной импульс – output pulse
выходные окна – output windows
выходные характеристики лазера – laser output characteristics
выходящее излучение – outcoming [outgoing] radiation

Г

гадолиний-галлиевый гранат – gadolinium gallium garnet [GGG]
гадолиний-скандий-галлиевый гранат – gadolinium scandium gallium garnet [GSGG]
газ для лазерного сверления – laser drilling gas
газ для лазерной резки – laser cutting gas
газ для лазерной сварки – laser welding gas
газ как среда, генерирующая лазерное излучение – gas as lasing medium [gas lasant]
газ, генерирующий лазерное излучение – gas generating laser radiation [gas lasant]
газант* – gasant* [active gaser *substance* [medium, material]]
газер – gaser [graser, **g**amma-ray [γ-] **laser**]
газерная* генерация излучения – gasing* [gaser generation, gamma-ray lasing, generation of gaser radiation]
газерная* среда – gasant* [active gaser substance [medium, material]]
газерное* (воз)действие – gaser action
газерный* [-ная, -ное, -ные, -но-] – *adj. of* gaser
газерный* генератор – gaser [gamma-radiation generator, generator of gamma-radiation]
газовое сопло лазера (*при обработке*) – gas laser nozzle
газовое сплавление с помощью эксимерного лазера – excimer laser gas alloying
газовые смеси для эксимерных лазеров – gas mixtures for excimer lasers
газовый лазант* – gas lasant [gas generating laser radiation]
газовый лазер – gas [gaseous] laser
газовый лазер белого света – white light gas laser
газовый лазер высокого давления – high pressure gas laser

газовый лазер дальнего инфракрасного излучения

газовый лазер дальнего инфракрасного излучения – far infrared gas laser
газовый лазер дальнего инфракрасного излучения – far infrared gas laser
газовый лазер на двуокиси углерода – gas carbon dioxide laser
газовый лазер на диэлектрике – dielectric gas laser
газовый лазер на моноокиси углерода – gas carbon monoxide laser
газовый лазер низкого давления – low pressure gas laser
газовый лазер с магнитным удержанием ионов – magnetically confined ion gas laser
газовый лазер с передачей возбуждения – gas laser with excitation transfer
газовый лазер с предионизацией (*активной среды*) – ionization assisted gas laser
газовый лазер с прокачкой (*рабочей смеси*) – gas transport [flowing gas] laser
газовый лазерный радар – gaseous laser radar
газовый мазер – gas [gaseous] maser
газовый проточный лазер – gas flow laser
газодинамический лазер – gas dynamic laser
газодинамический лазер на двуокиси углерода – carbon dioxide [CO_2] dynamic laser
газодинамический лазер на монооксиде углерода – carbon monoxide [CO] dynamic laser
газодинамический лазер на углекислом газе – carbon dioxide [CO_2] dynamic laser
газодинамический лазер с взрывной накачкой – explosion heated gas-dynamic laser газодинамический лазер с камерой сгорания – combustion [combustion powered] gas-dynamic laser
газодинамический лазер с накачкой горением – combustion heated gas-dynamic laser
газоимерсионное лазерное легирование – gas immersion laser doping
газолазерная плавка – gas laser melting
газолазерная резка – gas laser cutting
газолазерная сварка – gas laser welding
газолазерное сверление – gas laser drilling
газолазерный резак – gas laser cutter
газоразрядная накачка – gas discharge pumping
газоразрядный лазер – gas discharge laser
газоразрядный рекомбинационный лазер – gas discharge recombination laser
газоразрядный рекомбинационный плазменный лазер – gas discharge recombination plasma laser
газоразрядный рекомбинационный плазменный лазер на кальции – calcium gas discharge recombination plasma laser
газоразрядный рекомбинационный плазменный лазер на стронции – strontium gas discharge recombination plasma laser
газотранспортный лазер – gas transport laser
газы для лазера на двуокиси углерода – gases for carbon dioxide laser
газы для лазерных сред – gases for lasing medium
галактический лазер – galactic laser
галактический мазер – galactic maser
галлиево-мышьяковый [Ga-As] лазер – gallium-arsenic [Ga-As] laser
гамма-лазер – gamma-ray laser [gaser, graser]
гамма-лазер на долгоживущих изомерах – long lived isomer gamma-ray laser
гамма-лазер на короткоживущих изомерах – short lived isomer gamma-ray laser
гамма-лазер на ядерных переходах – nuclear transition gamma-ray laser
гармоника лазерного излучения – harmonic of laser radiation [laser harmonic]
гармоническая мода синхронизации – harmonic mode of locking
гасящий лазер – quenching laser

гауссовская лазерная мода – Gaussian laser mode

гауссовский лазерный пучок – Gaussian laser beam

гауссовский пучок – Gaussian beam

гашение (*лазера*) – quench [quenching]

гашение лазера – laser *blanking* [extinguishing, quenching]

гашение лазерной генерации – lasing *quenching* [extinguishing]

гашение (на, за)селённости более верхнего состояния – quenching of upper-state population

гашение флюоресценции в лазерах – fluorescence quenching in lasers

ГГГ лазер [лазер на гадолиний-галлиевом гранате] – gadolinium gallium garnet laser

ГДЛ [газодинамический лазер] – gas dynamic laser

гектоваттный лазер – hectowatt laser

гектоджоулевый лазер – hectojoule laser

гелий-йодный [*He-I*] лазер – helium-iodine [*He-I*] laser

гелий-кадмиевый [*He-Cd*] лазер – helium-cadmium [*He-Cd*] laser

гелий-кальциевый [*He-Ca*] laser – helium-calcium [*He-Ca*] лазер

гелий-криптоновый [*He-Kr*] лазер – helium-krypton [*He-Kr*] laser

гелий-ксеноновый [*He-Xe*] лазер – helium-xenon [*He-Xe*] laser

гелий-неоновый [*He-Ne*] лазер – helium-neon [*He-Ne*, Javan's] laser

гелий-неоновый лазер, стабилизированный йодной ячейкой – helium-neon laser stabilized on iodine cell

гелий-неоновый лазер, стабилизированный метановой ячейкой – helium-neon laser   stabilized on methane cell

гелий-селеновый [*He-Se*] лазер – helium-selenium [*He-Se*] laser

гелий-серебрянный [*He-Ag*] лазер – helium-silver [*He-Ag*] laser

гелий-стронциевый [*He-Sr*] laser – helium-strontium [*He-Sr*] лазер

гелий-ртутный [*He-Hg*] лазер – helium-mercury [*He-Hg*] laser

генератор (*колебаний*) – oscillator [vibrator, generator]

генератор аттосекундных импульсов – attosecond pulses generator

генератор Блоха – Bloch oscillator

генератор гамма-излучения – gamma-radiation generator [generator of gamma-radiation]

генератор задающих импульсов – setting pulses generator

генератор зазерного* излучения – saser [generator of saser radiation, saser radiation generator]

генератор иказерного* излучения – iraser [generator of iraser radiation, iraser radiation generator]

генератор импульсов – pulse generator

генератор инфракрасного излучения – infrared radiation generator

генератор лазерного излучения – laser [laser generator, generator of laser radiation]

генератор лазерного инфракрасного излучения – iraser [generator of iraser radiation, iraser radiation generator]

генератор лазерного микронного излучения – maser [generator of maser radiation, maser radiation generator]

генератор лазерного поверхностно-плазмонного излучения – spaser [generator of spaser radiation, spaser radiation generator]

генератор лазерного сверхвысочастотного излучения – maser [generator of maser radiation, maser radiation generator]

генератор мазерного излучения – maser [generator of maser radiation, maser radiation generator]

генератор микросекундных импульсов – microsecond pulses generator

генератор миллисекундных импульсов – millisecond pulses generator

генератор накачки – pump generator

генератор накачки лазера – laser pump generator

генератор накачки лазера на красителе – dye laser *pump* [pumping]

генератор наносекундных импульсов – nanosecond pulses generator

генератор пикосекундных импульсов – picosecond pulse generator
генератор повплазерного* излучения – spaser [generator of spaser radiation, spaser radiation generator]
генератор фемтосекундных импульсов – femtosecond pulses generator
генерация высоких гармоник – high harmonic generation
генерация газерного* излучения – gasing* [gaser generation, gamma-ray lasing, generation of gaser radiation]
генерация гармоник – harmonic generation
генерация гразерного* излучения – grasing* [graser generation, gamma-ray lasing, generation of graser radiation]
генерация зазерного* излучения – sasing* [saser generation, sound-wave lasing, generation of saser radiation]
генерация звука лазерным излучением – sound generation by laser radiation [laser generation of sound]
генерация звука лазерными импульсами – sound generation by laser pulses
генерация изображения – pattern generation
генерация иказерного* излучения – irasing* [iraser generation, infra-ray lasing, generation of iraser radiation]
генерация импульсов – pulse generation [pulsing]
генерация импульсов с синхронизацией мод – pulse generation with mode locking
генерация каскада комбинационных частот – cascade generation of combinational frequencies
генерация когерентного излучения – coherent radiation generation [generation of coherent radiation]
генерация когерентного синхротронного излучения – generation of coherent synchrotron radiation
генерация комбинационных частот – generation of combinational frequencies
генерация лазерного акустического излучения – sasing* [saser action, acoustic wave lasing, saser generation, generation of saser radiation]
генерация лазерного гамма-излучения – gasing* [grasing*, gaser action, gamma-ray lasing, gaser generation, generation of gaser radiation]
генерация лазерного звукового излучения – sasing* [saser action, sound-wave lasing, saser generation, generation of saser radiation]
генерация лазерного излучения – lasing [laser action, optical wave lasing, laser generation, generation of laser radiation]
генерация лазерного излучения без инверсии перехода – lasing without inversion
генерация лазерного излучения в голубой области спектра – blue [pale, sky] lasing
генерация лазерного излучения в жёлтой области спектра – yellow lasing
генерация лазерного излучения в зелёной области спектра – green lasing
генерация лазерного излучения в инфракрасной области спектра – infrared lasing
генерация лазерного излучения в красной области спектра – red lasing
генерация лазерного излучения в микроволновой области спектра – microwave lasing
генерация лазерного излучения в непрерывном режиме – continuous wave laser excitation
генерация лазерного излучения в оранжевой области спектра – orange lasing
генерация лазерного излучения в рентгеновской области спектра – X-ray lasing
генерация лазерного излучения в синей области спектра – blue lasing
генерация лазерного излучения в ультрафиолетовой области спектра – ultraviolet lasing
генерация лазерного излучения в фиолетовой области спектра – violet lasing
генерация лазерного излучения в хаотической усиливающей среде – lasing in random amplifying medium
генерация лазерного излучения высоких гармоник – high harmonic lasing
генерация лазерного излучения на атомных переходах – atomic lasing
генерация лазерного излучения на двух продольных модах – double longitudinal mode lasing
генерация лазерного излучения на ионных переходах – ionic lasing
генерация лазерного излучения на колебательно-вращательных переходах – vibronic lasing
генерация лазерного излучения на колебательно-электронных переходах – vibronic lasing
генерация лазерного излучения на молекулах – molecular lasing

генерация лазерного излучения на молекулярных переходах – molecular lasing

генерация лазерного излучения на одной длине волны – single wave length lasing

генерация лазерного излучения на распределённом брэгговском рефлекторе – distributed Bragg reflector lasing

генерация лазерного излучения на распределённом брэгговском отражателе – distributed Bragg reflector lasing

генерация лазерного излучения на свободных электронах – free electron lasing

генерация лазерного излучения на экситонах – exciton lasing

генерация лазерного излучения по двухуровневой схеме – two-level lasing

генерация лазерного излучения по квазитрёхуровневой схеме – quasi three-level lasing

генерация лазерного излучения по пятиуровневой схеме – five-level lasing

генерация лазерного излучения по трёхуровневой схеме – three-level lasing

генерация лазерного излучения по четырёхуровневой схеме – four-level lasing

генерация лазерного излучения при комнатной температуре – room temperature lasing

генерация лазерного излучения при непрерывной накачке – continuously pumped lasing

генерация лазерного излучения при ядерной накачке – nuclear pumped lasing

генерация лазерного излучения с воздушным охлаждением – air cooled lasing

генерация лазерного излучения с непрерывной перестройкой *(частоты)* – continuous tunable lasing

генерация лазерного излучения с переключаемой добротностью – *Q*-switched lasing

генерация лазерного излучения с распределённой обратной связью – distributed feedback lasing

генерация лазерного излучения с распределённым брэгговским отражателем – distributed Bragg reflector lasing

генерация лазерного излучения с распределённым брэгговским рефлектором – distributed Bragg reflector lasing

генерация лазерного излучения с регулярной последовательностью *(импульсов)* – regular lasing

генерация лазерного излучения с синхронизированными модами – mode locked lasing

генерация лазерного излучения со связанными модами – mode coupled lasing

генерация лазерного изображения – laser pattern generation

генерация лазерного импульса – laser pulse generation

генерация лазерного инфракрасного излучения – irasing* [iraser generation, infra-ray lasing, generation of iraser radiation]

генерация лазерного мазерного излучения – masing* [maser action, microwave lasing, maser generation, generation of maser radiation]

генерация лазерного поверхностно-плазмонного излучения – spasing* [spaser generation, surface-plasmons lasing, generation of spaser radiation]

генерация лазерного рентгеновского излучения – xasing* [xaser generation, X-ray lasing, generation of xaser radiation]

генерация лазерного сверхизлучения – super radiant lasing

генерация лазерного света – generation of laser light

генерация лазерного ультрафиолетового излучения – uvasing* [uvaser generation, ultra-violet lasing, generation of uvaser radiation]

генерация лазерного фононного излучения – phasing* [phaser* generation, phonon-ray lasing, generation of phaser* radiation]

генерация лазерной диаграммы – laser pattern generation

генерация мазерного излучения – masing* [maser generation, maser action, generation of maser radiation]

генерация оптических импульсов – optical pulses generation

генерация повплазерного* излучения – spasing* [spaser generation, surface-plasmons lasing, generation of spaser radiation]

генерация последовательности лазерных импульсов

генерация последовательности лазерных импульсов – laser pulse train generation
генерация разерного* излучения – xasing* [xaser generation, X-ray lasing, generation of xaser radiation]
генерация разностной частоты – difference frequency generation
генерация регулярной последовательности лазерных импульсов – regular lasing
генерация сверхкоротких импульсов – ultrashort pulse generation
генерация суммарной частоты – sum frequency generation
генерация суперконтинуума – super continuum generation
генерация точечной лазерной диаграммы – single-point laser pattern generation
генерация точечной лазерной фотомаски – single-point laser pattern generation
генерация уфазерного* излучения – uvasing* [uvaser generation, ultra-violet lasing, generation of uvaser radiation]
генерация фазерного* излучения – phasing* [phaser* generation, phonon-ray lasing, generation of phaser* radiation]
генерация фононного лазера – phonon laser action
генерация шаблона – pattern generation
генерирование гиперимпульсов – hyperpulsing
генерирование избранных импульсов – gated pulsing
генерирование импульсов – pulsing
генерирование стробированных импульсов – gated pulsing
генерирование суперимпульсов – superpulsing
генерировать газерное* излучение – to gase*
генерировать гразерное* излучение – to grase*
генерировать зазерное* излучение – to sase*
генерировать иказерное* излучение – to irase*
генерировать лазерное акустическое излучение – to sase*
генерировать лазерное гамма-излучение – to gase* [to grase*]
генерировать лазерное звуковое излучение – to sase*
генерировать лазерное излучение – to lase
генерировать лазерное инфракрасное излучение – to irase*
генерировать лазерное поверхностно-плазмонное излучение – to spase*
генерировать лазерное рентгеновское излучение – to xase*
генерировать лазерное ультрафиолетовое излучение – to uvase*
генерировать лазерное фононное излучение – to phase*
генерировать лазерный свет – to lase
генерировать мазерное излучение – to mase*
генерировать повплазерное* излучение – to spase*
генерировать разерное* излучение – to xase*
генерировать фазерное* излучение – to phase*
генерировать уфазерное* излучение – to uvase*
генерирующая лазерная камера – lasing chamber
генерирующая лазерная мода – lasing mode
генерирующая частота – oscillating frequency
генерирующий газерное* излучение материал – gasable* material
генерирующий гразерное* излучение материал – grasable* material
генерирующий зазерное* излучение материал – sasable* material
генерирующий иказерное* излучение материал – irasable* material
генерирующий лазер – operating laser

генерирующий лазерное излучение газ – gas lasant
генерирующий лазерное излучение материал – lasable material
генерирующий лазерный переход – lasing transition
генерирующий лазерный резонатор – lasing *cavity* [resonator]
генерирующий мазерное излучение материал – masable* material
генерирующий повплазерное* излучение материал – spasable* material
генерирующий разерное* излучение материал – xasable* material
генерирующий уфазерное* излучение материал – uvasable* material
генерирующий фазерное* излучение материал – phasable* material
геометрия лазерного резонатора – geometry of laser cavity
геометрия лазерной полости – geometry of laser cavity
герметичный лазер – sealed laser
герметичный разрядный лазер – sealed discharge laser
герметичный трубочный лазер – sealed tube laser
гетеродиновый лазер – heterodyne laser
гетеродиновый лазерный спектрометр – heterodyne laser spectrometer
гетеролазер – heterolaser [single [heterojunction, heterostructure] laser]
гетеролазер на двойной гетероструктуре – double heterostructure heterolaser
гетеролазер на квантовых ямах – quantum-well heterolaser
гетеролазер на одиночной гетероструктуре – single heterostructure heterolaser
гетеролазер на односторонней гетероструктуре – one-sided heterostructure heterolaser
гетеролазер с двойной гетероструктурой – double heterostructure heterolaser
гетеролазер с распределённой обратной связью – distributed feedback heterolaser
гетеролазер с распределённым брэгговским отражателем – distributed Bragg reflector heterolaser
гетеролазер с распределённым брэгговским рефлектором – distributed Bragg reflector heterolaser
гетеролазер с резонатором Фабри-Перо – Fabry-Perot heterolaser [heterolaser with Fabry-Perot resonator]
гетероструктура с квантовыми точками – quantum dot heterostructure
гетероструктурный лазер – heterolaser [heterojunction [heterostructure] laser]
гибкая лазерная система – flexible laser system
гибкая система лазерного сверления – flexible laser drilling system
гибкая система лазерной плавки – flexible laser melting system
гибкая система лазерной резки – flexible laser cutting system
гибкая система лазерной сварки – flexible laser welding system
гибкий лазерный пучок – agile laser beam
гибридная лазерная резка – hybrid laser cutting
гибридная лазерная сварка – hybrid laser welding
гибридная лазерно-дуговая резка – hybrid laser arc cutting
гибридная лазерно-дуговая сварка – hybrid laser arc welding
гибридная синхронизация мод – hybrid mode locking
гибридное лазерно-дуговое плавление – hybrid laser arc melting
гибридное лазерно-дуговое сверление – hybrid laser arc drilling
гибридное лазерное плавление – hybrid laser melting
гибридное лазерное резание – hybrid laser cutting
гибридные лазерные кристаллы – hybrid laser crystals
гибридный кремниевый лазер – hybrid silicon laser
гибридный лазер – hybrid laser
гибридный оптоволоконный лазер – hybrid fiber laser

гибридный резонатор – hybrid resonator
гигаваттный лазер – gigawatt laser
гигаджоулевый лазер – gigajoule laser
гигагерцевый лазер – gigahertz laser
гигантский импульс – giant pulse
гигантский лазер – giant laser
гидроксиловый мазер – hydroxyl [*OH*] maser
гидролазер – hydrolaser
гипергеометрические лазерные пучки – hypergeometric laser beams
ГЛ [газовый лазер] – gas laser
глубина лазерного сверления – laser drilling depth
глубина лазерного травления – laser etching depth
глубина лазерной (*неполной*) резки – laser cutting depth
глубина модуляции – modulation depth
глубина (*поверхностного слоя*) при лазерной закалке – laser hardening depth
глубина (*поверхностного слоя*) при лазерном упрочнении – laser hardening depth
глубина проникновения (*лазерного излучения*) – penetration depth
глубина фокуса – depth of focus
глубина цементации при лазерной обработке – cementation [carbonization] depth under laser treatment
глубокопроникающая лазерная сварка – deep penetration laser welding
головка твёрдотельного лазера – solid-state laser head
головка тонкодискового лазера – thin disk laser head
голографирование при непрерывной лазерной генерации – continuous wave laser holography
голографическая лазерная запись – holographic laser recording
голографический лазер – holobeam [holographic] laser, hololaser
голубой лазер – blue [pale, sky] laser
голубой лазерный диод – blue laser diode
гомолазер – homojunction [homostructure] laser
горение, поддерживаемое лазером – laser supported combustion
горячий пучок атомов – hot beam of atoms
гофрированный лазер – corrugated laser
градиент температуры (*в зоне расплава*) – temperature gradient
гразант* – grasant* [gasant*, active graser *substance* [medium, material]]
гразер – graser [gaser, gamma-ray [*y*-] laser]
гразерная* генерация излучения – grasing* [graser generation, gamma-ray lasing, generation of graser radiation]
гразерная* среда – grasant* [gasant*, active graser *substance* [medium, material]]
гразерное* (воз)действие – graser action
гразерный* [-ная, -ное, -ные, -но-] – *adj. of* graser
график в координатах время-температура-превращение (*для сталей при охлаждении после лазерного нагрева*) – time-temperature-transformation curve
графитизация при лазерном облучении – graphitization under laser radiation
ГРЛ [газоразрядный лазер] – gas discharge laser
ГСГГ лазер [лазер на гадолиний-скандий-галлиевом гранате] – gadolinium scandium gallium garnet laser
группировка импульсов – bunch of pulses
групповой синхронизм – group synchronism

Д

давление лазерного излучения – laser radiation pressure

дальнее инфракрасное (*излучение*) – far infrared

дальнее инфракрасное излучение – far infrared [short wave] radiation

дальнее поле лазера – far field of laser

дальнодействующее поле лазера – far field of laser

дальнодействующее формирование лазерного изображения – far field laser imaging

датчики диодного лазера – diode laser sensors

движущаяся лазерная система – moving laser system

движущийся источник лазерного излучения – moving source of laser radiation

двойное лучепреломление лазерного пучка – birefringence of laser beam

двойной гетероструктурный переход – double heterostructure junction

двойной лазерный импульс – double laser pulse

двойной резонирующий осциллятор – doubly resonant oscillator

двойственная корпускулярно-волновая природа излучения – dual corpuscular-wave nature of *light* [radiation]

двойственная корпускулярно-волновая природа микрочастиц – dual corpuscular-wave nature of microparticles

двойственная корпускулярно-волновая природа света – dual corpuscular-wave nature of *light* [radiation]

двоякопреломляющая настройка лазера – birefringent tuner of laser

двухатомная молекула с одним возбуждённым атомом – excited dimer [excimer]

двухволновый лазер – dual line [two-wave] laser

двухзеркальный кольцевой лазер – two-mirror ring laser

двухзеркальный лазер – dual [double, two] mirror laser

двухзеркальный лазерный резонатор – two-mirror laser cavity

двухзеркальный резонатор – two-mirror resonator

двухимпульсный лазер – double [two] pulse laser

двухимпульсный рубиновый лазер – double pulse ruby laser

двухлучевая лазерная ловушка – dual-beam laser trap

двухлучевая лазерная резка – double beam laser cutting

двухлучевая лазерная сварка – double-beam laser welding

двухлучевой лазер – double [dual] beam laser

двухмодовый лазер – double [two] mode laser

двухмодовый синхронизированный лазер – double mode locked laser

двухнаправленный лазер – bidirectional laser

двухпозиционный лидар – bistatic lidar

двухполосковый лазер – twin stripe laser

двухпримесный лазер – double doped laser

двухпучковая лазерная плавка – twin beam laser melting

двухпучковая лазерная резка – twin beam laser cutting

двухпучковая лазерная сварка– twin beam laser welding

двухпучковое лазерное сверление – twin beam laser drilling

двухпучковый лазер – dual [double] beam laser

двухразмерная активная среда – two-dimensional active medium

двухрезонаторный лазер – dual [twin] cavity laser

двухсекционный лазер – two section laser

двухступенчатая оптическая накачка – two-stage optical pumping

двухступенчатое возбуждение – two-step excitation

двухуровневая лазерная среда – two-level laser medium

двухуровневая система (*лазерного возбуждения*)

двухуровневая система (*лазерного возбуждения*) – two-level system
двухуровневая усиливающая среда – two-level gain medium
двухуровневый атом – two-level atom
двухуровневый лазер – two-level laser
двухуровневый лазерный материал – two-level laser material
двухуровневый мазер – two-level maser
двухфотонная лазерная спектроскопия – two-photon laser spectroscopy
двухфотонная лазерная спектроскопия, свободная от доплеровского уширения – Doppler broadening free laser two-photon spectroscopy
двухфотонное поглощение – two photon absorption
двухфотонный лазер – double quantum [two photon] laser
двухчастотный доплеровский лидар – dual frequency Doppler lidar
двухчастотный лазер – double [two, dual] frequency laser
двухчастотный лазер на красителе – two-frequency dye laser
деградация полимеров при лазерном нагреве – degradation of polymers in laser heating
деграфитизация при лазерном облучении – degraphitization under laser radiation
дезактивация – deexcitation
действие генератора лазерного гамма-излучения – gaser [graser] action
действие генератора лазерного звукового излучения – saser action
действие генератора лазерного излучения – laser action
действие генератора лазерного импульсного излучения – pulse radiation laser action
действие генератора лазерного инфракрасного излучения – iraser action
действие генератора лазерного непрерывного излучения – continuous wave laser action
действие генератора лазерного поверхностно-плазмонного излучения – spaser action
действие генератора лазерного рентгеновского излучения – xaser action
действие генератора лазерного ультрафиолетового излучения – uvaser action
действие генератора мазерного излучения – maser action
действие лазера с непрерывным излучением – continuous wave laser action
действие переключателя добротности – Q-switch action
декаваттный лазер – decawatt laser
декаджоулевый лазер – decajoule laser
демонстратор лазерного шоу – laserist
депопуляция энергетического уровня – energy level depopulation
десорбция в поле лазерного излучения – desorption in laser radiation field
десорбция газа при лазерном нагреве – gas desorption in laser heating
деструктивная интерференция – destructive interference
деструкция материалов при лазерном облучении – laser materials destruction
деструкция полимеров при лазерном нагреве – degradation of polymers in laser heating
детектор лазерного излучения – laser detector
детонация активных сред при лазерном нагреве – active medium detonation in laser heating
дефект, созданный лазерным излучением – laser damage
дефекты лазерной резки – laser cutting defects
дефекты лазерной сварки – laser welding defects
деформационная мода – deformational mode
деформация контура лазерного сверления – laser drilling contour deformation
деформация края лазерной резки – laser cutting edge deformation
дециваттный лазер – deciwatt laser

дециджоулевый лазер – decijoule laser
дециметровый лазер – decimeter laser
дециметровый мазер – decimeter maser
джиттер – jitter [short-term change in amplitude or phase fluctuations]
диаграмма зонной структуры (*твёрдых тел*) – band structure diagram
диаграмма энергетических зон – energy band diagram
диаграмма энергетических уровней – energy level diagram
диаграмма энергетических уровней для лазера – energy level diagram for laser
диаметр лазерного пучка – laser beam diameter
диаметр лазерного пятна – laser spot diameter
диаметр модового поля – mode field diameter
диаметр пучка – beam diameter
диапазон частот – frequency range
диафрагма – diaphragm [aperture]
дивергенция (*пучка*) – divergence
дивергенция лазерного пучка – laser beam divergence
дизайн зеркал резонатора – cavity mirrors desing
дизайн лазера – laser design
дизайн лазерного резонатора – laser cavity design
димер – dimer
димер в возбуждённом состоянии – excited state dimer
динамика лазерной генерации – lasing dynamics
динамическая неустойчивость лазера – dynamic instability of laser
(*газо*)динамический лазер на двуокиси углерода – carbon dioxide dynamic laser
(*газо*)динамический лазер на моноокиси углерода – carbon monoxide dynamic laser
(*газо*)динамический лазер на углекислом газе – carbon dioxide dynamic laser
динамический одномодовый лазер – dynamic single mode laser
динамический одномодовый лазер с пучковым интегральным волноводом – bundle integrated guide dynamic single mode laser
динамический хаос в лазерах – dynamical chaos in lasers
диод накачки – pump diode
диод с накачкой через оптоволокно – fiber coupled pump diode
диод с поверхностным излучателем – surface-emitting diode
диод с торцевым излучателем – edge emitting diode
диодная лазерная спектроскопия – diode laser spectroscopy
диодная сборка – diode assembly
диодная накачка – diode
диодный кристалл – diode chip
диодный лазер – diode [junction] laser
диодный лазер видимого излучения – visible diode laser
диодный лазер на *p-n* переходе – *p-n* diode laser
диодный лазер на свободном алюминии – free aluminium diode laser
диодный лазер с внешним резонатором – external-cavity diode laser
диодный лазер с перестройкой частоты – tunable *diode* [semiconductor] laser
диодный лазер с синхронизированными модами – mode locked diode laser
диодный лазер с фазированной решёткой – phased array diode laser
диодный лазер со сверхдлинными волнами излучения – ultra-long wavelength diode laser

диодный лазер со сверхкороткими оптическими импульсами

диодный лазер со сверхкороткими оптическими импульсами – ultra-short optical pulse diode laser
диодный магазин – diode stack
диодный мазер – diode [junction] maser
диодный чип – diode chip
дисковый лазер (*на стекле*) – disk laser
дисковый лазерный накопитель с однократной записью и многократным считыванием – write-once read many laser disk
дисковый микрорезонатор – disk microresonator
дискретная лазерная искра – discrete laser-induced spark
дисперсионно-компенсирующее оптоволокно – dispersion compensating fiber
дисперсионно-компенсирующий модуль – dispersion compensation module
дисперсионные свойства фотонных кристаллов – dispersion properties of photonic crystals
дисперсионный лазерный резонатор – dispersion laser resonator
дисперсия лазерного излучения – laser dispersion [dispersion of laser radiation]
диссоционный лазер – dissociation laser
дистанционное лазерное зондирование – remote laser probing
дистанционное лазерное зондирование космических объектов – remote laser probing of space objects
дифракционная световодная выстроенная решетка – arrayed waveguide grating
дифракционная эффективность – diffraction efficiency
дифракционно-ограниченная расходимость – diffraction limited divergence
дифракционно-ограниченный лазерный пучок – diffraction limited laser beam
дифракционно-ограниченный пучок – diffraction limited beam
дифракционное пятно лазерного изображения – laser speckle
дифракционные оптические элементы – diffraction optical elements
дифракция лазерного излучения – diffraction of laser radiation
диффузионная лазерная сварка – diffusion laser welding
диффузионно-охлаждаемый лазер – diffusion cooled laser
диффузионный лазер – diffusion [diffused] laser
диффузия при лазерном легировании – laser alloy diffusion
диффузия при лазерном сплавлении – laser alloy diffusion
диффузия, вызванная лазерным излучением – laser induced diffusion
дихроичное лазерное зеркало – dichroic laser mirror
дихроичный лазерный фильтр – dichroic laser filter
диэлектрические лазерные материалы – dielectric laser materials
длина волны – wavelength (*излучения*)
длина волны волновода – guide wavelength
длина волны лазерного излучения – laser [lasing] wavelength
длина волны накачки – pump wavelength
длина когерентности – coherence length
длина когерентности лазерного излучения – coherent length of laser radiation
длина лазерного измерения – laser measure length
длина лазерного импульса – laser pulse length
длина лазерной усиливающей среды – laser gain medium length
длина поглощения при накачке – pump absorption length
длина пучка – beam length
длина резонатора – cavity length
длина самофокусировки – self-focusing length

длинная лазерная искра – long laser induced spark

длинноволновая лазерная генерация – long wavelength lasing

длинноволновое инфракрасное (*излучение*) – long wave [near] infrared

длинноволновый диодный лазер – long wavelength diode laser

длинноволновый квантово-каскадный лазер – long wavelength quantum cascade laser

длинноволновый квантово-каскадный лазер на супер-решётках – long wavelength superlattice quantum cascade laser

длинноволновый лазер – long wavelength laser

длинноволновый полупроводниковый лазер – long wavelength semiconductor laser

длинный лазерный импульс – long laser pulse

длинный оптоволоконный лазер с синхронизированными модами – long mode locked fiber laser

длины волн вынужденной эмиссии – stimulated emission wavelengths

длины волн индуцированной эмиссии – stimulated emission wavelengths

длины волн лазерного света – laser light wavelengths

длины волн с нулевой дисперсией – zero dispersion wavelength

длины волн стимулированной эмиссии – stimulated emission wavelengths

длительность возбуждённого энергетического состояния – lifetime of excited energy state

длительность выходного импульса – output pulse duration

длительность импульса – pulse *duration* [length, width]

длительность лазерного импульса – laser pulse duration

длительность лазерной генерации – lasing duration

длительность инверсии населённости – inversion duration

добротность (*резонатора*) – Q [Q-factor, Q-quality]

добротность лазера – laser Q-factor

добротность резонатора – resonator Q-factor

доводка лазерным пучком – laser adjustment

дозволенный переход – allowed transition

доплеровский лазер – Doppler laser

доплеровский лидар – Doppler lidar

доплеровское лазерное охлаждение – Doppler laser cooling

дополнительное для (*лазерного*) перехода состояние – extra transition state

дополнительные моды резонатора – additional resonator modes

дополнительный источник частоты оптического излучения – frequency addition source of optical radiation

допороговый режим (*работы лазера*) – before threshold behavior

доставка лазерного пучка – laser beam delivery

доставка пучка – beam delivery

достижимый уровень эмиссии – accessible emission limit

дрожание (*лазерного луча*) – jitter

дрожание лазерного пучка – laser-beam jitter

дуговая лазерная плавка – arc laser melting

дуговая лазерная резка – arc laser cutting

дуговая лазерная сварка – arc laser welding

дуговая лампа – arc lamp

дуговое лазерное сверление – arc laser drilling

дуговой электроразрядный лазер – arc *driven* [excited] laser

дырочная проводимость – hole conduction

Е

естественная расходимость лазерного излучения – natural divergence of laser radiation
естественная ширина лазерной линии – natural width of laser line
естественная ширина энергетического уровня – natural width of energy level
естественная эмиссия – natural emission
естественный звёздный лазер – natural star laser
естественный звёздный мазер – natural star maser
естественный лазерный источник – natural laser source
естественные лазеры – natural lasers
естественные мазеры – natural masers

Ж

жёлтый лазер – yellow laser
ЖИГ лазер [лазер на железоиттриевом гранате] – yttrium iron garnet laser
жидкости для лазерных сред – liquids for lasing medium
жидкостный лазант* – liquid lasant [liquid generating laser radiation]
жидкостный лазер – liquid [fluid] laser
жидкостный лазер с прокачкой (*активной смеси*) – circulating liquid [liquid flow] laser
жидкостный лазер с циркуляцией (*активной смеси*) – circulating liquid [liquid flow] laser
жидкостный металлоорганический лазер – organometallic liquid laser
жидкостный молекулярный лазер – liguid molecular laser
жидкостный неорганический лазер – liquid inorganic laser
жидкостный органический лазер – liquid organic laser
жидкость как среда, генерирующая лазерное излучение – liquid as lasing medium [liquid lasant]
жидкость, генерирующая лазерное излучение – liquid generating laser radiation [liquid lasant]

З

завершение лазерной резки – laser cutting termination
завершение лазерной сварки – laser welding termination
задающий генератор – master generator
задающий колебания лазер – master oscillator laser
задающий колебания мазер – master oscillator maser
задающий лазер – master [-initiating] laser
задающий мазер – master maser
задающий осциллятор – master oscillator
задержка разностных мод – differential mode delay
заднее зеркало (*лазера*) – back end mirror
зазант*– sasant* [active saser *substance* [medium, material]]
зазер* – phaser*, saser [acoustic [sonic, sound] laser]; saser generator; generator of sound-wave radiation
зазерная* генерация – sasing* [saser action, sound-wave lasing, saser generation, generation of saser radiation]

зазерная* среда – sasant* [active saser *substance* [medium, material]]
зазерное* (воз)действие – saser action
зазерный* [-ная, -ное, -ные, -но-] – *adj. of saser*
зазерный* генератор – saser [acoustic [sonic [sound] laser]; saser generator, generator of sound-wave radiation]
закалка поверхности лазерным излучением – laser hard surfacing
закон Бэра-Ламберта-Бугера – Beer-Lambert-Buger law
закрытая лазерная установка – closed laser installation
закрытый резонатор – indoor resonator
замедление разностных мод – differential mode delay
замочная скважина (*при лазерной сварке*) – keyhole
замочная скважина при лазерной сварке – keyhole under laser welding
заново отлитый слой (*на изделии при лазерной обработке*) – recast layer
занятый (*энергетический*) уровень – occupied level
запаздывание разностных мод – differential mode delay
запаздывающая флюоресценция – delayed fluorescence
запасённая энергия – stored energy
записывающий лазер – writing laser
запись лазерным лучом – laser writing
заполненная (*энергетическая*) зона – filled gap
заполненный (*энергетический*) уровень – occupied level
запоминающее устройство с лазерной индексацией и случайной выборкой – laser addressable random-access memory
запрещённая (*энергетическая*) зона – bandgap [forbidden *band* [gap, region]]
запрещённая мода – forbidden mode
запрещённый (*энергетический*) переход – forbidden transition
запрограммированный лазер – software laser
заселённость (*энергетических уровней*) – population
заселённость возбужденных состояний – excited state population
заселённость основного состояния – ground-state polpulation
заселённость уровня (*энергетического*) – level population
заселённость энергетического уровня – energy level population
затвердевание, вызванное лазерным излучением – laser induced solidification
затравочный лазер – seed laser
затухание – attenuation [decay, damping]
затухание возбуждённого состояния – excited state decay
затухание излучения – radiative [radiation] decay
затухание когерентности – coherence decay
затухание лазерного излучения – decay [damping] of laser radiation
затухание (на, за)селённости – population decay
захват атомов при оптическом охлаждении – atoms capture under optical cooling
захват излучения – radiation capture
захват ионов при оптическом охлаждении – ions capture under optical cooling
захват лазерного пучка – laser beam trapping
захват мод в кольцевом лазере – mode capture in ring laser
зашторенная лазерная резка – blind laser cutting
защита глаз от лазерного излучения – laser beam eye defence
защитная плазма при лазерной плавке – shielding plasma in laser melting

защитная плазма при лазерной резке

защитная плазма при лазерной резке – shielding plasma in laser cutting
защитная плазма при лазерной сварке – shielding plasma in laser welding
защитная плазма при лазерном сверлении – shielding plasma in laser drilling
защитное лазерное покрытие – protective laser cladding
защитный газ при лазерной плавке – shielding gas in laser melting
защитный газ при лазерной резке – shielding gas in laser cutting
защитный газ при лазерной сварке – shielding gas in laser welding
защитный газ при лазерном сверлении – shielding gas in laser drilling
защищённость от дрожания (*лазерного импульса*) – jitter immunity
звёздный лазер – stellar laser
звёздный мазер – stellar maser
звуковой лазер – sound [acoustic, phonon] laser; phaser*, saser
звуковой мазер – sound maser
здоровье и лазерная физика – health and laser physics
зеемановский лазер – Zeeman laser
зеемановский мазер – Zeeman maser
зелёно-голубой лазерный диод – blue green laser diode
зелёный аргоновый лазер –green argon laser
зелёный лазер – green laser
зелёный лазер на парах меди – copper vapor green laser
зелёный лазерный диод – green laser diode
зелёный твёрдотельный лазер – solid state green laser
зелёный твёрдотельный лазер с диодной накачкой – diode pumped solid state green laser
зелёный флуоресцентный протеин как усиливающая среда – green fluorescent protein as gain medium
зеркало Брэгга – Bragg mirror
зеркало лазера – laser mirror
зеркало резонатора – cavity mirror
зеркало с задней (*отражающей*) поверхностью – back surface mirror
зеркало с линейной модуляцией частоты – chirped mirror
зеркало с насыщающимся поглотителем – saturable absorber mirror
зеркало с передней (*отражающей*) поверхностью – front surface mirror
зеркало со сдвоенной линейной частотной модуляцией – double-chirped mirror
зеркало-объединитель* – combiner mirror
зеттаваттный лазер – zettawatt laser
зеттагерцевый лазер – zettahertz laser
зеттаджоулевый лазер – zettajoule laser
зигзагообразная плиточная геометрия – zigzag [multifold] slab geometry
зигзагообразная полость – zigzag [multifold] cavity
зигзагообразный лазер – zigzag [multifold] laser
зигзагообразный плиточный лазер – zigzag slab laser
зигзагообразный резонатор –zigzag [multifold] cavity
зона взаимодействия лазерного излучения (*с материалами*) – laser affected interaction zone
зона воздействия лазерного облучения – laser affected interaction zone
зона вынужденного рассеяния Мандельштама-Бриллюэна – induced [stimulated] scattering Mandelshtam-
    Brillouin zone
зона лазерного воздействия – laser affected zone
зона лазерного оплавления – laser fusion area

зона лазерного плавления – laser fusion area
зона лазерного пятна – laser spot zone
зона лазерного расплавления – laser fusion area
зона лазерного сверления – laser drilling zone
зона лазерной плавки – laser melting zone
зона лазерной резки – laser cutting zone
зона лазерной сварки – laser welding zone
зона накачки (*лазера*) – pumping band
зона плавления (*при лазерном облучении, обработке, резке и сварке*) – fusion zone
зона с вынужденным рассеянием Мандельштама-Бриллюэна – stimulated scattering Mandelshtam-Brillouin zone
зона теплового воздействия – heat *affected* [influenced] zone *(при лазерном облучении)*
зона теплового воздействия при лазерном облучении – laser affected heat zone
зона частичного плавления – zone of partial melting
зондирование с помощью лазерного радара – lidar sounding
зондирование с помощью лидара – lidar sounding
зондирующий лазер – probing laser
зондирующий лазерный пучок – probing laser beam
зонная диаграмма (*энергетических уровней*) – energy band diagram
зонная структура энергетических уровней – zone structure of energy levels
зонная теория твёрдых тел – zone [band] theory of solids

И

ИАГ лазер [иттриего-алюминиевый гранатовый лазер] – yttrium aluminum garnet laser
избыточная (на, за)селённость (*энергетических уровней*) – excess population
избыточная лазерная система – redundant laser system
изделие для лазера – laser product
излучаемый поток – emitted flux
излучатель – oscillator [vibrator]
излучатель лазера – laser head
излучатель твёрдотельного лазера – solid state laser head
излучательная способность – emission ability
излучательное затухание – radiative [radiation] decay
излучательное снятие возбуждения – radiative [radiation] deexcitation
излучательный переход – radiative [radiation] transition, emitting transition
излучающая поверхность – radiating surface; luminous [radiating] area
излучающее вещество – emitting [radiating] substance
излучающее затухание – radiative [radiation] decay
излучающее снятие возбуждения – radiative [radiation] deexcitation
излучающий переход – radiative [radiation] transition
излучающий с поверхности светодиод – surface light emitting diode
излучение – radiation
излучение видимого света – visible radiation

излучение лазера – laser radiation
излучение лазера с переключаемой добротностью – *Q*-switched laser emission
излучение мазера – maser radiation
излучение мазера на молекулах воды – water maser emission
излучение накачки – pumping radiation
излучение резонатора – cavity radiation
излучение рентгеновского лазера – *X*-ray laser emission
излучённый фотон – radiated photon
изменение эвтектики (*стали*) при лазерном облучении – eutectic change under laser irradiation
изменяемый лазерный импульс – variable laser pulse
измерение длительности импульса – measurement of pulse duration
измерение длительности лазерных импульсов – laser pulse duration measurement
измерения с помощью импульсного лазера – pulsed laser measurements
измеритель добротности (*резонатора*) – *Q*-meter
измеритель лазерной мощности – laser power *meter* [probe]
измеритель лазерной энергии – laser energy *meter* [probe]
измеритель мощности – power meter
измеритель мощности лазера – laser power meter
изогнутая полость – bent [curved, folded] resonator
изогнутый резонатор – bent [curved, folded] resonator
изотопный лазер – isotopic laser
ИК [инфракрасный] лазер – infrared laser [IR laser, iraser]
ИК [инфракрасный] мазер – infra red maser [IR maser, iraser]
иказант* – irasant* [active iraser *substance* [medium, material]]
иказер* – iraser [infra red laser/maser, IR laser/maser, iraser generator, generator of iraser radiation]
иказерная* генерация излучения – irasing* [iraser generation, infra-ray lasing, generation of iraser radiation]
иказерная* среда – irasant* [active iraser *substance* [medium, material]]
иказерное* (воз)действие – iraser action
иказерный* [-ная, -ное, -ные, -но-] – *adj. of* iraser
иказерный* генератор – iraser [iraser action, infra violet lasing, iraser generation, generation of iraser radiation]
ИЛФ лазер [лазер на иттрий-литиевом фториде] – yttrium lithium fluoride laser
импульс лазера – laser *pulse* [burst]
импульс лазера с переключаемой добротностью – *Q*-switched laser pulse
импульс накачки – pump pulse
импульс с линейной частотной модуляцией – chirped pulse
импульс с переключаемой добротностью – *Q*-switched pulse
импульс с плавно изменяющейся частотой – chirped pulse
импульс, ограниченный шириной полосы (*пропускания*) – bandwidth limited pulse
импульсная волна – pulse wave
импульсная генерация лазерного излучения – pulse lasing
импульсная лазерная абляция – pulse laser ablation
импульсная лазерная генерация – pulsed *lasing* [laser action]
импульсная лазерная генерация в режиме переключаемой добротности – pulse laser generation with *Q*-switched mode
импульсная лазерная генерация излучения – pulse lasing
импульсная лазерная матрица – pulse laser matrix
импульсная лазерная пайка – pulse laser soldering

импульсная лазерная плавка – pulsed laser melting
импульсная лазерная резка – pulse [pulsed] laser cutting
импульсная лазерная решётка – pulse laser *array* [matrix]
импульсная лазерная сварка – pulse [pulsed] laser welding
импульсная лампа – flash bulb [flashlamp]
импульсная модуляция – pulse modulation
импульсное возбуждение – pulse excitation
импульсное лазерное (воз)действие – pulsed laser action
импульсное лазерное излучение – pulsed laser radiation
импульсное лазерное осаждение – pulsed laser deposition
импульсное лазерное плавление – pulsed laser melting
импульсное лазерное сверление – pulsed laser drilling
импульсно-лазерное осаждение – pulse laser deposition
импульсно-лазерное снятие заусенцев – pulsed laser deflashing
импульсно-лазерное удаление заусенцев – pulsed laser deflashing
импульсно-одномодовый режим (*работы лазера*) – pulsed single mode
импульсно-периодический лазер – pulse periodic [repetitively pulsed] laser
импульсно-периодический режим – repetitively pulsed *operation* [regime]
импульсно-периодическое лазерное излучение – pulse periodic laser radiation
импульсный генератор – pulse generator
импульсный доплеровский лидар – pulsed Doppler lidar
импульсный лазер – pulse [pulsing, pulsed] laser
импульсный $DF–CO_2$ лазер – pulsed $DF–CO_2$ laser
импульсный $HCl–CO_2$ лазер – pulsed $HCl–CO_2$ laser
импульсный йодный лазер – pulsed iodine laser
импульсный йодный лазер с оптической накачкой – pulsed iodine laser with optical pumping
импульсный $N_2–CO_2$ лазер – pulsed $N_2–CO_2$ laser
импульсный $OD–CO_2$ лазер – pulsed $OD–CO_2$ laser
импульсный лазер – pulse [pulsing, pulsed] laser
импульсный лазер на арсениде галлия – pulsed gallium-arsenide laser
импульсный лазер на двуокиси углерода высокого давления – high pressure pulsed carbon dioxide laser
импульсный лазер на парах воды – pulsed water-vapor laser
импульсный лазер на смеси (*газов*) фторида дейтерия и двуокиси углерода – pulsed $DF–CO_2$ laser
импульсный лазер на фториде дейтерия – pulsed deuterium fluoride laser
импульсный лазер на фтористом водороде – pulse *hydrogen fluorine* [HF] laser
импульсный лазер с электрическим возбуждением – pulsed electrical laser
импульсный лазерный лидар – pulsed *lidar* [laser radar]
импульсный лазерный маяк – pulse [pulsed] laser beacon
импульсный лазерный нагрев – pulse laser heating
импульсный лазерный отжиг – pulse laser annealing
импульсный лазерный пучок – pulse laser beam
импульсный лазерный радар – pulsed *laser radar* [lidar]
импульсный лазерный ракетный двигатель – pulsed laser propulsion
импульсный лазерный ракетный двигатель периодического действия – repetitively pulsed
　　laser rocket
импульсный лазерный свет – pulsed laser light
импульсный лидар – pulsed *lidar* [laser radar]

импульсный мазер – pulse [pulsing, pulsed] maser
импульсный полупроводниковый лазер – pulse semiconductor laser
импульсный режим – pulsed operation
импульсный рубиновый лазер – pulsed ruby laser
импульсный химический лазер – pulsed chemical laser
инверсия (на, за)селённости (*энергетических уровней*) – population inversion
инверсия пороговой (на, за)селённости – threshold population inversion
инверсия электронных (на-, за)селённостей – electron population inversion
инверсная (на, за)селённость (*энергетических уровней*) – inverse [inverted] population
инверсная разность (на, за)селённости – population inverse difference
индустрия лазерных дисплеев – laser display industry
инжекционная синхронизация – injection locking
индуцированная эмиссия – induced [stimulated] emission
индуцированная эмиссия гамма излучения – induced [stimulated] gamma emission
индуцированное излучение – induced [stimulated] radiation
индуцированное поглощение – induced [stimulated] absorption
индуцированный квант – stimulated quantum
индуцированный лазерным излучением – laser induced
индуцированный (*энергетический*) переход – stimulated jump [forced transition]
индуцированный фотон – stimulated photon
инжекционный гетеролазер – heterostructure injection laser
инжекционный гетероструктурный лазер – heterostructure injection laser
инжекционный лавинный лазер – avalanche injection laser
инжекционный лазер – injection laser
инжекционный лазер на арсениде галлия – gallium arsenide injection laser
инжекционный лазер на гетероструктурах – heterostructure injection laser
инжекционный лазер на *p-n* переходе – *p-n* junction laser
инжекционный лазер на плазме – injection plasma laser
инжекционный лазер с взаимной накачкой – mutually pumped injection laser
инжекционный лазер с взаимным гашением – mutually quenched injection laser
инжекционный лазер с непрямыми переходами – indirect injection laser
инжекционный лазер с непрямыми переходами через запрещённую зону – indirect gap injection laser
инжекционный лазер с прямыми переходами – direct injection laser
инжекционный лазер с прямыми переходами через запрещённую зону – direct gap injection laser
инжекционный лазер с толстым резонатором – thick cavity junction laser
инжекционный лазер со скрытой гетероструктурой – buried heterostructure injection laser
инжекционный лазерный диод – injection laser diode
инжекционный микролазер – injection microlaser
инжекционный (*энергетический*) уровень – injection level
инжекция частиц, вызванная лазерным излучением – laser induced particle injection
инициирование импульсного лазера – pulse laser initiation
инициирование лазера – laser initiation
инициирование лазерного сверления – laser drilling initiation
инициирование лазерной резки – laser cutting initiation
инициирование лазерной сварки – laser welding initiation
инициируемый лазер – initiated laser
инициирующий лазер – initiating laser

интегральная оптика – integrated optics

интегрально-компактный лазер на стекле – integral compact glass laser

интегрально-оптический лазер – integrated optical laser

интегрально-оптический матричный лазер – integrated optical array laser

интегральный лазер – integrated laser

интегральный матричный лазер – integrated array laser

интегратор лазерного пучка – laser beam integrator

интенсивность излучения – radiation [emission] intensity; radiation [emission] rate

интенсивность импульса накачки лазера – laser pump pulse intensity

интенсивность лазера – laser intensity

интенсивность лазерного возбуждения – laser excitation intensity

интенсивность лазерного излучения – laser *intensity* [strength]

интенсивность лазерного импульса – laser pulse intensity

интенсивность лазерного облучения – laser irradiation intensity

интенсивность лазерного поглощения – laser absorption intensity

интенсивность лазерного пучка – laser beam *intensity* [strength]

интенсивность лазерного шума – intensity of laser noise

интенсивность лазерной линии – laser line intensity

интенсивность мощности – power intensity

интенсивность накачки – pumping intensity

интенсивность накачки лазера – laser pump intensity

интенсивность поглощения (*излучения*) – absorption strength

интенсивность потока – flux intensity

интенсивность прошедшего (*через среду*) лазерного излучения – transmitted laser intensity

интенсивность пучка – beam intensity

интерферометрический лазер со шкалой-нониусом – vernier interferometric laser

интерферометрия рентгеновского лазерного излучения – *X*-ray laser interferometry

инфракрасное поглощение, вызванное зеленым излучением – green induced infrared absorption

инфракрасное поглощение, вызванное синим цветом – blue induced infrared absorption

инфракрасный импульсный лазер – infrared pulsed laser

инфракрасный лазер – infrared [*IR*] laser; iraser

инфракрасный лазерный указатель – infrared laser pointer

инфракрасный лидар – infrared lidar

инфракрасный мазер – infrared [*IR*] maser; iraser

инфракрасный петаваттный лазер – infrared petawatt laser

инфракрасный светодиод – infrared radiation emitting diode

инфракрасный светоизлучающий диод – infrared radiation emitting diode

инфракрасный фемтосекундный лазер – infrared femtosecond laser

инфракрасный химический лазер – infrared chemical laser

ионизационный лазер – ionization laser

ионизированный лазер – ionized laser

ионно-лучевое распыление – ion beam sputtering

ионный аргоновый [Ag^+] лазер – ion argon [Ag^+] laser

ионный лазер – ion [ionic] laser

ионный лазер на благородном газе – noble [inert] gas ion laser

ионный лазер на инертном газе – inert [noble] gas ion laser

ионный лазер на свинце – lead ion [Pb^+] laser

ионный лазер на ртути – mercury ionic laser
ионный лазер с сильным током (*накачки*) – high current ion laser
ионный лазер, возбуждаемый электронным столкновением – electron collisionally excited ionic laser
ионы, охлаждённые лазерным излучением – laser cooled ions
ионы-активаторы в лазерных кристаллах – activator ions in laser crystals
иоттаваттный лазер – yottawatt laser
иоттагерцевый лазер – yottahertz laser
иоттаджоулевый лазер – yottajoule laser
иразант* – irasant* [active iraser *substance* [medium, material]]
иразер [иказер*] – iraser [infra red laser/maser, *IR* laser/maser, iraser generator, generator of iraser radiation]
испарение (*материала*) лазерным лучом – laser induced evaporation
испарение при лазерном нагреве – evaporation in laser heating
испарение с помощью решётки импульсного лазера – matrix assisted pulsed laser evaporation
испарение, вызванное лазерным излучением – laser induced vaporizaton
исправный лазер – kink free laser
испускаемое излучение – emitting radiation
испускание – radiation
исследование и развитие лазеров – research and development lasers
история лазеров – lasers history
источник белого света – white light source
источник возбуждения – excitation source
источник когерентного излучения – coherent radiation source
источник когерентного света линейного ускорителя – linac coherent light source
источник лазерной плазмы – laser plasma source
источник мощности – power supply
источник накачки – pumping source
источник накачки лазера – laser pumping source
источник среднего инфракрасного лазерного излучения – mid-infrared laser source
источник энергии – power supply
источники потерь лазерной энергии – sources of laser energy loss
иттербиевый [*Yb*] волоконный лазер – ytterbium [*Yb*] fiber laser
иттриего-алюминиевый гранатовый лазер – yttrium aluminum garnet laser
иттрий-алюминиевый гранат – yttrium aluminum garnet (*YAG*)
иттрий-алюминиевый фосфид – yttrium aluminum phosphide
иттрий-литиевый фторид – yttrium lithium fluoride (*YLF*)

Й

йодистый химический лазер – iodine chemical laser
йодно-кислородный [*I-O₂*] лазер – iodine-oxygen [*I-O₂*] laser
йодно-кислородный лазер периодического действия – periodic action iodine-oxygen laser
йодный [*I*] лазер – iodine [*I*] laser
йодный лазер с оптической накачкой – optical pumped iodine laser

К

кадмиевый ионный [Cd^+] лазер – cadmium ion [Cd^+] laser
кадмиевый [Cd] лазер – cadmium [Cd] laser
калориметр лазерного излучения – laser calorimeter [calorimeter of laser radiation]
кальциевый [Ca] лазер – calcium [Ca] laser
камера лазерной резки – laser cutting chamber
камера лазерной сварки – laser welding chamber
камера накачки с водяным охлаждением – water cooled pump chamber
капиллярная среда на плазменном разряде – capillary plasma-discharge medium
капиллярный лазер на ионе восьмикратно-ионизированного аргона Ar^{+8} – capillary eight times ionized Ar^{+8} laser
капиллярный разряд – capillary discharge
карандашеподобный тонкий лазерный пучок – pencil thin laser beam
карбонизация (*поверхности*) при лазерной обработке – carbonization under laser treatment
каскадная лазерная генерация – cascade laser action
каскадное лазерное возбуждение – cascade laser action
каскадные лазерные переходы – cascade laser transitions
каскадные лазерные схемы – cascade laser schemes
каскадный лазер – cascade laser
каскадный лазер на межзонном (*между энергетическими зонами*) переходе – interband cascade laser
катастрофическое оптическое повреждение – catastrophic optical damage
катафорезный лазер – cataphoresis laser
качество дифракционно-ограниченного пучка – diffraction limited beam quality
качество контура лазерного сверления – laser drilling contour quality
качество края лазерной резки – laser cutting edge quality
качество лазерного пучка – laser beam quality
качество лазерного сверления – laser drilling quality
качество лазерной резки – laser cutting quality
качество лазерной сварки – laser welding quality
качество мод лазерного излучения – laser modes quality
качество пучка – beam quality
качество пучка накачки – pump beam quality
квадратная (*в сечении*) полость – square cavity
квадратный микрорезонатор – square microresonator
квазиволноводный лазер – quasi-waveguide laser
квазивырожденный уровень – quasi-degenerate level
квазиклассическая теория лазера – quasi-classical laser theory
квазиклассические лазерные уравнения – quasi- [semi-] classical laser equations
квазиклассический осциллятор – quasi-classical oscillator
квазиконцентрический резонатор – quasi-concentric resonator
квазинепрерывная волна – quasi-continuous wave
квазинепрерывный лазер – quasi-continuous laser
квазисолитонный импульс – quasi-soliton pulse
квазитрёхуровневая лазерная среда – quasi-three-level laser medium
квазитрёхуровневая система (*лазерного возбуждения*) – quasi-three-level system
квазитрёхуровневая усиливающая среда – quasi-three-level gain medium
квазитрёхуровневый лазер – quasi-three-level laser

квазитрёхуровневый лазерный материал

квазитрёхуровневый лазерный материал – quasi-three-level laser material
квазитрёхуровневый мазер – quasi-three-level maser
квазифазовое соответствие – quasi-phase matching
квазифазовый синхронизм – quasi-phase matching
квант возбуждения – excitation quantum
квант излучения – radiation quantum
квант энергии – energy quantum
квантовая когерентность – quantum coherence
квантовая оптика – quantum optics
квантовая теория излучения – quantum theory of radiation
квантовая теория лазера – quantum laser theory
квантовая точка – quantum dot
квантовая электродинамика – quantum electrodynamics
квантовая электродинамика резонатора – cavity quantum electrodynamics
квантовая электроника – quantum electronics
квантовая эффективность лазера – quantum efficiency of laser
квантовое усиление – quantum gain
квантово-каскадный лазер – quantum cascade laser
квантово-каскадный лазер дальнего инфракрасного излучения – far infrared quantum cascaded laser
квантово-ограниченное временное дрожание (*импульсов*) – quantum limited timing jitter
квантово-ограниченный временной джиттер – quantum-limited timing jitter
квантово-размерный лазер – quantum well laser
квантовые процессы эмиссии против классических – quantum versus classical emission processes
квантовые числа – quantum numbers
квантовые ямы арсенида галлия – gallium arsenide quantum wells
квантовый выход – quantum efficiency
квантовый генератор – quantum generator
квантовый генератор лазерного гамма-излучения – gaser [gaser generator]
квантовый генератор лазерного звукового излучения – saser [saser generator]
квантовый генератор лазерного излучения – laser [laser generator]
квантовый генератор лазерного инфракрасного излучения – iraser [iraser generator]
квантовый генератор лазерного поверхностно-плазмонного излучения – spaser [spaser generator]
квантовый генератор лазерного рентгеновского излучения – xaser [xaser generator]
квантовый генератор лазерного ультрафиолетового излучения – uvaser [uvaser generator]
квантовый генератор мазерного излучения – maser [maser generator]
квантовый генератор микронного излучения – maser
квантовый генератор сверхвысокочастотного излучения – maser
квантовый дефект – quantum defect
квантовый каскадный лазер – quantum cascade laser
квантовый переход – quantum transition
квантовый усилитель – quantum amplifier
кварцевый лазер – quartz laser
керамическая усиливающая среда – ceramic gain medium
керамический лазер – ceramic laser
киловаттный лазер – kilowatt laser
килоджоулевый лазер – kilojoule laser
кинетика инверсной (на, за)селённости – population inversion kinetics

кинетика лазерной генерации – lasing kinetics
кинетическая теория лазера – kinetic theory of laser
кислородно-йодный [O_2-I] лазер – oxygen-iodine [O_2-I] laser
кислородный (*атомарный*) [O] лазер – oxygen [O-] laser
кислородный (*молекулярный*) лазер [O_2 лазер] – oxygen [O_2] laser
класс лазера – laser class
класс точности (*лазерной обработки поверхности*) – accuracy class
классификация лазерных технологий – laser technology classification
классификация лазеров – laser classification
классификация лазеров на двуокиси углерода – classification of carbon dioxide lasers
классификация медицинских лазеров – classification of medical lasers
классификация мощных лазеров на двуокиси углерода – classification of high power carbon dioxide laser
классификация режимов лазерной генерации – lasing mode classification
клиновидный разделитель пучка – wedge shaped beam splitter
коаксиальный газ – coaxial gas
коаксиальный газ при лазерной резке – coaxial gas under laser cutting
коаксиальный газ при лазерной сварке – coaxial gas under laser welding
коаксиальный газ при лазерном сверлении – coaxial gas under laser drilling
коаксиальный лазер – coaxial laser
коаксиальный лазер с прокачкой – coaxial flow laser
когерентная активная лазерная спектроскопия – coherent active laser spectroscopy
когерентная генерация света – coherent light generation
когерентная модуляция – coherent modulation
когерентная обратная связь – coherent feedback
когерентная оптическая накачка – coherent optical pumping
когерентная (*лазерная*) оптоэлектроника – coherent optoelectronics
когерентная широкополосная генерация света – coherent broadband light generation
когерентная эмиссия – coherent emission
когерентно синхронизованные моды – coherently locked modes
когерентное взаимодействие – coherent interaction
когерентное взаимодействие атома с излучением – atom-radiation coherent interaction
когерентное излучение – coherent *emission* [radiation]
когерентное лазерное излучение – coherent laser radiation
когерентное пучковое объединение – coherent beam combining
когерентность – coherence
когерентность импульса (*излучения*) – intrapulse coherence
когерентность лазерного излучения – coherence of laser radiation [laser coherence]
когерентные колебания – coherent oscillations
когерентные нестационарные процессы – coherent nonstationary processes
когерентные поверхностные плазмоны – coherent surface plasmons
когерентные случайные лазеры – coherent random lasers
когерентные фононы – coherent phonons
когерентный во времени *пучок* (луч) – temporal coherent beam
когерентный генератор – coherent *oscillator* [generator], coho
когерентный лазерный пучок – coherent laser beam
когерентный осциллятор – coherent *oscillator* [generator], coho
когерентный пучок – coherent beam

когерентный совершенный поглотитель – coherent perfect absorber
когерентный усилитель – coherent amplifier
когерентный фононный лазер – coherent phonon laser
колебания Блоха – Bloch oscillation
колебания в лазере, работающем в режиме свободной генерации – free running laser oscillation
колебательно-электронный – vibronic (acronym for **vibr**ational-elect**ronic**)
колебательные моды – vibrational modes
колебательные переходы – vibrational transitions
колебательные энергетические уровни – vibronic energy levels
коллимация (*пучка*) – collimation
коллимация лазерного излучения – collimation of laser radiation
коллимированность (*пучка*) – collimation
коллимированный лазерный пучок – collimated laser beam
кольцевой лазер – ring [circular ring] laser
кольцевой лазер с квадратным сечением – meter square ring laser
кольцевой лазер с размытым пучком – dithered ring laser
кольцевой лазерный гироскоп – ring laser gyro
кольцевой лазерный диод – circular laser diode
кольцевой резонатор – ring resonator
комбинационное гиперрассеяние – hyper Raman scattering
комбинационное рассеяние (*света*) – Raman effect
комбинационный газовый лазер – Raman gas laser
комбинационный лазер – Raman laser
комбинационный лазер на свободных электронах – Raman type free-electron laser
комбинационный лазер с непрерывным излучением – continuous wave Raman laser
комбинационный лазер с переориентацией спинов – spin-flip Raman laser
комбинационный лазерный радар – Raman laser radar
комбинационный непрерывный лазер с повышением *(частоты)* – Raman continuum upconversion laser
комбинационный преобразователь частоты (*лазерного излучения*) – Raman frequency converter
комбинирование лазерных лучей – laser beam combining
комбинирование лазерных лучей с помощью поляризации – polarization laser beam combining
комбинирование лучей с помощью поляризации – polarization beam combining
комбинированная многоступенчатая ракета с обычными и лазерными двигателями – conventional/laser staged vehicle
коммерчески доступные лазеры – commercially available lasers
коммерческие лазеры – commercial lasers
коммерческие лазеры для обработки материалов – commercial lasers for material procesing
коммуникационный лазер – communication laser
компактная флюоресцентная лампа – compact fluorescent lamp
компактный лазер – compact laser
компактный лазер на свободных электронах – compact free electron laser
компенсатор дрожаний (*частоты или фазы лазерного луча*) – jitter compensator
компенсирующая лазерная система – compensated laser system
компенсирующий лазер – compensated laser
комплекс лазерной резки – laser cutting system
комплекс лазерной сварки – laser welding system
композитные лазерные кристаллы – composite laser crystals

комптоновский лазер – Compton laser
комптоновский лазер на свободных электронах – Compton free-electron laser
компьютерная лазерная система настройки – computer controlled tuncblc laser system
компьютерно-контролируемая лазерная система – computer controlled laser system
конвекционный лазер – convective laser
коническая эмиссия – conical emission
конический лазерный диод – tapered laser diode
конструкция лазера – laser *construction* [design, configuration]
конструкция переключателя добротности – Q-switch design
контрлазер* – counter laser
контролируемая область (*лазерного излучения*) – controlled area
контролируемый по частоте лазер – frequency controlled laser
контроллер лазерной системы – laser system controller
контроль лазерного усиления – laser gain control
контроль лазерной частоты – laser frequency control
контроль мощности – power control
контур лазерного сверления – laser drilling contour
конусность (*при лазерной обработке*) – taper
конусность при лазерной обработке – laser taper
конусообразный резонатор – taper resonator
конфигурация лазера – laser configuration
конфигурация моды – mode configuration
конфигурация пучка – beam configuration
конфигурация резонатора – cavity [resonator] configuration
конфигурация рентгеновского лазера – *X*-ray laser configuration
конфокальная лазерная полость – confocal laser cavity
конфокальная лазерная сканирующая микроскопия – confocal laser scanning microscopy
конфокальная полость – confocal *cavity* [resonator]
конфокальный лазер – confocal laser
конфокальный лазерный резонатор – confocal laser resonator
конфокальный резонатор – confocal resonator
концентрационное гашение – concentration quenching
концентрационное тушение – concentration quenching
концентрированные потоки лазерной энергии – concentrated laser energy flows
концентрированные потоки энергии – concentrated energy flows
концентрическая лазерная полость – concentric laser cavity
концентрическая полость – concentric *resonator* [cavity]
концентрический лазерный резонатор – concentric laser cavity
концентрический резонатор – concentric *resonator* [cavity]
кооперативная лазерная генерация – cooperative lasing
кооперативное преобразование с повышением (*частоты*) – cooperative upconversion
короткие волны – short waves
короткие времена жизни верхних (*энергетических*) состояний – short upper-state lifetimes
короткий лазерный импульс – short laser pulse
коротковолновая лазерная генерация излучения – short-wavelength lasing
коротковолновое инфракрасное (*излучение*) – short wave [far] infrared
коротковолновое инфракрасное излучение – short wave [far] infrared radiation

коротко014новые фононы

коротковолновые фононы – short wavelengths phonons
коротковолновый лазер – short wavelength laser
короткоимпульсный лазер – short pulse laser
короткоимпульсный лазерный нагрев – short pulse laser heating
корпускулярная теория излучения – corpuscular theory of radiation
коррекция волнового фронта лазерного пучка – laser beam wavefront correction
коррекция лазерного пучка – laser beam correction
косметические лазерные обработки – cosmetic laser treatments
космическая лазерная станция – space based laser station
космическая лазерная энергетическая установка – space laser power system
космические применения лазеров – space laser applications
космический аппарат с лазерно-индуцированным термоядерным микровзрывом – laser induced fusion microexplosion spacecraft
космический аппарат с лазерно-термоядерным двигателем – laser fusion spacecraft
космический аппарат с лазерным двигателем – laser propelled spacecraft
космический аппарат с солнечным парусом, управляемый лазером – laser driven solar sail spacecraft
космический аппарат с термоэлектронным преобразователем лазерной энергии – thermoelectronic laser energy converter powered spacecraft
космический лазер – space laser
космический лазерный маяк – space laser beacon
космический мазер – space maser
коэффициент возбуждения – excitation rate
коэффициент диффузного отражения лазерного излучения – laser albedo [albedo of laser radiation]
коэффициент инверсии – inversion ratio
коэффициент лазерного отражения – laser reflectivity
коэффициент отражения – reflectivity coefficient
коэффициент отражения лазерного излучения – albedo of laser radiation
коэффициент отражения рабочей поверхности (*обрабатываемой детали*) – reflectivity of workpiece surface
коэффициент отрицательного поглощения – negative absorption coefficient
коэффициент поглощения – absorption coefficient
коэффициент поглощения лазерного излучения – laser absorption coefficient
коэффициент полезного действия – wall plug efficiency [efficiency factor]
коэффициент полезного действия лазера – laser efficiency [wall plug laser efficiency]
коэффициент пропускания лазерного излучения – laser transmission factor
коэффициент разделения пучка – beam splitter ratio
коэффициент спонтанного излучения – spontaneous emission coefficient
коэффициент стимулированного излучения – stimulated emission coefficient
коэффициент усиления – gain [amplification] coefficient; coefficient of amplification
коэффициент усиления лазера – laser gain coefficient
коэффициент усиления материала – material gain coefficient
коэффициенты Эйнштейна – Einstein coefficients
кпд лазера – laser efficiency [wall plug laser efficiency]
краевой фактор лазерной резки – laser cutting edge factor
край лазерной резки – laser cutting edge
краситель для лазеров – laser dye
красно-зелёно-синий источник (*излучения*) – red-green-blue source
красно-зелёно-синий лазер – red-green-blue [*RGB*] laser

красно-зелёно-синий лазерный проектор – red-green-blue [*RGB*] laser projector
красный лазер – red laser
красный лазер на парах золота – gold vapor red laser
красный криптоновый лазер – red-only krypton laser
кратковременное изменение амплитуды или фазы колебания – short-term change in amplitude or phase fluctuations [jitter]
кратность вырождения (*энергетического уровня*) – degeneration multiplicity
кремниевый лазер – silicon laser
кривая изотермического распада аустенита [кривая *TTT*] – time-temperature-transformation curve [*TTT* curve]
криогенный лазер – cryogenic laser
криостат мазера – maser refrigerator
криптоново-ионный [*Kr⁺*] лазер – krypton ion [*Kr⁺*] laser
криптоново-фторидный [*KrF*] лазер – krypton fluoride [*KrF*] laser
криптоново-фторидный [*KrF*] эксимерный лазер – krypton fluoride [*KrF*] excimer laser
криптоново-фторный [*Kr-F*] лазер – krypton fluorine [*Kr-F*] laser
криптоново-фторный [*Kr-F*] эксимерный лазер – krypton fluorine [*Kr-F*] excimer laser
криптоново-хлорный [*Kr-Cl*] лазер – krypton chlorine [*Kr-Cl*] laser
криптоново-хлорный [*Kr-Cl*] эксимерный лазер – krypton chlorine [*Kr-Cl*] excimer laser
криптоновый [*Kr*] лазер – krypton [*Kr*] laser
криптоновый ионный [*Kr⁺*] лазер – krypton ion [*Kr⁺*] laser
кристалл перестраиваемого лазера – tunable laser crystal
кристалл тонкодискового лазера – thin disk laser crystal
кристаллизация при лазерной интерференции – laser interfecence crystallization
кристаллизация при лазерном облучении – crystallization under laser radiation
кристаллизация с помощью короткоимпульсного лазера – short pulsed laser crystallization
кристаллизация стеклокерамики при лазерном нагреве – glass ceramics crystallization in laser heating
кристаллический лазер – crystal [crystalline] laser
кристаллический лазер с перекрёстной релаксацией – cross relaxation crystalline laser
кристаллический лазерный преобразователь – crystalline laser converter
кристаллический листовой лазер – crystalline sheet laser
кристаллический оптоволоконный лазер – crystalline fiber laser
кристаллический плоский лазер – crystalline sheet laser
кристал-хозяин* (*лазера*) – host crystal
кристаллы ванадатов, легированных неодимом – neodymium doped vanadate crystals
критическая инверсия (на, за)селённости – critical population inversion
критическая мощность – critical power
крупнейший в мире петаваттный лазер – world-largest petawatt laser
ксазер* – xaser [*X*-ray laser, xaser generator, *X*-ray generator, generator of *X*-ray radiation]
ксеноновая лампа-вспышка – xenon flashlamp
ксеноновая лампа-вспышка для накачки иттрий-алюминиевого граната – xenon flashlamp as yttrium aluminum garnet pump
ксеноновая лампа-вспышка для накачки рубина – xenon flash lamp as ruby pump
ксеноново-хлорный [*Xe-Cl*] лазер – xenon chlorine [*Xe-Cl*] laser
ксеноново-хлорный [*Xe-Cl*] эксимерный лазер – xenon chlorine [*Xe-Cl*] excimer laser
ксеноново-фторный [*Xe-F*] лазер – xenon fluorine [*Xe-F*] laser
ксеноново-фторный [*Xe-F*] эксимерный лазер – xenon fluorine [*Xe-F*] excimer laser
ксеноновый ионный [*Xe⁺*] лазер – xenon ion [*Xe⁺*] laser

ксеноновый [*Xe*] лазер – xenon [*Xe*] laser
кубы для разделения пучка – beam splitter cubes
кювета с красителем (*для лазера*) – dye cell

Л

лавинный инжекционный лазер – avalanche injection laser
лавинный лазер – avalanche laser
лавинный фотодиод – avalanche photo diode
лавинообразное излучение фотонов – avalanching photon emission
ладар [лазерный **радар**] – ladar [laser **radar**]
лазант* – lasant [active laser *substance* [medium, material]]
лазер – laser [laser oscillator, laser generator, laser source, optical quantum generator]
лазер Альфвена – Alfven laser
лазер атмосферного давления – atmospheric pressure laser
лазер атмосферного давления с поперечным возбуждением – transversely excited atmospheric pressure [*TEA*] laser
лазер аттометрового излучения – attometer laser
лазер бегущей волны – traveling wave laser
лазер без выбора мод – nonmode selected laser
лазер без инверсии (на, за)селённости – inversionless laser
лазер без инверсии перехода – laser without inversion transition
лазер без накопления энергии – nonstorage laser
лазер без переключаемой добротности – non-*Q*-switched laser
лазер белого света – white-light laser
лазер ближнего инфракрасного излучения – near infrared laser
лазер Бриллюэна – laser Brillouin [stimulated Brillouin scattering laser]
лазер в виде восьмёрки – figure-of-eight laser
лазер в виде сборки – stacked laser
лазер в режиме неконтролируемой генерации – uncontrolled laser
лазер в режиме свободной генерации – free-running [uncontrolled] laser
лазер вакуумного ультрафиолетового излучения – vacuum ultraviolet laser
лазер видимого диапазона света – visible [-light] laser
лазер видимого света – visible laser
лазер включается в момент времени t – (*a*) laser is turned on at time t
лазер возбуждает продольные виды колебаний – (*a*) laser generates longitudinal modes
лазер высокого давления – high pressure laser
лазер гамма-излучения – gamma-ray laser [gaser, graser, γ-laser]
лазер генерирует в ближней инфракрасной области спектра – (*a*) laser emits in near infra-red
лазер гигантских импульсов – giant pulse laser
лазер гигантских импульсов с контролем мод – mode controlled giant-pulse laser
лазер дальнего инфракрасного излучения – far infrared laser
лазер дальнего ультрафиолетового излучения – far ultraviolet laser
лазер Джавана – Javan's [helium-neon] laser
лазер для быстровоспламеняемых экспериментов – laser for fast ignition experiments

208

лазер для захвата (*цели*) на автоматическое сопровождение – acquisition laser

лазер для связи – communication laser

лазер для сжатия – compression laser

лазер для сопровождения (*цели*) – tracking laser

лазер для противоволодочной обороны – antisubmarine laser

лазер звукового излучения – sound-wave laser [saser]

лазер зигзагообразной конфигурации – multifold laser

лазер излучает на длине волны λ – (*a*) laser emits at wavelength λ

лазер импульсного излучения – pulse radiation laser

лазер инфракрасного излучения – infrared laser [iraser]

лазер малой мощности – low-intensity [low-power] laser

лазер Меймана – Maiman [ruby] laser

лазер микронного излучения – micrometer [-wave] laser

лазер микронного излучения – micrometer [-wave] laser; maser

лазер миллиметрового излучения – millimeter [-wave] laser

лазер мягкого рентгеновского излучения – soft X-ray laser

лазер мягкого рентгеновского излучения на газоразрядной плазме – gas discharge plasma soft X-ray laser

лазер на александрите – alexandrite laser

лазер на александрите, легированном хромом – chromium doped alexandrite laser

лазер на алюминате иттрия – yttrium aluminate laser

лазер на алюминате иттрия, легированном неодимом – neodymium doped yttrium aluminate laser

лазер на алюмогаллиевом арсениде [$Al_xGa_{1-x}As$ laser] – aluminum gallium arsenide [$Al_xGa_{1-x}As$] laser

лазер на алюмоиттриевом гранате [$Y_3Al_5O_{12}$ лазер] – yttrium aluminum garnet [$Y_3Al_5O_{12}$] laser

лазер на аморфной среде – amorphous laser

лазер на анизотропной среде – anisotropic laser

лазер на антистоксовом комбинационном рассеянии – anti-Stokes Raman laser

лазер на арсениде галлия [$GaAs$ лазер] – gallium arsenide [$GaAs$] laser

лазер на атермальном фосфатном стекле – athermal phosphate glass laser

лазер на атомарном азоте [N лазер] – atomic nitrogen [N] laser

лазер на атомарном водороде [H лазер] – atomic hydrogen [H] laser

лазер на атомарном газе – atomic gas laser

лазер на атомарном кислороде [O лазер] – atomic oxygen [O] laser

лазер на атомарном паре – atomic vapor laser

лазер на атомарном переходе – atomic [atomic transition] laser

лазер на атомарном пучке – atomic beam laser

лазер на атомных переходах – atomic laser

лазер на благородном газе – noble [inert] gas laser

лазер на борту летательного аппарата – airborne laser

лазер на бриллюэновском рассеянии – Brillouin laser

лазер на бромиде калия [KBr лазер] – potassium bromide [KBr] laser

лазер на бромиде ксенона [$XeBr$ лазер] – xenon bromide [$XeBr$] laser

лазер на бромиде меди [$CuBr$ лазер] – copper bromide [$CuBr$] laser

лазер на бромиде ртути [$HgBr_2$ лазер] – mercury bromide [$HgBr_2$] laser

лазер на ванадате – vanadate laser

лазер на ванадате иттрия [YVO_4 лазер] – yttrium vanadate [YVO_4] laser

лазер на возбуждённом (*молекулярном*) комплексе – excited complex laser

лазер на вольфрамате кальция [$CaWO_4$ лазер] – calcium tungstate [$CaWO_4$] laser лазер на вольфрамате кальция, легированном неодимом [*Nd:CaWO₄* лазер] – neodymium doped calcium tungstate [*Nd:CaWO₄*] laser

лазер на восьмикратно-ионизированном аргоне [*Ar⁺⁸* лазер] – ionized eight times argon [*Ar⁺⁸*] laser

лазер на вращательных переходах – rotational [rotational transition] laser

лазер на встречных пучках – opposed beam laser

лазер на встроенной гетероструктуре – embedded heterostructure laser

лазер на вынужденном бриллюэновском рассеянии – stimulated Brillouin scattering laser

лазер на вынужденном комбинационном рассеянии – stimulated Raman scattering laser

лазер на высококонцентрированном стекле – high concentrated glass laser

лазер на гадолиниевом ванадате [*GdVO₄* лазер] – gadolinium vanadate [*GdVO₄*] laser

лазер на гадолиниевом ванадате, легированном гольмием [*Ho:GdVO₄* лазер] – holmium doped gadolinium vanadate [*Ho:GdVO₄*] laser

лазер на гадолиниевом ванадате, легированном иттербием [*Yb:GdVO₄* лазер] – ytterbium doped gadolinium vanadate [*Yb:GdVO₄*] laser

лазер на гадолиниевом ванадате, легированном тулием [*Tm:GdVO₄* лазер] – thulium doped gadolinium vanadate [*Tm:GdVO₄*] laser

лазер на гадолиниевом ванадате, легированном эрбием [*Er:GdVO₄* лазер] – erbium doped gadolinium vanadate [*Er:GdVO₄*] laser

лазер на гадолиний-галлиевом гранате [*Gd₃Ga₅O₁₂* лазер] – gadolinium gallium garnet [*GGG*] laser

лазер на гадолиний-галлиевом гранате, легированном неодимом [*Nd:Gd₃Ga₅O₁₂* [*GGG*] лазер] – neodimium doped gadolinium gallium garnet [*Nd:Gd₃Ga₅O₁₂* [*GGG*]] laser

лазер на гадолиний-скандий-галлиевом гранате – gadolinium scandium gallium garnet laser

лазер на гадолиний-скандий-галлиевом гранате, легированном хромом и неодимом – chromium and neodimium doped gadolinium scandium gallium garnet laser

лазер на газовом скоплении – gas cluster laser

лазер на галлии и мышьяке [*Ga-As* лазер] – gallium-arsenic [*Ga-As*] laser

лазер на галогенидах благородных газов – inert [noble, rare] gas halide laser

лазер на галогенидах инертных газов – inert [noble, rare] gas halide laser

лазер на гексафториде серы – sulfur hexafluoride laser

лазер на гетеропереходе – heterolaser [single [heterojunction, heterostructure] laser]

лазер на гетероструктуре – heterolaser [single [heterojunction, heterostructure] laser]

лазер на гетеропереходе *p-p-n-n* – *p-p-n-n* heterolaser

лазер на гетеропереходе с раздельным (*оптическим и электрическим*) удержанием – separate confinement heterojunction laser

лазер на гетероструктуре – heterostructure [close confinement] laser

лазер на гетероструктуре с раздельным (*оптическим и электрическим*) удержанием – separate confinement heterostructure laser

лазер на гидрогалогенидах – hydrogen halide laser

лазер на гольмиевом стекле – holmium glass laser

лазер на гомопереходе – homojunction laser

лазер на гомоструктуре – homostructure laser

лазер на горячем пучке атомов – hot beam atom laser

лазер на горячих дырках – laser utilizing hot holes [hot holes laser]

лазер на горячих дырках в германии – laser utilizing hot holes in germanium

лазер на горячих дырках в полупроводниках – laser utilizing hot holes in semiconductors

лазер на гранате – garnet laser

лазер на двойной гетероструктуре – double heterostructure laser лазер на двойном гетеропереходе – double heterojunction laser

лазер на двуокиси углерода [CO_2 лазер] – carbon dioxide [CO_2] laser

лазер на двуокиси углерода без рубашки с водяным охлаждением – carbon dioxide laser without water-cooling jacket

лазер на двуокиси углерода высокого давления – high pressure carbon dioxide laser

лазер на двуокиси углерода низкого давления – low pressure carbon dioxide laser

лазер на двуокиси углерода с диффузионным охлаждением – carbon dioxide laser with diffusion cooling

лазер на двуокиси углерода с продольной прокачкой – carbon dioxide laser with longitudinal flow

лазер на двуокиси углерода с поперечной прокачкой – carbon dioxide laser with transverse flow

лазер на двуокиси углерода с несамостоятельным разрядом – carbon dioxide laser with non-independent discharge

лазер на двух квазизонных переходах – two-quasiband laser

лазер на двух частотах, разделённых во времени – time sharing two frequencies laser

лазер на двухзонном переходе – two-band laser

лазер на двухкомпонентном эксимере – two excimer laser

лазер на димерах – dimer laser

лазер на димерах в возбуждённом состоянии – excited state dimer laser

лазер на диоксиде углерода – carbon dioxide [CO_2] laser

лазер на диоксиде углерода высокого давления – high pressure carbon dioxide laser

лазер на дифракционной решетке (*с распределённой обратной связью*) – grating coupled laser

лазер на диффузном гетеропереходе – diffused heterojunction laser

лазер на диффузном гомопереходе – diffused homojunction laser

лазер на диэлектрическом кристалле – dielectric crystal laser

лазер на дозвуковом потоке – subsonic flow laser

лазер на жидком красителе – liquid dye laser

лазер на жидкости – liquid laser

лазер на изотопе – isotopic laser

лазер на инертном газе – inert [noble, rare] gas laser

лазер на ионах благородных газов – rare gas ion laser

лазер на ионах восьмикратно-ионизированного аргона Ar^{+8} – eight times ionized argon [Ar^{+8}] laser

лазер на ионах инертных газов – rare gas ion laser

лазер на ионах кадмия [Cd^+ laser] – cadmium ion [ionized cadmium, Cd^+] laser

лазер на ионах металла – metal ion laser

лазер на ионах свинца [Pb^+ лазер] – lead ion [Pb^+] laser

лазер на ионах цинка [Zn^+ laser] – zinc ion [ionized zinc, Zn^+] laser

лазер на ионизированном газе – ionized gas laser

лазер на иттербиевом стекле – ytterbium glass laser

лазер на иттриевом ванадате [YVO_4 лазер] – yttrium vanadate [YVO_4] laser

лазер на иттриевом ванадате, легированном гольмием [$Ho{:}YVO_4$ лазер] – holmium doped yttrium vanadate [$Ho{:}YVO_4$] laser

лазер на иттриевом ванадате, легированном иттербием [$Yb{:}YVO_4$ лазер] – ytterbium doped yttrium vanadate laser

лазер на иттриевом ванадате, легированном эрбием [$Er{:}YVO_4$ лазер] – erbium doped yttrium vanadate [$Er{:}YVO_4$] laser

лазер на иттриевом ортованадате [YVO_4 лазер] – yttrium orthovanadate [YVO_4] laser

лазер на иттриевом ортованадате, легированном неодимом [$Nd{:}YVO_4$ лазер] – neodymium doped yttrium orthovanadate solid-state [$Nd{:}YVO_4$] laser лазер на иттрий-алюминиевом гранате [*YAG* лазер] – yttrium aluminum garnet [*YAG*] laser

лазер на иттрий-алюминиевом гранате, легированном гольмием [*Ho:YAG* лазер] – holmium doped yttrium aluminum garnet [*Ho:YAG*] laser

лазер на иттрий-алюминиевом гранате, легированном иттербием [*Yb:YAG* лазер] – ytterbium doped yttrium aluminum garnet [*Yb:YAG*] laser

лазер на иттрий-алюминиевом гранате, легированном неодимом [*Nd:YAG* лазер] – neodymium doped yttrium aluminum garnet [*Nd:YAG*] laser

лазер на иттрий-алюминиевом гранате, легированном неодимом и хромом [*Nd/Cr:YAG* лазер] – neodymium and chromium doped yttrium aluminum garnet [*Nd/Cr:YAG*] laser

лазер на иттрий-алюминиевом гранате, легированном неодимом и церием [*Nd/Ce:YAG* лазер] – neodymium and cerium doped yttrium aluminum garnet [*Nd/Ce:YAG*] laser

лазер на иттрий-алюминиевом гранате, легированном эрбием [*Er:YAG* лазер] – erbium doped yttrium aluminum garnet [*Er:YAG*] laser

лазер на иттрий-алюминиевом фосфиде [*YAP* лазер] – yttrium aluminum phosphide [YAP] laser

лазер на иттрий-алюминиевом гранате, легированном тулием – *Tm:YAG* laser

лазер на иттрий-алюминиевом фосфиде, легированном неодимом [*Nd:YAP* лазер] – neodymium doped yttrium aluminum phophide [*Nd:YAP*] laser

лазер на иттрий-железном гранате [*YIG* лазер] – yttrium iron garnet [*YIG*] laser

лазер на иттрий-литиевом фториде [*YLF* лазер] – yttrium lithium fluoride [*YLF*] laser

лазер на иттрий-литиевом фториде, легированном неодимом [*Nd:YLiF₄* лазер, *Nd:YLF* лазер] – neodymium doped yttrium lithium fluoride [*Nd:YLiF₄*, *Nd:YLF*] laser

лазер на йоде [*I* лазер] – iodine [*I*] laser

лазер на йодиде меди [*CuI* лазер] – copper iodide [*CuI*] laser

лазер на калий-гадолиниевом вольфрамате [*KGd(WO₄)₂* лазер] – potassium gadolinium tungstate [*KGd(WO₄)₂*] laser

лазер на калий-гадолиниевом вольфрамате, легированном неодимом [*Nd:KGd(WO₄)₂* лазер] – neodymium doped potassium gadolinium tungstate [*Nd:KGd(WO₄)₂*] laser

лазер на кальции [*Ca* лазер] – calcium [*Ca*] laser

лазер на карбопиронине – carbopyronine laser

лазер на квантоворазмерной структуре – single quantum well laser

лазер на квантовых каплях – quantum box laser

лазер на квантовых коробках– quantum box laser

лазер на квантовых нитях – quantum wire laser

лазер на квантовых точках – quantum dot laser

лазер на квантовых ямах – quantum [multiquantum, multiple quantum] well laser

лазер на квантовых ямах арсенида галлия – gallium arsenide [*GaAs*] quantum well laser

лазер на квантовых ямах с напряжёнными слоями – strained-layer quantum well laser

лазер на кварцевом стекле – quartz glass laser

лазер на керамике – ceramic laser

лазер на кислом растворе умбеллиферона – acidic umbelliferone laser

лазер на (*молекулярном*) кислороде [*O₂* лазер] – oxygen [*O₂*] laser

лазер на колебательно-вращательных переходах (*молекулы*) – vibration-rotation [vibrational-rotational] laser

лазер на колебательно-вращательных переходах молекулы хлористого водорода – *HCl* vibrational-rotational laser

лазер на колебательно-электронных переходах – vibrational-electronic [vibronic] laser

лазер на колебательных переходах – vibrational transition laser

лазер на кольцевой схеме – circular ring laser

лазер на комптоновском излучении – Compton laser

лазер на конденсате Бозе-Эйнштейна – Bose-Einstein condensate laser

лазер на конденсированной среде – condensed matter laser

лазер на конденсированной фазе (*материала*) – condensed phase laser

лазер на концентрированном неодимовом фосфатном стекле – condensed neodimium phosphate glass laser

лазер на короткоживущих изомерах – short lived isomer laser

лазер на красителе – dye laser

лазер на красителе с волной обесцвечивания – bleaching wave dye laser

лазер на красителе с модуляцией добротности (*связанных резонаторов*) – cavity dumping dye laser

лазер на красителе с пассивной синхронизацией мод – passive mode-locking dye laser

лазер на красителе с поперечной накачкой – transverse pumping dye laser

лазер на красителе с призменным резонатором – prism dye laser

лазер на красителе с продольной накачкой – longtitudinal pumping dye laser

лазер на красителе с синхронизацией встречных мод – colliding mode-locking dye laser

лазер на красителе с синхронизацией мод второго порядка – two-fold mode-locking dye laser

лазер на красителе с синхронизацией мод и синхронной накачкой – synchronously pumped mode-locked dye laser

лазер на красителе с синхронной накачкой – synchronously pumped dye laser

лазер на красителе с (*накачкой*) электрохимической люминесценцией – electro-generated chemical luminescence dye laser

лазер на красителе со сжатым импульсом и синхронизированными модами – pulse compressed mode locked dye laser

лазер на красителе, внедрённом в полиметилметакрилат – dye doped polymethylmethacrylate laser

лазер на кремнии [*Si* лазер] – silicon [*Si*] laser

лазер на кристалле – crystal laser

лазер на кристалле "банан" – "Banana" [$Ba_2NaNb_5O_{15}$] crystal laser

лазер на кристалле бората – borate crystal laser

лазер на кристалле бората, легированном лантаном и скандием – codoped lanthanum scandium borate crystal laser

лазер на кристалле розового рубина – pink ruby laser

лазер на кристалле с автоматическим удвоением частоты – self frequency doubled crystal laser

лазер на кристалле с включениями – pocket crystal laser

лазер на кристалле флюорита – fluorite crystal laser

лазер на кристалле *Cr:LiCaF* – *Cr:LiCaF*-laser

лазер на кристалле *Cr:LiSAF* – *Cr:LiSAF*-laser

лазер на ксеноне [*Xe* лазер] – xenon [*Xe*] laser

лазер на кумарине – coumarin laser

лазер на легированном диэлектрике – doped insulator laser

лазер на легированном изоляторе – doped insulator laser

лазер на ленточном кристалле – crystalline ribbon laser

лазер на линзообразном активном материале – lens like laser

лазер на листовом кристалле – crystalline sheet laser

лазер на люминесцентном кристалле – fluorescent crystal laser

лазер на люминесцентном стекле – fluorescent glass laser

лазер на люминофоре – phosphor laser

лазер на лютециевом ванадате [$LuVO_4$ лазер] – lutetium vanadate [$LuVO_4$] laser

лазер на лютециевом ванадате, легированном гольмием [*Ho:LuVO₄* лазер] – holmium doped lutetium vanadate [*Ho:LuVO₄*] laser

лазер на лютециевом ванадате, легированном иттербием [*Yb:LuVO₄* лазер] – ytterbium doped lutetium vanadate [*Yb:LuVO₄*] laser

лазер на лютециевом ванадате, легированном эрбием [*Er:LuVO₄* лазер] – erbium doped lutetium vanadate [*Er:LuVO₄*] laser

лазер на марганце [*Mn* лазер] – manganese [*Mn*] laser

лазер на материале с переменным показателем преломления – graded index laser

лазер на материале селфок – selfoc laser

лазер на материале, легированном двумя примесями – double doped laser

лазер на материале, легированном редкоземельными элементами – rare-earth-doped laser

лазер на меди [*Cu* лазер] – copper [*Cu*] laser

лазер на межзонном (*между энергетическими зонами*) переходе – interband laser

лазер на мезаструктуре – mesalaser [mesa-stripe, mesa-structure] laser

лазер на металле – metal laser

лазер на микрополости – microcavity [-resonator, -chip, -laser] laser

лазер на микрорезонаторе – microcavity laser

лазер на микрорезонаторе – microresonator [-cavity, -chip, -laser] laser

лазер на микросхеме – microchip [microcavity] laser

лазер на микросхеме с пассивно переключаемой добротностью – passively Q-switched microchip laser

лазер на микросхеме с переключаемой добротностью – Q-switched microchip laser

лазер на микрочипе – microchip [microcavity] laser

лазер на микрочипе с удвоением частоты – frequency doubled microchip laser

лазер на многозарядных ионах – multiply charged ion laser

лазер на многократно заряженных атомах – multiply charged atom laser

лазер на многократно ионизированных атомах – multiply ionized atom laser

лазер на многократных материалах-хозяевах* – multiple host laser

лазер на многослойной структуре – layered laser

лазер на множественных квантовых ямах – multiquantum well laser

лазер на множественных элементах – many-element laser

лазер на молекулах – molecular laser

лазер на молекулах металла – metal molecular laser

лазер на молекулярном азоте [*N₂* лазер] – molecular nitrogen [*N₂*] laser

лазер на молекулярном водороде [*H₂* лазер] – molecular hydrogen [*H₂*] laser

лазер на молекулярном фторе [*F₂* лазер] – molecular fluorine [*F₂*] laser

лазер на монокристалле – monocrystal [single crystal] laser

лазер на *моноокиси* [монооксиде] углерода [*CO* лазер] – carbon monoxide [*CO*] laser

лазер на надрезанном нитевидном кристалле – scotch whisker laser

лазер на нанопроволоке – nanowire laser

лазер на нанопроволоке из оксида цинка – zinc oxide nanowire laser

лазер на наноструктуре – nanostructure laser

лазер на нейтральном аргоне – neutral argon laser

лазер на нейтральном атоме – neutral atom laser

лазер на нейтральном газе – neutral gas laser

лазер на нейтральном неоне – neutral neon laser

лазер на неодиме [*Nd* лазер] – neodymium [*Nd*] laser

лазер на неодимово-иттербиевом стекле – neodymium ytterbium glass laser лазер на неодим-иттрий-эрбиевом стекле – neodymium-yttrium-erbium glass laser

лазер на неодимово-фосфатном стекле – neodymium phosphate glass laser

лазер на неодимовом растворе – neodymium liquid laser

лазер на неодимовом стекле – neodymium glass [*Nd*-glass] laser

лазер на неорганической жидкости – inorganic liquid laser

лазер на нескольких микросхемах – multichip laser

лазер на нескольких микрочипах – multichip laser

лазер на ниобате кальция [$Ca(NbO_3)_2$ лазер] – calcium niobate [$Ca(NbO_3)_2$] laser

лазер на ниобате лития [$LiNbO_3$ лазер] – lithium niobate [$LiNbO_3$] laser

лазер на ниобате лития, легированном неодимом [$Nd{:}LiNbO_3$ лазер] – neodymium doped lithium niobate [$Nd{:}LiNbO_3$] laser

лазер на нитриде галлия [GaN лазер] – gallium nitride [GaN] laser

лазер на обертонах (*резонатора*) – overtone laser

лазер на образцовых решетках – sampled grating laser

лазер на объёмном кристалле – bulk laser

лазер на одиночной гетероструктуре – single heterostructure laser

лазер на одиночном гетеропереходе – single heterojunction laser

лазер на одиночном переходе – single transition laser

лазер на одиночных атомах – one [single] atom laser

лазер на одиночных квантовых точках – single quantum dot laser

лазер на одиночных квантовых ямах – single quantum well laser

лазер на одной длине волны – single wavelength laser

лазер на одной продольной моде – single longitudinal mode laser

лазер на одноквантовых точках – one-quantum dot laser

лазер на однократно ионизированном аргоне [Ar^+ лазер]– singly ionized argon laser [Ar^+ laser]

лазер на однократно ионизированном ксеноне [Xe^+ лазер]– singly ionized xenon laser [Xe^+ laser]

лазер на односторонней гетероструктуре – one-sided heterostructure laser

лазер на окиси углерода [CO лазер] – carbon monoxide [CO] laser

лазер на окислении атомов металла – metal-atom oxidation laser

лазер на оксазине – oxazine laser

лазер на оксиде цинка [ZnO лазер] – zinc oxide [ZnO] laser

лазер на оксихлориде селена – selenium oxychloride laser

лазер на оксихлориде селена, легированном неодимом – neodymium doped selenium oxychloride laser

лазер на олове [Sn лазер] – tin [Sn] laser

лазер на ондуляторе – undulator laser

лазер на оптической лавине – optical avalanche laser

лазер на оптоволокне, легированном гольмием – holmium doped fiber laser

лазер на оптоволоконе, легированном иттербием – ytterbium doped fiber laser

лазер на оптоволоконе, легированным иттербием, с двойным покрытием – ytterbium doped double clad fiber laser

лазер на оптоволокне, легированном редкоземельными элементами – rare-earth doped fiber laser

лазер на оптоволокне, легированном тулием – thulium doped fiber laser

лазер на оптоволокне, легированном эрбием – erbium doped fiber laser

лазер на органической жидкости – organic liquid laser

лазер на органическом красителе – organic dye laser

лазер на органическом соединении – organic laser

лазер на органо-металлической жидкости – organometallic liquid laser лазер на осевом потоке – axial flow laser

лазер на осевом потоке двуокиси углерода – axial flow carbon dioxide laser

лазер на основе фотодиссоциации – photodissociation laser

лазер на охлаждаемой пластине – coolable slab laser

лазер на парамагнетике – paramagnetic laser

лазер на парах брома – bromine vapor laser

лазер на парах бромида меди – copper bromide vapor laser

лазер на парах воды – water vapor laser

лазер на парах галогенидов меди – copper halide vapor laser

лазер на парах золота – gold [Au] vapor laser

лазер на парах кадмия – cadmium [Cd] vapor laser

лазер на парах кальция – calcium [Ca] vapor laser

лазер на парах красителя – dye vapour laser

лазер на парах кремния – silicon [Si] vapor laser

лазер на парах марганца – manganese [Mn] vapor laser

лазер на парах меди – copper [Cu] vapor laser

лазер на парах металла – metallic vapor [metal molecular] laser

лазер на парах металла с полым катодом – hollow cathode metal vapour laser

лазер на парах металла с самоограниченными переходами – self-ceased metal vapour laser

лазер на парах неорганических соединений – inorganic [anorganic] vapor laser

лазер на парах олова – tin [Sn] vapor laser

лазер на парах ртути – mercury [Hg] vapor laser

лазер на парах свинца – lead [Pb] vapor laser

лазер на парах селена – selenium [Se] vapor laser

лазер на парах серебра – silver [Ag] vapor laser

лазер на парах серы – sulfur [S] vapor laser

лазер на парах стронция – strontium [Sr] vapor laser

лазер на парах таллия – thallium [Tl] vapor laser

лазер на парах углерода – carbon [C] vapor laser

лазер на парах фосфора – phosphorous [P] vapor laser

лазер на парах цезия – cesium [Cs] vapor laser

лазер на парах цинка – zinc [Zn] vapor laser

лазер на парах щелочи – alkali vapor laser

лазер на пентафосфате лантана-неодима – neodymium lanthanum pentaphosphate laser

лазер на пентафосфате неодима – neodymium pentaphosphate laser

лазер на переходах ... – laser on transitions ...

лазер на переходах многозарядных ионов – laser on multicharged ion transitions

лазер на переходе p-n – p-n diode [p-n junction] laser

лазер на периодической структуре – periodic structure laser

лазер на пинч-разряде – pinch-discharge-pumped laser

лазер на плазме – plasma laser

лазер на плёнке – film laser

лазер на плоском кристалле – crystalline planar laser

лазер на разветвлённых реакциях – branched reaction laser

лазер на резонаторе с параллельными пластинами – parallel plate laser

лазер на поликристалле – polycrystalline laser

лазер на полимере – polymer laser

лазер на полосе кристалла – crystalline sheet laser
лазер на полосе с управляемым показателем преломления – index-guided stripe laser
лазер на полупроводниковом диоде – semiconductor diode laser
лазер на порошке – powder laser
лазер на празеодиме [*Pr* лазер] – praseodymium [*Pr*] laser
лазер на прокачиваемой двуокиси углерода – flowing carbon dioxide laser
лазер на прямозонном полупроводнике – intraband semiconductor laser
лазер на пучке атомов – atomic beam laser
лазер на разряде с положительным столбом – positive column discharge laser
лазер на распределённом брэгговском рефлекторе – distributed Bragg reflector laser
лазер на рассеянии Бриллюэна – Brillouin laser
лазер на растворе красителя – dye solution laser
лазер на регуляторе освещённости – dimmer laser
лазер на резонаторе с параллельными плоскостями – parallel plane laser
лазер на решётке с некогерентным сложением – fagot laser
лазер на родамине – rhodamine laser
лазер на ртути [*Hg* лазер] – mercury [*Hg*] laser
лазер на рубине – ruby laser
лазер на рубине с клинообразным торцом – roof top ruby laser
лазер на рубине, легированном хромом – chromium doped ruby laser
лазер на самозавершённом переходе – self-terminated transition laser
лазер на самоограниченном переходе – self-*contained* [-transition] laser
лазер на сапфире [*Al₂O₃* лазер] – sapphire [Al_2O_3] laser
лазер на сапфире, легированном титаном – titanium doped sapphire [$Ti:Al_2O_3$] laser
лазер на сверхзвуковом переходе – supersonic transfer laser
лазер на сверхзвуковом потоке – supersonic laser
лазер (*расположенный*) на сверхзвуковом самолёте – laser on supersonic jet
лазер на сверхизлучательном переходе – superradiant transition laser
лазер на сверхизлучении – superradiant [superradiative] laser
лазер на сверхизлучении Дике – Dicke superradiance laser
лазер на сверхрешётке – superlattice [multiple quantum well, multiquantum well] laser
лазер на сверхрешётке Блоха – superlattice Bloch laser
лазер на свободных электронах – free electron laser
лазер на свободных электронах ближнего инфракрасного излучения – near infrared free electron laser
лазер на свободных электронах вакуумного ультрафиолетового излучения – vacuum ultraviolet laser free electron laser
лазер на свободных электронах дальнего инфракрасного излучения – far infrared free electron laser
лазер на свободных электронах излучения Смита-Парселла – Smith-Purcell free-electron laser
лазер на свободных электронах линейного ускорителя – catalac free electron laser
лазер на свободных электронах миллиметрового излучения – millimeter wave free electron laser
лазер на свободных электронах с дальним инфракрасным излучением – far infrared free electron laser
лазер на свободных электронах с излучением Смита-Парселла – Smith-Purcell free-electron laser
лазер на свободных электронах среднего инфракрасного излучения – medium infrared free electron laser
лазер на связанной электронно-дырочной паре – exciton laser
лазер на связанном резонаторе – coupled cavity laser
лазер на связанных волноводах – coupled waveguide laser
лазер на связанных световодах – coupled waveguide laser

лазер на селене [*Se* лазер] – selenium [*Se*] laser

лазер на селениде кадмия [*CdSe* лазер] – cadmium selenide [*CdSe*] laser

лазер на селениде свинца [*PbSe* лазер] – lead selenide [*PbSe*] laser

лазер на сере [*S* лазер] – sulfur [*S*] laser

лазер на серебре [*Ag* лазер] – *Ag* laser

лазер на сильнолегированном материале – heavy doped laser

лазер на скрытой (меза)полосковой структуре – buried stripe laser

лазер на сложном стекле – complex glass laser

лазер на смеси (*газов*) – mixing laser

лазер на смеси азота с углекислым газом [N_2-CO_2 лазер] – nitrogen carbon dioxide [N_2-CO_2] laser

лазер на смеси (*газов*) аргона и криптона [*Ar-Kr* лазер] – argon krypton [*Ar-Kr*] laser

лазер на смеси (*газов*) аргона и фтора [*Ar-F* лазер] – argon fluorine [*Ar-F*] laser

лазер на смеси (*газов*) аргона и хлора [*Ar-Cl* лазер] – argon chlorine [*Ar-Cl*] laser

лазер на смеси (*газов*) водорода и фтора [*H-F* лазер] – hydrogen fluorine [*H-F*] laser

лазер на смеси (*газов*) йода и кислорода [I-O_2 лазер] – iodine-oxygen [I-O_2] laser

лазер на смеси (*газов*) криптона и хлора [*Kr-Cl* лазер] – krypton chlorine [*Kr-Cl*] laser

лазер на смеси (*газов*) криптона и фтора [*Kr-F* лазер] – argon krypton [*Kr-F*] laser

лазер на смеси (*газов*) ксенона и брома [*Xe-Br* лазер] – xenon bromine [*Xe-Br*] laser

лазер на смеси (*газов*) ксенона и хлора [*Xe-Cl* лазер] – xenon chloride [*Xe-Cl*] laser

лазер на смеси (*газов*) ксенона и фтора [*Xe-F* лазер] – xenon fluorine [*Xe-F*] laser

лазер на смеси газов – mixed gas laser

лазер на смеси газов CO_2, N_2 и He – $CO_2 + N_2 + He$ laser

лазер на смеси инертного и галоидного газов – rare halide gas laser

лазер на смеси красителей – multiple dye laser

лазер на смеси фуллерена-кислорода-йода – fullerene-oxygen-iodine laser

лазер на смешанном газе – mixed gas laser

лазер на соединении *InAlGaAsP* – *InAlGaAsP* laser

лазер на соединении *InGaAsP* – *InGaAsP* laser

лазер на соли свинца – lead salt laser

лазер на среде, легированной редкоземельными элементами – rare-earth-doped laser

лазер на стекле – glass laser

лазер на столкновениях (*пучков излучений или микрочастиц*) – collision laser

лазер на стронции [*Sr* лазер] – strontium [*Sr*] laser

лазер на структуре с квантовыми ямами – quantum-well [single-quantum well] laser

лазер на структуре с множественными квантовыми ямами – multiple quantum-well laser

лазер на ступенчатой подложке – terraced substrate laser

лазер на сульфиде кадмия [*CdS* лазер] – cadmium sulfide [*CdS*] laser

лазер на сульфиде свинца [*PbS* лазер] – lead sulfide [*PbS*] laser

лазер на сульфиде цинка [*ZnS* лазер] – zinc sulfide [*ZnS*] laser

лазер на таллии [*Tl* лазер] – thallium [*Tl*] laser

лазер на твёрдом красителе – solid dye laser

лазер на твёрдом теле – solid state laser

лазер на твёрдотельно-жидкостной среде – solid-liquid medium laser

лазер на твёрдотельно-жидкостной среде, легированной красителем – laser on dye doped solid-liquid medium

лазер на твёрдотельном диэлектрике – dielectric solid state laser

лазер на теллуриде олова-свинца [$(Pb$-$Sn)Te$ лазер] – lead tin telluride [$(Pb$-$Sn)Te$] laser

лазер на теллуриде свинца [*PbTe* лазер] – lead telluride [*PbTe*] laser лазер на тепловой линейке диодов – thermal diode bar laser

лазер на тепловой мощности – heat capacity laser

лазер на теплоёмкости – heat capacity laser

лазер на триоде – triode laser

лазер на тулиевом оптоволокне – thulium fiber laser

лазер на туннельном эффекте – tunnel laser

лазер на угарном газе [CO лазер] – carbon monoxide [CO] laser

лазер на углекислом газе [CO_2 лазер] – carbon dioxide [CO_2] laser

лазер на углекислом газе высокого давления – high pressure carbon dioxide laser

лазер на уплотнённом взрывчатом веществе – condensed explosive laser

лазер на флюоресцентном кристалле – fluorescent crystal laser

лазер на флюоресцентном стекле – fluorescent glass laser

лазер на фононно-ограниченном переходе – phonon *terminated* [terminal] laser

лазер на форстерите – forsterite laser [magnesium olivine laser]

лазер на форстерите, легированном хромом – chromium doped forsterite laser ($Cr^{+4}:Mg_2SiO_4$)

лазер на фосфатном стекле – phosphate glass laser

лазер на фосфатном стекле, легированном неодимом – neodymium doped phosphate glass laser

лазер на фосфоре [P лазер] – phosphorous [P] laser

лазер на фотонно-ограниченном переходе – photon terminated laser

лазер на фторе [Fr лазер] – fluorine [Fr] laser

лазер на фториде аргона [ArF лазер] – argon fluoride [ArF] laser

лазер на фториде водорода [HF лазер] – hydrogen fluoride [HF] laser

лазер на фториде дейтерия [DF лазер] – deuterium fluoride laser [DF] laser

лазер на фториде кальция [CaF_2 лазер] – calcium fluoride [CaF_2] laser

лазер на фториде кальция, легированном диспрозием [$Dy:CaF_2$ лазер] – dysprosium doped calcium fluoride [$Dy:CaF_2$] laser

лазер на фториде кальция, легированном неодимом [$Nd:CaF_2$ лазер] – neodymium doped calcium fluoride [$Nd:CaF_2$] laser

лазер на фториде кальция, легированном ураном [$U^{+3}:CaF_2$ лазер] – uranium doped calcium fluoride [$U^{+3}:CaF_2$] laser

лазер на фториде криптона [KrF лазер] – krypton fluoride [KrF] laser

лазер на фториде ксенона [XeF лазер] – xenon fluoride [XeF] laser

лазер на фториде лития [LiF лазер] – lithium fluoride [LiF-] laser

лазер на фториде магния, легированном кобальтом [$Co^{+2}:MgF_2$ лазер] – cobalt doped magnesium fluoride [$Co^{+2}:MgF_2$] laser

лазер на фтористом водороде [HF лазер] – hydrogen fluoride [HF] laser

лазер на хелатах редкоземельных элементов – rare earth chelate laser

лазер на хелатах – chelate laser

лазер на хелате европия – europium chelate laser

лазер на хелате тербия – terbium chelate laser

лазер на хлоре – chlorine laser

лазер на хлориде аргона [$ArCl$ лазер] – argon chloride [$ArCl$] laser

лазер на хлориде водорода [HCl лазер] – hydrogen chloride [HCl] laser

лазер на хлориде ксенона [$XeCl$ лазер] – xenon chloride [$XeCl$] laser

лазер на хлориде фосфора, легированном неодимом [$Nd:PCl_5$ лазер] – neodymium doped phosphorous chloride [$Nd:PCl_5$] laser

лазер на хлористом водороде [HCl лазер] – hydrogen chloride [HCl] laser

лазер на хризоберилле

лазер на хризоберилле [$Ti^{3+}:BeAl_2O_4$ лазер] – chrysoberyl [$Ti^{3+}:BeAl_2O_4$-] laser
лазер на цезии [Cs лазер]– cesium [Cs] laser
лазер на центрах окраски – color [f-] center laser
лазер на цепной реакции – chain reaction laser
лазер на церии [Ce лазер]– cerium [Ce] laser
лазер на циклотронном авторезонансе – cyclotron autoresonance laser
лазер на циклотронном резонансе – cyclotron resonance laser
лазер на цинке [Zn лазер] – zinc [Zn] laser
лазер на чисто вращательных переходах – pure rotational laser
лазер на чистом ксеноне – pure xenon laser
лазер на чистом неоне – pure neon laser
лазер на электронно-дырочном переходе – electron hole transition laser
лазер на электронно-колебательном переходе – electron [electronic] vibrational transition laser
лазер на электронных каскадах – electronic cascades laser
лазер на электронных переходах – electron [electronic, electronic transition] laser
лазер на эрбиевом стекле – erbium [Er] glass laser
лазер на ядрах аргона – argon nuclei laser
лазер наземного базирования – ground based laser
лазер накачки – pump [pumping, exciting] laser
лазер нанометрового излучения – nanometer laser
лазер низкого давления – low pressure laser
лазер очень малой мощности – very low power laser
лазер пикометрового излучения – picometer laser
лазер ПКИ [лазер предельно коротких импульсов] – extremely short pulses laser
лазер поверхностного излучения с вертикальным внешним резонатором – vertical external cavity surface
        emitting laser
лазер поверхностного излучения с вертикальным резонатором – vertical cavity surface emitting laser
лазер поверхностного излучения с горизонтальным резонатором – horizontal cavity surface emitting laser
лазер поверхностно-плазмонного излучения – spaser [surface plasmons laser]
лазер предельно коротких импульсов – extremely short pulses laser
лазер при атмосферном давлении – atmospheric pressure laser
лазер при атмосферном давлении с поперечным возбуждением – transversely excited atmosphere laser
лазер работает в импульсном режиме – (a) laser emits [operates] in pulse mode
лазер работает в непрерывном режиме – (a) laser *emits* [operates] in continious wave mode
лазер работает в области длин волн $\lambda_1 \div \lambda_2$ – (a) laser emits in wavelength range from λ_1 to λ_2
лазер работает в одномодовом режиме генерации – single mode oscillates in a laser [(a) laser generates a single
        mode, (a) laser is used in unimodal operation]
лазер работает в режиме генерации – (a) laser operates as an oscillator
лазер работает в режиме усиления – (a) laser operates as an amplifier
лазер работает вблизи порога генерации – (a) laser operates close to threshold
лазер работает на нескольких частотах – (a) laser emits at several frequencies
лазер работает на переходах – (a) laser operates by transitions
лазер Рамана с переориентацией спинов – spin flip Raman laser
лазер рентгеновского излучения – X-ray laser
лазер рентгеновского излучения – xaser [X-ray laser, X-ray amplification by stimulated emission of radiation]
лазер с аксиальным возбуждением – axially excited laser
лазер с активно переключаемой добротностью – actively Q-switched laser

лазер с активно синхронизированными модами – actively mode locked laser
лазер с активной стабилизацией – actively stabilized laser
лазер с акустооптической перестройкой (*частоты*) – acousto optically *tunable* [tuned] laser
лазер с астигматическим пучком – astigmatic laser
лазер с биморфным пьезоэлементом – bimorph laser
лазер с биорезонатором – biocavity laser
лазер с боковой накачкой – side pumped laser
лазер с большим оптическим резонатором – large optical cavity [*LOC*] laser
лазер с большим сечением выходного пучка – large output-beam cross-section laser
лазер с большой (*выходной*) апертурой – large [wide] aperture laser
лазер с большой энергетической яркостью – high-radiance laser
лазер с брэгговскими зеркалами – Bragg mirrors laser
лазер с брэгговскими отражателями – Bragg reflectors laser
лазер с брюстеровскими окнами – Brewster windows laser
лазер с брюстеровскими срезами (*кристаллов для зеркал*) – Brewster angled laser
лазер с быстрой переключаемой добротностью – fast Q-switched laser
лазер с быстрой поперечной прокачкой (*активной среды*) – fast transverse flow laser
лазер с быстрой продольной прокачкой (*активной среды*) – fast axial flow laser
лазер с быстрой прокачкой (*активной среды*) – fast flowing laser
лазер с вертикально излучающим с поверхности резонатором – vertical cavity surface emitting laser
лазер с взрывной накачкой – explosion [explosively [driven, pumped], bomb-pumped] laser
лазер с внешней модуляцией – externally modulated laser
лазер с внешней настройкой (*частоты*) – extrinsically tuned laser
лазер с внешней синхронизацией – injection locking [-locked] laser
лазер с внешним возбуждением – externally excited laser
лазер с внешним резонатором – external cavity laser
лазер с внешними зеркалами – external mirrors laser
лазер с внутренней модуляцией – internally [directly] modulated laser
лазер с внутренними зеркалами – internal mirrors laser
лазер с внутрирезонаторной модуляцией – intracavity modulated laser
лазер с внутрирезонаторным сканированием (*направленности излучения*)] – internally scanned laser
лазер с внутрирезонаторным сканированием пучка – internally scanned laser
лазер с внутрирезонаторным удвоением (*частоты*) – internally [intra cavity] doubled laser
лазер с водяным охлаждением – water cooled laser
лазер с возбуждением волнами микронного излучения – microwave excited laser
лазер с возбуждением постоянным током – direct current excited laser
лазер с возбуждением электронным пучком — electron beam pumped laser
лазер с воздушным охлаждением – air cooled laser
лазер с возможностью выбора линии – line selectable laser
лазер с волноводной накачкой – waveguide pumping laser
лазер с волоконными выводами – pigtailed laser
лазер с выбором мод – mode *controlled* [selected] laser
лазер с выбором нескольких линий – multiline selected laser
лазер с выводом всей запасённой энергии резонатора – laser with withdrawal of all stored energy resonator
лазер с выделенной модой — mode selected laser
лазер с высоким коэффициентом полезного действия – high efficiency laser
лазер с высоким усилением (*активной среды*) – high gain laser

лазер с высокой интенсивностью (*излучения*)

лазер с высокой интенсивностью (*излучения*) – high intensity laser

лазер с высокой когерентностью (*излучения*) – high coherence laser

лазер с высокой частотой повторения (*импульсов*) – high *repetition* [repetition rate] laser

лазер с высокой энергетической яркостью – high radiance laser

лазер с высокой энергией излучения – high energy laser

лазер с высокоточной частотой – high-pure frequency laser

лазер с высокочастотным возбуждением – high frequency excited laser

лазер с гарантированной накачкой – certified pump laser

лазер с гармонически синхронизированными модами – harmonically mode locked laser

лазер с гелиевым разбавителем – helium diluted laser

лазер с гибким пучком – agile beam laser

лазер с гибкими выводами – pigtailed laser

лазер с гибридным резонатором – laser with hybrid resonator

лазер с движущейся обрабатываемой деталью – moving workpiece laser

лазер с движущейся оптикой – moving optics laser

лазер (*полупроводниковый*) с двойной гетероструктурой – double heterostructure laser

лазер (*полупроводниковый*) с двойной инжекцией – double injection laser

лазер с двойной поляризацией – dual polarization laser

лазер с двойной синхронизацией мод – double mode locked laser

лазер с двойным интегральным волноводом – integrated twin guide laser

лазер с двойным разрядом – double discharge laser

лазер с двойным (*электронным и оптическим*) удержанием – double carrier confined laser

лазер с двухизотопной активной средой – two isotope active medium laser

лазер с двухпримесным активным материалом – double doped laser

лазер с двухфотонной накачкой – two-photon pumped laser

лазер с динамическими жидкокристаллическими зеркалами – laser with dynamic liquid crystal mirrors

лазер с диодной накачкой – diode pumped laser

лазер с дискретной модуляцией – digitally modulated laser

лазер с дискретной перестройкой (*частоты*)– discontinuously tuned laser

лазер с дискретным сканированием пучка – digitalized scan laser

лазер с дифракционно-ограниченной расходимостью пучка – diffraction limited laser

лазер с дифракционно-ограниченным пучком – diffraction limited laser

лазер с дифракционно-связанным выводом (*излучения*) – diffraction coupled laser

лазер с диффузионным охлаждением – diffusion cooled laser

лазер с дозвуковой прокачкой – subsonic flow laser

лазер с жидкокристаллическими зеркалами – laser with liquid crystal mirrors

лазер с заданной частотой – frequency locked laser

лазер с замкнутым циклом – closed cycle laser

лазер с зеркалами, образованными сколотыми гранями – cleaved mirror laser

лазер с игольчатой конструкцией электродов – needle laser

лазер с излучением волн микронного диапазона – microwave laser

лазер с изменяемой длиной модуляции – length modulated laser

лазер с изменяемой частотой – frequency switchable laser

лазер с изогнутым резонатором – laser with folded resonator

лазер с изохронным накопительным кольцом – isochronous storage ring laser

лазер с импульсной накачкой – pulse pumped laser

лазер с инверсным временем – time reversed laser [antilaser]

лазер с инжекцией электронов – electron injection laser
лазер с инициированием импульсной лампой – flash initiated laser
лазер с инициированием пламенем – flame laser
лазер с инициированием электрическим разрядом – electric discharge initiated laser
лазер с интерферирующим внутренним отражением – internal reflection interference laser
лазер с испорченной добротностью – Q-spoiled laser
лазер с источником накачки, имитирующим солнечное излучение – solar simulator pumped   laser
лазер с камерой сгорания – combustion [combustion powered] laser
лазер с канальным световодом – channel guide laser
лазер с катафорезной накачкой – cataphoresis pumping laser
лазер с квазиполосой (*частот*) – quasi-band laser
лазер с коаксиальной накачкой – coaxially pumped laser
лазер с кольцевым резонатором – circular ring laser
лазер с конвективным охлаждением – convectively cooled laser
лазер с конечной шириной линии – nonzero linewidth laser
лазер с конической полоской – tapered stripe laser
лазер с контролем мод – mode controlled laser
лазер с контролем частоты – frequency controlled laser
лазер с конфокальными зеркалами – confocal mirrors laser
лазер с коротким резонатором – short cavity laser
лазер с лавинным разрядом – avalanche discharg laser
лазер с лазерной накачкой – laser pumped laser
лазер с ламповой накачкой – lamp-pumped [flashlamp-pumped, flashlamp-excited] laser
лазер с линейной модуляцией частоты – chirped [frequency chirped] laser
лазер с лицевой накачкой (*среды*) – face pumped laser
лазер с магнитным удержанием – magnetically confined laser
лазер с малой расходимостью *(пучка)* – low divergence laser
лазер с маломощной накачкой – low power pumped laser
лазер с медленной продольной прокачкой – slow axial flow laser
лазер с медленной прокачкой – slow flowing laser
лазер с микрорезонатором – microcavity laser
лазер (*на кристалле*) с микросколотыми гранями – microcleaved facet laser
лазер с многоосными модами – multiaxial mode laser
лазер с многофотонной накачкой – multiphoton pumped laser
лазер с модулированной добротностью (*связанных резонаторов*) – cavity dumped laser
лазер с модулированной добротностью (*связанных резонаторов*) и синхронизированными модами – cavity
      dumped mode locked laser
лазер с модулированной интенсивностью – intensity modulated laser
лазер с модулируемой поляризацией – polarization modulated laser
лазер с модуляцией волн микронного диапазона – microwave modulated laser
лазер с модуляцией добротности – Q-spoiled [Q-switched, Q-switching] laser
лазер с модуляцией добротности на ячейках Керра – Kerr cell Q-switched laser
лазер с модуляцией коэффициента усиления – gain-switched laser
лазер с модуляцией током – current modulated laser
лазер с модуляцией сверхвысокочастотным сигналом – microwave-modulated laser
лазер с моноимпульсной накачкой – single shot pumped laser
лазер с накачкой – pumped laser

лазер с накачкой альфа-частицами

лазер с накачкой альфа-частицами – alpha-particle laser
лазер с накачкой быстро изчезающей волной – evanescent wave pumped laser
лазер с накачкой быстро изчезающим полем – evanescent field pumped laser
лазер с накачкой взрывающимися металлическими проволочками – exploding metal wire pumped laser
лазер с накачкой волнами микронного диапазона – microwave pumped laser
лазер с накачкой гамма-излучением – gamma-ray pumped laser
лазер с накачкой диодом – diode pumped laser
лазер с накачкой затухающим полем – evanescent-field pumped laser
лазер с накачкой излучением черного тела – black body [black body pumped] laser
лазер с накачкой импульсной лампой – flashlamp *excited* [pumped] laser
лазер с накачкой лампой-вспышкой – flashlamp *excited* [pumped] laser
лазер с накачкой пинч-разрядом – pinch *affected* [discharge pumped] laser
лазер с накачкой поверхностной волной – surface wave pumped laser
лазер с накачкой полупроводниковым лазером – semiconductor laser [diode] pumped laser
лазер с накачкой при горении – combustion heated laser
лазер с накачкой самостягивающимся разрядом в плазме – pinched plasma laser
лазер с накачкой светодиодом – light emitting diode pumped laser
лазер с накачкой солнечным излучением – solar [sun] pumped laser
лазер с накачкой ударной волной – shock wave pumped laser
лазер с накачкой управляемым электродуговым разрядом – arc driven laser
лазер с накачкой электрическим разрядом – electric discharge pumped laser
лазер с накачкой электронным пучком – electron beam pumped laser
лазер с накачкой, имитирующей солнечное излучение – solar simulator pumped laser
лазер с накопительным кольцом – storage ring laser
лазер с накоплением энергии – *energy storage* [storage] laser
лазер с некогерентной накачкой – incoherently pumped laser
лазер с ненулевой шириной линии (*излучения*) – nonzero linewidth laser
лазер с неоднородно уширенной линией излучения – inhomogeneously broadened laser
лазер с неоднородной накачкой – inhomogeneously pumped laser
лазер с непрерывной накачкой – continuously *excited* [pumped] laser
лазер с непрерывной перестройкой частоты – continuously tunable laser
лазер с непрерывным возбуждением – continuously excited laser
лазер с непрерывным излучением – continuous wave [*CW*] laser
лазер с нерезонансной накачкой – off-resonant pumped laser
лазер с несимметричным выводом – asymmetric laser
лазер с несинхронными модами – nonmode locked laser
лазер с несколькими продольными модами – multiaxial [multilongitudinal] mode laser
лазер с нестабильным резонатором – unstable resonator laser
лазер с неустойчивым резонатором – laser with unstable resonator [unstable resonator laser, deflection laser]
лазер с низким порогом генерации – low threshold laser
лазер с низким уровнем амплитудных шумов – low-amplitude-noise laser
лазер с низким усилением (*активной среды*) – low gain laser
лазер с низкой когерентностью – low coherence laser
лазер с нулевой шириной линии – zero linewidth laser
лазер с обратной связью – feedback laser
лазер с обратным временем – time reversed laser [antilaser]
лазер с обращением спинов – spin flip laser

224

лазер с объёмной накачкой – volume excited laser
лазер с обычной накачкой – single pump laser
лазер с ограничением числа генерирующих мод – mode limited laser
лазер с ограниченной активной областью – confined phase laser
лазер с одной поперечной модой – single transverse mode laser
лазер с одномодовой накачкой – single mode pumped laser
лазер с однородно уширенной линией излучения – homogeneously broadened laser
лазер с однородной накачкой – homogeneously pumped laser
лазер с односторонней гетероструктурой – one-side [single] heterostructure laser
лазер с окнами Брюстера – Brewster *angled* [windows] laser
лазер с оптимизированной длиной (*резонатора*) – length optimized laser
лазер с оптической накачкой – *light-pumped* [light-excited, optically excited, optically pumped, photo pumped]
    laser
лазер с оптической связью – optically coupled laser
лазер с оптической связью через химически вытравленную канавку – chemically etched groove-coupled laser
лазер с оптоволоконным резонатором – fiber cavity laser
лазер с оптоволоконным выводом – fiber tailed laser
лазер с опустошением более низкого энергетического состояния – lower energy state depletion laser
лазер с основной модой – zero order-mode laser
лазер с отклоняемым резонатором – deflection laser
лазер с охлаждением – cooled laser
лазер с охлаждением конвекцией – convectively cooled laser
лазер с пассивно переключаемой добротностью – passive [passively] Q-switched laser
лазер с пассивной синхронизацией мод – passive mode locked laser
лазер с пассивной схемой стабилизации – passively stabilized laser
лазер с пассивным переключением добротности – passive [passively] Q-switched laser
лазер с передачей (*возбуждения*) – transfer laser
лазер с передачей накачки — cross-pumped laser
лазер с переключаемой добротностью – Q-switched laser
лазер с переключаемой добротностью и учетверённой частотой – frequency quadrupled Q-switched laser
лазер с переключаемой добротностью на ячейках Keppa – Kerr cell Q-switched laser
лазер с переключаемой частотой – frequency switchable laser
лазер с переключаемым усилением – gain switched laser
лазер с переключением добротности– Q-switching laser
лазер с переменной длиной волны – variable wavelength laser
лазер с переменной длительностью импульса – variable pulse-length laser
лазер с переориентацией спинов – spin flip laser
лазер с перестраиваемой длиной волны – wavelength tunable laser
лазер с перестраиваемой длительностью генерируемых импульсов – generated pulse duration changes tunable
    laser
лазер с перестраиваемой частотой – tunable [frequency-tuned, frequency-controlled] laser
лазер с перестраиваемой длины волны – wavelength tunable laser
лазер с перестраиваемой широкой полосой – laser with tunable broadband
лазер с перестройкой частоты – frequency-controlled laser
лазер с периодической накачкой – repetitively pumped laser
лазер с пиротехнической накачкой – pyrotechnically pumped laser
лазер с плазменным катодом – plasma cathode laser

лазер с плоским резонатором

лазер с плоским резонатором – plane resonator laser
лазер с плоскостным излучением – in-plane laser
лазер с поверхностным излучением – surface emitting laser
лазер с повторяющимися импульсами – repetitively pulsed laser
лазер с подвижным пучком – agile beam laser
лазер с полосковой геометрией – stripe geometry laser
лазер с полым катодом – hollow cathode laser
лазер с попеременной генерацией на двух частотах – time-sharing two-frequency laser
лазер с поперечной накачкой – cross pumped [cross-field [transversely *excited* [pumped]]] laser
лазер с поперечной прокачкой – transverse flow laser
лазер с поперечной прокачкой и перемешиванием – transverse flow mixing laser
лазер с поперечным возбуждением – transverse excitation laser
лазер с поперечным возбуждением при атмосферном давлении – *transverse excitation* [transversely excited]
    atmospheric [atmospheric pressure] laser
лазер с поперечным возбуждением разряда – cross discharge laser
лазер с поперечным разрядом – transverse discharge laser
лазер с поперечным разрядом в закрытом цикле – closed cycle transverse discharge laser
лазер с поперечным электроинициированием – transverse electrically initiated laser
лазер с предварительной ионизацией (*активной среды*) – preionization [preionized, ionization assisted] laser
лазер с предварительной ионизацией (*активной среды*) *оптическим* [фото] излучением – photon preionization
    [photopreionized] laser
лазер с предварительной ионизацией (*активной среды*) радиоактивным излучением – radioactive preionization
    laser
лазер с предварительной ионизацией (*активной среды*) рентгеновским излучением – X-ray preionized laser
лазер с предварительной ионизацией (*активной среды*) фотонами – photon preionization laser
лазер с предварительной фотоионизацией (*активной среды*) – photo preionized [preionization, ionization
    assisted] laser
лазер с предварительным смешиванием (*газов*) – premixed laser
лазер с предионизацией (*активной среды*) – preionization [preionized, ionization assisted] laser
лазер с предионизацией (*активной среды*) рентгеновским излучением – *X*-ray preionized laser
лазер с прерываемым пучком – chopped laser
лазер с прерывистой модуляцией – digitally modulated laser
лазер с прерывистым сканированием пучка – digitalized scan laser
лазер с привязкой частоты – frequency-locked laser
лазер с принудительной синхронизацией мод – forced mode locked laser
лазер с продольной накачкой – longitudinal [longitudinally] *excited* [pumped] laser
лазер с продольной накачкой вдоль оси – coaxially pumped laser
лазер с продольной прокачкой – longitudinal flow laser
лазер с продольным возбуждением – longitudinal excited laser
лазер с продольным потоком (*газа*) – longitudinal flow laser
лазер с прокачкой (*газовой среды*) – flowing laser
лазер с прокачкой газовой смеси – flowing gas [flowing gas mixture] laser
лазер с просветляющим покрытием – antireflective-coated laser
лазер с просветляющими фильтрами – laser with bleaching filtres
лазер с прямой модуляцией – directly modulated laser
лазер с прямым оптическим возбуждением – direct optical excitation laser
лазер с пучковым интегральным волноводом – bundle integrated guide laser

лазер с радиальным разрядом – radial-discharge laser
лазер с радиочастотной накачкой – radio frequency excited laser
лазер с разгруженным режимом – mode dumped laser
лазер с раздельным (*оптическим и электрическим*) удержанием – separate confinement laser
лазер с разрядом с переднего торца – front end discharge laser
лазер с разрядом, управляемым электронным пучком – electron beam controlled discharge laser
лазер с распределённой обратной связью – distributed feedback laser
лазер с распределенной обратной связью и фазовой подстройкой – phase adjusted distributed feedback laser
лазер с распределённым брэгговским отражателем – distributed Bragg reflector laser
лазер с распределённым брэгговским рефлектором – distributed Bragg reflector laser
лазер с распределённым отражателем – distributed reflector laser
лазер с распределёнными параметрами – distributed laser
лазер с расширенным пучком – beam expanded laser
лазер с регулируемой частотой – controlled frequency laser
лазер с регулируемой шириной линии – controlled line width laser
лазер с регулярными импульсами – regularly pulsing laser
лазер с резонансной накачкой – resonantly pumped laser
лазер с резонатором в виде равностороннего треугольника – equilateral triangular laser
лазер с резонатором Майкельсона – Michelson-type laser
лазер с резонатором Фабри-Перо – Fabry-Perot resonator laser
лазер с ручным управлением – handheld laser
лазер с самонастройкой – self- tuned laser
лазер с самопереключением добротности – self-*Q*-switching laser
лазер с самоподдерживающимся разрядом – self-sustained [self-sustained discharge] laser
лазер с самосинхронизацией мод – self-mode-*locked* [locking] laser
лазер с самофокусировкой (*излучения*) – self-focused [selfoc] laser
лазер с сверхвысокочастотной накачкой – microwave *excited* [modulated, pumped] laser
лазер с (*оптической*) связью через химически вытравленную канавку – chemically etched groove coupled laser
лазер с селектирующим внешним резонатором – external cavity controlled laser
лазер с селекцией мод – mode *controlled* [selected] laser
лазер с серповидной (*активной*) областью – crescent [-shaped] laser
лазер с симметричным (*двухсторонним*) выводом – symmetric laser
лазер с синхронизированными модами – mode locked laser
лазер с синхронизацией встречных мод – colliding mode-locking laser
лазер с синхронизацией мод и синхронной накачкой – synchronously-pumped mode-locked laser
лазер с синхронизацией мод при фазовой модуляции – phase modulated mode locked laser
лазер с синхронизацией мод с помощью линз Керра – Kerr lens mode locked laser
лазер с синхронизацией солитонных мод – soliton mode locked laser
лазер с синхронизированными модами – mode *coupled* [locked, locking] laser
лазер с синхронной накачкой – synchronously pumped laser
лазер с согласованным параметром (*кристаллической решётки*) – lattice matched laser
лазер с солнечной накачкой – sun [solar] *powered* [pumped] laser
лазер с сопряжением по фазе – phase conjugate laser
лазер с составным стержнем – composite rod laser
лазер с телескопическим расширителем (*пучка*) – telescope expanded laser
лазер с телескопическим резонатором – telescopic resonator laser
лазер с температурным контролем (*перестройки частоты*) – temperature controlled laser

лазер с тепловой накачкой – heat-pumped [thermally pumped] laser
лазер с тепловой перестройкой (*частоты*) – temperature tuned laser
лазер с тепловым инициированием (*накачки*) – thermally initiated laser
лазер с тепловым контролем (*перестройки частоты*) – temperature controlled laser
лазер с токовой перестройкой (*частоты*) – current tuned laser
лазер с торцевой накачкой – end [edge, face] pumped laser
лазер с торцевым излучением – edge emitting laser
лазер с туннельной инжекцией – tunnel [tunnel injection] laser
лазер с уголковым отражателем – corner cube laser
лазер с ударной ионизацией – impact ionization laser
лазер с ударной трубой – shock tube laser
лазер с удвоением частоты (*генерации*) – frequency doubled laser
лазер с узким спектром излучения – narrow spectral width [spectrally narrow] laser
лазер с узкой линией (*излучения*) – narrow linewidth laser
лазер с узкой спектральной шириной (*излучения*) – narrow spectral width laser
лазер с улучшенной стабильностью – stability enhanced laser
лазер с уменьшенной шириной линии частот – frequency-narrowed [line-narrowed] laser
лазер с умножением частоты – frequency multiplied laser
лазер (*со световодом*) с управляемым показателем преломления – refractive index-guided [index-guided] laser
лазер с управляемым усилением – gain-guided laser
лазер с усилением импульса при линейной модуляции частоты – chirped pulse amplification laser
лазер с усилением импульса при плавно изменяющейся частоте – chirped pulse amplification laser
лазер с усиленным спонтанным излучением – amplified spontaneous emission laser
лазер с Фабри-Перо резонатором – laser with Fabry-Perot resonator
лазер с фазированной решеткой – phased array laser
лазер с фазовой синхронизацией – phase locked laser
лазер с фиксированной частотой (*излучения*) – fixed frequency laser
лазер с фотовозбуждением – photoexcitation laser
лазер с фотоинициированием – photoinitiated laser
лазер с фотонакачкой – photo pumped laser
лазер с хаотической генерацией – random laser
лазер с химическим возбуждением – chemically excited laser
лазер с химической накачкой – chemically pumped laser
лазер с цифровой модуляцией – digitally modulated laser
лазер с цифровым сканированием пучка – digitalized scan laser
лазер с частичной синхронизацией мод – partially mode locked laser
лазер с частотной выборкой – frequency selective laser
лазер с частотной модуляцией – frequency modulated laser
лазер с частотной селекцией – frequency selective laser
лазер с частотой, перестраиваемой током – current tuned laser
лазер с широким спектром (*излучения*) – broad spectral width [wide spectrum] laser
лазер с штырьковой конструкцией электродов – pin laser
лазер с щелевым катодом – slotted cathode laser
лазер с электрическим возбуждением – electrically excited laser
лазер с электронно-оптическим модулятором – electron-optically modulated laser
лазер с электронно-оптической перестройкой (*частоты*) – electron-optically tuned laser
лазер с электронной накачкой – electron pumped laser

лазер с электронной стабилизацией – electron beam stabilized laser
лазер с электронным возбуждением – electron beam excited laser
лазер с электронным инициированием – electron beam triggering laser
лазер с (*возбуждением*) электронным пучком – electron beam laser
лазер с электрооптическим модулированием – electro-optically modulated laser
лазер с электрооптической перестройкой (*частоты*) – electro-optically tuned laser
лазер с ядерной накачкой – nuclear pumped laser
лазер с ядерным возбуждением – nuclear activated laser
лазер сантиметрового излучения – centimeter laser
лазер сверхвысокой спектральной чистоты – ultrahigh-spectral purity laser лазер
лазер сверхкоротких импульсов – ultrashort-pulse laser
лазер со сбалансированным излучением – radiation balanced laser
лазер со сверхвысокочастотной накачкой – microwave *excited* [modulated, pumped] laser
лазер со сверхдлинными волнами излучения – ultralong wavelength laser
лазер со сверхзвуковой прокачкой – laser on supersonic jet
лазер со сверхкороткими оптическими импульсами – ultrashort optical pulse laser
лазер со световодным выходом – laser with waveguide output
лазер со световодом, образованным путем распределения показателя преломления – refractive index guided laser
лазер со светодиодной накачкой – diode [light emitting diode] pumped laser
лазер со связанными модами — mode coupled laser
лазер со связанными резонаторами, образованными сколом – cleaved-coupled-cavity laser
лазер со сколотыми гранями – cleaved laser
лазер со сколотыми связанными резонаторами – cleaved coupled cavity laser
лазер со сколотыми торцами – cleaved laser
лазер со скользящим падением (*пучка*) – glazing incidence laser
лазер со скрещенными полями (*накачки*) – cross-*field* [pumped] laser
лазер со скрещенными пучками – cross-beam laser
лазер со скрытой (*активной*) областью – buried laser
лазер со скрытой гетероструктурой – buried heterostructure laser
лазер со скрытой гетероструктурой, полученной методом масс-транспорта – mass-transport buried heterostructure laser
лазер со скрытым световодом – buried optical guide laser
лазер со случайной генерацией – random laser
лазер со смешиванием в дозвуковом потоке – subsonic mixing laser
лазер со смешиванием в сверхзвуковом потоке – supersonic mixing laser
лазер со смещённой частотой генерации – offset laser
лазер со стабилизацией (*частоты по линиям поглощения*) йода – iodine stabilized laser
лазер со стабилизацией (*частоты по узким резонансам*) насыщенного поглощения – laser stabilized by saturated absorption
лазер со стабилизацией (*частоты*) по лэмбовскому провалу – Lamb-dip stabilized laser
лазер со стабилизацией (*частоты*) по узким резонансам насыщенного поглощения – laser stabilized by saturated absorption
лазер со стабилизированной амплитудой – amplitude stabilized laser
лазер со стабилизированной частотой – frequency stabilized laser
лазер со стабилизированными модами – mode stabilized laser
лазер со стимулированным рассеянием Рамана – stimulated Raman scattering laser

лазер со стримерным разрядом

лазер со стримерным разрядом – streamer laser
лазер со ступенчатой перестройкой (*частоты*) – step tunable laser
лазер со ступенчатой подложкой – terraced-substrate laser
лазер со штарковской перестройкой (*частоты*) – Stark tunable laser
лазер среднего инфракрасного диапазона – medium [mid-] infrared laser
лазер среднего инфракрасного излучения – mid-infrared laser
лазер стоячей волны – standing wave laser
лазер субмиллиметрового излучения – submillimeter [long wavelength] laser
лазер трёхмикронной длины волны – three-micrometer laser
лазер типа "излучающее зеркало" – laser of "emitting mirror" type [radiant mirror laser]
лазер *УКИ* [ультракоротких импульсов] – ultrashort pulses laser
лазер ультракоротких импульсов – ultra short pulses laser
лазер ультрафиолетового излучения – ultraviolet laser
лазер фемтометрового излучения – femtometer wave laser
лазер, возбуждаемый дуговым разрядом – arc *driven* [excited] laser
лазер, возбуждаемый (*сверхвысокими*) радиочастотами – radio excited laser
лазер, возбуждаемый термически – thermally excited laser
лазер, возбуждаемый цепной реакцией – chain-reaction laser
лазер, генерирующий в беспиковом режиме – non-spiking pulse laser
лазер, генерирующий в непрерывном режиме – continuous [continuous-wave, continuously operating, continuously running, current wave] laser
лазер, генерирующий в пиковом режиме – regularly pulsating laser
лазер, генерирующий гамма-излучение – gamma-ray laser [γ-laser, gaser, graser]
лазер, генерирующий гигантские импульсы – giant-pulse laser
лазер, генерирующий звуковое излучение – sound laser [saser]
лазер, генерирующий излучение видимого света – visible [-light] laser
лазер, генерирующий излучение голубого цвета – pale [sky] blue laser
лазер, генерирующий излучение жёлтого цвета – yellow laser
лазер, генерирующий излучение зелёного цвета – green laser
лазер, генерирующий излучение красного цвета – red laser
лазер, генерирующий излучение оранжевого цвета – orange laser
лазер, генерирующий излучение поверхностных плазмонов – surface plasmons laser [spaser]
лазер, генерирующий излучение синего цвета – blue laser
лазер, генерирующий излучение фиолетового цвета – violet laser
лазер, генерирующий инфракрасное излучение – infrared laser [*IR* laser, iraser]
лазер, генерирующий микронное излучение – maser [infrared maser, IR maser]
лазер, генерирующий на длине волны (*например*) 3,39 мкм – 3.39 micron laser
лазер, генерирующий на одной линии – single-transition laser
лазер, генерирующий на основной моде – fundamental mode laser
лазер, генерирующий одновременно излучение трех основных цветов–white laser
лазер, генерирующий поверхностные плазмоны – surface plasmons laser [spaser]
лазер, генерирующий поляризованное излучение – polarization laser
лазер, генерирующий последовательность импульсов – multiple pulse laser
лазер, генерирующий при комнатной температуре – room temperature laser
лазер, генерирующий рентгеновское излучение – X-ray laser [xaser]
лазер, генерирующий сдвоенный импульс – two-pulse laser
лазер, генерирующий ультрафиолетовое излучение – ultra violet laser [uvaser]

лазер, задающий направление – pointing laser
лазер, излучающий в видимой области спектра – visible [-light] laser
лазер, излучающий в гамма-области спектра – gamma-ray laser [γ-laser, gaser, graser]
лазер, излучающий в голубой области спектра – pale [sky] blue laser
лазер, излучающий в жёлтой области спектра – yellow laser
лазер, излучающий в звуковой области спектра – sound laser [saser]
лазер, излучающий в зелёной области спектра – green laser
лазер, излучающий в инфракрасной области спектра – infrared laser [*IR* laser, iraser]
лазер, излучающий в красной области спектра – red laser
лазер, излучающий в микронной области спектра – maser [infrared laser]
лазер, излучающий в оранжевой области спектра – yellow laser
лазер, излучающий в рентгеновской области спектра – X-ray laser [xaser]
лазер, излучающий в синей области спектра – blue laser
лазер, излучающий в ультрафиолетовой области спектра – ultra violet laser [uvaser]
лазер, излучающий в фиолетовой области спектра – violet laser
лазер, излучающий вдоль нормали к поверхности – surface-normal emitting laser
лазер, излучающий поверхностные плазмоны – surface plasmons laser [spaser]
лазер, инициируемый импульсной лампой-вспышкой – pulse flashlamp initiated laser
лазер, инициируемый импульсом – pulse initiated laser
лазер, инициируемый искровым разрядом – spark initiated laser
лазер, инициируемый лампой-вспышкой – flashlamp initiated laser
лазер, инициируемый фотолизом – photoinitiated [photolytically] laser
лазер, инициируемый электрическим разрядом – electric discharge initiated laser
лазер, инициируемый электронным пучком – electron beam initiated laser
лазер, использующий кислород (*для технологии обработки*) – oxygen assisted laser
лазер, контролируемый внешним резонатором – external cavity controlled laser
лазер, контролируемый дифракционной решеткой – grating controlled laser
лазер, контролируемый (*перестройку частоты*) термически – thermally controlled laser
лазер, контролируемый электронным пучком – electron beam controlled laser
лазер, контролируемый эталоном – etalon controlled laser
лазер, основанный на цепной реакции – laser based on chain reaction
лазер, основанный на энергетической лестнице – energy ladder based laser
лазер, перестраиваемый в широком диапазоне (*частот*) – broad band tunable laser
лазер, перестраиваемый изменением давления (*газа*)– pressure tuned laser
лазер, перестраиваемый изменением углового положения зеркал – mirror angle tuned laser
лазер, перестраиваемый с помощью магнитного поля – magnetic turning laser
лазер, перестраиваемый с помощью призмы – prism-tunable [-tuned] laser
лазер, повышающий частоту (*излучения*) – upconversion frequency laser
лазер, работающий в беспиковом режиме – spikeless [nonspiking] laser
лазер, работающий в непрерывном режиме – continuous wave [continuously operated, continuous, *CW*-] laser
лазер, работающий в области вакуумного ультрафиолета – vacuum ultraviolet laser
лазер, работающий в пиковом режиме – spiked [spiking, regularly pulsing] laser
лазер, работающий в режиме гигантских импульсов – giant pulse laser
лазер, работающий в режиме пульсаций – burst laser
лазер, работающий в режиме свободной генерации – free running laser
лазер, работающий на механизме Ридли-Уоткинса-Хилсума – Ridley-Watkins-Hillsum-mechanism laser
лазер, работающий при атмосферном давлении – atmospheric pressure laser

лазер, работающий при комнатной температуре

лазер, работающий при комнатной температуре – room temperature laser
лазер, связанный со световодом – waveguide-coupled laser
лазер, синхронизируемый внешним сигналом – slave laser
лазер, состыкованный с торцом (*стекловолокна*) – butt coupled laser
лазер, сочленённый с линзой – lens coupled laser
лазер, стабилизированный дифракционной обратной связью – diffraction stabilized laser
лазер, стабилизированный по амплитуде – amplitude stabilized laser
лазер, стабилизированный по молекулярному поглощению – molecularly absorption stabilized laser
лазер, стабилизированный по центру линии – line center stabilized laser
лазер, стабилизированный по частоте – frequency stabilized laser
лазер, управляемый камерой сгорания – combustor driven laser
лазер, управляемый ударной волной – shock wave driven laser
лазер, управляемый электронным пучком – electron beam driven laser
лазер-анализатор* – analaser* (acronym for *analysis laser*)
лазер-визир* – alignment laser
лазерист – laserist
лазериум* – laserium [laser show display place]
лазер-ловушка* – trapping laser
лазер-микрочип* – microchip laser
лазерная абляция – laser ablation
лазерная абляция с помощью импульсных реактивных пучков – pulsed reactive beam laser ablation
лазерная абляция с помощью импульсных реактивных скрещенных пучков – pulsed reactive crossed beam laser ablation
лазерная абляция с помощью реактивного импульсного пучка – pulse reactive beam laser ablation
лазерная абсорбционная спектроскопия – laser absorption spectroscopy
лазерная адресация – laser *addressing* [beam addressing]
лазерная адресация при случайной выборке памяти – laser addressable random-access memory
лазерная активация – laser activation
лазерная активная среда – laser active medium
лазерная аморфизация – laser amorphization
лазерная аморфизация поверхности – laser surface amorphization
лазерная аморфизация стеклокерамики – laser glass ceramics amorphization
лазерная аппаратура – laser equipment
лазерная аппаратура сопровождения (*цели*) – laser tracking equipment
лазерная асферизация оптических поверхностей – laser aspherization of optical surfaces
лазерная батиметрия – laser depth sounding
лазерная безопасность – laser safety
лазерная биология – laser biology
лазерная биостимуляция – laser biostimulation
лазерная биотехнология – laser biotechnology
лазерная блокировка – laser interlock
лазерная бомба – laser bomb
лазерная визуализация – laser ocular imaging
лазерная возгонка – laser sublimation
лазерная волна – laser mode
лазерная вспышка – laser *burst* [flare]
лазерная вырезка круглых изделий – laser trepanning

232

лазерная выходная частота – laser output frequency
лазерная вычислительная машина – laser computer
лазерная генерация – lasing [laser generation, laser action, generation of laser radiation]
лазерная генерация аттосекундных импульсов – attosecond pulse lasing
лазерная генерация без инверсии перехода – lasing without inversion
лазерная генерация без сохранения возбуждённой среды – lasing without maintaining medium excited
лазерная генерация в голубой области спектра – pale [sky] blue lasing
лазерная генерация в жёлтой области спектра – yellow lasing
лазерная генерация в зелёной области спектра – green lasing
лазерная генерация в инфракрасной области спектра – infrared lasing [irasing*]
лазерная генерация в красной области спектра – red lasing
лазерная генерация в микроволновой области спектра – microwave lasing [masing*]
лазерная генерация в непрерывном режиме – continuous laser action
лазерная генерация в оранжевой области спектра – orange lasing
лазерная генерация в рентгеновской области спектра – X-ray lasing [xasing*]
лазерная генерация в синей области спектра – blue lasing
лазерная генерация в случайной усиливающей среде – lasing in random amplifying medium
лазерная генерация в ультрафиолетовой области спектра– ultraviolet lasing [uvasing*]
лазерная генерация в фиолетовой области спектра – violet lasing
лазерная генерация в хаотической усиливающей среде – lasing in random amplifying medium
лазерная генерация высоких гармоник излучения – high harmonic lasing
лазерная генерация гамма-излучения – gasing* [grasing*, gaser action, gamma-ray lasing, generation of gaser radiation]
лазерная генерация гиперзвука – laser generation of hypersound
лазерная генерация звука – sasing* [saser action, sound-wave lasing, laser generation of sound]
лазерная генерация звукового излучения – sasing* [saser action, sound-wave sasing*, laser generation of sound]
лазерная генерация излучения – lasing [laser action, optical wave lasing, generation of laser radiation]
лазерная генерация излучения в голубой области спектра – sky [pale] lasing
лазерная генерация излучения на одной длине волны – single wavelength lasing
лазерная генерация излучения по двухуровневой схеме – two-level lasing
лазерная генерация излучения по квазитрёхуровневой схеме – quasi-three-level lasing
лазерная генерация излучения по пятиуровневой схеме – five-level lasing
лазерная генерация излучения по трёхуровневой схеме – three-level lasing
лазерная генерация излучения по четырёхуровневой схеме – four-level lasing
лазерная генерация излучения с распределённым брэгговским *отражателем* [рефлектором] – distributed Bragg reflector lasing
лазерная генерация излучения с синхронизированными модами – mode locked lasing
лазерная генерация излучения со связанными модами – mode coupled lasing
лазерная генерация изображения – pattern laser generation
лазерная генерация инфракрасного излучения – irasing* [iraser action, infra violet lasing, generation of iraser radiation]
лазерная генерация коротких импульсов – short pulse lasing
лазерная генерация коротковолнового излучения – short wavelength lasing
лазерная генерация на атомных переходах – atomic lasing
лазерная генерация на двух длинах волн – dual wavelength lasing
лазерная генерация на двух продольных модах – double longitudinal mode lasing
лазерная генерация на ионных переходах – ionic lasing

лазерная генерация на колебательно-вращательных переходах

лазерная генерация на колебательно-вращательных переходах – vibronic lasing
лазерная генерация на колебательно-электронных переходах – vibronic lasing
лазерная генерация на молекулах – molecular lasing
лазерная генерация на молекулярных переходах – molecular lasing
лазерная генерация на нескольких переходах – multiline lasing
лазерная генерация на одной длине волны – single wave length lasing
лазерная генерация на одном переходе – single-line lasing
лазерная генерация на распределённом брэгговском отражателе – distributed Bragg reflector lasing
лазерная генерация на распределённом брэгговском рефлекторе – distributed Bragg reflector lasing
лазерная генерация на свободных электронах – free electron lasing
лазерная генерация на экситонах – exciton lasing
лазерная генерация на электронно-колебательном переходе – vibronic lasing
лазерная генерация наносекундных импульсов – nanosecond pulse lasing
лазерная генерация от ближнего инфракрасного до ультрафиолетового излучения – near-infrared-to-ultraviolet lasing
лазерная генерация пикосекундных импульсов – picosecond pulse lasing
лазерная генерация по двухуровневой схеме – two-level lasing
лазерная генерация по квазитрёхуровневой схеме – quasi three-level lasing
лазерная генерация по пятиуровневой схеме – five-level lasing
лазерная генерация по трёхуровневой схеме – three-level lasing
лазерная генерация по четырёхуровневой схеме – four-level lasing
лазерная генерация поверхностно-плазмонного излучения – spasing* [spaser action, surface plasmons lasing, generation of spaser radiation]
лазерная генерация при комнатной температуре – room temperature lasing
лазерная генерация при непрерывной накачке – continuously pumped lasing
лазерная генерация при переходе с удвоенной энергией – transient dual-energy lasing
лазерная генерация при переходе с удвоенной энергией в полупроводниковой микрополости – transient dual-energy lasing in semiconductor microcavity
лазерная генерация при ядерной накачке – nuclear pumped lasing
лазерная генерация регулярной последовательности (*лазерных импульсов*) – regular lasing
лазерная генерация рентгеновского излучения – xasing* [xaser action, X-rays lasing, generation of xaser radiation]
лазерная генерация с воздушным охлаждением – air cooled lasing
лазерная генерация с гашением – extinguish lasing
лазерная генерация с непрерывной перестройкой (*частоты*) – continuous tunable lasing
лазерная генерация с переключаемой добротностью – Q-switched lasing
лазерная генерация с распределённой обратной связью – distributed feedback lasing
лазерная генерация с синхронизированными модами – mode *coupled* [locked] lasing
лазерная генерация с тушением – extinguish lasing
лазерная генерация сверхизлучения – super radiant lasing
лазерная генерация сверхкоротких импульсов – ultrashort-pulse lasing
лазерная генерация ультрафиолетового излучения – uvasing* [uvaser action, ultra violet lasing, generation of uvaser radiation]
лазерная генерация фемтосекундных импульсов – femtosecond pulse lasing
лазерная генерация шаблона – pattern laser generation
лазерная гетероструктура – laser heterostructure
лазерная гетероструктура с квантовыми точками – laser quantum dot heterostructure

лазерная гетероструктура с оптическое возбуждение – laser optical excitation heterostructure
лазерная головка – laser head
лазерная голограмма – laser hologram [lasogram*]
лазерная голография – laser holography [lasography]
лазерная гомогенизация – laser homogenizing
лазерная гравировка – laser engraving
лазерная графитизация – laser graphitization
лазерная графитизация поверхности – laser surface graphitization
лазерная гребёнчатая структура (*поверхности*) – laser comb
лазерная дальнометрия – laser ranging
лазерная деполимеризация – laser depolymerization
лазерная десорбционная масс-спектрометрия – laser desorption mass-spectrometry
лазерная десорбция – laser desorption
лазерная деструкция (*полимеров*) – laser destruction
лазерная дефектоскопия – laser *defectoscopy* [inspection, flaw detection]
лазерная диагностика – laser diagnostics
лазерная диагностика плазмы – laser *plasma diagnostics* [diagnostics of plasma]
лазерная динамика – laser dynamics
лазерная диодная линейка – laser diode bar
лазерная дистилляция – laser distillation
лазерная диффузионно-сплавная технология – laser alloy diffusion technique
лазерная диффузия – laser [laser-induced] diffusion
лазерная доводка – laser alignment
лазерная доплеровская спектроскопия – laser Doppler spectroscopy
лазерная (*окончательная, финишная*) доработка – laser dressing
лазерная закалка – laser *quenching* [hardening]
лазерная закалка углеродистых сталей – carbon steel laser *quenching* [hardening]
лазерная закалка металлов – laser metal quenching
лазерная закалка поверхности – laser hard-surfacing
лазерная закалка с высоким отпуском – laser toughening
лазерная закалка с оплавлением поверхности – laser quenching with melting surface
лазерная закалочная микротрещина – laser hardening check
лазерная запись – laser beam *recording* [writing]
лазерная зачистка (*при удалении загрязнений*) – laser cleaning
лазерная звезда-ориентир – laser guide star
лазерная зона – laser zone
лазерная зонная переплавка – laser zone refining
лазерная зонная плавка – laser zone melting
лазерная излучательная способность – laser *emittance* [emissivity]
лазерная имплантация – laser implantation
лазерная иммунотерапия – laser immunotherapy
лазерная индустрия – laser industry
лазерная инжекция частиц – laser particle injection
лазерная инженерия промышленных применений – laser engineering for manufacturing applications
лазерная инспекция – laser inspection
лазерная инспекция и контроль – laser based inspection and control
лазерная интенсивность стационарного состояния – steady state laser intensity

лазерная интерференционная термометрия – laser interference thermometry
лазерная интерферограмма – laser interferogram
лазерная интерферометрическая гравитационная обсерватория – laser interferometrical gravitational observatory
лазерная интерферометрия – laser interferometry
лазерная интерферометрия in-situ (*«на месте»*) – in-situ laser interferometry
лазерная интерферометрия с фазовым сдвигом – phase shifting laser interferometry
лазерная инфракрасная спектроскопия – laser infrared spectroscopy
лазерная ионизация – laser ionization
лазерная ионная имплантация – laser ion-implantation
лазерная искра – laser spark
лазерная искровая спектроскопия – laser spark spectroscopy
лазерная калориметрия – laser calorimetry
лазерная камера (*для получения изображений*) – laser *camera* [chamber]
лазерная квантовая электроника – laser quantum electronics
лазерная кинетическая спектроскопия – laser kinetics spectroscopy
лазерная коагуляция – laser coagulation
лазерная корреляционная спектроскопия – laser correlation spectroscopy
лазерная кристаллизация – laser *crystallization* [regrowth]
лазерная кювета – laser cell
лазерная лампа – laser lamp
лазерная лампа-вспышка – laser flashlamp
лазерная линия – laser line
лазерная линия связи – laser link
лазерная литография – laser lithography
лазерная ловушка – laser trap
лазерная локация – laser location [ranging]
лазерная локация Луны – lunar laser ranging
лазерная локация со спутников (*искусственных Земли*) – satellite laser ranging
лазерная магниторезонансная спектроскопия – laser magnetic resonance spectroscopy
лазерная макродиагностика – laser macrodiagnostics
лазерная маркировка – laser *marking* [grading]
лазерная маркировка атомов – laser labeling of atoms
лазерная маркировка молекул – laser labeling of molecules
лазерная массопередача – laser mass *transfer* [transport]
лазерная масс-спектрометрия – laser mass-spectrometry
лазерная матрица – laser *matrix* [array]
лазерная машина – laser machine
лазерная машина для отрезания прутков – laser machine for parting-off solid bars
лазерная медицина – laser medicine
лазерная металлизация – laser metallization
лазерная металлизация напылением – metal laser *spraying* [sputtering]
лазерная метрология – laser metrology
лазерная микроаналитическая масс-спектрометрия – laser microanalytical mass-spectrometry
лазерная микродиагностика – laser microdiagnostics
лазерная микромеханическая обработка – laser micromachining
лазерная микрообработка – laser microfabrication

лазерная микропайка – laser microsoldering
лазерная микрорезка – laser microcutting
лазерная микросварка – laser microwelding
лазерная микроскопия – laser microscopy
лазерная микроструя – laser microjet
лазерная микрохирургия – laser microsurgery
лазерная микроэлектроника – laser microelectronics
лазерная микроэлектронная техника – laser microelectronics technique
лазерная мишень – laser target
лазерная мода – laser [lasing] mode
лазерная модификация поверхности – laser surface modification
лазерная наборная машина – laser *composer* [typesetter]
лазерная нагартовка – laser peening
лазерная накачка – laser *pump* [pumping, excitation]
лазерная наладка – laser setting
лазерная наноскопия – laser nanoscopy
лазерная нанотехнология – laser nanotechnology
лазерная наплавка (*поверхности*) – laser *facing* [welding deposition]
лазерная направленность – laser directivity
лазерная нарезка канавок – laser grooving
лазерная нарезка канавок под водой – laser grooving under water
лазерная нарезка пазов – laser grooving
лазерная нарезка пазов под водой – laser grooving under water
лазерная настройка – laser *tuning* [alignment, setup, setting]
лазерная неполная закалка – laser underhardening
лазерная несущая – laser carrier
лазерная несущая частота – laser carrier frequency
лазерная неустойчивость – laser instability
лазерная нитроцементация – laser *carbonitriding* [nitro carburising]
лазерная обрабатываемость (*материала, изделия*) – laser *machinability* [workability]
лазерная обработка *(материалов)* – laser [-beam] *treatment* [machining, processing, dressing]
лазерная обработка материалов – laser [materials processing, materials treatment, machining]
лазерная обработка материалов микронных размеров – laser micro-size materials treatment
лазерная обработка металлов и сплавов – laser treatment of metals and alloys
лазерная обработка миниатюрных материалов – laser micromachining [micro-size materials treatment]
лазерная обработка неметаллов – laser treatment of nonmetals
лазерная обработка отверстий – laser treatment of holes
лазерная обработка сталей – laser treatment of steels
лазерная обработка чугунов – laser treatment of cast irons
лазерная обратная литография – laser liftoff
лазерная опасность – laser hazard
лазерная опорная звёзда – laser guide star
лазерная оптика – laser optics
лазерная оптико-акустическая томография – laser optical-acoustic tomography
лазерная оптическая система – laser optical system
лазерная оптоэлектроника – laser optoelectronics
лазерная оптронная пара – laser optron

лазерная ослепляющая система – laser dazzle system
лазерная осцилляция – laser oscillation
лазерная отделка – laser trimming
лазерная офтальмология – laser ophthalmology
лазерная пайка – laser soldering
лазерная пайка конденсатора – laser soldering of capacitor
лазерная пайка с оплавлением – laser reflow soldering
лазерная пайка твёрдым (*среднеплавким*) припоем – laser brazing
лазерная палка (*слепого, отмечающая препятствия на пути*) – laser cannon
лазерная память (*вычислительной машины)* – laser memory
лазерная перекристаллизация – laser *regrowth* [recrystallization]
лазерная перфорация – laser perforation
лазерная печать – laser printing
лазерная плавка – laser melting
лазерная плавка непрерывным излучением – continuous [-wave] laser melting
лазерная плавка при высоком давлении – high pressure laser melting
лазерная плавка с помощью кислорода – laser assisted oxygen melting
лазерная плазма – laser plasma
лазерная плёнка (*от брызг металла при резании или сварке*) – laser splash
лазерная плёночная технология – laser film technique
лазерная поверхностная аморфизация – laser surface amorphization
лазерная поверхностная диффузионная обработка – laser surface diffusion treatment
лазерная поверхностная металлизация – laser surface plating
лазерная поверхностная обработка – laser surface *treatment* [processing]
лазерная поверхностная очистка – laser surface cleaning
лазерная поверхностная плазма – laser surface plasma
лазерная поверхностная термообработка – laser surface heat treatment
лазерная повторная сварка – laser rewelding
лазерная погрешность – laser accuracy
лазерная подгонка – laser *adjustment* [alignment, trimming]
лазерная подгонка с помощью фотографирования – laser photoinduced alignment
лазерная подсветка – laser illumination
лазерная полиграфия – laser printing
лазерная полимеризация – laser polymerization
лазерная полость – laser cavity
лазерная полость с зеркалом большого радиуса – long radius mirror laser cavity
лазерная поляриметрия – laser polarimetry
лазерная правка – laser dressing
лазерная проекционная система – laser projection system
лазерная промышленность – laser industry
лазерная профилометрия – laser profilometry
лазерная прочность – laser damage *resistance* [threshold]
лазерная прочность материалов – laser materials strength
лазерная прочность материалов при усталости – laser materials strength under fatique
лазерная прочность (*материала*) при многократном воздействии – multiple-shot laser damage resistance
лазерная пушка – laser cannon [gun]
лазерная радиометрия – laser radiometry

лазерная разведка – laser reconnaissance
лазерная разновидность *(тип частицы)* – laser species
лазерная расстройка – laser detuning
лазерная расточка *(отверстий)* – laser reboring
лазерная реактивная тяга – laser jet thrust
лазерная режущая струя – laser cutting jet
лазерная резка – laser cutting
лазерная резка в непрерывном режиме – continuous wave laser cutting
лазерная резка диэлектриков – laser cutting of dielectrics
лазерная резка изоляторов – laser cutting of dielectrics
лазерная резка керамик – laser cutting of ceramics
лазерная резка композитов – laser cutting of composites
лазерная резка листовых материалов – laser cutting of sheet materials
лазерная резка материалов – laser cutting of materials
лазерная резка металлов – laser cutting of metals
лазерная резка неметаллов – laser cutting of nonmetals
лазерная резка непрерывным излучением – continuous [-wave] laser cutting
лазерная резка полимеров – laser cutting of polymers
лазерная резка при высоком давлении – high pressure laser cutting
лазерная резка с возгонкой – laser sublimation cutting
лазерная резка с испарением – evaporative laser cutting
лазерная резка с оплавлением – laser fusion cutting
лазерная резка с помощью горения – combustion assisted laser cutting
лазерная резка с помощью кислорода – oxygen assisted laser cutting
лазерная резка с помощью реактивного газа – reactive laser cutting
лазерная резка с помощью реактивного плавления – laser reactive fusion cutting
лазерная резка с сублимацией – laser sublimation cutting
лазерная резка сплавов – laser cutting of alloys
лазерная резка сталей – laser cutting of steels
лазерная резка стёкол – laser cutting of glass
лазерная резонансная флюоресценция – laser resonance fluorescence
лазерная резонансная фотоионизация атомов – laser resonance photo ionization
лазерная резьба *(по дереву и камню)* – laser carving
лазерная резьба по дереву – laser wood engraving
лазерная рекристаллизация – laser recrystallization
лазерная рефрактометрия – laser refractometry
лазерная решётка – laser *array* [matrix]
лазерная робототехника – laser robotics
лазерная ручка – laser pen
лазерная свариваемость *(материалов)* – laser weldability
лазерная сварка – laser *welding* [bonding]
лазерная сварка в непрерывном режиме – continuous wave laser welding
лазерная сварка в режиме проводимости – conduction mode laser welding
лазерная сварка внахлест – lap-seam laser welding
лазерная сварка встык – butt-seam laser welding
лазерная сварка листовых материалов – laser welding of sheet materials
лазерная сварка металлов – laser welding of metals

лазерная сварка непрерывным излучением – continuous [-wave] laser welding
лазерная сварка при высоком давлении – high pressure laser welding
лазерная сварка разнородных материалов – laser welding of heterogeneous materials
лазерная сварка с помощью кислорода – laser assisted oxygen welding
лазерная сварка со скважиной – laser keyhole welding
лазерная сварка сплавов – laser welding of alloys
лазерная сварка сталей – laser welding of steels
лазерная сварочная скважина – laser welding keyhole
лазерная светодальнометрия – laser *ranging* [range finding]
лазерная светоклапанная система – laser light valve
лазерная связь – laser [-beam] communication
лазерная селективная ионизация – laser selective ionization
лазерная селективная спектроскопия – laser selective spectroscopy
лазерная сигнализация – laser alarm
лазерная силовая установка – laser propulsion engine
лазерная система – laser *system* [device, facility]
лазерная система записи и считывания – laser write and read system
лазерная система на парах меди – copper vapour laser system
лазерная система на фотолитическом йоде – photolytic iodine laser system
лазерная система передачи данных – laser data link
лазерная система связи – laser communication system
лазерная система слежения (*цели*) – laser *tracking system* [spot tracker]
лазерная система формирования изображений – laser imaging system
лазерная сканирующая калориметрия – laser scanning calorimetry
лазерная сканирующая микроскопия – laser scanning microscopy
лазерная сканирующая система – laser scanning system
лазерная сканирующая флюоресцентная микроскопия – laser scanning fluorescence microscopy
лазерная скважина – laser keyhole
лазерная смесь (*газов для химического лазера*) – laser mixture
лазерная смотровая карточка – laser viewing card
лазерная спекаемость (*порошков*) – laser sintering ability
лазерная спекл-интерферометрия – laser speckle interferometry
лазерная спекл-структура – laser speckle structure
лазерная спектрометрия – laser spectrometry
лазерная спектроскопия – laser spectroscopy
лазерная спектроскопия возбуждения – excitation laser spectroscopy
лазерная спектроскопия насыщающегося поглощения – saturated absorption laser spectroscopy
лазерная спектроскопия, ограниченная доплеровским эффектом – Doppler limited laser spectroscopy
лазерная спектроскопия, свободная от доплеровского уширения – Doppler broadening free laser spectroscopy
лазерная спектроскопия, свободная от доплеровского эффекта – Doppler-free laser spectroscopy
лазерная среда – lasant [active laser *substance* [medium, material]]
лазерная станция космического базирования – space based laser station
лазерная стереолитография – laser stereolithography
лазерная стереометрия – laser stereometry
лазерная стимуляция – laser stimulation
лазерная структура – laser structure
лазерная сублимация – laser sublimation

лазерная твёрдофазная диффузия – laser solid phase diffusion
лазерная телеметрия со спутников (искусственных Земли) – satellite laser ranging
лазерная тепловая обработка – laser thermal treatment
лазерная терапия – laser therapy
лазерная термодесорбция – laser thermal desorption
лазерная термокавитация – laser thermal cavitation
лазерная термометрия – laser thermometry
лазерная термометрия твёрдых тел – laser thermometry of solids
лазерная термообработка – laser heat treatment
лазерная термообработка поверхности – laser heat treatment of surface
лазерная термооптическая генерация звука – laser thermooptical generation of sound
лазерная термохимическая обработка – laser thermo-chemical processing
лазерная термохимия – laser thermal chemistry
лазерная термоядерная мишень – laser thermonuclear target
лазерная техника – laser technique [engineering]
лазерная техника и технологии – laser engineering
лазерная техника с внутрирезонаторной модуляцией – intracavity modulated laser technique
лазерная технологическая оснастка – laser production accessory
лазерная технологическая установка – laser technological *workstation* [setup]
лазерная технологичность (*материала, изделия*) – laser *machinability* [workability]
лазерная технология – laser technology [processing]
лазерная технология высокого уровня – high level laser technology
лазерная технология полупроводников – laser technology of semiconductors
лазерная ткань – laser fabric
лазерная томография – laser tomography
лазерная тонкая плёнка – laser thin film
лазерная точечная сварка – laser spot welding
лазерная точность – laser accuracy
лазерная травма – laser injury
лазерная трость – laser cannon
лазерная трубка – laser tube
лазерная указка – laser pointer
лазерная ультразвуковая техника – laser ultrasonics
лазерная усиливающая среда – laser gain medium
лазерная установка – laser *device* [arrangement, setup, workstation, facility]
лазерная установка для копирования на формную пластину – laser platemaker
лазерная установка для получения изображений – laser *beam* [image] projector
лазерная установка для сверления – laser drill
лазерная установка на свободных электронах – free electron laser facility
лазерная установка микросварки – laser microwelder
лазерная установка точечной сварки – spot welding laser machine
лазерная установка экспонирования – laser exposer
лазерная фазированная решетка – laser phase array
лазерная факсимильная копия – laser facsimile
лазерная фемтотехнология – laser femtotecnology
лазерная фигурная резка – laser shape cutting
лазерная фигурная резка древесины – laser shape wood cutting

лазерная физика – laser physics
лазерная финишная обработка (*поверхности*) – laser finish
лазерная флюоресценция – laser fluorescence
лазерная флюориметрия – laser fluorimetry
лазерная фотоассоциация – laser-induced photoassociation
лазерная фотобиология – laser photobiology
лазерная фотобиохимия – laser photobiochemistry
лазерная фотография – laser photography
лазерная фотоионизационная масс-спектрометрия – laser photoionization mass-spectrometry
лазерная фотоионизационная спектрометрия – laser photoionization spectrometry
лазерная фотоионизация – laser photoionization
лазерная фотолюминесценция – laser photoluminescence
лазерная фотонаборная машина – laser phototype setter
лазерная фотофизика – laser photophysics
лазерная фотохимическая абляция – laser photochemical ablation
лазерная фотохимия – laser photochemistry
лазерная фотоэлектронная микроскопия – laser photoelectron microscopy
лазерная характеристика – laser property
лазерная химическая гравировка – laser chemical etching
лазерная химическая физика – laser chemical physics
лазерная химия – laser chemistry
лазерная химия фотоокисления и восстановления – photoredox laser chemistry
лазерная хирургия – laser surgery
лазерная холодная резка – laser cold cutting
лазерная цементация (*поверхности*) – laser cementation [carbonization, carburizing]
лазерная центровка – laser alignment
лазерная частица (*объект, генерирующий лазерное излучение*) – laser species
лазерная чистка (*при удалении загрязнений*) – laser cleaning
лазерная чистовая обработка (*поверхности*) – laser finish
лазерная электродинамика – laser electrodynamics
лазерная электроника – laser electronics
лазерная электронная технология – laser electronic technology
лазерная электронно-лучевая трубка – laser electron-beam tube
лазерная электрохимия – laser electrochemistry
лазерная эмиссия – laser emission
лазерная энергия – laser energy
лазерная эпитаксия – laser epitaxy
лазерная этикетка с адресом – laser address label
лазерная эффективность – laser efficiency factor
лазерная юстировка – laser *alignment* [tuning]
лазерная ячейка – laser cell
лазер-нивелир* – leveling laser
лазерно-абляционное осаждение – laser ablation deposition
лазерно-абляционный (*поверхностный*) слой – laser ablation layer
лазерно-активные ионы – laser active ions
лазерно-активные центры окраски – laser active *color* [*f*-] centers
лазерно-акустическая микроскопия – laser acoustical microscopy

лазерно-акустический микроскоп – laser acoustical microscope
лазерно-генерируемая плазма – laser generated plasma
лазерно-генерируемое загрязнение воздуха – laser generated air contaminant
лазерно-генерирующий разряд – lasing discharge
лазерно-дуговая резка – laser arc cutting
лазерно-дуговая сварка – laser arc welding
лазерно-дуговое плавление – laser arc melting
лазерно-дуговое сверление – laser arc drilling
лазерное азотирование – laser nitriding
лазерное аустенитно-мартенситное превращение (*в сталях*) – laser austenite-to-martensite transformation
лазерное бесслитковое литьё – laser direct casting
лазерное борирование – laser boronising
лазерное бурение – laser drilling
лазерное вещество – laser *material* [medium]
лазерное видение – laser vision
лазерное визирование – laser aiming
лазерное возбуждение – laser *excitation* [stimulation]
лазерное возбуждение звука – laser excitation of sound
лазерное воздействие – laser action
лазерное волокно – laser fiber
лазерное вспучивание (*поверхностных слоёв*) – laser lift-off
лазерное выдувание – laser blow-off
лазерное выравнивание – laser trimming
лазерное высокоскоростное компактирование (*порошков*) – laser high-speed compacting
лазерное газовое азотирование – laser gaseous nitriding
лазерное газопорошковое напыление – laser gas powder deposition
лазерное гетеродинирование – laser heterodyning
лазерное геттерирование – laser gettering
лазерное глазурование – laser glazing
лазерное голографирование с непрерывным излучением – continuous wave laser holography
лазерное гравирование – laser *engraving* [scribing]
лазерное действие – laser action
лазерное детектирование – laser detection
лазерное детектирование редких изотопов – laser detection of rare isotopes
лазерное деформационное упрочнение (*материала*) – laser workhardening
лазерное динамическое разрушение (*материала*) – laser dynamic fracture
лазерное диспергирование – laser grinding
лазерное дистанционное зондирование – laser remote *probing* [sounding]
лазерное дифракционное пятно изображения – laser speckle
лазерное диффузионное легирование – laser diffusion alloying
лазерное доплеровское измерение скорости – laser Doppler velocimetry
лазерное дробление – laser milling
лазерное заключительное сканирование – laser terminal scan
лазерное залечивание (*дефектов поверхности*) – laser healing
лазерное замедление атомов – laser deceleration of atoms
лазерное записывающее устройство – laser beam recorder
лазерное запоминающее устройство – laser memory

лазерное зеркало – laser mirror
лазерное зеркало системы противоракетной обороны – antiballistic missile laser mirror
лазерное зондирование – laser *probing* [sounding]
лазерное изгибание – laser bending
лазерное изгибание металлических пластин – laser bending of metal sheets
лазерное изготовление микроизделий – laser microfabrication
лазерное изготовление печатных форм – laser plate making
лазерное изделие – laser product
лазерное излучение – laser radiation [emission]
лазерное излучение высокой мощности –high-power laser radiation
лазерное измельчение – laser milling
лазерное измерение расстояний – distance laser measurement
лазерное измерение скорости – laser velocimetry
лазерное изображение – laser image
лазерное изображение, детектирование и определение расстояния – laser imaging, detection and ranging [lidar]
лазерное имитационное моделирование – laser training simulation
лазерное импульсное испарение – laser pulse *evaporation* [vaporization]
лазерное импульсное плавление – laser pulse *melting* [fusion, fusing]
лазерное инициирование – laser initiation
лазерное инициирование (*термоядерной реакции*) – laser(-induced) ignition
лазерное ионное легирование – laser ion implantation
лазерное испарение – laser [-beam] *evaporation* [vaporization]
лазерное испарение поверхности – laser surface evaporation
лазерное испытание – laser testing
лазерное картографирование – laser mapping
лазерное клинообразование (*в материале при обработке*) – laser keyholing
лазерное колебание – laser oscillation
лазерное кольцо – laser ring
лазерное космическое зеркало-ретранслятор – laser space relay mirror
лазерное космическое зеркало-ретранслятор наземного базирования – ground based laser space relay mirror
лазерное легирование – laser *doping* [alloying]
лазерное легирование полупроводников – laser alloying of semiconductors
лазерное легирование примесями – laser impurity doping
лазерное литьё – laser casting
лазерное макетирование – laser prototyping
лазерное маскирование – laser masking
лазерное материаловедение – laser materials science
лазерное межкристаллитное растрескивание – laser intergranular cracking
лазерное микроизготовление (*миниатюрной детали*) – laser microfabrication
лазерное микрорезание – laser microcutting
лазерное микросверление – laser microdrilling
лазерное микросплавление – laser microalloying
лазерное микроструктурирование – laser microstructuring
лазерное моделирование – laser *modeling* [prototyping]
лазерное наведение – laser *guidance* [pointing, aiming]
лазерное наведение пучка – laser beam pointing
лазерное нанесение (*плёнок*) – laser deposition

лазерное нанесение покрытий – laser *plating* [deposition of coatings]

лазерное нанесение сверхтвёрдых покрытий (*на поверхность*) – laser merchromizing

лазерное напыление – laser (-beam) *evaporation* [spraying, sputtering]

лазерное напыление высокотемпературных сверхпроводящих пленок – laser sputtering of high-temperature superconducting films

лазерное напыление металла – metal laser spraying [sputtering]

лазерное насыщение изотопов – laser saturation of isotopes

лазерное науглероживание (*поверхности*) – laser *carbonization* [carburizing]

лазерное недостаривание (*сплавов*) – laser underaging

лазерное облучение – laser irradiation

лазерное обогащение (*изотопов*) – laser *enrichment* [excitation enrichment]

лазерное обогащение урана – uranium laser enrichment

лазерное образование закалочных трещин – laser quench cracking

лазерное обучение – laser training

лазерное окисление – laser oxidation

лазерное оплавление – laser melting [fusion, fusing]

лазерное оплавление поверхности – laser surface melting

лазерное оптическое повреждение – laser optical damage

лазерное оптоволокно – laser fiber

лазерное оружие – laser *weapon* [gun]

лазерное оружие воздушного базирования – airborne laser weapons

лазерное оружие для военных целей – military laser weapon

лазерное оружие космического базирования – space based laser weapon

лазерное оружие наземного базирования – ground based laser weapon

лазерное осаждение – laser deposition

лазерное осаждение атомов – laser atomic deposition

лазерное осаждение из пара – laser vapor deposition

лазерное осаждение металла – metal laser deposition

лазерное осаждение при быстром затвердевании (*с использованием вдувания порошков*) – rapid solidification laser deposition

лазерное осаждение тонкоплёночных покрытий – thin film laser deposition

лазерное освещение – laser illumination

лазерное ослепление – laser dazzle

лазерное отверстие – laser hole

лазерное отслаивание (*поверхностных слоёв*) – laser lift-off

лазерное отражение – laser reflection

лазерное охлаждение – laser *cooling* [refrigeration]

лазерное охлаждение пучка – laser cooling of beam

лазерное охлаждение твёрдых тел – laser cooling of solids

лазерное охрупчивание (*сталей*) – laser embrittlement

лазерное переключение добротности – laser *Q*-switch

лазерное перестаривание (*сплавов*) – laser overageing

лазерное переходное состояние – laser transient

лазерное печатание – laser beam printimg

лазерное печатание адреса – laser [-beam] addressing

лазерное печатающее устройство – laser printer

лазерное плавление – laser *melting* [fusion, fusing]

лазерное плакирование

лазерное плакирование – laser cladding
лазерное плакирование при вдувании порошка – blown powder laser cladding
лазерное плакирование при подаче порошка – powder feeding laser cladding
лазерное плакирование с предварительно размещённым (*на поверхности*) порошком – laser cladding with preplaced powder
лазерное поверхностное легирование – laser surface alloying
лазерное поверхностное нагревание – laser surface heating
лазерное поверхностное напряжение – laser surface stress
лазерное поверхностное оплавление – laser surface alloying
лазерное поверхностное осаждение – laser surface cladding
лазерное поверхностное плакирование – laser surface *cladding* [plating]
лазерное поверхностное сплавление – laser surface alloying
лазерное поверхностное упрочнение – laser surface *strengthening* [hardening]
лазерное повреждение – laser *damage* [failure]
лазерное повышение концентрации полезного компонента – laser enrichment
лазерное повышение прочности – laser hardening
лазерное покрытие – laser *cladding* [coating]
лазерное покрытие плёнками – laser films covering
лазерное покрытие поверхности – laser resurfacing
лазерное поле – laser field
лазерное полирование – laser *polishing* [glazing, glancing]
лазерное полирование стеклянной поверхности – laser polishing of glass surface
лазерное полуактивное наведение – laser semiactive guidance
лазерное получение атомов фтора – fluorine atoms laser production
лазерное получение особо чистых веществ – laser production of super pure substances
лазерное получение сплава – laser alloying
лазерное поражение – laser injury
лазерное порошковое напыление – powder laser spraying
лазерное проекционное телевидение – laser projection television
лазерное проникновение (*в материал*) – laser penetration
лазерное противоракетное оружие – laser anti-missile weapons
лазерное профилирование – laser shaping
лазерное прямое литьё – laser direct casting
лазерное прямое осаждение металов – laser direct metal deposition
лазерное пятно – laser [-beam] spot
лазерное разделение (*пластины на кристаллы*) – laser chipping
лазерное разделение изотопов – laser isotope separation
лазерное разделение изотопов атомарных паров – atomic vapor laser isotope separation
лазерное разделение изотопов в атомарных парах – laser isotope separation in atomic pairs
лазерное разделение изотопов в атомной энергетике – laser isotope separation in atomic power engineering
лазерное разделение изотопов методом многофотонной диссоциации – laser isotope separation by multiphoton dissociation
лазерное разделение изотопов урана – uranium isotope laser separation
лазерное разрезание полупроводниковой пластины – laser dicing
лазерное разрушение (*материала*) – laser *damage* [fracture, failure, destruction]
лазерное разрушение или разрыв (*материала*) – laser rupture
лазерное разрушение (*кристалла*) сколом – laser *scabbling* [cleavage fracture]

лазерное разупорядочение – laser reordering
лазерное разупрочнение – laser dehardening
лазерное разрыхление (*поверхности*) – laser loosen
лазерное раскалывание (*кристалла*) – laser cleavage
лазерное расплавление – laser melting [fusing, fusion]
лазерное распыление – laser evaporation [spraying, sputtering]
лазерное распыление порошка – powder laser spraying
лазерное растрирование – laser screening
лазерное расщепление (*при ядерной реакции*) – laser *fission* [spallation]
лазерное резание – laser *carving* [cutting]
лазерное резание с испарением – laser vaporization cutting
лазерное рисование – laser drawing
лазерное сварочное устройство – laser welder device
лазерное сварочное устройство выравнивания (*концов стыков*) – laser welder alignment device
лазерное сверление – laser drilling
лазерное сверление в непрерывном режиме – continuous wave laser drilling
лазерное сверление диэлектриков – laser drilling of dielectrics
лазерное сверление изоляторов – laser drilling of dielectrics
лазерное сверление керамик – laser drilling of ceramics
лазерное сверление композитов – laser drilling of composites
лазерное сверление листовых материалов – laser drilling of sheet materials
лазерное сверление материалов – laser drilling of materials
лазерное сверление металлов – laser drilling of metals
лазерное сверление неметаллов – laser drilling of nonmetals
лазерное сверление непрерывным излучением – continuous [-wave] laser drilling
лазерное сверление отверстий – laser hole drilling
лазерное сверление полимеров – laser drilling of polymers
лазерное сверление при высоком давлении – high pressure laser drilling
лазерное сверление с испарением – laser vaporization drilling
лазерное сверление с оплавлением – laser fusion drilling
лазерное сверление с помощью кислорода – laser assisted oxygen drilling
лазерное сверление сплавов – laser drilling of alloys
лазерное сверление сталей – laser drilling of steels
лазерное сверление стёкол – laser drilling of glass
лазерное световое шоу – laser light show
лазерное селективное детектирование – laser selective detection
лазерное сжатие – laser compression
лазерное сжатие ударом – laser shock compression
лазерное синтезирование – laser synthesis
лазерное сканирование – laser scanning
лазерное сканирование на выходе – laser terminal scan
лазерное сканирование от точки к точке – point-by-point laser scanning
лазерное скрайбирование – laser scribing
лазерное слепящее оружие – laser blinding weapon
лазерное снятие заусенцев – laser deflashing
лазерное соединение – laser *bonding* [joining]
лазерное соединение внахлёст – laser lap joint

лазерное соединение за счёт проводимости – laser conduction joining
лазерное создание силицидов – laser production of silicides
лазерное создание шероховатости поверхности – laser surface roughening
лазерное сопровождение – laser tracking
лазерное спекание (*порошков*) – laser *sintering* [fritting]
лазерное сплавление – laser alloying
лазерное старение (*сплавов*) – laser ageing
лазерное стекло – laser glass
лазерное стеклообразование – laser glass forming
лазерное стимулирование химических реакций – laser stimulation of chemical reactions
лазерное структурообразование – laser structure formation
лазерное стыковое соединение – laser butt joint
лазерное сцепление – laser adhesion
лазерное считывающее устройство – laser reader
лазерное твёрдофазное легирование – laser solid phase doping
лазерное текстурирование – laser texturing [texturizing]
лазерное текстурирование поверхности – laser surface texturing [texturizing]
лазерное тепловое воздействие – laser thermal action
лазерное тепловое напряжение – laser heat stress
лазерное травление – laser etching
лазерное травление на поверхности поглощаемого слоя – laser etching at a surface adsorbed layer
лазерное транспортное средство – laser vehicle
лазерное трещинообразование (*в материале*) – laser fracturing
лазерное тяговое усилие – laser propulsion
лазерное удаление заусенцев – laser deflashing
лазерное удаление лакокрасочного покрытия – laser paint stripping
лазерное удаление материалов – laser materials removal
лазерное ударное напряжение – laser impact stress
лазерное ударное разрушение (*материала*) – laser impact fracture
лазерное указательное устройство – laser pointed device
лазерное ультразвуковое исследование микроструктуры – laser ultrasonic inspection of microstructure
лазерное уплотнение – laser densification
лазерное управление атомными пучками – laser control by atomic beams
лазерное управление движением частиц – laser manipulation of particles
лазерное упрочнение – laser *strengthening* [hardening]
лазерное усиление – laser amplification
лазерное ускорение – laser acceleration
лазерное ускорение электронов – laser acceleration of electrons
лазерное ускорение электронов в плазме – laser acceleration of electrons in plasma
лазерное устройство выравнивания – laser trimmer
лазерное устройство выравнивания концов полос в агрегате стыковой сварки – laser welder alignment device
лазерное устройство записи – laser recorder
лазерное устройство измерения ширины (*полосы*) – laser width measurement device
лазерное устройство микрофильмирования – microfilm laser plotter
лазерное устройство формирования изображений – laser imaging device
лазерное устройство фотопечати – laser photo typesetter
лазерное фазовое превращение – laser phase transformation

лазерное физическое паровое напыление – laser physical vapor deposition
лазерное физическое паровое осаждение – laser physical vapor deposition
лазерное формирование изображения – laser imaging [pattern generation]
лазерное формирование поверхности – laser surfacing
лазерное формирование рисунка – laser pattern generation
лазерное формирование рисунка без маски – maskless laser patterning
лазерное формообразование – laser forming
лазерное фоторазделение (*изотопов*) – laser photoseparation
лазерное фрезерование – laser milling
лазерное химическое осаждение (*плёнок*) – laser chemical deposition
лазерное химическое паровое напыление – laser chemical vapor deposition
лазерное химическое паровое напыление металлов– laser chemical vapor deposition of metal
лазерное химическое паровое осаждение – laser chemical vapor deposition
лазерное химическое паровое осаждение металлов– laser chemical vapor deposition of metal
лазерное химическое травление – laser chemical etching
лазерное хранение (*информации*) – laser storage
лазерное хромирование – laser chromising
лазерное хрупкое разрушение (*материала*) – laser brittle fracture
лазерное царапание – laser grazing
лазерное черчение – laser drawing
лазерное шлифование – laser *glazing* [grinding]
лазерное шоу – laser [-light] show
лазерное эффективное сечение – laser cross section
лазерно-запускаемый отжиг – laser trigger annealing
лазерно-запускаемый разряд – laser triggered discharge
лазерно-затупленные листы – laser dulled sheets
лазерно-излучающие частицы – laser particles
лазерно-индуцированная абляция – laser induced ablation
лазерно-индуцированная абляция с помощью плазмы – laser induced plasma-assisted ablation
лазерно-индуцированная ассоциативная ионизация – laser induced associated ionization
лазерно-индуцированная десорбция – laser induced desorption
лазерно-индуцированная деструкция материала – laser induced material destruction
лазерно-индуцированная деформация – laser induced deformation
лазерно-индуцированная диссоциация – laser induced dissociation
лазерно-индуцированная дифракционная решетка – laser induced grating
лазерно-индуцированная диффузия – laser induced diffusion
лазерно-индуцированная имплантация – laser induced implantation
лазерно-индуцированная инжекция частиц – laser induced particle injection
лазерно-индуцированная ионизация – laser induced ionization
лазерно-индуцированная искровая спектроскопия – laser induced breakdown spectroscopy
лазерно-индуцированная кристаллизация – laser induced crystallization
лазерно-индуцированная люминесценция – laser-induced luminescence
лазерно-индуцированная неустойчивость – laser induced instability
лазерно-индуцированная ориентация молекул – laser induced orientation of molecules
лазерно-индуцированная плазма – laser induced plasma
лазерно-индуцированная прозрачность – laser induced transparency
лазерно-индуцированная рекомбинация – laser-induced recombination

лазерно-индуцированная сублимация

лазерно-индуцированная сублимация – laser induced sublimation
лазерно-индуцированная термотерапия с помощью внедрённых атомов – laser induced interstitial thermotherapy
лазерно-индуцированная ударная волна – laser induced schock wave
лазерно-индуцированная флюоресценция – laser induced fluorescence
лазерно-индуцированная фотоассоциация – laser induced photoassociation
лазерно-индуцированная химическая реакция – laser induced chemical reaction
лазерно-индуцированная хрупкость (*материалов*) – laser induced brittleness
лазерно-индуцированная юстировка – laser induced alignment
лазерно-индуцированное влажное травление задней стороны – laser induced backside wet etching
лазерно-индуцированное затвердевание – laser induced solidification
лазерно-индуцированное изменение структуры – laser induced structural change
лазерно-индуцированное ионное легирование – laser induced implantation
лазерно-индуцированное испарение – laser induced *evaporation* [vaporizaton]
лазерно-индуцированное материаловедение – laser induced materials science
лазерно-индуцированное напряжение – laser induced stress
лазерно-индуцированное напыление – laser induced spraying
лазерно-индуцированное окисление– laser induced oxidation
лазерно-индуцированное осаждение жидкости – laser induced liquid deposition
лазерно-индуцированное поверхностное текстурирование – laser induced surface texturing
лазерно-индуцированное повреждение – laser induced damage
лазерно-индуцированное повреждение порогов – laser induced damage thresholds
лазерно-индуцированное разложение – laser induced decomposition
лазерно-индуцированное разрушение – laser induced fracture [damage]
лазерно-индуцированное разрушение материала – laser induced material damage
лазерно-индуцированное разупорядочение (*сплавов*) – laser induced reordering
лазерно-индуцированное старение (*сплавов*) – laser induced ageing
лазерно-индуцированное сужение линии (*при флюоресценции*) – laser induced line narrowing
лазерно-индуцированное сухое травление задней стороны – laser induced backside dry etching
лазерно-индуцированное тепловое излучение – laser induced incandescence
лазерно-индуцированное термическое напряжение – laser induced thermal stress
лазерно-индуцированное электролизное осаждение – laser induced electrolysis deposition
лазерно-индуцированные внедрённые атомы (*в материалах*) – laser induced interstitials
лазерно-индуцированные дефекты материала – laser induced material defects
лазерно-индуцированные деформации материала – laser induced material strains
лазерно-индуцированные импульсные рентгеновские лучи – laser induced pulsed X-ray
лазерно-индуцированные наноструктуры – laser induced nanostructures
лазерно-индуцированные наночастицы – laser induced nanoparticles
лазерно-индуцированные пикосекундные импульсные рентгеновские лучи - laser induced picosecond pulsed X-ray
лазерно-индуцированные рентгеновские лучи – laser induced X-ray
лазерно-индуцированные термические процессы – laser induced thermal processes
лазерно-индуцированные фракталы – laser induced fractals
лазерно-индуцированный масс-транспорт (*вещества*) – laser induced mass transport
лазерно-индуцированный нагрев – laser induced heating
лазерно-индуцированный переход – laser induced transition
лазерно-индуцированный пробой – laser induced breakdown

лазерно-индуцированный пробой газа – laser induced gas breakdown
лазерно-индуцированный разряд – laser-triggered discharge
лазерно-индуцированный (*фотохимический*) синтез – laser induced synthesis
лазерно-индуцированный термоядерный микровзрыв – laser induced fusion microexplosion
лазерно-индуцированный ток – laser [-beam] induced current
лазерно-индуцированный фотопроцесс – laser induced photoprocess
лазерно-индуцированный электролиз – laser induced electrolysis
лазерно-индуцированный ядерный синтез – laser induced fusion
лазерно-инициируемая ионизация – laser initiated ionization
лазерно-инициируемый рентгеновский лазер с мягким излучением – laser initiated soft *X*-ray laser
лазерно-искровая спектроскопия – laser induced breakdown spectroscopy
лазерно-лучевая запись – laser beam recording
лазерно-лучевая зонная плавка – laser beam zone refining
лазерно-лучевая литография – laser beam lithography
лазерно-лучевая технология – laser beam technology
лазерно-лучевое распыление – laser beam sputtering
лазерно-лучевое сканирование – laser beam scanning
лазерно-лучевое формирование изображения (*с помощью литографии*) – laser beam patterning
лазерно-лучевой нагрев – laser beam heating
лазерно-лучевой отжиг – laser beam annealing
лазерно-лучевой переплав – laser beam remelting
лазерно-нагреваемый ракетный двигатель – laser heated rocket engine
лазерно-нагреваемый ракетный двигатель малой тяги – laser heated rocket thruster
лазерно-облучаемая поверхность – laser illuminated area
лазерно-облучённый инструмент – laser irradiated tool
лазерно-оптическая адаптивная система – laser optical adaptive system
лазерно-плазменный источник излучения – laser plasma radiation source
лазерно-плазменный рентгеновский источник – laser plasma *X*-ray source
лазерно-пучковая литография – laser beam printimg
лазерно-пучковое печатание – laser beam printimg
лазерно-пучковый анализатор – laser beam analyzer
лазерно-пучковый зонд – laser beam probe
лазерно-сваренная специальная заготовка – laser welded tailored blank
лазерно-созданные ряды стеклянных микролинз – laser fabricated glass microlens arrays
лазерно-спектроскопическая техника – laser-spectroscopic technique
лазерно-сфокусированное осаждение атомов – laser focused atomic deposition
лазерно-термоядерный ракетный двигатель – laser fusion rocket
лазерно-термоядерный реактор – laser fusion reactor
лазерно-термоядерный синтез – laser fusion synthesis
лазерно-удаляемый материал – laser chip
лазерно-ударная чистка – laser shock cleaning
лазерно-ударное растрескивание – laser shock cracking
лазерно-ультразвуковая обработка (*материалов*) – laser ultrasonic surface treatment
лазерно-ультразвуковая поверхностная обработка – laser ultrasonic surface treatment
лазерно-ультразвуковое упрочнение поверхности – laser ultrasound surface hardening
лазерно-управляемый ракетный двигатель – laser *driven* [heated, supported] rocket engine; laser propulsion rocket engine

лазерно-упрочнённые слои – laser hardened layers
лазерно-упрочнённый поверхностный слой – laser hardened surface layer
лазерно-упрочняемое плакирование – laser hard coating
лазерно-упрочняемое покрытие – laser hard coating
лазерно-упрочняемые сплавы – laser hardened alloys
лазерно-усиленная диффузия – laser enhanced diffusion
лазерно-усиленная прочность – laser reinforced *strength* [toughness]
лазерно-усиленная ударная вязкость – laser reinforced toughness
лазерно-усиленное электролизное осаждение – laser enhanced electrolysis deposition
лазерно-усиленное электроосаждение – laser enhanced *electroplating* [electrodeposition]
лазерно-формируемый конечный профиль (*изделия*) – laser engineered net shaping
лазерно-химическое осаждение (*плёнок*) – laser chemical deposition
лазерные диодные драйверы – laser diode drivers
лазерные защитные очки – laser eyewear
лазерные зеркала – laser mirrors
лазерные измерения – laser measurements
лазерные импульсы в режиме синхронизации мод – mode locked laser pulses
лазерные импульсы с синхронизированными модами – mode locked laser pulses
лазерные каскадные переходы – laser cascade transitions
лазерные конфигурации – laser configurations
лазерные кристаллы – laser crystals
лазерные кристаллы против лазерных стёкол – laser crystals versus laser glass
лазерные кристаллы, легированные иттербием – ytterbium doped laser crystals
лазерные кристаллы, легированные неодимом – neodymium doped laser crystals
лазерные методы ускорения частиц – laser particle acceleration methods
лазерные механизмы обработки – laser processing mechanisms
лазерные модели – laser models
лазерные нановолокна – laser nanofibers
лазерные нелинейные кристаллы – laser nonlinear crystals
лазерные параметры – laser parameters
лазерные переходы в основное состояние – ground state laser transitions
лазерные почтовые этикетки – laser mailing labels
лазерные применения в медицине – laser medicine applications
лазерные (*дополнительные*) приспособления – laser accessories
лазерные проекционные дисплеи – laser projection displays
лазерные сканеры для супермаркетов – laser supermarket scanners
лазерные технологические данные – laser machining information
лазерные технологические диаграммы – laser processing diagrams
лазерные технологические системы – laser technological systems
лазерные уравнения – laser equations
лазерные характеристики – laser characteristics
лазерные частицы – laser particles
лазерные часы – laser watch
лазерный [-ная, -ное, -ные, -но] – *adj. of* laser
лазерный абляционный шлейф – laser ablation plume
лазерный автоколлиматор – laser based autocollimator
лазерный акселерометр – laser accelerometer

лазерный анализ волн пространства-времени – space-time waves laser analysis
лазерный анализатор микрочастиц – laser microparticle analyzer
лазерный анализатор наночастиц – laser nanoparticle analyzer
лазерный анализатор размеров частиц – laser particle size analyzer
лазерный анемометр – laser anemometer
лазерный аппарат – laser apparatus
лазерный бар – laser bar
лазерный бур – laser drill
лазерный взрыватель – laser fuze
лазерный вид колебаний – laser mode
лазерный видеодетектор – laser imaging device
лазерный видеопроигрыватель – laser video player
лазерный внутрирезонаторный спектрофотометр – laser intracavity spectro-photometer
лазерный возбудитель – laser exciter
лазерный воздушно-ракетный двигатель – laser air-jet engine
лазерный волновод – laser guide
лазерный времяпролётный масс-спектрометр – laser flight-time mass-spectrometer
лазерный высокотемпературный нагреватель – laser hearth
лазерный высотомер – laser altimeter
лазерный газоанализатор – laser gas analyzer
лазерный генератор – laser [laser *generator* [exciter, oscillator], generator of laser radiation]
лазерный генератор изображений оригиналов – laser artwork generator
лазерный генератор фотошаблонов – laser artwork generator
лазерный гетеродиновый радиометр – laser heterodyne radiometer
лазерный гирокомпас – laser gyrocompass
лазерный гироскоп – laser gyroscope [gyro]
лазерный глубиномер – laser depthometer
лазерный горн – laser hearth
лазерный гравиметр – laser gravimeter
лазерный гравировальный резец – laser scriber
лазерный график – laser graphic
лазерный графопостроитель – laser [-beam] plotter
лазерный дальномер – laser *ranger* [range finder, radar, distance meter]
лазерный датчик – laser *gage* [sensor]
лазерный датчик направления кромки (*полосы листа при прокатке*) – laser edge guide sensor
лазерный дезинтегратор – laser designator
лазерный денситометр – laser densitometer
лазерный джиттер – laser jitter
лазерный диод – laser diode
лазерный диод на *InGaP*-основе – *InGaP*-based laser diode
лазерный диод с кольцевым резонатором – circular laser diode
лазерный диод с переключаемым усилением – gain switched laser diode
лазерный диод с просветляющим покрытием – antireflective-coated laser diode
лазерный диод с торцевым излучением – edge emitting laser diode
лазерный диод с широкой площадью (*облучения*) – broad area laser diode
лазерный диод, работающий в видимой области спектра – visible laser diode
лазерный диодный модуль – laser diode module

лазерный диск (*с однократной записью и многократным считыванием*) – laser disk
лазерный диск – write-once read-many laser disk [laser disk]
лазерный дисплей – laser [-beam] display
лазерный дифрактометр – laser difractometer
лазерный дождемер – laser rain gage
лазерный доплеровский анемометр – laser Doppler anemometer
лазерный доплеровский измеритель потоков – laser Doppler current meter
лазерный доплеровский измеритель скорости – laser Doppler velocimeter
лазерный доплеровский измеритель тока – laser Doppler current meter
лазерный дыропробивной пресс – laser punch press
лазерный замок – laser lock
лазерный замок, реагирующий на отпечатки пальцев – laser fingerprint lock
лазерный запуск – laser trigger
лазерный запуск отжига – laser trigger-annealing
лазерный затвор – laser shutter
лазерный захват – laser trapping
лазерный захват микрочастиц – laser microparticle trapping
лазерный звукосниматель – laser pickup
лазерный знакогенератор – laser character generator
лазерный зонд – laser sound
лазерный зонд для съёмок на борту летательного аппарата – airborne laser sound
лазерный излучатель – laser [lasing] emitter
лазерный измеритель – laser meter
лазерный измеритель высоты облаков – laser ceilometer
лазерный измеритель дальности видимости – laser transmission meter
лазерный измеритель скорости – laser velocimeter
лазерный импульс – laser pulse [shot]
лазерный индикатор – laser [-beam] display
лазерный интерферометр – laser interferometer
лазерный интерферометр с фазовым сдвигом – phase-shifting laser interferometry
лазерный источник – laser source [laser, optical quantum generator]
лазерный кабель – laser cable
лазерный калориметр – laser calorimeter
лазерный канал – laser channel
лазерный картридж – laser cartridge
лазерный катод – laser cathode
лазерный квант (*излучения*) – laser quantum
лазерный квантрон – laser gun
лазерный класс – laser class
лазерный компонент – laser *component* [element]
лазерный компьютер – laser computer
лазерный контроль атмосферы – laser atmosphere monitorimg
лазерный контроль качества – laser quality control
лазерный контроль качества соединений – laser quality control of connections
лазерный конфокальный микроскоп – laser confocal microscope
лазерный космический ретранслятор – laser space relay
лазерный космический ретранслятор наземного базирования – ground based laser space relay

лазерный коэффициент направленного действия – laser directivity
лазерный краситель – laser dye
лазерный кристалл – laser crystal
лазерный лидар – laser radar
лазерный линейный поляризатор – laser line polarizer
лазерный локатор – laser locator [radar], ladar, lidar
лазерный локатор-целеуказатель – laser locator designator
лазерный локационный приёмник – laser radar receiver
лазерный луч – laser *beam* [ray]
лазерный магазин – laser bar
лазерный магнитный контроль доменов – laser magnetic domain control
лазерный магнитный спектрометр – laser magnetic spectrometer
лазерный маркировочный сплав – laser marking alloy
лазерный массообмен – laser mass *transfer* [transport]
лазерный массоперенос – laser mass *transfer* [transport]
лазерный масс-спектрометр – laser mass-spectrometer
лазерный масс-спектрометрический анализ – laser mass-spectrometer analysis
лазерный материал – laser material [medium, substance]
лазерный материал-хозяин* – laser host material
лазерный маяк – laser beacon
лазерный маяк космического сопровождения – space tracking laser beacon
лазерный маяк, работающий в непрерывном режиме – continuous wave laser beacon
лазерный металлорежущий станок – laser metal cutter
лазерный метод – laser method
лазерный метод проецирования маски – mask projection laser technique
лазерный меч – laser sword
лазерный микроанализ – laser microanalysis
лазерный микроанализ при захвате (*пучка*) – laser capture microanalysis
лазерный микрозонд – laser microprobe
лазерный микрозондовый анализ – laser microprobe analysis
лазерный микроскоп – laser microscope
лазерный микроскоп на стимулированном рассеянии – laser stimulated scattering microscope
лазерный микрочип – laser microchip
лазерный микрочип-конвёртер – laser microchip convertor
лазерный многопучковый нагрев – laser multi-beam heating
лазерный многоцелевой станок – laser machining center
лазерный многоцелевой центр – laser machining center
лазерный модуль – laser module
лазерный модулятор – laser modulator
лазерный молекулярный пучок – laser molecular beam
лазерный набор – laser setting
лазерный нагрев – laser [-induced] heating
лазерный нагрев вещества – laser substance heating
лазерный нагрев плазмы – laser heating of plasma
лазерный нагрев с оплавлением – laser heating with melting
лазерный нагрев с парообразованием – laser heating with vaporization
лазерный наклёп – laser peening

255

лазерный нефелометр – laser *nefelometer* [device for measuring turbidity of liquids and gases]
лазерный нивелир – laser level
лазерный облакомер – laser [lidar] ceilometer
лазерный объектив – laser lens
лазерный оптоволоконный эндоскоп – laser fiberscope
лазерный оптрон – laser optron
лазерный осветитель – laser reflective camera
лазерный осциллятор – laser oscillator
лазерный отжиг – laser annealing
лазерный отжиг для снятия напряжений – strain anneal laser technique
лазерный отжиг полупроводников – laser annealing of semiconductor
лазерный отжиг полупроводников после ионной имплантации – laser annealing of semiconductors after ion implantation
лазерный отпуск (*стали*) – laser tempering
лазерный патрон (*с краской*) – laser cartridge
лазерный передатчик – laser transmitter
лазерный переключатель добротности – laser *Q*-switch
лазерный переплав – laser remelting
лазерный переход – laser transition [lasing jump]
лазерный переходной (*внутрь материала*) нагрев поверхности – laser transient surface heating
лазерный пик (*при генерации*) – laser spiking
лазерный пинцет – laser tweezer
лазерный пиролиз – laser pyrolysis
лазерный плоттер – laser [-beam] plotter
лазерный поворотный стол – laser turntable
лазерный поляриметр – laser polarimeter
лазерный порог (*генерации*) – laser [lasing] threshold, laser oscillation threshold
лазерный преобразователь – laser converter
лазерный прибор для измерения мутности жидкостей и газов – laser *device for measuring turbidity of liquids and gases* [nefelometer]
лазерный приёмник – laser receiver
лазерный приёмник системы предупреждения – laser warning receiver
лазерный принтер – laser printer
лазерный принтер с печатанием адреса – laser address printer
лазерный пробой – laser induced breakdown
лазерный пробой газов – laser gas breakdown
лазерный проектор – laser [-beam] projector
лазерный проектор для получения изображений – laser image projector
лазерный проекционный микроскоп – laser projection microscope
лазерный проигрыватель – laser player
лазерный проигрыватель компакт-дисков – laser compact disk player
лазерный профиломер – laser beam profiler
лазерный пучок – laser beam
лазерный пучок Эрмита-Гаусса – Hermite–Gaussian laser beam
лазерный радар – ladar [laser radar]
лазерный радар Рамана – Raman laser radar
лазерный радиометр – laser radiometer

лазерный ракетный двигатель – laser rocket *engine* [propulsion]
лазерный ракетный двигатель малой тяги – laser *thruster* [low-thrust rocket engine]
лазерный ракетный двигатель непрерывного действия – continuous wave laser rocket
лазерный растр – laser raster
лазерный реактивный двигатель – laser jet *engine* [propulsion]
лазерный рез – laser kerf
лазерный резак – laser cutter
лазерный резак терминала (*выхода*) – laser terminal cutter
лазерный резонатор – laser *resonator* [cavity, exciter]
лазерный резонатор с потерями – lossy laser cavity
лазерный резонатор со стоячей волной – standing wave laser resonator
лазерный рекристаллизационный отжиг – laser recrystallization annealing
лазерный рельеф (*поверхности после обработки*) – laser relief
лазерный ретранслятор – laser relay
лазерный рефрактометр – laser refractometer
лазерный рефрижератор – laser refrigerator
лазерный сварной шов – laser weld
лазерный сварочный аппарат – laser welder
лазерный сварочный аппарат выравнивания стыков – laser welder alignment device
лазерный сварочный клин – laser welding wedge
лазерный свет – laser light
лазерный световод – laser guide
лазерный световой дисплей – laser lighting display
лазерный световой затвор – laser light valve
лазерный световой индикатор – laser lighting display
лазерный световой модулятор – laser light valve
лазерный светодальномер – laser *ranger* [range finder]
лазерный сенситометр – laser sensitometer
лазерный синтез – laser [-induced] synthesis
лазерный скальпель – laser scalpel [blade, knife]
лазерный сканер – laser scanner
лазерный сканер для контроля инструмента – laser tool scanner
лазерный скрайбер – laser scriber
лазерный спекл – laser speckle
лазерный спектр – laser spectrum
лазерный спектрометр – laser spectrometer
лазерный спектрофотометр – laser spectrophotometer
лазерный сплав – laser alloy
лазерный стандарт – laser standard
лазерный станок – laser machine
лазерный стереомер – laser stereometer
лазерный стержень – laser *rod* [bar]
лазерный стержень с торцами под брюстеровским углом – Brewster angled laser rod
лазерный стробоскоп – laser strobe
лазерный счётчик частиц – laser-beam [-based] single particle counter
лазерный тандем – laser tandem
лазерный телевизор – laser television set

257

лазерный теодолит – laser theodolite
лазерный теплообменник – laser heat exchanger
лазерный теплоотвод – laser heat sink
лазерный термостат – laser thermostat
лазерный термоядерный реактор – laser fusion reactor
лазерный термоядерный синтез – laser fusion synthesis
лазерный технологический комплекс – laser technological complex
лазерный технологический центр – laser processing center
лазерный томограф – laser tomograph
лазерный трансмиссомер – laser transmission meter
лазерный триггер – laser trigger
лазерный триммер – laser trimmer
лазерный триод – triode laser
лазерный удар – laser *impact* [shock]
лазерный ударный наклеп – laser shot peening
лазерный указатель – laser pointer
лазерный указатель направления – laser direction indicator
лазерный ультразвуковой анализ – laser ultrasonic inspection
лазерный ультразвуковой анализ дефектов – laser ultrasonic inspection of defects
лазерный ультразвуковой анализ микроструктуры – laser ultrasonic inspection of microstructure
лазерный управляемый синтез – laser driven fusion
лазерный управляемый термоядерный синтез – laser driven fusion
лазерный *(энергетический)* уровень – laser [lasing] level
лазерный *уровень* [нивелир] – laser level
лазерный усилитель – laser amplifier
лазерный усилитель на александрите – alexandrite laser amplifier
лазерный усилитель на красителе – dye laser amplifier
лазерный усилитель на неодимовом стекле – neodymium-glass laser amplifier
лазерный усилитель на плазме – plasma laser amplifier
лазерный усилитель на твёрдофазной среде – solid state phase laser amplifier
лазерный усилитель на фосфатном стекле – phosphate glass laser amplifier
лазерный усилитель с внешней синхронизацией – injection locking laser amplifier
лазерный усилитель с наибольшим коэффициентом усиления – laser amplifier with highest gain
лазерный ускоритель – laser accelerator
лазерный уход за кожей – laser skin care
лазерный фазовый переход – laser transformation
лазерный факел – laser *flare* [torch]
лазерный фемтосекундный микроскоп – laser femtosecond microscope
лазерный фильтр – laser filter
лазерный флюоресцентный спектрометр – laser fluorescence spectrometer
лазерный флюорометр – laser fluorometer
лазерный фотоионный микроскоп – laser photoion microscope
лазерный фотокоагулятор – laser photocoagulator
лазерный фотолиз – laser photolysis
лазерный фотон – laser photon
лазерный фотоэлектронный микроскоп – laser photoelectron microscope
лазерный химический электролиз – laser chemical electrolysis

лазерный целеуказатель – laser designator
лазерный шов встык – laser butt seam
лазерный штрихкод – laser barcode
лазерный шум – laser noise
лазерный экран – laser display
лазерный электротермический ракетный двигатель малой тяги – laser electrothermal thrust rocket engine
лазерный элемент – laser *element* [component]
лазерный (*энергетический*) уровень – lasing level
лазерный энергетический уровень – laser energy level
лазерный эпитаксиальный рост (*плёнки*) – laser epitaxial growth
лазерный эффект – lasing [laser] effect
лазерный ядерный синтез – laser fusion
лазерохимия – laser chemistry
лазер-передатчик* – communication laser
лазер-преобразователь*– laser converter
лазер-триод* – triode laser
лазер-усилитель* – laser amplifier
лазеры безопасного для глаз излучения – eye-safe lasers
лазеры на активированных кристаллах – lasers based on activated crystals
лазеры на ванадатах – vanadate lasers
лазеры на вольфраматах– tungstate lasers
лазеры на галогенидах благородных газов – inert gas halide lasers
лазеры на галогенидах водорода – hydrogen halide lasers
лазеры на галогенидах инертных газов – inert gas halide lasers
лазеры на галогенидах меди – copper halide lasers
лазеры на лантаноидах – lanthanide lasers
лазеры на молекулярных фторидах – molecular fluoride lasers
лазеры на нейтральных атомах – neutral atom lasers
лазеры на нейтральных атомах инертных газов – lasers on neutral atoms of inert gases
лазеры на парах галогенидов меди – copper halide vapor lasers
лазеры на парах металлов – metal vapor lasers
лазеры на халькогенидах кадмия – cadmium chalcogenides lasers
лазеры на халькогенидах кадмия, легированных переходными металлами – transition metals doped cadmium chalcogenides lasers
лазеры на халькогенидах цинка, легированных переходными металлами – transition metals doped zinc chalcogenides lasers
лазеры, генерирующие излучение оранжевого и жёлтого цветов – orange and yellow lasers
лазограмма* – lasogram* [laser hologram]
лазография* – lasography [laser holography]
лампа накачки (*лазера*) – pump lamp
лампа-вспышка – flash bulb [flashlamp, flash tube]
легированные лазерные кристаллы – doped laser crystals
легированные красителями полимеры как лазерные среды – dye doped polymers as laser medium
ленточно-кристаллический лазер – crystalline ribbon laser
ленточный лазер – ribbon laser
летательный аппарат с лазерной мощностью – laser powered aircraft
лидар – lidar (acronym for *laser identification, detection and ranging*) [laser radar]

лидар дифференциального поглощения – differential absorption lidar
лидар для измерения параметров ветра – wind sensing lidar
лидар с автоматическим сопровождением (*цели*) – automatic tracking lidar
лидар с высоким спектральным разрешением – high spectral resolution lidar
лидарный датчик – lidar sensor
лидарный датчик ветра – lidar wind sensor
лидарный датчик для определения верхней границы облачности – cloud top lidar sensor
лидарный зонд температуры и влажности – temperature humidity lidar sound
линейка диодных лазеров – diode laser bar
линейка диодов – diode bar
линейка лазерных диодов – laser diode bar
линейка лазеров – laser bar
линейная лазерная спектроскопия – linear laser spectroscopy
линейный ускоритель – linear accelerator [linac]
(*спектральная*) линия испускания – emission line
(*спектральная*) линия лазерного излучения – laser radiation line
листовой лазер – sheet laser
литография с помощью криптоново-фторидного эксимерного лазера – krypton fluoride excimer laser lithography
литография с помощью лазеров – laser assisted lithography
литография с помощью эксимерного лазера – excimer laser lithography
литография с помощью эксимерного лазера на фториде криптона – krypton fluoride excimer laser lithography
литография с помощью эксимерного лазера на хлориде аргона – argon chloride excimer laser lithography
лицевая накачка (*лазера*) – face pumping
лицевая накачка лазерного диска – laser disk face-pump
лицевая накачка пластины – face pumped slab
лицевая поверхность лазерного диода – laser diode face
локальное окисление при лазерном нагреве – local oxidation in laser heating
ЛПЗ [лазер на парах золота] – gold vapor laser
ЛПМ [лазер на парах меди] – copper vapor laser
ЛПМет [лазеры на парах металлов] – metal vapor lasers
ЛРК [лазер на растворе красителя] – dye solution laser
ЛРОС [лазер с распределенной обратной связью] – distributed feedback laser
ЛСЭ [лазер на свободных электронах] – free electron laser
луч лазера – laser *ray* [beam]
любитель лазеров – laser hobbyist
люминесценция – luminescence [fluorescence]
люминесценция при лазерном облучении – laser induced luminescence [fluorescence]

М

M^2-фактор – M^2-factor
магазин диодов – diode stack
магний-оливин лазер – magnesium olivine laser [forsterite laser]
магнитодинамический лазер – magnetohydrodynamic laser
магнитооптическая ловушка – magneto-optical trap

магнитооптический лазер – magneto-optical laser
мазант* – masant* [active maser *substance* [medium, material]]
мазер – maser [microwave laser]
мазер Альфвена – Alfven maser
мазер бегущей волны – traveling wave maser
мазер в режиме насыщения – saturated maser
мазер на аммонии – ammonia maser
мазер на атомарном водороде – atomic hydrogen [*H*] maser
мазер на атомном пучке – atomic beam maser
мазер на встречных пучках – opposed beam maser
мазер на газовой ячейке – gas cell maser
мазер на гидроксиловых радикалах *OH* [*OH* мазер] – hydroxyl [*OH*] maser
мазер на горячих дырках – hot holes maser
мазер на гранате – garnet maser
мазер на дырках с отрицательными массами – negative mass hole maser
мазер на магнитном резонансе – magnetic resonance maser
мазер на метаноле – methanol maser
мазер на молекулах – molecular maser
мазер на молекулах воды [H_2O мазер] – water [H_2O] maser
мазер на молекулярном пучке – molecular beam maser
мазер на парамагнетике – paramagnetic maser
мазер на пучке (*молекул или атомов*) – beam type maser
мазер на пучке (*молекул*) аммиака – ammonia beam maser
мазер на рубидии [*Rb* мазер] – rubidium [*Rb*] maser
мазер на рубине – ruby maser
мазер на сапфире, легированном железом – iron doped sapphire maser
мазер на свободных электронах – free electron maser
мазер на твёрдом теле – solid state maser
мазер на центрах окраски – *f*- [color] center maser
мазер на циклотронном резонансе – cyclotron resonance maser
мазер на циклотронном резонансе дырок с отрицательными массами – negative mass hole maser
мазер на ядерном магнитном резонансе – nuclear magnetic resonance maser
мазер накачки – pumping maser
мазер непрерывного действия – continuously operated maser
мазер с двухтактной накачкой – push-pull maser
мазер с лазерной накачкой – laser pumped maser
мазер с оптической накачкой – light excited [light pumped, optically pumped] maser
мазер с переориентацией спинов – spin flip maser
мазер с полем развёртки – field sweep maser
мазер с радиоактивной накачкой – radiatively pumped maser
мазер со связанными резонаторами – coupled cavity maser
мазер, излучающий в инфракрасной области спектра – infrared maser
мазерная волна – maser mode
мазерная генерация – masing* [maser action, microwave lasing, maser generation, generation of maser radiation]
мазерная линия – maser line
мазерная мода – maser mode
мазерная неустойчивость – maser instability

мазерная осцилляция – maser oscillation
мазерная среда – masant* [active maser *substance* [medium, material]]
мазерное воздействие – maser action
мазерное действие – maser action
мазерное излучение – maser *emission* [radiation]
мазерное облако – maser [masing*] cloud
мазерное усиление – maser amplification
мазерный [-ная, -ное, -ные, -но] – *adj. of* maser
мазерный генератор – maser [maser generator, generator of micro-wave radiation]
мазерный интерферометр – maser interferometer
мазерный источник – maser source
мазерный коагулятор – maser coagulator
мазерный криостат – maser refrigerator
мазерный кристалл – maser crystal
мазерный осциллятор – maser oscillator
мазерный передатчик – maser transmitter
мазерный переход – maser transition
мазерный резонатор – maser resonator
мазерный усилитель – maser amplifier
мазерный шум – maser noise
мазерный эффект – maser effect
максимальная выходная мощность лазера – maximum laser power output
максимальная мощность лазера – maximum laser power
максимальная пиковая выходная мощность – maximum peak output power
максимальная пиковая мощность лазеров – maximum peak power of lasers
максимальная рабочая частота лазеров – maximum operating lasers frequency
максимальная ширина спектральной линии лазеров – maximum width of lasers spectral line
максимально допустимая экспозиция (*при лазерном облучении*) – maximum permissible exposure
максимальный коэффициент усиления – maximum gain
максимальный пик – maximum peak
максимальный пиковый выход – maximum peak output
малогабаритный лазер – compact [torch] laser
маломощный диодный лазер – low power diode laser
маломощный лазер – low *power* [energy] laser
малотоксичный химический лазер – low toxicity chemical laser
манипулятор для лазера – articulated arm for laser
марганцевый [*Mn*] лазер – manganese [*Mn*] laser
мартенсит лазерной закалки – laser quenching martensite
маска – mask
масс-спектрометрия с индуктивно-связанной плазмой – mass spectrometry with inductively coupled plasma
масс-спектрометрия с индуктивно-связанной плазмой и лазерной абляцией – mass spectrometry with inductively coupled plasma and laser ablation
масс-спектрометрия с лазерной абляцией – mass spectrometry with laser ablation
масс-спектрометрия с лазерной десорбцией и ионизацией – laser desorption and ionization mass spectrometry
масс-транспорт, вызванный лазерным излучением – laser induced mass transport
масштабирование лазерной мощности – laser power scaling
масштабирование лазеров по мощности – power scaling of lasers

материал-хозяин* *(активная среда лазера)* – host material
материалы для лазеров с узкой линией *(излучения)* – narrow linewidth laser materials
материалы для твёрдотельных лазеров – solid state laser materials
материалы для широкополосных перестраиваемых лазеров – broadband tunable laser materials
матричное выпаривание с помощью импульсного лазера – matrix assisted pulsed laser evaporation
матричный лазер – array laser
матрица высокомощного диодного лазера – high power diode laser array
матрица лазера с распределённой обратной связью – distributed feedback laser array
матрица лазерного компакт-диска – laser compact disk matrix
матрица лазерных диодов – laser diode array
матрица светодиодов – light emitting array
МД [магнитодинамический] лазер – magnetohydrodynamic laser
мегаваттный лазер – megawatt laser
мегагерцевый лазер – megahertz laser
мегаджоулевый лазер – megajoule laser
мегалазер – megalaser
мегамазер – megamaser
медицинский лазер – medical laser
медленное изменение *(параметров)* лазерного пучка – laser beam wander
медленные поглотители – slow absorbers
медный [*Cu*] лазер – copper [*Cu*] laser
межзонное поглощение – interband [band-to-band] absorption
межзонный переход – band-to-band [interband] transition
межимпульсная когерентность – interpulse coherence
межподзонные переходы *(в полупроводниках)* – intersubband transitions
мезалазер – mesalaser [mesa- [stripe, structure] laser]
мелкомасштабная самофокусировка – small-scale self-focusing
менеджер по лазерной безопасности – laser safety manager
место показа лазерного шоу – laserium [laser show display place]
металлический ионный лазер – metal ion laser
металлический лазер – metal laser
метаноловый мазер – methanol maser
метастабильное состояние – metastable state
метастабильный возбуждённый уровень – metastable excited level
метастабильный уровень – metastable level
метод возбуждения – excitation technique
метод лазерного легирования – laser doping technique
метод лазерного плакирования с предварительно размещённым *(на поверхности)* порошке – preplaced powder methof of laser cladding
метод лазерной спектроскопии – laser-spectroscopic technique
метод накачки – pumping method [excitation technique]
метод оптической частотной гребёнки – optical frequency comb technique
метод роста лазерно-нагреваемой *подложки* [основания] – laser heated pedestrial growth technique
методы активной синхронизации мод – active mode locking methods
методы измерения длительности лазерных импульсов – measurement methods of laser pulse duration
методы измерения параметров лазера – laser parameters measurement techniques
методы инверсии (на, за)селённости – population inversion methods

методы лазерного легирования – laser alloy technique
методы лазерного плакирования – laser cladding methods
методы лазерного сплавления – laser alloy technique
методы лазерной спектроскопии – laser spectroscopic technique
методы (*анализа*) лазерной физики – laser physics methods
методы модуляции добротности (*резонатора*) – *Q*-factor modulation methods
методы отбора проб лазерного луча – laser beam sampling methods
методы пассивной синхронизации мод – passive mode locking methods
методы повышения мощности генерации лазера – laser generation power improving methods
методы синхронизации мод – mode locking *methods* [techniques]
методы создания инверсии (на, за)селённости – population inversion creation methods
методы фокусировки высокомощного лазерного излучения – focusing methods of high-power laser radiation
методы формирования лазерного пучка – laser beam shaping methods
механизм депопуляции – depopulation mechanics
механизм лазерного возбуждения – laser excitation mechanism
механизм лазерного возбуждения звука – mechanism of laser sound excitation
механизм лазерного повышения прочности – laser hardening mechanism
механизм лазерного сверления – mechanism of laser drilling
механизм лазерного упрочнения – laser hardening mechanism
механизм лазерной абляции – laser ablation mechanics
механизм лазерной закалки – laser hardening mechanism
механизм лазерной накачки – laser excitation mechanism
механизм лазерной плавки – mechanism of laser melting
механизм лазерной резки – mechanism of laser cutting
механизм лазерной сварки – mechanism of laser welding
механизм релаксации (на, за)селённости – population relaxation mechanics
механизмы лазерной обработки – laser processing mechanisms
механизмы поглощения лазерного излучения веществом – absorption mechanisms of laser radiation by substance
механическая лазерная прочность (*материала*) – mechanical laser strength
механическая обработка с помощью лазеров – laser assisted machining
механический дизайн лазера – mechanical design of laser
механический лазерный затвор – mechanical laser shutter
механический лазерный переключатель добротности – mechanical laser *Q*-switch
микроваттный лазер – microwatt laser
микроволновый лазер на переходе Джозефсона – Josephson junction microwave laser
микроволновый лазер на переходе Джозефсона при переменном токе – alternating current Josephson junction microwave laser
микроволновый осциллятор – microwave oscillator
микроволновый резонатор – microwave cavity
микродеформация с помощью лазера – laser assisted microscale deformation
микроджоулевый лазер – microjoule laser
микролазер – microlaser [microcavity laser]
микромазер – micromaser
микрометаллургия при лазерном нагреве – micrometallurgy [mutual layers diffusion] in laser heating
микронный лазер – micrometer laser
микрометровый лазер – micrometer laser

микрополость – microcavity [-resonator]

микрорезание – microcutting

микрорезонатор – microresonator

микрорезонатор на квантовых точках – quantum dot microcavity

микрорезонатор на квантовых ямах – quantum well microcavity

микрорезонаторная структура – microcavity structure

микросварка – microwelding

микросекундный лазер – microsecond laser

микросекундный импульс – microsecond pulse

микросекундный лазерный импульс – microsecond laser pulse

микроскопия стимулированного эмиссионного ослабления – stimulated emission depletion microscopy

микроскопия, основанная на изображении продолжительности флюоресценций – fluorescence lifetime imaging microscopy

микроструктура лазерного перехода – microstructure of laser transformation

милливаттный лазер – milliwatt laser

миллиджоулевый импульс – millijoule pulse

миллиметровый лазер – millimeter laser

миллисекундный импульс – millisecond pulse

миллисекундный лазер – millisecond laser

миллисекундный лазерный импульс – millisecond laser pulse

миниатюрный кристаллический лазер – miniature crystalline laser

миниатюрный лазер – miniature laser [microlaser]

миниатюрный резонатор – miniature resonator

минилазер – minilaser

минимальная пиковая мощность лазера – minimum peak power of laser

минимальная рабочая частота лазера – minimum operating laser frequency

минимальная ширина спектральной линии лазера – minimum width of laser spectral line

многоволновая генерация лазерного излучения – multiline lasing

многоволновая лазерная генерация – multiline lasing

многоволновая лазерная матрица – multiwave laser array

многоволновая лазерная решётка – multiwave laser array

многоволновое лазерное зеркало – multiline laser mirror

многоволновый лазер – multiwave [-line, -wavelength] laser

многоволоконный лазер – multifiber laser

многожильный волоконный лазер – multifiber laser

многозеркальный резонатор – multimirror resonator

многоимпульсное ударное лазерное сверление – multipulse percussion laser drilling

многоканальное когерентное рассеяние – multichannel coherent scattering

многоканальный лазер – multichannel laser

многоканальный лазер с изогнутым резонатором – multichannel laser with folded resonator

многоканальный лазер с поперечным разрядом – multichannel transverse discharge laser

многоканальный лазер с поперечным разрядом и изогнутым резонатором – multichannel transverse discharge laser with folded resonator

многокаскадный лазер – cascaded laser

многокаскадный оптоволоконный лазер Рамана – cascaded Raman fiber laser

многокиловаттный лазер – multikilowatt laser

многокомпонентный лазер – multicomponent laser

многолинейная генерация лазерного излучения

многолинейная генерация лазерного излучения – multiline lasing
многолинейная лазерная генерация излучения – multiline lasing
многолинейное лазерное зеркало – multiline laser mirror
многолинейный лазер – multiline laser
многолучевой лазер – multibeam laser
многомодовая генерация – multimode generation
многомодовая генерация лазерного излучения – multimode lasing
многомодовая лазерная генерация излучения – multimode lasing
многомодовое оптоволокно – multimode fiber
многомодовые оптоволокна с переменным показателем преломления – graded index multimode fibers
многомодовые оптоволокна со ступенчатым профилем показателя преломления – step index multimode fibers
многомодовый – multimode
многомодовый высокочастотный лазер – multimode high frequency laser
многомодовый высокочастотный лазер непрерывного действия – multimode continuous wave high frequency
    laser
многомодовый лазер – multimodal [multimode] laser
многомодовый лазерный пучок – multimode laser beam
многомодовый мазер – multimodal [multimode] maser
многомодовый режим (*работы лазера*) – multimode behavior
многоосевая лазерная резка – multiaxis laser cutting
многоосевая лазерная система – multiaxis laser system
многопетаваттный лазер – multi-petawatt laser
многополосный лазер – multiple stripe laser
многопризменный лазер – multiprism laser
многопроходный лазерный усилитель – multipass laser amplifier
многопучковая генерация лазерного излучения – multibeam [multiple beam] lasing
многопучковая лазерная генерация – multibeam [multiple beam] lasing
многопучковая лазерная резка – multibeam laser cutting
многопучковая лазерная сварка – multibeam laser welding
многопучковый лазер – multibeam laser
многоразовый летательный аппарат с лазерной мощностью – laser powered shuttle
многорезонаторный лазер – multiple-cavity [multiplicavity] laser
многорезонаторный лазерный диод – multi-resonator laser diode
многорезонаторный мазер – multiple-cavity [multiplicavity] maser
многосекционный лазер – multisection laser
многослойный распределённый брэгговский отражатель – multilayer distributed Bragg reflector
многотрубочный лазер – multitube laser
многотрубочный лазер с изогнутым резонатором – multitube laser with folded resonator
многофононная ионизация – multiphonon ionization
многофононный переход – multiphonon transition
многофотонная диссоциация – multiphoton dissociation
многофотонная диссоциация атомов в лазерном поле – multiphoton atoms dissociation in laser field
многофотонная диссоциация молекул в лазерном поле – multiphoton molecules dissociation in laser field
многофотонная ионизация – multiphoton ionization
многофотонная ионизация атомов – multiphoton atoms dissociation
многофотонная ионизация молекул – multiphoton molecules ionization
многофотонное поглощение – multiphoton absorption

многофотонные резонансные процессы – multiphoton resonance processes
многофотонный лазер – multiphoton laser
многофотонный переход – multiphoton transition
многочастотный лазер – multifrequency [multicolor] laser
многочиповый лазер – multichip laser
многоцветный лазер – multicolor laser
многоэлементный лазер – multicomponent [multiple-host] laser
многоэлементный полупроводниковый лазер – multicomponent semiconductor laser
многоэмиттерный диодный лазер – multiple emitter diode laser
многоямный лазер – multiple quantum [multiquantum] well laser
множественная мода – multimode
множественное усиление – multiplicative gain
множественные квантовые ямы – multiple quantum wells
мода лазерного излучения – laser [lasing] mode
мода поперечного возбуждения – transverse excitation mode
мода световода – waveguide mode
модификация поверхности с помощью лазера – laser assisted surface modification
модовая площадь – mode area
модовая структура лазерного излучения – mode structure of laser radiation
модовое биение – mode hopping
модовый коэффициент подавления – mode suppression ratio
модовый объём – mode volume
модовый радиус – mode radius
модовый состав – mode content
модовый шаг – mode hop
модулируемая волна – modulated wave
модулируемый лазер – modulated laser
модулируемый пучок – modulated beam
модулирующий лазер – modulating laser
модуль лазерного диода – laser diode module
модулятор добротности (*связанных резонаторов*) – cavity dumper
модулятор с электрическим поглощением – electrical absorption modulator
модулятор с электрической абсорбцией – electrical absorption modulator
модуляционные характеристики лазеров – modulation characteristics of lasers
модуляция добротности (*связанных резонаторов*) – cavity dumping
модуляция добротности пучка – beam dump
модуляция интенсивности – intensity modulation
модуляция коэффициента усиления – gain modulation
модуляция лазерного излучения – modulation of laser radiation
модуляция с поперечными фазами – cross phase modulation
модуляция усиления – gain modulation
модуляция частоты лазерного излучения– laser frequency modulation
моды активной синхронизации – active synchronization modes
моды более высокого порядка – higher order modes
моды более низкого порядка – lower order modes
моды лазерного резонатора – laser cavity modes
моды низкого порядка – low order modes

моды пассивной синхронизации – passive synchronization modes
моды резонатора – resonator [cavity] modes
моды Эрмита-Гаусса – Hermite–Gaussian modes
молекулы, охлаждённые лазерным излучением – laser cooled molecules
молекулярное излучение – molecular radiation
молекулярное лазерное разделение изотопов – molecular laser isotope separation
молекулярный газовый лазер – molecular gas laser
молекулярный лазер – molecular laser
молекулярный лазер на окиси углерода – carbon monoxide molecular laser
молекулярный лазер с прокачкой (*газовой смеси*) – flowing molecular laser
молекулярный мазер – molecular maser
молекулярный фторный лазер – molecular fluorine laser
мониторинг с помощью лазерного пучка – laser beam monitoring
моноимпульсная генерация лазерного излучения – single *pulse* [shot] lasing
моноимпульсная лазерная генерация – single *pulse* [shot] lasing
моноимпульсное действие – single pulse action
моноимпульсное лазерное сверление – single pulse drilling
моноимпульсный гигантский лазер – mono [single] giant-pulse laser
моноимпульсный лазер – mono [single] pulse laser
моноимпульсный лазерный радар – monopulse laser radar
моноимпульсный лидар – monopulse lidar
монокристаллический лазер – monocrystal [single crystal] laser
монолитное изолированное одномодовое кольцо – monolithic isolated single-mode ring
монолитный кольцевой лазер – monolithic ring laser
монохроматическое лазерное излучение – monochromatic laser radiation
монохроматичность лазерного излучения – laser monochromaticity [monochromaticity of laser radiation]
мощностные характеристики лазеров – power characteristics of lasers
мощность задающего генератора – master oscillator power
мощность задающего осциллятора – master oscillator power
мощность излучения – radiant power
мощность когерентного излучения – coherent radiation power
мощность лазера – laser [-output] power
мощность лазерного пучка – laser beam power
мощность лазерной генерации – lasing power
мощность лазерной эмиссии – laser emission power
мощность накачки – pumping power
мощный лазер – high power laser
мощный твёрдотельный лазер – high power solid state laser
мультистабильность в лазерах – multistability in lasers

Н

наведение лазерного пучка – laser beam guidance
наведение пучка – beam *guidance* [alignment]

наведённый лазерный пучок – aiming laser beam
нагрев (*в области*) лазерного пятна – laser spot heating
нагрев при лазерной резке – laser cutting heating
нагрев при лазерной сварке – laser welding heating
нагрев при лазерном сверлении – laser drilling heating
надбарьерная ионизация атомов – over-barrier ionization of atoms
надбарьерная ионизация ионов – over-barrier ionization of ions
надёжность лазера – laser reliability
надпороговый режим (*работы лазера*) – after-threshold behavior
наименьший (*по размерам*) лазер – smallest laser
наименьший (*по размерам*) случайный лазер – smallest random laser
накаченная (*активная*) среда – pumped medium
накачивать лазер – to pump a laser
накачивать лазер с торца – (*to*) pump a laser from end
накачивать лазер с торца диска – (*to*) pump a laser from its disk end
накачивающий лазер – exciting laser
накачка (*лазера*) – pumping [pumping action]
накачка волнами микронного диапазона – microwave excited pump
накачка диодного лазера – diode laser pumping
накачка (*лазера*) из зонной полосы полупроводника – in-band diode pumping
накачка лазера – laser *pump* [pumping]
накачка (*лазера*) из зонной полосы – in-band pumping
накачка лазера из зонной полосы – in-band laser pumping
накачка лазера на красителе – dye laser *pump* [pumping]
накачка лазера с синхронизированными модами – mode locked laser pumping
накачка лазера с торца – end laser pumping
накачка лазерного диода – laser diode pumping
накачка лазерного уровня – laser level pumping
накачка лазерной среды – laser medium pumping
накачка лазерным пучком – laser beam pumping
накачка последовательностью импульсов – pulse train pumping
накачка последовательностью импульсов мощного лазера – pulse train pumping from high-power laser
накачка рабочего вещества (*лазера*) – active medium pumping
накачка (*лазера*) с торца – end pumping
накачка химического лазера – chemical laser pumping
накачка электронным пучком – electron beam pumping
наклёп лазерным ударом – laser shock peening
накопленная энергия – stored energy
нановолокно – nanofiber
нанолазер – nanolaser
нанолитография с помощью лазера – laser assisted nanolithography
нанометровый лазер – nanometer laser
нанооптика – nanooptics
наносекундная лазерная абляция – nanosecond laser ablation
наносекундная оптоэлектроника – nanosecond optoelectronics
наносекундное лазерное облучение – nanosecond laser irradiation
наносекундные явления – nanosecond phenomena

наносекундный импульс – nanosecond pulse

наносекундный лазер – nanosecond laser

наносекундный лазерный нагрев – nanosecond laser heating

наносекундный лазерный отжиг – nanosecond laser annealing

наносекундный оптоволоконный лазер – nanosecond fiber laser

наноструктуры, вызванные лазерным излучением – laser induced nanostructures

наноструктуры, полученные при лазерном отжиге – nanostructures made by laser anneaing

нанофотоника – nanophotonics

наночастицы – nanoparticles [nanometer sized particles]

наночастицы, вызванные лазерным излучением – laser induced nanoparticles

направление лазерного пучка – laser beam direction

направленность лазерного пучка – directionality of laser beam

наплавленный валик (*сварного шва*) – weld bead

направленный пучок – directional [directive, directed] beam

напряжения, вызванные лазерным излучением – laser induced stresses

населённость (*энергетического уровня*) – population

населённость возбуждённого состояния – excited state population

населённость основного состояния – ground-state polpulation

населённость уровня – level population

населённость энергетического уровня – energy level population

настройка лазера – tunability of laser [laser alignment]

настройка (*лазера*) по частоте – frequency tuning

настройка частоты – frequency *tuning* [adjustment]

насыщаемость по току при лазерной генерации – current saturation in lasing

насыщаемый поглотитель из легированного диэлектрика – doped insulator saturable absorber

насыщаемый поглотитель из легированного изолятора – doped insulator saturable absorber

насыщающееся поглощение – saturable absorption

насыщающийся мазер – saturable maser

насыщающийся поглотитель – saturable absorber

насыщение усиления – gain saturation

натриевый лазерный маяк – sodium laser beacon

натуральные лазеры – natural lasers

натуральные мазеры – natural masers

науглероживание (*поверхности*) при лазерной обработке – carbonization under laser treatment

наукоёмкая (*лазерная*) технология – high-end (*laser*) technology

начало лазерной осцилляции – onset of laser oscillation

невозбуждённая молекула – nonexcited [unexcited, deexcited] molecule

невозбуждённый атом – nonexcited [unexcited, deexcited] atom

невозбуждённый ион – nonexcited [unexcited, deexcited] ion

невозбуждённый (*энергетический*) уровень – normal level

невозбуждённое состояние – nonexcited [unexcited, deexcited] state

невырожденное излучение – nondegenerate radiation

невырожденное (*энергетическое*) состояние – nondegenerate state

невырожденные колебательные моды – nondegenerate vibrational modes

невырожденный лазер – nondegenerate laser

невырожденный (*энергетический*) уровень – nondegenerate level

негенерирующая лазерная мода – nonlasing mode

негенерирующий лазер – cold laser

недовозбуждение лазера – laser underexcitation

недостатки лазерного процесса (*обработки*) – disadvantages of laser processing

незаконченная лазерная резка – blind laser cutting

незанятая (*энергетическая*) зона – unoccupied band

незанятое (*энергетическое*) состояние –unoccupied state

незанятый (*энергетический*) уровень – vacant level

незатухающие релаксационные колебания – undamped relaxation oscillations

незатухающий генератор – undamped oscillator

незатухающий осциллятор – undamped oscillator

неизлучающая мода – nonradiative mode

неизлучающее затухание – nonradiative [radiationless] decay

неизлучающее снятие возбуждения – nonradiative [radiationless] deexcitation

неизлучающий переход – nonradiative [radiationless] transition

неизлучающий процесс – nonradiative [radiationless] process

неклассический свет – nonclassical light

некогерентная активная лазерная спектроскопия – incoherent active laser spectroscopy

некогерентная накачка – incoherent pumping

некогерентное взаимодействие атома с излучением – atom-radiation incoherent interaction

некогерентное возбуждение – noncoherent [incoherent] excitation

некогерентный источник – noncoherent [incoherent] source

неконтактное лазерное изгибание (*пластины*) – non-contact laser bending

нелинейная волновая оптика – nonlinear wave optics

нелинейная динамика переключения добротности – nonlinear dynamics of Q-switching

нелинейная квантовая электродинамика – nonlinear quantum electrodynamics

нелинейная лазерная спектроскопия – nonlinear laser spectroscopy

нелинейная оптика – nonlinear optics

нелинейная оптическая среда – nonlinear optical medium

нелинейное преобразование частоты – nonlinear frequency conversion

нелинейные искажения импульса – nonlinear pulse distortions

нелинейные кристаллы – nonlinear crystals

нелинейный лазерный нагрев – nonlinear laser heating

нелинейный лазерный нагрев вещества – nonlinear laser heating of substance

нелинейный оптический эффект – nonlinear optical effect

немедленная флюоресценция – prompt fluorescence

ненасыщаемые потери – nonsaturable losses

ненормальные моды – abnormal [non-normal] modes

ненормальные виды колебания – abnormal modes

необратимое лазерное разрушение – irreversible laser damage

необязательная (*резервная*) лазерная система – redundant laser system

неодимовое стекло – neodymium doped glass

неодимовый [*Nd*] лазер – neodymium [*Nd*] laser

неоднородное насыщение усиления – inhomogeneous gain saturation

неоклассические лазерные уравнения – neoclassical laser equations

неоново-медный [*Ne-Cu*] лазер – neon-copper [*Ne-Cu*] laser

неоновый [*Ne*] лазер – neon [*Ne*] laser

неохлаждаемый лазер – uncooled laser

неплоскостной кольцевой генератор – nonplanar ring oscillator
неплоскостной кольцевой осциллятор – nonplanar ring oscillator
неплоскостной лазерный резонатор – nonplanar laser resonator
неполяризационный расщепитель пучка – nonpolarizing beam splitter
непрерывная волна – continuous wave
непрерывная генерация лазерного излучения – continuous [continuous wave] lasing
непрерывная лазерная волна – continuous laser wave
непрерывная лазерная генерация – continuous [continuous wave] lasing
непрерывная лазерная генерация от ближнего инфракрасного до ультрафиолетового излучения – continuous
    near-infrared-to-ultraviolet lasing
непрерывная лазерная плавка – continuous laser welding
непрерывная лазерная резка – continuous laser welding
непрерывная лазерная сварка – continuous laser welding
непрерывная мода – continuous mode
непрерывно накачиваемая генерация лазерного излучения – continuous pumped lasing
непрерывно накачиваемая лазерная генерация – continuous pumped lasing
непрерывное лазерное возбуждение – continuous wave laser excitation
непрерывное лазерное сверление – continuous laser drillng
непрерывный высокочастотный лазер – continuous wave high frequency laser
непрерывный выходной пучок – continuous wave output beam
непрерывный лазер – continuous [continuous wave, continuously operated] laser
непрерывный лазер на двуокиси углерода – continuous wave carbon dioxide laser
непрерывный лазер на двуокиси углерода низкого давления – low pressure continuous wave carbon dioxide
    laser
непрерывный лазер на двуокиси углерода с диффузионным охлаждением – carbon dioxide continuous laser
    with diffusion cooling
непрерывный лазер на двуокиси углерода с поперечной прокачкой – carbon dioxide continuous laser with
    transverse flow
непрерывный лазер на двуокиси углерода с продольной прокачкой – carbon dioxide continuous laser with
    longitudinal flow
непрерывный лазер на моноокиси углерода – carbon monoxide continuous laser
непрерывный лазер на смесях *(газов)* – continuous wave mixing laser
непрерывный лазер с повышением *(частоты)* – continuum upconversion laser
непрерывный лазерный маяк – continuous wave laser beacon
непрерывный полупроводниковый лазер – continuous semiconductor laser
непрерывный смесительный лазер – continuous wave mixing laser
непрерывный химический лазер – continuous wave chemical laser
неравновесная (на, за)селённость – nonequilibrium population
нерадиационное затухание – nonradiative [radiationless] decay
нерадиационное снятие возбуждения – nonradiative [radiationless] deexcitation
нерадиационный переход – nonradiative [radiationless] transition
нерадиационный процесс – nonradiative [radiationless] process
несинхронизированный лазер – nonsynchronized [unsynchronized, free-running] laser
нестабильная полость – unstable cavity
нестабильность лазерного наведения – laser pointing instability
нестабильный лазерный резонатор – unstable laser resonator
нестабильный резонатор – unstable cavity

нестационарный режим работы лазера – unstable laser
нетепловой лазер – athermal laser
неудача при применении лазера – laser failure
неустойчивости переключения добротности – *Q*-switching instabilities
неустойчивость (*генерации*) лазера – laser instability
неустойчивый резонатор – unstable resonator
низкая частота – low frequency
низкодобротный резонатор – low *quality* [Q] resonator
низкокогерентный источник – low-coherence source
низкокогерентный лазер – low coherence laser
низкопороговый лазер – low threshold laser
низкотемпературный лазер – cryogenic [low temperature] laser
низкотемпературный лазер на центрах окраски – low temperature *color-* [*f-*] center laser
низкотоксичный химический лазер – low toxicity chemical laser
низкоэнергетическое лазерное излучение – low energy laser radiation
нитевидная генерация лазерного излучения – filamentary lasing
нитевидная лазерная генерация – filamentary lasing
номинальная лазерно-опасная зона – nominal laser hazard zone
номинально-опасная зона – nominal hazard zone
номинально-опасное окулярное расстояние – nominal ocular hazard distance
нормальная (на, за)селённость – normal population
нормальный (*энергетический*) уровень – normal level
нуль-размерная активная среда – zero-dimensional active medium

О

обеднение (на, за)селённости (*энергетического уровня*) – population depletion
обеднение (*энергетического*) состояния – population depletion
обертоновый лазер – overtone laser
облучаемая поверхность – illuminated area
облучаемый лазерным излучением – laser illuminated
облучение лазерным пучком – laser beam irradiation
облучённая поверхность – irradiated area
обобщённая двухуровневая система – generalized two-level system
обобщённый сферический резонатор – generalized spherical resonator
обрабатываемая деталь (*при лазерном облучении*) – workpiece
обработка концентрированными потоками лазерной энергии – concentrated laser energy flows processing
обработка концентрированными потоками энергии – concentrated energy flows processing
обработка лазерным пучком – laser beam machining
обработка лазерным ударом – laser shock processing
обработка лазерным ударом с помощью сетчатой маски – net mask laser shock processing
обработка микроизделий эксимерным лазерным излучением – excimer laser micromachining
обработка на лазерном прошивочном станке – laser drilling

обработка плавлением с помощью лазерного высокотемпературного нагревателя

обработка плавлением с помощью лазерного высокотемпературного нагревателя – laser hearth melt processing
обработка плавлением с помощью лазерного горна – laser hearth melt processing
обработка эксимерным лазерным излучением – excimer laser *machining* [processing]
образование аустенита при лазерном облучении – ausforming under laser irradiation
образование высоких гармоник лазерного излучения – high harmonic generation of laser radiation
образование горба (*в области шва*) при лазерной сварке – humping under laser welding
образование плазмы в лазерной сварочной скважине – plasma formation in laser welding keyhole
обращение волнового фронта – wavefront conversion
общий лазерный анализ и дизайн – general laser analysis and design
объект лазерного перехода – laser *transition object* [species]
объёмная активная среда – three-dimensional active medium
объёмное лазерное воздействие – three dimensional laser effect
объёмное лазерное моделирование – three dimensional laser prototyping
объёмно-ионизированный лазер – bulk ionized laser
объёмный лазер – bulk laser
объёмный лазерный эффект – three-dimensional laser effect
объёмный резонатор – bulk [cavity] resonator, resonant cavity
объёмный резонатор Фабри-Перо – Fabri-Perot resonant chamber
обычная доставка пучка – conventional beam delivery
обычный импульсный лазер – normal pulse laser
обычный лазер – conventional laser
ограждённое лазерное устройство – enclosed laser device
ограждённый лазер – enclosed laser
ограничение лазерных мод – laser mode restriction
одиночная мода – single mode
одиночная мода резонатора – single resonator mode
одиночная поперечная мода – single transverse mode
одиночная продольная мода – single longitudinal mode
одиночный гетеролазер – single *heterojunction* [heterostructure] laser
одиночный лазерный импульс – single laser pulse
одноатомный лазер – single [one] atom laser
одноволновая генерация лазерного излучения – single line lasing
одноволновая лазерная генерация – single line lasing
одногетеродиновый лазер – single heterodyne laser
однокаскадный лазер – single stage laser
одноквантовый переход – single-quantum transition
одноквантовый процесс – one-quantum process
однолучевая градиентная лазерная ловушка – single-beam gradient laser trap
одномерная активная среда – one-dimensional active medium
одномерное удержание многократного квантования (*в потенциальной яме*) – one-dimensional multiple quantum well confinement
одномодовая генерация лазерного излучения – single mode lasing
одномодовая лазерная генерация – single mode lasing
одномодовая накачка – single mode pumping
одномодовое действие – single mode action
одномодовое колебание – single mode oscillation

одномодовое оптоволокно – single mode fiber

одномодовый волновод – single mode waveguide

одномодовый лазер – monomode [one-mode, unimodal, single mode] laser

одномодовый лазер с высокочастотной модуляцией – dynamic single mode laser

одномодовый лазерный пучок – single mode laser beam

одномодовый мазер – monomode [one mode, unimodal, single mode] maser

одномодовый режим (*работы лазера*) – single mode *operation* [regime]

одномодовый резонатор – single mode resonator

однонаправленный кольцевой лазер – unidirectional ring laser

однонаправленный лазер (*с усилением в одном направлении и поглощением в другом*) – one way [unidirectional] laser

однополосковый лазер – single stripe laser

однополосковый лазер на тепловом диоде – thermal diode single stripe laser

однополярный полупроводниковый лазер – unipolar semiconductor laser

однорезонаторный мазер – single cavity maser

однофотонная ионизация атомов и молекул – single photon ionization of atoms and molecules

однофотонный лавинный диод – single photon avalanche diode

одночастотная генерация лазерного излучения – single frequency [supermode] lasing

одночастотная лазерная генерация – single frequency [supermode] lasing

одночастотные лазерные колебания – single frequency laser oscillations

одночастотный затравочный лазер – single frequency seed laser

одночастотный лазер – single frequency [monofrequency, supermode] laser,

одночастотный непрерывный лазер – single line continuous wave laser

одночастотный непрерывный лазер на фториде водорода – single line continuous wave hydrogen fluoride laser

одночастотный резонатор – single frequency resonator

окисление (*материала*) при лазерном нагреве – oxidation in laser heating

окна Брюстера – Brewster windows

околозвёздный лазер – circumstellar laser

околозвёздный мазер – circumstellar maser

оловянный [*Sn*] лазер – tin [*Sn*] laser

ондулятор – undulator [device for generation of coherent synchrotron radiation]

ондулятор магнитного поля – magnetic field undulator

опасность поражения лазерным излучением – laser *danger* [hazard]

опасные факторы лазерного излучения – laser hazards

оператор лазерной установки – laserist

опора внешней частоты – external frequency reference

опорная полость – reference cavity

опорный лазер – reference laser

опрокидыватель пучка – beam dump

оптика лазерного принтера – laser printer optics

оптикомеханический (*лазерный*) затвор – optomechanical shutter

оптикомеханический переключатель добротности – optomechanical *Q*-switch

оптикомеханическое переключение добротности – optomechanical *Q*-switching

оптимальное выходное соединение (*лазера*) – optimum output coupling

оптическая бистабильная система – optical bistable system

оптическая выборка – optical sampling

оптическая интенсивность – optical intensity

оптическая когерентная томография – optical coherence tomography

оптическая когерентность – optical coherence

оптическая метрология частот – optical frequency metrology

оптическая мультистабильная система – optical multistable system

оптическая накачка – optical pump

оптическая накачка лазера – optical laser pumping

оптическая нутация – optical nutation

оптическая обратная связь – optical feedback

оптическая ось – optical axis

оптическая параметрическая генерация – optical parametric generation

оптическая полоса частот – optical band

оптическая усиливающая среда – optical gain medium

оптическая центровка – optical alignment

оптическая частотная гребёнка – optical frequency comb

оптическая юстировка – optical alignment

оптически возбуждённый лазер – optically excited laser

оптически накачиваемый газовый лазер – optically pumped gas laser

оптически накачиваемый лазер – optically pumped laser

оптически связанные лазеры – optically coupled lasers

оптические компоненты лазера – optical components of laser

оптические стандарты частоты – optical frequency standards

оптический волновод – lightguide

оптический волоконный датчик – optical fiber sensor

оптический диапазон (*частот*) – optical band

оптический квантовый генератор – optical quantum generator [laser, laser oscillator, laser generator, laser source]

оптический лазер – light [optical] laser

оптический мазер (*устаревший термин*) – light [optical] maser; laser

оптический модулятор – optical modulator

оптический параметрический генератор – optical parametric generator

оптический параметрический осциллятор – optical parametric oscillator

оптический параметрический усилитель – optical parametric amplifier

оптический пробой прозрачных диэлектриков – optical breakdown of transparent dielectrics

оптический пробой прозрачных диэлектриков при лазерном нагреве – optical breakdown of transparent
    dielectrics in laser heating

оптический резонатор – optical *resonator* [cavity]

оптический резонатор для лазерной генерации – optical resonator for lasing

оптический световод – lightguide

оптический усилитель – optical [coherent] amplifier

оптический элемент – optical element

оптическое возбуждение – optical [light] excitation

оптическое волокно – optical fiber

оптическое охлаждение – optical cooling

оптическое параметрическое усиление – optical parametric amplification

оптическое параметрическое усиление при линейной модуляции частоты – optical parametric chirped-pulse
    amplification

оптическое поглощение – optical absorption

оптическое стимулирование химических реакций – optical stimulation of chemical reactions оптическое стробирование – optical gating

оптическое уплотнение разделенных по времени лучей – optical time division multiplexing

оптическое устройство – optical device

оптоакустическая лазерная микроскопия – optoacoustic laser microscopy

оптоволокно – optical fiber

оптоволокно с большой модовой площадью – large mode area fiber

оптоволокно с двойным плакированием – double clad fiber

оптоволокно с микроструктурой – microstructure optical fiber

оптоволокно, возбуждаемое лазером – laser fed fiber

оптоволоконная брэгговская дифракционная решетка – fiber Bragg grating

оптоволоконная доставка пучка – fiber optic beam delivery

оптоволоконное усиление – fiber based amplification

оптоволоконное усиление при линейной модуляции частоты – fiber based chirped pulse amplification

оптоволоконные лазеры против объёмных лазеров – fiber lasers versus bulk lasers

оптоволоконный датчик – fiber [fiber optic] sensor

оптоволоконный дисковый лазер – fiber disk laser

оптоволоконный кабель – fiber *bundle* [cable], light wave cable

оптоволоконный комбинационный лазер – fiber Raman laser

оптоволоконный лазер – fiber [optical fiber] laser

оптоволоконный лазер с активно переключаемой добротностью – actively Q-switched fiber laser

оптоволоконный лазер с гармонически синхронизированными модами – harmonically mode locked fiber laser

оптоволоконный лазер с диодной накачкой – diode pumped fiber laser

оптоволоконный лазер с переключаемой добротностью – Q-switched fiber laser

оптоволоконный лазер с синхронизированными модами – mode locked fiber laser

оптоволоконный лазерный усилитель – fiber laser amplifier

оптоволоконный лазер-эндоскоп* – fiberscope laser

оптоволоконный рамановский лазер – fiber Raman laser

оптоволоконный световод – fiber optic waveguide

оптоволоконный усилитель – fiber amplifier

оптоволоконный усилитель мощности задающего генератора – master oscillator power fiber amplifier

оптоволоконный усилитель мощности задающего осциллятора – master oscillator power fiber amplifier

оптоволоконный усилитель задающего осциллятора – master oscillator fiber amplifier

оптоволоконный эндоскоп – fiberscope

оптоэлектроника – optoelectronics

опустошение (*энергетического уровня*) – depletion [emptying, depopulation]

опустошение более низкого энергетического состояния – lower energy state depletion

опустошение возбуждённого состояния – excited state depletion

опустошение уровня основного состояния – ground state level depletion

опустошённый (*энергетический*) уровень – depleted level

оранжевые и жёлтые лазеры – orange and yellow lasers

оранжевый лазер – orange laser

орбитальное зеркало-ретранслятор лазерного пучка – orbiting laser beam relay unit

орбитальный лидар – orbiting lidar

орбитронный лазер – orbitron laser

орбитронный мазер – orbitron maser

осаждение на лазерном шве – laser weld deposition

осаждение с помощью импульсного лазера – pulse laser assisted deposition

освещающий лазер (*в дисплеях*) – illuminating laser
осевая когерентность – axial coherence
осевая мода – axial mode
осевое осаждение из паровой фазы – vapor-phase axial deposition
осевой вид колебаний – axial mode
ослабитель – attenuator [decreasing amplitude device]
ослабление – attenuation
основная генерирующая лазерная мода – main lasing mode
основное квантовое состояние – ground quantum state
основное состояние – ground state
основное состояние атома – ground state of atom
основной лазер – basic laser
основной материал (*активная среда лазера*) – host material
основной уровень атома – ground level of atom
основные компоненты лазера – basic laser components
основные моды резонатора – fundamental resonator modes
основные типы лазеров – laser main types
основы лазерной физики – laser physics *basics* [principle]
основы лазерной техники – laser technics *basics* [principle]
основы лазерных технологий – laser technology *basics* [principle]
основы лазеров – laser *basics* [principle]
оставлять прежней лазерную юстировку – (*to*) remain a laser in adjustment
остановленная лазерным излучением трещина – laser arrested crack
остаточные деформации (*в материале или детали*) после лазерного облучения – residual strains after laser irradiation
остаточные напряжения (*в материале или детали*) после лазерного облучения – residual stresses after laser irradiation
осциллятор – oscillator [vibrator, generator]
осциллятор Блоха – Bloch oscillator
осциллятор отрицательного сопротивления – negative resistance oscillator
осцилляция Блоха – Bloch oscillation
осцилляция в микронной области спектра – maser oscillation
ось лазера – laser axis
ось лазерного пучка – laser beam axis
ось пучка – beam axis
ось резонатора – cavity axis
отверстие – aperture [diaphragm]
отверстие при лазерном сверлении – laser drilling hole laser hole
отдельно резонирующий (*параметрический*) осциллятор – singly resonant (*parametric*) oscillator
отжиг при лазерном запуске – laser trigger annealing
отклоняющее лазерный пучок устройство – laser beam bender
отклоняющее пучок устройство – beam bender
отключение генерации лазера – laser cutoff
отключение лазерного пучка – laser beam dump
открытый резонатор – open resonator
отношение коэффициентов Эйнштейна – Einstein coefficients relation
отношение оптического сигнала к шуму – optical signal-to-noise ratio

отпаянный лазер – unsoldered laser
отражательная способность рабочей поверхности (*обрабатываемой детали*) – reflectivity of workpiece surface
отражательный мазер – reflection maser
отражающая полость – reflective cavity
отражающий разделитель пучка – reflective beam splitter
отражающий резонатор – reflective *cavity* [resonator]
отрицательное поглощение – negative absorption
охлаждаемый лазер – cooled laser
охлаждение лазера – laser cooling
охлаждение лазерного пучка – laser beam cooling
охрупчивание (*сталей*) при лазерном облучении – embrittlement under laser treatment
оценочный диаметр пучка – emergent beam diameter
очень длинный лазер – very long laser

П

падающая мощность (*излучения*) – incident [incoming] power
падающее излучение – incident [incoming] radiation
падающий лазерный пучок – incident [incoming] laser beam
падающий пучок – incident [incoming] beam
падающий фотон – incident [incoming] photon
память с лазерной адресацией – laser addressed memory
паразитная лазерная генерация – parasitic lasing
паразитные потери резонатора – parasitic resonator losses
паразитный переход – parasitic transition
парамагнитный мазер – paramagnetic maser
парамагнитный мазерный усилитель – paramagnetic maser amplifier
параметр лазерного импульса – laser pulse parameter
параметр накачки – pump parameter
параметр накачки лазера – laser pump parameter
параметрическая генерация – parametric generation
параметрический лазер – parametric laser
параметрический лазер оптического (*видимого*) излучения – optical parametric laser
параметрическое произведение лазерного пучка – parameter product of laser beam
параметрическое рассеяние – parametric scattering
параметрическое усиление – parametric gain
параметры лазера – laser parameters
параметры лазерного пучка – laser beam parameters
параметры лазерной обработки материалов – laser materials processing variables
паровая лазерная чистка – steam laser cleaning
пассивная лазерная стабилизация – passive laser stabilization
пассивная синхронизация мод – passive *mode locking* [synchronization mode]
пассивно стабилизированный лазер – passively stabilized laser

пассивное переключение добротности

пассивное переключение добротности – passive Q-switching
пассивный лазерный затвор – passive laser shutter
пачка импульсов – bunch of pulses
пеннинговский рекомбинационный лазер – Penning recombination laser
пеннинговский рекомбинационный плазменный лазер – Penning recombination plasma laser
первый коммерческий лазер – first commercial laser
перегрев материала при лазерном облучении – overheated material under laser radiation
передаваемая энергия (*при лазерном переходе*) – transferring energy
перезарядка в лазерном поле – charge exchange in laser field
переключатель добротности – Q-switch
переключатель добротности лазера – laser Q-switch
переключение добротности – Q-switching
переключение добротности лазера – laser Q-switching
переключение добротности лазера на красителе – dye laser Q-switch
переключение добротности с помощью ячеек Керра – Kerr cell Q-switch
переключение усиления – gain switching
перекрёстная фазовая модуляция – cross phase modulation
перекрёстно-каскадный лазер – cross-cascade laser
перекрёстно-релаксационный лазер – cross-relaxation laser
перекрывающиеся (*лазерные*) пятна – overlapping spots
перелёт с лазерной мощностью – laser powered transportation
перемещение с лазерной мощностью – laser powered transportation
перенастраиваемость лазера – laser tunability
перенос энергии – energy transfer
переносной лазер – portable laser
переносной лазер с регулируемой интенсивностью – portable laser with adjustable intensity
перестраиваемость (*частоты*) – tuning ability
перестраиваемость (*частоты*) лазера – laser tenability [tunability of laser]
перестраиваемость на (*определённую*) длину волны – wavelength tunability
перестраиваемый диодный лазер – tunable diode laser
перестраиваемый (*с помощью шкалы-нониуса*) интерферометрический лазер – vernier interferometric laser
перестраиваемый кристаллический лазер – tunable crystal laser
перестраиваемый лазер – frequency *tuned* [controlled, tunable, tuned, swept, spectrally scanning, spectral tuning] laser
перестраиваемый лазер на красителе – tunable dye laser
перестраиваемый лазерный диод – tunable laser diode
перестраиваемый мазер – tuned maser
перестраиваемый по частоте лазер – frequency tuned (frequency controlled, tunable, tuned, swept, spectrally scanning, spectral tuning) laser
перестраиваемый полупроводниковый лазер – tunable *semiconductor* [diode] laser
перестраиваемый резонатор – adjustable cavity
перестраиваемый твёрдотельный лазер – tunable solid state laser
перестройка частоты лазерной генерации – lasing frequency retuning
перетяжка лазерного пучка – laser beam waist
переход *p-n* – *p-n* junction
переход *p-n*, вызванный лазерной обработкой – laser processed *p-n* junction
переход при лазерном охлаждении – laser cooling transition

переходная инверсия (на, за)селённости – transient population inversion
переходы при накачке – pump transitions
период колебания – oscillation period
период осцилляции – oscillation period
период повторения лазерных импульсов – laser pulse repetition interval
периодическая накачка – repetitive pumping
периодическая последовательность импульсов – repetition pulse train
периодический резонатор – periodic resonator
петаваттный импульс – petawatt pulse
петаваттный лазер – petawatt laser
петаваттный титаново-сапфировый лазер – petawatt titanium-sapphire laser
петагерцевый лазер – petahertz laser
петаджоулевый лазер – petajoule laser
пиковая лазерная интенсивность – peak laser intensity
пиковая лазерная мощность – peak laser power
пиковая мощность лазера – peak power of laser
пиковый лазер – spiking laser
пикоджоулевый импульс – picojoule pulse
пикометровый лазер – picometer laser
пикосекундная лазерная абляция – picosecond laser ablation
пикосекундная оптоэлектроника – picosecond optoelectronics
пикосекундное лазерное облучение – picosecond laser irradiation
пикосекундные явления – picosecond phenomena
пикосекундный импульс – picosecond pulse
пикосекундный лазер – picosecond laser
пикосекундный лазерный нагрев – picosecond laser heating
пикосекундный лазерный отжиг – picosecond laser annealing
пикосекундный оптоволоконный лазер – picosecond fiber laser
пиротехнический лазер – condensed explosive laser
плавка с помощью оптоволоконного лазера – fiber laser melting
плавление лазерным пучком – laser [-beam] melting
плавление при лазерном нагреве – melting in laser heating
плазер – powder laser
плазма в качестве активной среды – plasma as active medium
плазма как лазерное зеркало – plasma as laser mirror
плазма как среда, генерирующая лазерное излучение – plasma *lasant* [as lasing medium]
плазма, вызванная лазерным излучением – laser *produced* [fed] plasma
плазма, генерирующая лазерное излучение – plasma generating laser radiation [plasma lasant]
плазменное напыление – plasma sputtering
плазменно-лазерная плавка – plasma laser melting
плазменный лазант* – plasma lasant [plasma generating laser radiation]
плазменный лазер – plasma laser
плазменный лазер с электронным пучком – electron beam plasma laser
плазменный мазер – plasma maser
плазмодинамический лазер – plasma dynamic laser
плазмонная мода – plasmons mode
плазмонный лазер – plasmons laser

плазмонный нанолазер – plasmonic nanolaser
плазмонный нанолазер с резонатором Фабри-Перо – plasmonic Fabry-Perot nanolaser
плазмы для лазерных сред – plasmas for lasing medium
пламенный лазер – flame laser
планарный лазер – planar laser
планарный лазер с полосковой геометрией – planar stripe contact laser
планарный микрорезонатор – planar microcavity
планарный полосковый лазер – planar stripe laser
планарный резонатор – planar resonator
пластиковое оптоволокно – plastic optical fiber
пластина с торцевой накачкой – edge pumped slab
пластинчатый лазер – platelet laser
пластичность (*материала*) после лазерного облучения – plasticity [ductility] after laser irradiation
пластичность при лазерном изгибании – plasticity [ductility] under laser bending
пластичность при лазерном разрушении – plasticity [ductility] under laser fracture
плёночный лазер – film laser
плиточный кристалл – slab crystal
плиточный лазер – slab laser
плиточный лазер на двуокиси углерода – carbon dioxide [CO_2] slab laser
плоская схема световой волны – planar light wave circuit
плоский лазер – planar laser
плоское лазерное сканирующее устройство – planographic laser scanner
плоскокристаллический лазер – crystalline planar laser
плоскопараллельный резонатор – plane parallel resonator
плотность заселённости – population density
плотность лазерного излучения – laser radiation density
плотность лазерного пучка – laser beam flux
плотность лазерной мощности – laser power density
плотность лазерной энергии – laser energy density
плотность мод – mode density
плотность мощности – power density
плотность мощности лазерного излучения – laser power density
плотность мощности накачки – pump [pumping] power density
плотность мощности накачки для лазерной генерации – pumping power density for lasing
плотность населённости – population density
плотность потока – fluence [flow density]
плотность потока излучения – radiant flux density
плотность потока лазерного излучения – laser *fluence* [radiation power density]
плотность потока лазерного пучка – laser beam fluence
плотность потока лазерной энергии – laser energy fluence rate
плотность потока пучка – beam fluence
плотность пучка – beam flux
плотность спонтанного излучения – spontaneous emission density
плотность усиленного спонтанного излучения – amplified spontaneous emission density
плотность энергетических состояний – density of energy states
плотность энергии – density of energy [fluence]
плотность энергии излучения – radiation energy density

плотность энергии лазерного излучения – laser energy density

площадь когеренции – coherence area

площадь лазерного пятна – laser spot *zone* [area]

площадь лазерного сверления – laser drilling area

площадь лазерной моды – laser mode *zone* [area]

площадь лазерной плавки – laser melting area

площадь лазерной резки – laser cutting *zone* [area]

площадь лазерной сварки – laser welding *zone* [area]

площадь поперечного сечения лазерного пучка – laser beam cross-section area

поверхностная закалка лазерным пучком – surface hardening with laser beam

поверхностная лазерная аморфизация – surface laser amorphization

поверхностная лазерная графитизация – surface laser graphitization

поверхностная лазерная закалка – surface laser hardening

поверхностная лазерная микрообработка – surface laser micromachining

поверхностное лазерное плавление – surface laser melting

поверхностно-излучающий инжекционный микролазер – surface-emitting injection microlaser

поверхностно-излучающий лазер – surface emitting laser

поверхностно-излучающий полупроводниковый лазер – surface emitting semiconductor laser

поверхностно-плазмонная генерация излучения – spasing* [spaser action, surface plasmons lasing, spaser generation, generation of spaser radiation]

поверхностно-плазмонный лазер – surface plasmons laser [spaser]

поверхностные плазмоны – surface plasmons

поверхностные реакции при лазерном нагреве – surface reactions in laser heating

поверхностные химические реакции при лазерном нагреве – surface chemical reactions in laser heating

поверхностный лазер – surface [superfacial] laser

поверхностный лазерный нагрев – surface laser heating

поверхность облучения – irradiated area

повплазант* – spasant* [active spaser *substance* [medium, material]]

повплазер* – spaser [surface plasmons laser, spaser generator, generator of spaser radiation]

повплазерная* генерация излучения – spasing* [spaser generation, surface-plasmons lasing, generation of spaser radiation]

повплазерная* среда – spasant* [active spaser *substance* [medium, material]]

повплазерное* воздействие – spaser action

повплазерное* действие – spaser action

повплазерный* [-ная, -ное, -ные, -но-] – *adj. of* spaser

повплазерный* генератор – spaser [surface plasmons laser, spaser generator, generator of surface plasmons radiation, generation of spaser radiation]

повреждение или разрушение лазерным излучением – laser damage

повреждение лазерным лучом – laser induced damage

повреждение покрытия, вызванное лазерным излучением – laser induced coating damage

повторение лазерных импульсов – laser pulse repetition

повторное поглощение в усиливающей среде – reabsorption in gain medium

повышающий *(частоту)* лазер – upconversion laser

повышающий *(частоту)* оптоволоконный лазер – upconversion fiber laser

повышенная когерентность – extended coherence

погашенный лазер – quenched laser

поглощательная способность – absorbing ability [absorbability]

283

поглощательный переход – absorbing transition

поглощать (*излучение*) – (*to*) absorb

поглощающая способность – absorptivity

поглощение в возбуждённом состоянии – excited state absorption

поглощение в инфракрасной области – infrared absorption

поглощение в поле лазерного излучения – absorption in laser radiation field

поглощение в усиливающей среде – absorption in gain medium

поглощение лазерного излучения – laser *absorptance* [absorption]; absorptance [absorption] of laser radiation

поглощение лазерного пучка – laser beam absorption

поглощение при лазерной накачке – laser pump absorption

поглощение при накачке – pump absorption

поглощение пучка – beam absorption

поглощение энергии лазерного излучения – laser radiation energy absorption

поглощение энергии лазерного излучения в металлах – laser radiation energy absorption in metals

поглощение энергии лазерного излучения в полупроводниках – laser radiation energy absorption in semiconductors

поглощённое излучение – absorbed radiation

поглощённое лазерное излучение – absorbed laser radiation

поглощённый квант – absorbed quantum

поглощённый фотон – absorbed photon

поглощённый электрон – absorbed electron

подавление быстрого импульса – fast pulse suppression

подвижная плита для *Nd:YAG* лазера – moving slab *Nd:YAG* laser

подвижный лазерный пучок – agile laser beam

подвод лазерной мощности – laser power supply

подводная лазерная связь – under water laser communication

поддерживаемое лазерным излучением поглощение – laser supported absorption

поддерживаемый лазерным излучением – laser supported

поддерживать лазер в рабочем состоянии – (*to*) keep a laser in adjustment

поддерживающий газ для (*работы*) лазера – assist gas for laser

подрезание (*нижней поверхности при лазерной резке и сварке*) – undercutting

подсвечивание лазером – laser illumination

подстраиваемый лазер – slave laser

подстраиваемый лазер с внешней затравкой – injection seeded slave laser

подстройка частоты – frequency adjustmen

подсчёт фотонов – photon counting

позиционирование лазерного пучка – laser beam positioning

показатель преломления – refractive index

покрытия для лазерной обработки (*материалов*) – coatings for laser processing

поле лазерного излучения – laser field

полёт (*с двигателем*) на лазерно-термоядерных микровзрывах – laser fusion microexplosions mission

полёт с использованием лазерно-термоядерного ракетного двигателя – laser fusion mission jet

полёт с использованием лазерно-термоядерного ракетного двигателя на микровзрывах – laser fusion microexplosions mission

полёт с использованием лазерно-термоядерного реактора – laser fusion mission

полёт (*летательного средства*) с лазерной мощностью – laser powered flight

полёт с солнечным парусом под давлением излучения лазера – laser pushed solar sail mission

ползучесть (*материала*) после лазерного облучения – creep after laser irradiation
поликристаллический лазер – polycrystalline laser
полимерные лазерно-активные среды – polymer laser active medium
полимерный лазер – polymer laser
полихроматический твёрдотельный лазер – polychrome solid-state laser
полная квантово-механическая теория лазера – full quantum-mechanical theory of laser
полное внутреннее отражение – total internal reflection
полное воздушное охлаждение (*лазера*) – complete air cooling
полное охлаждение (*лазера*) – complete cooling
полностью газовый лазер – all-gas-phase laser
полностью газовый лазер на йоде – all-gas-phase iodine laser
полностью отражающее зеркало – full rate [fully reflecting, total reflection] mirror
полностью твёрдотельный ультрафиолетовый лазер – all-solid-state ultraviolet laser
полностью химический лазер – all-chemical laser
полностью ядерный лазер – all-nuclear laser
полоса накачки (*лазера*) – pump [pumping] band
полоса поглощения инфракрасного излучения – infrared absorption band
полоса пропускания (*частот*) – bandpass
полоса частот – frequency range
полоса частот спектра – band spectrum
полосковый гетеролазер – stripe heterolaser
полосковый инжекционный лазер – stripe injection laser
полосковый лазер – stripe laser
полосковый лазер с окном прозрачности – window stripe laser
полосковый лазер с поперечным переходом – transverse junction stripe laser
полосковый лазер с поперечным расположением перехода – transverse-junction stripe laser
полосковый лазер с управляемым усилением – gain guided stripe laser
полосковый микроволновод – stripe microwaveguide
полость большого радиуса – long radius cavity
полость накачки (*лазера*) – pump cavity
полость перестраиваемого лазера – tunable laser cavity
полость с низкими потерями – low loss cavity
полость усилителя – amplifier cavity
полуконфокальная лазерная полость – semiconfocal laser cavity
полупроводник как среда, генерирующая лазерное излучение – semiconductor as lasing medium [semiconductor lasant]
полупроводник, генерирующий лазерное излучение – semiconductor generating laser radiation [semiconductor lasant]
полупроводники для лазерных сред – semiconductors for lasing medium
полупроводниковая лазерная матрица – semiconductor laser array
полупроводниковая микрополость – semiconductor microcavity
полупроводниковое зеркало с насыщающимся поглотителем – semiconductor saturable absorber mirror
полупроводниковые сверхрешётки – semiconductor superlattices
полупроводниковый диодный лазер – semiconductor diode laser
полупроводниковый дисковый лазер – semiconductor disk laser
полупроводниковый дисковый лазер, работающий в режиме свободной генерации – free running semiconductor disk laser

полупроводниковый иказер* – semiconductor iraser

полупроводниковый инжекционный лазер – semiconductor junction laser

полупроводниковый инфракрасный лазер – semiconductor *infrared laser* [IR laser, iraser]

полупроводниковый лазант* – semiconductor lasant [semiconductor generating laser radiation]

полупроводниковый лазер – semiconductor [junction, diode] laser

полупроводниковый лазер на сжато-напряжённом (*материале*) – compressively strained semiconductor laser

полупроводниковый лазер как аналог рекомбинационного плазменного лазера – semiconductor laser as analogue of recombination plasma laser

полупроводниковый лазер красной области спектра – red semiconductor laser

полупроводниковый лазер на межзонном (*между энергетическими зонами*) переходе – interband semiconductor laser

полупроводниковый лазер на нанопроволоке – semiconductor nanowire laser

полупроводниковый лазер с внешним резонатором – external cavity semiconductor laser

полупроводниковый лазер с оптической накачкой – optically pumped semiconductor laser

полупроводниковый лазер с оптической накачкой и вертикальным резонатором с внешней эмитирующей поверхностью – optically pumped semiconductor vertical external-cavity surface-emitting laser

полупроводниковый лазер с перестройкой частоты – tunable *semiconductor* [diode] laser

полупроводниковый лазер с поперечной накачкой – transversely pumped semiconductor laser

полупроводниковый лазер с продольной накачкой – longitudinally pumped semiconductor laser

полупроводниковый лазер с синхронизированными модами – mode locked semiconductor laser

полупроводниковый лазер с торцевым излучением – edge emitting semiconductor laser

полупроводниковый лазер со сколотыми связанными резонаторами – cleaved coupled cavity semiconductor laser

полупроводниковый лазер, работающий в режиме свободной генерации – free running semiconductor laser

полупроводниковый лазерный микрочип – semiconductor laser microchip

полупроводниковый лазерный усилитель – semiconductor [diode] laser amplifier

полупроводниковый мазер – semiconductor [junction, diode] maser

полупроводниковый микрорезонатор – semiconductor microcavity

полупроводниковый нанолазер – semiconductor nanolaser

полупроводниковый оптический усилитель – semiconductor optical amplifier

полупроводниковый оптоволоконный лазер – semiconductor fiber laser

полупроводниковый трёхлучевой лазер – three beam semiconductor laser

полусимметричная конфокальная лазерная полость – half-symmetric confocal laser cavity

полусимметричный конфокальный лазерный резонатор – half-symmetric confocal laser cavity

полусимметричная лазерная полость – half-symmetric laser cavity

полусимметричный лазерный резонатор – half-symmetric laser cavity

получение ультракоротких лазерных импульсов – ultrashort laser pulses getting

поляризация лазерного излучения – laser polarization [polarization of laser emission[radiation]]

поляризация лазерного пучка – polarization of laser beam

поляризованный лазерный пучок на выходе – polarized laser output

помощь газовой реактивной струи (*при лазерной обработке*) – gas jet assist

поперечная когерентность – transverse coherence

поперечная мода – transverse mode

поперечная накачка – transverse pumping

поперечная электромагнитная мода – transverse electromagnetic mode

поперечное сечение лазерного пучка – laser beam cross-section

поперечное сечение (*лазерного*) перехода – transition cross section

поперечное сечение поглощения – absorption cross section
поперечное сечение эмиссии – emission cross section
поперечные пространственные эффекты в нелинейных резонаторах – transverse spatial effects in nonlinear resonators
порог абляции – ablation threshold
порог генерации – generation threshold
порог генерации лазера – laser oscillation threshold
порог действия лазера – laser action threshold
порог инверсии – inversion threshold
порог лазерного разрушения – laser damage threshold
порог лазерной абляции – laser ablation threshold
порог лазерной генерации – laser [laser oscillation, lasing] threshold
порог лазерной накачки – laser pumping threshold
порог накачки – pumping threshold
порог оптического разрушения – threshold for optical damage
порог повреждения – damage threshold
порог разрушения – damage threshold
порог разрушения (*активного*) стержня лазера – laser rod damage threshold
порог синхронизации мод с переключаемой добротностью – Q-switched mode locking threshold
пороговая инверсия – threshold inversion
пороговая мощность накачки – threshold pump power
пороговая накачка – threshold pumping
пороговая (на, за)селённость – threshold population
пороговая плотность инверсной (на, за)селённости – threshold density of population inversion
пороговая разность (на, за)селённостей – population threshold difference
пороговая скорость накачки – threshold pumping speed
пороговое усиление – threshold gain
пороговый поток – threshold flux
порошковый лазер – powder laser
портативный лазер – portable laser
портативный лазер с регулируемой интенсивностью – portable laser with adjustable intensity
последовательность импульсов – pulse train
последовательность импульсов с переключаемой добротностью – Q-switched pulse train
последовательность лазерной генерации – lasing sequence
последовательность лазерных импульсов – laser pulse train
поступающий фотон – incoming [incident] photon
потенциал ионизации – ionization potential
потери на рассеяние в лазерной полости – scattering losses within laser cavity
потери резонатора – resonator losses
поток жидкости в зоне (*лазерного*) расплава – fluid flow in molten pool
поток излучения – radiation [radiant] flux; radiation flow
поток лазерной энергии – laser energy flux
поток фотонов – photon flux
поток энергии – energy *flow* [flux]
потушенный лазер – quenched laser
празеодимовый [Pr] лазер – praseodymium [Pr] laser
превращение с многофотонной накачкой – multiphoton transition

предварительный нагрев для лазерной обработки

предварительный нагрев для лазерной обработки – preheat for laser treatment
предел высоких интенсивностей – high-intensity limit
предел высоких плотностей – high density limit
предел низкодобротного резонатора – bad-cavity limit
пределы интенсивности лазера – laser intensity limits
пределы лазерной безопасности – laser safety limits
предельная пространственная когерентность – limit spatial coherence
предельная пространственная когерентность лазерного пучка – limit spatial coherence of laser beam
преимущества лазерной обработки (*материала*) – advantages of laser processing
преломление усиливающей среды – gain medium refraction
преобразование лазерного излучения – laser converting
преобразование лазерной моды – laser mode transformation
преобразование мод – mode conversion
преобразование с повышением (*частоты*) – upconversion
преобразование суммарной частоты – sum frequency mixing
преобразование частоты – frequency conversion
преобразователь рамановской частоты (*лазерного излучения*) – Raman frequency converter
преобразователь (*частоты*) с обращением спинов – spin flip converter
преобразователь частоты – frequency converter
преобразователь яркости – brightness converter
прерыватель лазерного пучка – laser beam chopper
прерывистый пучок – chopped beam
прецизионная лазерная обработка – precision laser machining
прецизионная лазерная резка – precision laser cutting
прецизионная лазерная сварка – precision laser welding
прецизионное лазерное сверление – precision laser drilling
прибор для создания оптического стимулированного излучения – optical stimulated radiation device
прибор с лазерной накачкой – laser pumped device
привязанная плазма – attached plasma
призвёздный лазер – circumstellar laser
призвёздный мазер – circumstellar maser
прикладная нелинейная оптика – applied nonlinear optics
применение лазерной обработки материалов – laser materials processing applications
применение лазеров – laser applications
применение лазеров в биологии – biological laser applications
применение лазеров в микроэлектронике – laser applications in microelectronics
применение лазеров в промышленности – industrial laser application
применение лазеров в электронике – laser applications in electronics
примесный (*энергетический*) уровень – impurity level
принцип работы лазера – laser operating principle
приповерхностная лазерная плазма – surface laser plasma
природные лазеры – natural lasers
приспособления для лазерных систем – accessories for laser systems
пробоотборник лазерного пучка – laser beam sampler
программный лазер – software laser
продолжительность излучения – radiant exposure
продолжительность инверсии (*населённости*) – inversion duration

продольная когерентность – longitudinal coherence
продольная мода – longitudinal mode
продольная накачка лазера – longitudinal [end] laser pumping
продольная неустойчивость – longitudinal instability
продольная неустойчивость в нелинейных резонаторах – longitudinal instability in nonlinear resonators
продольно возбуждённый лазер – longitudinally excited laser
продувка кислородом при лазерной резке – oxygen lancing under laser cutting
произведение диаметра и расходимости (*лазерного пучка*) – diameter-divergence product
произведение длительности (*импульса*) и ширины полосы (*пропускания*) – time-bandwidth product
произведение коэффициента усиления и ширины полосы пропускания – gain-bandwidth product
произведение параметров лазерного пучка – laser beam parameters product [parameters product of laser beam]
произведение параметров пучка – beam parameters product
производить газерное* излучение – to gase*
производить гразерное* излучение – to grase*
производить зазерное* излучение – to sase*
производить иказерное* излучение – to irase*
производить лазерное акустическое излучение – to sase*
производить лазерное гамма-излучение – to gase* [to grase*]
производить лазерное звуковое излучение – to sase*
производить лазерное излучение – to lase
производить лазерное инфракрасное излучение – to irase*
производить лазерное поверхностно-плазмонное излучение – to spase*
производить лазерное рентгеновское излучение – to xase*
производить лазерное ультрафиолетовое излучение – to uvase*
производить лазерное фононное излучение – to phase*
производить лазерный свет – to lase
производить мазерное излучение – to mase*
производить повплазерное* излучение – to spase*
производить фазерное* излучение – to phase*
промышленная лазерная технология – industrial laser technology
промышленные лазеры – industrial lasers
проникающая способность лазерного пучка – laser beam permeability
проницаемость лазерного пучка – laser beam permeability
пропускание лазерного излучения – laser *transmission* [transmittance]
пропускающий разделитель пучка – transmissive beam splitter
просветляющее покрытие – antireflection coating
пространственная когерентность – space [spatial] coherence
пространственная мода – spatial mode
пространственная ширина импульса – spatial width of pulse
пространственно-временная синхронизация мод – spatiotemporal mode-locking
пространственно-временные характеристики лазерного излучения – spatial-temporal characteristics of laser radiation
пространственно-когерентный пучок – spatially [space] coherent beam
пространственно-световой модулятор – spatial light modulator
пространственные оптические солитоны – spatial optical solitons
пространственные свойства лазерного пучка – spatial properties of laser beam
противолазер* – counter [anti-] laser

противолазерное упрочнение

противолазерное упрочнение – counter [anti-] laser hardening
противоотражательное покрытие – antireflection coating
противоракетный лазер – antimissile laser
противоракетный лазер воздушного базирования – antimissile airborne laser
профайлер лазерного пучка – laser beam profiler
профилирование лазерной резки – laser cutting profiling
профилирование пучка – beam profilling
профилированный лазерный импульс – profiled laser pulse
профиломер пучка – beam profiler
профильная лазерная резка – profile laser cutting
проходной мазер – transmission maser
прохождение импульса в прямом и обратном направлениях в резонаторе – resonator round-trip
процесс вынужденного излучения – stimulated emission process
процесс индуцированного излучения – stimulated emission process
процесс лазерного излучения – laser emission process
процесс лазерного осаждения – laser deposition process
процесс лазерного осаждения при быстром затвердевании (*с использованием вдувания порошков*) – rapid solidification laser deposition process
процесс лазерной генерации – lasing process
процесс лазерной обработки – laser machining process
процесс лазерной резки – laser cutting process
процесс лазерной сварки – laser welding process
процесс накачки лазера – laser pumping process
процесс синхронизации мод – mode locking process
процесс спонтанного излучения – spontaneous emission process
процесс стимулированного излучения – stimulated emission process
процессы лазерного нагрева материалов – processes of laser materials heating
процессы передачи лазерной энергии – laser energy transfer processes
прочность лазерного покрытия – laser coating strength
прочность лазерного сварного шва – laser weld strength
прочность лазерного соединения – laser joint efficiency
прочность (*материала*) при лазерном сжатии – laser compression strength
прочность на лазерный изгиб – laser bending strength
прошедшая (*через среду*) интенсивность – transparency intensity
прошедшее излучение – transmitted radiation
прямая записывающая лазерная техника – direct writing laser technique
прямая накачка (*лазера*) из зонной полосы полупроводника – direct in-band diode pumping
прямое лазерное осаждение металла – direct metal laser deposition
прямозонный полупроводник – intraband semiconductor
прямой диодный лазер – direct diode laser
прямоугольно окантованный резонатор – rectangular cavity
псевдо-никель-самариевый лазер – pseudo-nickel-samarium laser
пульсирующий лазер – pulsing laser
пульсирующий мазер – pulsing maser
пурпурный лазер – purple laser
путь лазерного пучка – laser beam path

пучковое объединение – beam combining
пучковое отключение – beam dump
пучковый дамп – beam dump
пучковый интегральный волновод – bundle integrated guide
пучковый лазер – beam laser
пучковый мазер – beam maser
пучковый сброс – beam dump
пучок Бесселя-Гаусса – Bessel-Gauss beam
пучок накачки – pumping beam
пятиуровневая лазерная среда – five-level laser medium
пятиуровневая система (*лазерного возбуждения*) – five-level system
пятиуровневая усиливающая среда – five-level gain medium
пятиуровневый лазер – five-level laser
пятиуровневый лазерный материал – five-level laser material
пятиуровневый мазер – five-level maser
пятнистая структура изображения, полученная в когерентном свете – speckle pattern

Р

работа в импульсном режиме – pulsing
работа (*лазера*) с длинными импульсами – long pulse operation
работа (*лазера*) с модулированной добротностью (*связанных резонаторов*) – cavity dumped operation
работа (*лазера*) с переключаемой добротностью – Q-switched operation
работа (*лазера*) с переключаемым усилением – gain switched operation
работающий лазер – operating laser
работник по лазерной безопасности – laser safety officer
рабочая длина волны (*лазера*) – operating wavelength
рабочая частота лазера – operating frequency of laser
рабочее вещество лазера – working [active] laser *material* [medium]
рабочее вещество мазера – working [active] maser material [medium]
рабочее состояние лазерной среды – laser medium active state
рабочие характеристики лазера – operating laser characteristics
рабочий лазерный цикл – duty laser cycle
радиолазер (*устаревший термин*) – raser
радиообнаружение и измерение дальности – radio detection and ranging
радиочастотный лазер (*устаревший термин*) – raser
радиус лазерного пучка – laser beam radius
радиус пучка – beam radius
радиус шейки лазерного пучка – laser beam waist radius
радиус шейки пучка – beam waist radius
разант* – xasant* [active xaser *substance* [medium, material]]
развитие лазеров – laser development
разгерметизированный лазер – sealed-off laser
разделение во времени – time sharing

разделение изотопов с помощью лазера на атомном паре – atomic vapor laser isotope separation
разделение изотопов с помощью лазерного излучения – separation of isotopes by laser excitation
разделение лазерного пучка – laser [-beam] splitting
разделение пучка – beam splitting
разделитель лазерного пучка – laser beam splitter
разделитель пучка – beam splitter
разер (*устаревший термин*) – raser [radio frequency laser]
разер* – xaser [X-ray laser, xaser generator, X-ray generator, generator of X-ray radiation]
разер* космического базирования – space based *X*-ray laser
разерная* генерация излучения – xasing* [xaser generation, X-ray lasing, generation of xaser radiation]
разерная* среда – xasant* [active xaser *substance* [medium, material]]
разерное* воздействие – xaser action
разерное* действие – xaser action
разерный* [-ная, -ное, -ные, -но-] – *adj. of* xaser
разерный* генератор – xaser [xaser generator, X-ray generator, generator of X-ray radiation]
размер лазерного пучка – laser beam size
размер лазерного пятна – laser [-beam] spot size
размер резонатора – cavity dimension
размерные характеристики лазерного пучка – dimensional characteristics of laser beam
размеры лазера – laser sizes
размеры резонатора – cavity dimensions
размягчение стекла при лазерном нагреве – glass softening in laser heating
разновидности (*частиц [объектов]*) лазерного перехода – laser transition species
разновидности (*квантовых*) частиц, создающих лазерное излучение – species of laser particles
разрешённая (*энергетическая*) зона – allowed [permitted] band [zone]
разрешённое (*энергетическое*) состояние – allowed [permitted] state
разрешённый переход – allowed transition
разрешённый энергетический уровень – allowed energy level
разрушение покрытия, вызванное лазерным излучением – laser induced coating damage
разрушение (*материала*) при лазерном облучении – fracture under laser irradiation
разрушение (*материала*), вызванное лазерным термоударом – laser thermal shock fracture
разрядная активная среда – discharge active medium
разупорядочение при лазерном облучении – disordering under laser radiation
разъюстированный резонатор – misaligned resonator
разъюстировка лазера – laser misalignment
разъюстировка резонатора – cavity detuning
ракета, поддерживаемая лазерным излучением – laser supported rocket
ракетный двигатель на лазерно-термоядерных микровзрывах – laser fusion microexplosions propulsion
ракетный двигатель с детонационной волной, поддерживаемой лазером – laser sustained detonation wave rocket
раковины при лазерной сварке – blowholes [keyholes] under laser welding
рамановский генератор – Raman generator
рамановский лазер – Raman laser
рамановский лазер на свободных электронах – Raman type free-electron laser
рамановский лазер с непрерывным излучением – continuous wave Raman laser
рамановский лазер с переориентацией спинов – spin-flip Raman laser
рамановский лазерный радар – Raman laser radar

рамановский лидар – Raman lidar
рамановский непрерывный лазер с повышением *(частоты)* – Raman continuum upconversion laser
рамановский сдвиг   Raman shifting
рамановский усилитель – Raman amplifier
рамановское гиперрассеяние – hyper Raman scattering
рамановское усиление – Raman amplification
рамановское усиление в плазме – Raman amplification in plasma
распределение Больцмана – Boltzman distribution
распределение лазерной интенсивности – laser intensity distribution
распределение инверсии (на, за)селённости – population inversion distribution
распределение интенсивности – intensity distribution
распределение (на, за)селённости – population distribution
распределение плотности потока лазерного излучения – laser flux distribution
распределение энергетических уровней – energy level distribution
распределение энергии – energy sharing
распределение энергии лазерного пучка – laser beam energy distribution
распределённый брэгговский рефлектор – distributed Bragg reflector
распространение лазерного пучка – laser beam propagation
распространение лазерного пучка в атмосфере – laser beam propagation in atmosphere
распыление эксимерным лазерным излучением – excimer laser sputtering
рассеяние лазерного излучения – laser [-radiation] scattering
рассеяние света – light scattering
расстояние ближнего поля – near field distance
расстройка *(лазера)* – detuning [misalignment]
расстройка резонатора – cavity detuning
растр – aperture [diaphragm]
растрескивание в зоне теплового воздействия *(при лазерной сварке)* – heat affected zone cracking
растровая лазерная микроскопия – scanning laser microscopy
растровый акустический микроскоп – scanning laser acoustic microscope
растяжение лазерного импульса – laser pulse stretching
расфокусировка лазерного пучка – laser beam defocusing
расфокусировка пучка – beam defocusing
расходимость *(пучка)* – divergence
расходимость лазерного пучка – laser beam divergence [numerical aperture]
расходимость пучка – beam divergence
расширение лазерного импульса – laser pulse stretching
расширитель *(пучка)* – stretcher
расширитель лазерного пучка – laser beam *expander* [stretcher]
расширитель лазерных импульсов – laser pulse *expander* [stretcher]
расширитель пучка – beam *expander* [stretcher]
расщепитель лазерного пучка – laser beam splitter
реактивная лазерная резка – reactive laser cutting
реактивная лазерная резка с оплавлением – reactive laser fusion cutting
реактивное распыление эксимерным лазерным излучением – excimer laser reactive sputtering
реактивный лазер на красителе – dye jet laser
реактивный лазерно-абляционный источник – reactive laser ablation source
реакции при лазерном нагреве – reactions in laser heating

реакции, относящиеся к лазеру на монооксиде углерода – reactions pertinent to carbon monoxide laser
реальные лазерные пучки – real laser beams
регенеративный лазерный усилитель – regenerative laser amplifier
регенеративный усилитель – regenerative amplifier
регенеративный усилитель с диодной накачкой – diode pumped regenerative amplifier
регулировка длительности импульсов – pulse length adjustment
регулировка накачки – pump adjustment
регулировка положения пучка – beam alignment
регулировка (*лазерного*) пятна – spot adjustment
регулировка усиления – gain adjustment
регулируемый резонатор – controllable cavity
регулярно пульсирующий лазер – regularly pulsing laser
режим автомодуляции добротности – self-Q-switched mode
режим активной синхронизации мод – active mode-locking regime
режим импульсного генерирования лазерного излучения – pulse laser operation
режим лазерной генерации – lasing regime
режим многофотонной диссоциации – multiphoton dissociation mode
режим насыщения усиления – gain saturation regime
режим однократно-переключаемой добротности – single Q-switched mode
режим пассивной синхронизации мод – passive mode-locking regime
режим переключения добротности – Q-switched mode
режим периодического переключения добротности – repetitive Q-switched mode
режим работы (*лазера*) – operating regime
режим работы лазера – laser operation [modes of laser operation [operation modes of laser]]
режим работы оптоволоконного лазера – fiber laser operation
режим работы оптоволоконного лазера-эндоскопа* – fiberscope laser operation
режим самогенерации – self-generation regime
режим самопереключаемой добротности – self-Q-switched mode
режим сверхизлучения – superradiance regime
режим сверхкоротких импульсов – ultrashort-pulse regime
режим свободной генерации – free *oscillation regime* [running operation]
режим свободной генерации лазера – free running laser oscillation
режим свободных колебаний – free oscillation regime
режим синхронизации – synchronization [lock] mode
режим синхронизации мод – mode *locking regime* [operation]
режим синхронизированных мод – mode locked operation
режим синхронной накачки – synchronously pumped mode
режим спонтанного излучения – spontaneous emission regime
резка лазерным пучком – laser beam cutting
резка с помощью лазерного реактивного оплавления – reactive laser fusion cutting
резка с помощью оптоволоконного лазера – fiber laser cutting
резонанс в лазерной полости – resonance in laser cavity
резонанс полости – cavity resonance
резонанс резонатора – cavity resonance
резонансная мода – resonant mode
резонансная накачка – resonant pumping
резонансная оптическая полость – resonant optical cavity

резонансная пассивная синхронизация мод – resonant passive mode-locking
резонансная полость – resonant *cavity* [resonator]
резонансная среда – resonant medium
резонансная частота – resonant frequency
резонансная эмиссия – resonant emission
резонансное возбуждение – resonant excitation
резонансное излучение *(лазера)* – resonant *radiation* [emission]
резонансное усиление – resonant *amplification* [enhancement]
резонансный лазер – resonant laser
резонансный резонатор – resonant cavity
резонатор без потерь – lossless resonator
резонатор большого радиуса – long radius cavity
резонатор в виде прямоугольного параллелепипеда – rectangular cavity
резонатор для лазерной генерации – resonator for lasing
резонатор лазера – laser resonator
резонатор лазера на свободных электронах – free-electron laser resonator
резонатор накачки *(лазера)* – pumping cavity
резонатор накачки лазера – laser pump cavity
резонатор плиточного лазера – slab laser resonator
резонатор с выбором мод – mode selective resonator
резонатор с вырожденными модами – degenerate cavity
резонатор с высоким усилением – high gain resonator
резонатор с высокими потерями – high loss cavity
резонатор с дифракционной решеткой – grating resonator
резонатор с малыми потерями – low loss *resonator* [cavity]
резонатор с низкими потерями – low loss *resonator* [cavity]
резонатор с параллельными пластинами – parallel-plate cavity
резонатор с параллельными плоскостями – parallel plane cavity
резонатор с потерями – lossy resonator
резонатор с размерами порядка длины волны излучения – wavelength-size resonator
резонатор с распределённой обратной связью – distributed feedback resonator
резонатор с частотной перестройкой – frequency tunable resonator
резонатор усилителя – amplifier cavity
резонатор Фабри-Перо – Fabri-Perot resonator
резонаторная когерентность – cavity-based coherence
резонаторная мода – cavity mode
резонаторное зеркало – cavity [resonator] mirror
резонаторный лазер – cavity [resonator] laser
резонаторный мазер – cavity [resonator] maser
резонаторный отражатель – cavity [resonator] reflector
рекомбинационная накачка лазера – recombination laser pumping
рекомбинационный лазер – recombination laser
рекомбинационный плазменный лазер – recombination plasma laser
рекомбинационный плазменный лазер на кальции – calcium recombination plasma laser
рекомбинационный плазменный лазер на стронции – strontium recombination plasma laser
рекомбинирующая плазма – recombinating plasma
релаксационные колебания – relaxation oscillations

релаксация (*состояний*) двухуровневой среды – two-level medium relaxation
релаксация мазера – maser relaxation
релаксация материалов после лазерного облучения – materials relaxation after laser irradiation
релаксация энергии лазерного излучения в металлах – laser radiation energy relaxation in metals
релаксация энергии лазерного излучения в полупроводниках – laser radiation energy relaxation in
     semiconductors
ремонт лазера – laser repair
рентгеновская генерация – xasing [xaser generation, xaser action, generation of xaser radiation]
рентгеновские лучи – *X*- [Röentgen-] rays
рентгеновский лазер – *X*-ray laser [xaser]
рентгеновский лазер космического базирования – space based *X*-ray laser
рентгеновский лазер на водородоподобном пятикратно-ионизированном углероде – *X*-ray *fivefold ionized*
     hydrogen-like carbon [C^{+5}] laser
рентгеновский лазер на ионе C^{+5} – *X*-ray *fivefold ionized hydrogen-like carbon* [C^{+5}] laser
рентгеновский лазер на свободных электронах – *X*-ray free electron laser
рентгеновский лазер с мягким излучением – soft *X*-ray laser
рентгеновский лазерный переход – *X*-ray laser transition
рентгеновский пучок – *X*-ray beam
рентгеновское зеркало – *X*-ray mirror
решётка лазерных диодов – laser diode *array* [matrix]
риски лазерной безопасности – laser safety risks
роль формы усиливающей среды – role of gain medium shape
рост лазерного пучка – laser beam growth
рост лазерно-нагреваемой *подложки* [основания] – laser heated pedestrial growth
ртутный [*Hg*] лазер – mercury [*Hg*] laser
рубидиевый [*Rb*] мазер – rubidium [*Rb*] maser
рубиновый лазер – ruby [Maiman] laser
рубиновый лазер гигантских импульсов – giant pulse ruby laser
рубиновый лазер с двойным импульсом – double pulse ruby laser
рубиновый лазер с переключаемой добротностью – *Q*-switched ruby laser
рубиновый лазер, генерирующий гигантские импульсы – giant pulse ruby laser
рубиновый лазер, генерирующий непрерывное излучение – continuously operated ruby laser
рубиновый лазер, работающий в непрерывном режиме – continuously operated ruby laser
рубиновый лазер, работающий в режиме гигантских импульсов – giant pulse ruby laser
рубиновый мазер – ruby maser
руководитель лазерной безопасности – laser safety manager

С

сазер – saser [acoustic [sound, phonon] laser], phaser*
самоактивируемые лазерные кристаллы – self-activated laser crystals
самовозбуждающийся лазер – self-starting laser
самовозбуждающийся осциллятор – self-excited oscillator
самовоздействие световых импульсов – light pulses self-action

самовоздействие световых пучков – light beams self-action

самовоздействие случайно-модулированных импульсов – random modulated pulses self-action

самозавершающаяся лазерная генерация – self-terminating lasing

самозавершающий (*работу*) лазер – self-terminating laser

самозавершённый лазерный переход – self-terminated laser transition

самозапускающаяся модуляция лазерного пучка – self-modulation of laser beam

самозапускающаяся синхронизация мод – self-starting mode locking

самозапускающийся лазер – self-starting laser

самоиндуцированная прозрачность – self-induced transparency

самоионизационный лазер – self-ionization laser

самомодуляция – self-modulation

самомодуляция лазерного пучка – self-modulation of laser beam

самоограниченный лазер – self-contained laser

самоограниченный лазерный переход – self-contained laser transition

самопереключаемая добротность – self-Q-switched

самопереключение добротности – self-Q-switching

самоподдерживаемая лазерная генерация – self-sustained lasing

самоподдерживаемый лазер – self-sustained laser

самоподдерживающийся лазер – self-sustaining laser

самоподдерживающийся лазер с ядерным возбуждением – nuclear charged self-sustaining laser

самопроизвольная синхронизация мод – spontaneous mode locking

самопроизвольная эмиссия – spontaneous emission

самопроизвольное время жизни (*лазерных частиц*) – spontaneous lifetime (*laser pieces*)

самопроизвольное излучение – spontaneous radiation

самопроизвольное когерентное излучение – spontaneous coherent radiation

самопроизвольное некогерентное излучение – spontaneous incoherent radiation

самопроизвольное повышение крутизны лазерного импульса – laser pulse self-steepening

самопроизвольный переход – spontaneous transition

саморасфокусировка лазерного пучка – self-defocusing of laser beam

самосинхронизация (*мод*) – self-synchronization

самосинхронизация мод – self-mode locking [modulated wave]

самосинхронизируемая мода – self-locked mode

самосинхронизируемый лазер – self-locked laser

самостоятельное внешнее затравливание – self-injection seeding

самоусиленная спонтанная эмиссия – self-amplified spontaneous emission

самоусиленное спонтанное излучение – self-gained spontaneous radiation

самофокусировка (*излучения*) – self-focusing

самофокусировка (*излучения*) в среде – self-focusing in medium

самофокусировка в средах с керровской нелинейностью – self-focusing in medium with Kerr's nonlinearity

самофокусирующийся лазер – self-focusing laser

самый маленький лазер – smallest laser

самый маленький *случайный* лазер – smallest random laser

сантиваттный аргоново-ионный лазер – centiwatt argon-ion laser

сантиваттный лазер – centiwatt laser

сантиджоулевый лазер – centijoule laser

сантиметровый лазер – centimeter laser

сапфировый [Al_2O_3] лазер – sapphire [Al_2O_3] laser

сборка лазерного резонатора

сборка лазерного резонатора – laser cavity assembly
свариваемость (*материалов*) – weldability
свариваемый лазерным излучением – laser welded
сварка лазерным пучком – laser beam welding
сварка с помощью оптоволоконного лазера – fiber laser welding
сведение лазерных пучков – laser beams combination
сверление лазерным пучком – laser beam drilling
сверление с помощью оптоволоконного лазера – fiber laser drilling
сверхбыстрая лазерная физика – ultrafast laser physics
сверхбыстрая оптика – ultrafast optics
сверхбыстрый диодный лазер – ultrafast diode laser
сверхбыстрый лазер – ultrafast laser
сверхбыстрый оптоволоконный лазер – ultrafast fiber laser
сверхбыстрый твёрдотельный лазер – ultrafast solid-state laser
сверхвысокая частота – ultrahigh frequency
сверхвысокочастотная накачка – microwave *excited* [modulated] pump
сверхзвуковой лазер – supersonic laser
сверхзвуковой химический лазер – supersonic chemical laser
сверхзеркала – supermirrors
сверхизлучательный переход – superradiant transition
сверхизлучающая мода – superradiant mode
сверхизлучающая флюоресценция – superradiant fluorescence
сверхизлучающий лазер – superradiant [superradiative, super brightened] laser
сверхизлучающий мазер – superradiant [superradiative] maser
сверхизлучение Дике – Dicke superradiance
сверхимпульс – superpulse
сверхимпульсный лазер – superpulsed laser
сверхкороткая длительность – ultrashort duration
сверхкороткая длительность лазерного импульса – laser pulse ultrashort duration
сверхкороткий импульс – ultrashort pulse
сверхкороткая импульсная лазерная абляция – ultrashort pulse laser ablation
сверхкороткий импульсный лазер – ultrashort pulse laser
сверхкороткий лазерный импульс –ultrashort laser pulse
сверхлюминесцентное излучение – superluminescent radiation
сверхлюминесцентный диод – super luminescent diode
сверхлюминесцентный источник – superluminescent source
сверхлюминесцентный лазер – superluminescent [superfluorescent, superradiant] laser
сверхлюминесценция – superluminescence
сверхмодовая генерация лазерного излучения – supermode lasing
сверхмодовая лазерная генерация – supermode lasing
сверхмощный лазер – superpower [ultra-intense] laser
сверхмощный лазерный импульс – superpower laser pulse
сверхнепрерывная генерация – super continuum generation
сверхнепрерывная лазерная генерация – supercontinuum lasing
сверхнизкопороговый лазер – ultralow threshold laser
сверхрегенеративный мазер – superregenerative maser
сверхскоростная лазерная микрообработка – ultrafast laser micromachining

сверхузкий по частоте перестраиваемый лазер – ultranarrow frequency tunable laser
сверхфлюоресцентный лазер – superfluorescent laser
сверхфлюоресценция – superfluorescence
сверхширокополосный лазер – ultrabroad laser
свет накачки – pump light
световод – light-emitting diode [beamquide]
световод видимого диапазона – visible light emitting diode
световодная дифракционная решетка – waveguide grating
световодный лазер – waveguide laser
световой пучок накачки – pumping light
светодиодная лампа – light emitting diode lamp
светодиодный излучатель – light emitting diode lamp
светоизлучающая матрица – light emitting array
светоизлучающий диод – light-emitting diode
светоизлучающий диод видимого диапазона – visible light emitting diode
свободная генерация лазерного излучения – free running lasing
свободная (*энергетическая*) зона – empty band
свободная лазерная генерация – free running lasing
свободная от дифракционного пятна изображения (, *полученного в когерентном свете,*) лазерная маркировка – speckle free laser marking
свободная от спекла лазерная маркировка – specle free laser marking
свободная спектральная область – free spectral range
свойства длин волн для лазерных применений – wavelength properties for laser applications
свойства лазерного пучка – laser beam properties
свойства лазерного пучка во времени – temporal properties of laser beam
свойства лазерной плазмы – properties of laser plasma
свойства материалов, реагирующие на лазерное воздействие – materials properties reacting on laser action
свойства стимулированного излучения лазерных кристаллов – stimulated emission properties of laser crystals
связанное состояние электрона и экситона – associated state of electron and exciton [electron hole]
связанное состояние электрона и электронной дырки – exciton [associated state of electron and electron hole]
связанный резонатор – coupled cavity
сгруппированный лазерный пучок – bunched laser beam
сдвоенный лазер – tandem laser
селективная лазерная накачка – selective laser pumping
селективное возбуждение – selective excitation
селективное лазерное возбуждение – selective laser excitation
селективное лазерное спекание – selective laser sintering
селективный лазерный отжиг – selective laser annealing
селекция поперечных мод – transverse mode selection
селекция продольных мод – longitudinal mode selection
селеновый [*Se*] лазер – selenium [*Se*] laser
серебряный ионный [Ag^+] лазер – Ag^+ laser
серебряный [*Ag*] лазер – silver [*Ag*] laser
серный [*S*] лазер – sulfur [*S*] laser
сетка (на, за)селённости – population grating
сетка (на, за)селённости возбуждённого состояния – excited state population grating
сетка (на, за)селённости основного состояния – ground state population grating

сетка, индуцированная лазерным излучением – laser induced grating
сетчато-лазерный эффект – gauze like laser effect
сечение пучка – beam area
сечение стимулированного излучения – stimulated emission cross section
сжатие импульса – pulse compression
сжатие лазерного импульса – laser pulse compression
сжатие лазерного пучка – laser beam compression
сигнал лазерного излучения – laser signal
сигнал лазерной генерации – lasing signal
сизифовское охлаждение –Sisyphus cooling
сильнолегированный лазер – heavy doped laser
симметричная валентная мода – symmetric valent mode
синий лазер – blue laser
синусоидальные колебания – sinusoidal oscillations
синусоидальные осцилляции – sinusoidal oscillations
синфазные колебания – in-phase vibrations
синхронизация – locking
синхронизация встречных мод – colliding mode-locking
синхронизация гармонических мод – harmonic mode locking
синхронизация лазера – laser synchronization [synchronization of laser]
синхронизация мод – mode locking
синхронизация мод в режиме синхронной накачки – synchronous pumping mode-locking
синхронизация мод встречными пучками – colliding pulse mode locking
синхронизация мод дополнительным импульсом – additive pulse mode-locking
синхронизация мод лазера – laser mode-locking
синхронизация мод лазерного излучения – laser mode locking
синхронизация мод насыщающимся поглотителем – saturable absorber mode-locking
синхронизация мод с переключаемой добротностью – Q-switched mode locking
синхронизация мод с помощью линз Керра – Kerr lens mode locking
синхронизация мод с помощью нелинейных зеркал – nonlinear mirror mode locking
синхронизация мод с помощью ячеек Керра – Kerr cell mode locking
синхронизация мод связанных резонаторов – coupled-cavity mode locking
синхронизация солитонных мод – soliton mode locking
синхронизированная мода – mode locked
синхронизированный затвор – synchronized shutter
синхронизированный (*внешним сигналом*) лазер – locked laser
синхронизирующий лазер – locking laser
синхронизирующий сигнал – synchronizing signal
синхронная модуляция – synchronous modulation
синхронная накачка (*лазера*) – synchronous pumping
синхронная накачка лазера – synchronous laser pumping
синхронно накачиваемый оптический параметрический генератор – synchronously pumped optical parametric oscillator
синхронно-фазовая модуляция – synchronously phase modulation
система лазерного напыления – laser deposition system
система доставки пучка – beam delivery system
система "задающий генератор – усилитель мощности" – "master oscillator – power amplifier" system

система лазерного напыления – laser deposition system
система лазерной адресации – laser addressing system
система лазерной дальнометрии – laser ranging system
система лазерной обработки – laser processing system
система лазерной связи – laser communication system
система наведения луча – guidance system
система накачки – pumping system
система передачи лазерных данных – laser data link
система управления лазерным пучком – laser beam guiding system
система формирования импульса – pulse shaping system –
система формирования пучка – beam forming arrangement –
система фотолитического лазера на йоде – photolytic iodine laser system
система энергетической лестницы – energy ladder system
система юстировки – alignment system
системы управления лазерным пучком – guiding systems of laser beam
сканирование лазерным пучком – laser beam scanning
сканирующая лазерная микроскопия – scanning laser microscopy
сканирующий акустический микроскоп – scanning laser acoustic microscope
сканирующий лазер – scan [scanning] laser
сканирующий лазерный луч – scanning laser beam
сканирующий лазерный поляриметр – scanning laser polarimeter
сканирующий лазерный пучок – scanning laser beam
складчатый резонатор – folded resonator
скорость депопуляции – depopulation rate
скорость затвердевания (*при лазерном оплавлении*) – solidification speed
скорость лазерного сверления – laser drilling *speed* [rate]
скорость лазерной резки – laser cutting *speed* [rate]
скорость лазерной сварки – laser welding speed [rate]
скорость накачки – pump [-ing] rate
скорость накачки активной среды – pumping speed of active medium
скорость повторения импульсов – pulse repetition rate
скорость пороговой накачки – threshold pumping speed
скорость релаксации (на, за)селённости – population relaxation rate
скорость сканирования лазерного пучка – laser beam scanning speed
скорость следования импульсов – pulse repetition rate
скорость снижения (на, за)селённости – depopulation rate
скорость спонтанного излучения – spontaneous emission [radiation] rate
скорость удаления материала (*с поверхности*) – material removal rate
скрученная мода – twisted mode
скрученный пучок – twisted beam
следящая лазерная система – servo laser system
слепая лазерная резка – blind laser cutting
сложение лазерных лучей – laser beam combining
слой Кнудсена – Knudesen layer
случайная генерация лазерного излучения – random lasing
случайная лазерная генерация – random lasing
случайное возбуждение – random excitation

случайный лазер

случайный лазер – random laser
случайный лазер на микроструктуре – microstructure random laser
смесительный химический лазер – mixing chemical laser
смешивание частот – frequency mixing
смещение линии (*излучения*) лазера – laser line shift
снижение (на-, за)селённости (*энергетических уровней*) – population depletion
снятие возбуждения – deexcitation
снятие излучающего возбуждения – radiative [radiation] deexcitation
собственная проводимость – intrinsic conduction
собственное поглощение – intrinsic absorption
собственные моды резонатора – cavity eigenmodes
совместная лазерная генерация – cooperative lasing
совместное легирование (*лазерных кристаллов*) – codoping
совместное легирование лазерных кристаллов – laser crystals codoping
совместное преобразование с повышением *(частоты)* – cooperative upconversion
современные коммерческие лазеры – current commercial lasers
согласование мод – mode matching
соединение внахлёст при лазерной сварке – lap-joint in laser welding
соединение встык при лазерной сварке – butt joint in laser welding
соединение лазерной энергии – coupling of laser energy
соединительная муфта модулированного лазера – coupling modulated laser
создавать газерное* излучение – to gase*
создавать гразерное* излучение – to grase*
создавать зазерное* излучение – to sase*
создавать иказерное* излучение – to irase*
создавать лазерное акустическое излучение – to sase*
создавать лазерное гамма-излучение – to) gase* [to grase*]
создавать лазерное звуковое излучение – to sase*
создавать лазерное излучение – to lase*
создавать лазерное инфракрасное излучение – to irase*
создавать лазерное поверхностно-плазмонное излучение – to spase*
создавать лазерное рентгеновское излучение – to xase*
создавать лазерное ультрафиолетовое излучение – to uvase*
создавать лазерное фононное излучение – to phase*
создавать лазерное излучение – to lase
создавать мазерное излучение – to mase*
создавать повплазерное* излучение – to spase*
создавать фазерное* излучение – to phase*
сокращение импульса – pulse shortening
солитонная синхронизация мод – soliton mode locking
солитонный лазер – soliton laser
солитонный лазер с синхронизацией мод – mode locked soliton laser
солитоны самоиндуцированной прозрачности – self-induced transparency solitons
солнечный парус, управляемый излучением лазера – laser driven sunsail
солнечный парус, управляемый излучением мазера – maser driven sunsail
солнечный парус, управляемый излучением наземного лазера – terrestrial laser driven sunsail

солнечный парус (*для перемещения космических объектов*), управляемый мазерным излучением – maser driven sunsail

сопло химического лазера – chemical laser nozzle

сопротивление (*материала*) лазерному разрушению – laser *damage resistance* [crack strength]

сопротивление (*материала*) лазерному удару – laser impact strength

сопряжённые моды – adjoint modes

составной резонатор – composite resonator

состояние лазерной генерации – lasing state

состояние (*активной среды*) перед лазерной генерацией – prelasing state

сохранять лазерную юстировку – (*to+*) keep a laser in adjustment

спазант* – spasant* [active spaser *substance* [medium, material]]

спазер – spaser [surface plasmons laser, spaser generator, generator of spaser radiation]

спазерный* [-ная, -ное, -ные, -но-] – *adj. of* spaser

спекл-картина – speckle pattern

спектр водородоподобного атома в лазерном поле – spectrum of hydrogen-like atom in laser field

спектр лазерного излучения – laser spectrum

спектр лазерной генерации – lasing spectrum

спектр мод резонатора – resonator mode range

спектр с полосой частот – band spectrum

спектр спонтанного излучения – spontaneous radiation spectrum

спектральная когерентность – chromatic coherence

спектральная плотность мощности – power spectral density

спектральная чистота лазерного пучка – laser beam spectral purity

спектральная ширина лазерного излучения – laser radiation spectral width

спектрально-ограниченный импульс – spectral limited pulse

спектрально-перестраивающийся лазер – spectral tuning laser

спектрально-сканирующий лазер – spectrally scanning laser

спектральные диапазоны лазеров – spectral ranges of lasers

спектральные свойства лазерного пучка – spectral properties of laser beam

спектральные характеристики лазеров – spectral characteristics of lasers

спектроскопия активного лазерного поглощения – active laser absorption spectroscopy

спектроскопия активного лазерного рассеяния – active laser scattering spectroscopy

спектроскопия лазерно-индуцированного пробоя – laser induced breakdown spectroscopy

спектроскопия многоволнового смешения – multiwave mixing spectroscopy

спектроскопия с использованием полупроводникового инфракрасного перестраиваемого лазера с высокой разрешающей способностью – semiconductor infrared tuned high resolution laser spectroscopy

спектроскопия, основанная на поглощении внутри лазерных резонаторов – intra cavity laser absorption spectroscopy

спиновый лазер – spin laser

спиновый преобразователь (*частоты лазерного излучения*) – spin-flip converter

сплавы, упрочняемые лазерной обработкой – laser hardened alloys

спонтанная синхронизация мод – spontaneous mode locking

спонтанная эмиссия – spontaneous emission

спонтанное время жизни (*лазерных частиц*) – spontaneous lifetime (*laser pieces*)

спонтанное излучение – spontaneous *emission* [radiation]

спонтанное когерентное излучение – spontaneous coherent radiation

спонтанное некогерентное излучение – spontaneous incoherent radiation

спонтанное параметрическое рассеяние света

спонтанное параметрическое рассеяние света – spontaneous parametric scattering of light
спонтанный переход – spontaneous transition
способ накачки – pumping method
способность генерировать газерное* излучение – gasability*
способность генерировать гразерное* излучение – grasability*
способность генерировать зазерное* излучение – sasability*
способность генерировать иказерное* излучение – irasability*
способность генерировать когерентное оптическое излучение – lasability [ability to generate laser radiation]
способность генерировать лазерное акустическое излучение – sasability*
способность генерировать лазерное гамма-излучение – gasability* [grasability*]
способность генерировать лазерное звуковое излучение – sasability*
способность генерировать лазерное излучение – lasability [lasing *ability* [capability], ability to generate laser radiation]
способность генерировать лазерное инфракрасное излучение – irasability*
способность генерировать лазерное микроволновое излучение – masability*
способность генерировать лазерное поверхностно-плазмонное излучение – spasability*
способность генерировать лазерное рентгеновское излучение – xasability*
способность генерировать лазерное ультрафиолетовое излучение – uvasability*
способность генерировать лазерное фононное излучение – phasability*
способность генерировать мазерное излучение – masability*
способность генерировать повплазерное* излучение – spasability*
способность генерировать разерное* излучение – xasability*
способность генерировать фазерное* излучение – phasability*
способность генерировать уфазерное* излучение – uvasability*
способность лазерного излучения к фокусировке – focussability of laser radiation
способный генерировать газерное* излучение – gasable*
способный генерировать зазерное* излучение – sasable*
способный генерировать иказерное* излучение – irasable*
способный генерировать лазерное акустическое излучение – sasable*
способный генерировать лазерное гамма-излучение – gasable* [grasable*]
способный генерировать лазерное звуковое излучение – sasable*
способный генерировать лазерное излучение – lasable
способный генерировать лазерное инфракрасное излучение – irasable*
способный генерировать лазерное микроволновое излучение – masable*
способный генерировать лазерное поверхностно-плазмонное излучение – spasable*
способный генерировать лазерное рентгеновское излучение – xasable*
способный генерировать лазерное ультрафиолетовое излучение – uvasable*
способный генерировать лазерное фононное излучение – phasable*
способный генерировать мазерное излучение – masable*
способный генерировать повплазерное* излучение – spasable*
способный генерировать разерное* излучение – xasable*
способный генерировать уфазерное* излучение – uvasable*
способный генерировать фазерное* излучение – phasable*
спутник с космической лазерной энергоустановкой – space laser power system-powered satellite
спутниковый (*искусственный с Земли*) лазер – satellite laser

сравнение измерений импульсного лазера с теоретическими расчетами – comparison of pulsed laser measurements with theoretical predictions

среда Керра – Kerr medium

(*активная*) среда лазера на свободных электронах – free electron laser medium

среда с колебаниями (*составляющих частиц*) – vibronic medium

среда с «отрицательной» температурой – medium with "negative" temperature

(*активная*) среда с потерями – lossy medium

среда, генерирующая лазерное излучение – lasing medium

средняя мощность – average power

срок работы лазера – laser lifetime [lifetime of laser]

срыв генерации лазера – laser cutoff

срыв лазерной генерации – lasing cutoff [quenching of lasing]

стабилизация лазерной частоты – stabilization of laser frequency

стабилизация лазера – laser stabilization [stabilization of laser]

стабилизация режима синхронизации – timing stabilization

стабилизация частоты генерации – oscillation frequency stabilization

стабилизация частоты излучения лазера – laser frequency stabilization

стабилизированный по амплитуде лазер – amplitude stabilized laser

стабилизированный по частоте лазер – frequency stabilized laser

стабильная лазерная генерация – steady state lasing

стабильная (на, за)селённость состояния – steady state population

стабильная полость – stable cavity

стабильное излучение – steady state radiation

стабильность лазера – laser stability

стабильность лазерного пучка – laser beam stability

стабильность частоты лазера – laser frequency stability

стабильный лазерный режим – steady state laser regime

стабильный лазерный резонатор – stable laser resonator

стабильный лазерный резонатор с квадратной симметрией – stable laser resonator with square symmetry

стабильный лазерный резонатор с круговой симметрией – stable laser resonator with circle symmetry

стабильный резонатор – stable *resonator* [cavity]

стадия накачки – pumping stage

сталь после лазерной обработки – steel after laser treatment

стандарт (частоты) на водородном мазере – hydrogen maser standard

стандартный лазер – standard [etalon] laser

стандарты лазерной безопасности – laser safety standarts

станок лазерного сверления – laser drilling machine

станок лазерной резки – laser cutting machine

станок лазерной сварки – laser welding machine

старение (*сплавов*) после лазерной обработки – ageing after laser treatment

статистическая лазерная модель – statistical laser model

стационарная лазерная генерация – stationary [steady state] lasing

стационарная лазерная самофокусировка – stationary laser self-focusing

стационарная (на, за)селённость – steady state population

стационарное излучение – steady state radiation

стационарный лазерный режим – steady-state laser regime

стекло как материал-хозяин* (*активная среда лазера*) – host glass стеклянный лазер – glass laser

стенка резонатора – cavity wall

степень возбуждения – excitation degree

степень вырождения – degeneracy degree

степень когерентности – coherence ratio

степень модуляции – modulation degree

стержень (*активного вещества*) лазера – laser rod

стержень лазера на иттрий-алюминиевом гранате, легированном неодимом – *Nd:YAG* laser rod

стержневой лазер – rod laser

стерилизация лазерным облучением – laser irradiation sterilization

стимулированная эмиссия – stimulated [induced] emission

стимулированная эмиссия гамма-излучения – induced gamma emission

стимулированное излучение – stimulated [induced] radiation

стимулированное поглощение – stimulated [induced] absorption

стимулированное рассеяние Бриллюэна – stimulated Brillouin scattering

стимулированный квант – stimulated quantum

стимулированный (*энергетический*) переход – stimulated *jump* [transition]

стимулированный фотон – stimulated photon

стирающий лазер – erasing laser

стойкость (*материала*) к лазерному излучению – laser tolerance

стойкость (*материала*) к лазерному повреждению – laser damage stability

столкновительный режим многофотонной диссоциации – collision multiphoton dissociation mode

стопка лазерных диодов – laser diode stack

сторона (*соединения*), с которой производится лазерная сварка – laser welding side

стохастическое возбуждение – random excitation

стримерный лазер – streamer laser

стримерный полупроводниковый лазер – streamer semiconductor laser

стронциевый [*Sr*] лазер – strontium [*Sr*] laser

струйный лазер – jet-stream laser

струйный лазер на красителе – jet stream [jetting] dye laser

структура (*энергетических*) уровней Штарка – Stark level structure

структурные изменения в железоуглеродистых сталях при лазерном нагреве – structural changes in the iron-carbon steels in laser heating

структурные изменения в железоуглеродистых сталях при лазерном упрочнении – structural changes in the iron-carbon steels in laser hardening

структурные процессы (*материалов*) при лазерном нагреве – structure processes in laser heating

структуры (*активные среды*) когерентного фононного лазера – coherent phonon laser structures

субдоплеровское лазерное охлаждение – sub-Doppler laser cooling

субмикронная лазерная обработка – submicron laser machining

субмикронная лазерная технология – submicron laser technology

субмикронный лазер – submicron laser

субмиллиметровый лазер – submillimeter [long wavelength] laser

субпикосекундный импульс – sub-picosecond pulse

субпикосекундный лазер – subpicosecond laser

субпуассоновский лазер – sub-Poissonian laser

субфемтосекундный импульс – subfemtosecond(-scale) pulse

субфемтосекундный лазер – subfemtosecond laser

сужение импульса – pulse compression
сужение лазерного пучка – laser beam *sharpening* [waist]
сужение пучка – beam sharpening
сужение усиления – gain narrowing
суммарное усиление – net gain
суперимпульс – superpulse
суперкороткий импульс – supershort pulse
суперкоротковолновый лазер – super short wavelength laser
суперлюминесцентный диод – super luminescent diode
суперлюминесцентный излучающий диод – super luminescent emitting diode
суперлюминесцентный лазер – superluminescent [superfluorescent, superradiant] laser
супернепрерывная генерация лазерного излучения – supercontinuum lasing
супернепрерывная лазерная генерация – supercontinuum lasing
сухая лазерная чистка – dry laser cleaning
сферический лазер – spherical laser
сферический мазер – spherical maser
сферический микрорезонатор – spherical microresonator
сферический резонатор – spherical resonator
схема зеркал (*лазера*) – mirror configuration
схема лазера – laser design [configuration]
схемы лазерного разделения изотопов – schemes of laser isotope separation
схемы лазерных технологических установок – schemes of laser technological setups
сходимость лазерного пучка – laser beam divergence, numerical aperture
считывающий лазер – reading laser

Т

таллиевый [*Tl*] лазер – thallium [*Tl*] laser
твёрдое тело как среда, генерирующая лазерное излучение – solid state as lasing medium [solid state lasant]
твёрдое тело, генерирующее лазерное излучение – solid state generating laser radiation [solid state lasant]
твёрдотельная (*активная*) среда мишени – solid-slab target medium
твёрдотельная (*активная*) среда мишени в виде плиты – solid slab target medium
твёрдотельная усиливающая среда – solid state gain medium
твёрдотельный зелёный лазер с диодной накачкой – diode pumped solid state green laser
твёрдотельный кольцевой лазер – solid state ring laser
твёрдотельный лазант* – solid state generating laser radiation [solid state lasant]
твёрдотельный лазер – solid-state [solid] laser
твёрдотельный лазер для сверхкоротких импульсов – solid state laser for ultrashort pulse
твёрдотельный лазер на гадолиниевом ванадате [$GdVO_4$ лазер] – gadolinium vanadate solid-state [$GdVO_4$] laser
твёрдотельный лазер на гадолиниевом ванадате, легированном гольмием [$Ho:GdVO_4$ лазер] – holmium doped gadolinium vanadate solid-state [$Ho:GdVO_4$] laser
твёрдотельный лазер на гадолиниевом ванадате, легированном иттербием [$Yb:GdVO_4$ лазер] – ytterbium doped gadolinium vanadate solid-state laser
твёрдотельный лазер на гадолиниевом ванадате, легированном иттрием [$Yt:GdVO_4$ лазер] – yttrium doped gadolinium vanadate solid-state [$Yt:GdVO_4$] laser

твёрдотельный лазер на гадолиниевом ванадате, легированном неодимом

твёрдотельный лазер на гадолиниевом ванадате, легированном неодимом [$Nd:GdVO_4$ лазер] – neodymium
doped gadolinium vanadate solid-state [$Nd:GdVO_4$] laser

твёрдотельный лазер на гадолиниевом ванадате, легированном тулием [$Tm:GdVO_4$ лазер] – thulium doped
gadolinium vanadate solid-state [$Tm:GdVO_4$] laser

твёрдотельный лазер на гадолиниевом ванадате, легированном эрбием [$Er:GdVO_4$ лазер] – erbium doped
gadolinium vanadate solid-state [$Er:GdVO_4$] laser

твёрдотельный лазер на диэлектрике – dielectric solid state laser

твёрдотельный лазер на иттриевом ванадате [YVO_4 лазер] – yttrium vanadate solid-state [YVO_4] laser

твёрдотельный лазер на иттриевом ванадате, легированном гольмием [$Ho:YVO_4$ лазер] – holmium doped
yttrium vanadate solid-state [$Ho:YVO_4$] laser

твёрдотельный лазер на иттриевом ванадате, легированном иттербием [$Yb:YVO_4$ лазер] – ytterbium doped
yttrium vanadate solid-state laser

твёрдотельный лазер на иттриевом ванадате, легированном эрбием [$Er:YVO_4$ лазер] – erbium doped yttrium
vanadate solid-state [$Er:YVO_4$] laser

твёрдотельный лазер на иттриевом ортованадате – yttrium orthovanadate solid-state laser

твёрдотельный лазер на иттриевом ортованадате, легированном неодимом – neodymium doped yttrium
orthovanadate solid-state laser

твёрдотельный лазер на иттрий-алюминиевом гранате [YAG laser] – yttrium aluminum garnet solid-state [YAG]
laser

твёрдотельный лазер на иттрий-алюминиевом гранате, легированном гольмием [$Ho:YAG$ лазер] – holmium
doped yttrium aluminum garnet solid-state laser

твёрдотельный лазер на иттрий-алюминиевом гранате, легированном иттербием – ytterbium doped yttrium
aluminum garnet solid-state laser

твёрдотельный лазер на иттрий-алюминиевом гранате, легированном неодимом [$Nd:YAG$ laser] – neodymium
doped yttrium aluminum garnet solid-state [$Nd:YAG$] laser

твёрдотельный лазер на иттрий-алюминиевом гранате, легированном эрбием [$Er:YAG$ лазер] – erbium doped
yttrium aluminum garnet solid-state [$Er:YAG$] laser

твёрдотельный лазер на иттрий-алюминиевом фосфиде [YAP лазер] – yttrium aluminum phosphide solid-state
[YAP] laser

твёрдотельный лазер на иттрий-алюминиевом фосфиде, легированном неодимом [$Nd:YAP$ лазер] –
neodymium doped yttrium aluminum phosphide solid-state [$Nd:YAP$] laser

твёрдотельный лазер на иттрий-литиевом фториде [YLF лазер] – yttrium lithium fluoride solid-state [YLF] laser

твёрдотельный лазер на иттрий-литиевом фториде, легированном неодимом [$Nd:YLF$ лазер] – neodymium
doped yttrium lithium fluoride solid-state [$Nd:YLF$] laser

твёрдотельный лазер на колебательно-электронных переходах – vibronic solid state laser

твёрдотельный лазер на красителе – solid state dye laser

твёрдотельный лазер на легированном диэлектрике – doped insulator solid state laser

твёрдотельный лазер на лютециевом ванадате [$LuVO_4$ лазер] – lutetium vanadate solid-state [$LuVO_4$] laser

твёрдотельный лазер на лютециевом ванадате, легированном иттербием [$Yb:LuVO_4$ лазер] – ytterbium doped
lutetium vanadate solid-state laser

твёрдотельный лазер на лютециевом ванадате, легированном неодимом [$Nd:LuVO_4$ лазер] – neodymium doped
lutetium vanadate solid-state [$Nd:LuVO_4$] laser

твёрдотельный лазер на лютециевом ванадате, легированном тулием – thulium doped lutetium vanadate solid-
state laser

твёрдотельный лазер на лютециевом ванадате, легированном эрбием [$Er:LuVO_4$ лазер] – erbium doped
lutetium vanadate solid-state [$Er:LuVO_4$] laser

твёрдотельный лазер на редкоземельных ионах – solid rare earth ion laser

твёрдотельный лазер на тепловой мощности – heat capacity solid state laser

твёрдотельный лазер с диодной накачкой – diode pumped solid state laser

твёрдотельный лазер с диодной накачкой и удвоением частоты – frequency doubled diode pumped solid state laser

твёрдотельный лазер с накачкой полупроводниковым диодом – semiconductor diode-pumped solid-state laser

твёрдотельный лазер с оптической накачкой – optically pumped solid-state laser

твёрдотельный лазер с перестраиваемой длиной волны – wavelength tunable solid-state laser

твёрдотельный лазер с перестраиваемой широкой полосой – solid-state laser with tunable broadband

твёрдотельный лазер с полупроводниковой накачкой – pumped semiconductor solid state laser

твёрдотельный лазер с удвоением частоты – frequency doubled solid state laser

твёрдотельный лазерный стержень – solid-state laser rod

твёрдотельный мазер – solid-state [solid] maser

твёрдотельный микролазер – solid state microlaser

твёрдотельный осциллятор – solid state oscillator

твёрдотельный плиточный лазер – solid state slab laser

твёрдотельный ультрафиолетовый лазер – solid state ultraviolet laser

твёрдые тела для лазерных сред – solid states for lasing medium

текстура поверхности после лазерного облучения – surface texture after laser irradiation

текстура поверхности, вызванная лазерным излучением – laser fed surface texture

текстурирование (*поверхности*) при лазерном облучении – texturation under laser radiation

текстурирование, вызванное лазерным излучением – laser fed texturation

температурно-контролируемый лазер – temperature controlled laser

температурно-перестраиваемый лазер – temperature tunable laser

теоретическое моделирование рентгеновских лазеров – theoretical simulation of X-Ray lasers

теоретическое предсказание параметров лазерных измерений – theoretical prediction of laser measurement parameters

теория лазера – laser theory

тепловая линза – thermal lens

тепловое возбуждение – thermal excitation

тепловое воздействие (*при лазерном облучении*) – thermal action

тепловое излучение при лазерном нагреве – thermal radiation in laser heating

тепловое линзирование – thermal lensing

тепловое расширение при лазерном нагреве – thermal expansion in laser heating

тепловой лазер – thermal laser

тепловой лазер на фононных переходах – phonon level thermal laser

тепловой лазер на фононных уровнях – phonon level thermal laser

тепловые потоки при лазерном облучении – heat flows under laser radiation

теплоотвод при лазерном облучении – heat sink under laser radiation

тераваттная лазерная система – terawatt laser system

тераваттный лазер – terawatt laser

терагерцевый квантово-каскадный лазер – terahertz quantum cascade laser

терагерцевый лазер – terahertz laser

терагерцевый неустановившийся процесс – terahertz transient

терагерцевый неустановившийся режим – terahertz transient

терагерцевый переходный процесс – terahertz transient

терагерцевый переходный режим – terahertz transient

тераджоулевый лазер – terajoule laser

термически накачиваемый лазер

термически накачиваемый лазер – thermally pumped laser
термически перестраиваемый (*по частоте*) лазер – thermally tuned laser
термически стабилизированный лазер – thermally stabilized laser
термические напряжения при лазерном нагреве – thermal stresses in laser heating
термический лазер – thermal laser
термическое разложение металлоорганических соединений при лазерном нагреве – thermal decomposition of organometallic compounds in laser heating
термоакустический лазер – thermoacoustic laser
термоионная эмиссия при лазерном нагреве – thermoionic emission in laser heating
термомеханические эффекты при лазерном нагреве – thermomechanical effects in laser heating
термостабилизированный лазер – thermally [temperature] stabilized laser
термостатированный лазер — temperature-controlled [thermostatted] laser
термотерапия с помощью лазерно-индуцированных внедрённых атомов – laser induced interstitial thermotherapy
термоэлектронная эмиссия при лазерном нагреве – thermoelectronic emission in laser heating
термоэлектронный преобразователь лазерной энергии – thermoelectronic laser energy converter
техника активного переключения добротности – active Q-switching technique
техника аттосекундных импульсов – attosecond pulse technique
техника лазерного выравнивания – laser trimming technique
техника лазерного легирования – laser alloy [doping] technique
техника лазерного сверления – laser drilling technique
техника лазерного сплавления – laser alloy technique
техника лазерного эпитаксиального роста (*плёнки*) – laser epitaxial growth technique
техника лазерной микрообработки – laser micromachining technique
техника лазерной обработки – laser processing technique
техника лазерной отделки – laser trimming technique
техника лазерной подгонки – laser trimming technique
техника лазерной поляриметрии – laser polarimetric technique
техника лазерной резки – laser cutting technique
техника лазерной сварки – laser welding technique
техника микроволнового излучения – microwave technique
техника наносекундных импульсов – nanosecond pulse technique
техника пикосекундных импульсов – picosecond pulse technique
техника повышения качества лазерного пучка – laser beam quality improving technique
техника фемтосекундных импульсов – femtosecond pulse technique
технологическая оснастка лазеров – laser production accessory
технологический лазер – industrial laser
технологический эксперимент в космосе с использованием лидара – lidar in-space technology experiment
технология лазерного бурения – laser drilling technique
технология лазерного микросплавления – laser microalloying technique
технология лазерного сверления – laser drilling technology
технология лазерной зонной плавки – laser zone melting technique
технология лазерной микрообработки – laser *micromachining* [microfabrication] technology
технология лазерной сварки – laser welding technology
технология лазерной связи– laser communication technology
технология лазерных гироскопов – laser gyro technology
технология эксимерной лазерной обработки – excimer laser machining [processing,   technology]

технология эксимерной лазерной обработки микроизделий – excimer laser micromachining

течение жидкости в зоне (*лазерного*) расплава – fluid flow in molten pool

тёмный полый пучок – dark hollow beam

тип лазерных осциллирующих частиц (*электрон, атом, ион, молекула и т.п.*) – laser species

типы лазеров – laser types [types of lasers]

титаново-сапфировый лазер – titanium sapphire laser

титаново-сапфировый лазер с синхронизацией мод с помощью линз Керра – Kerr lens mode locked titanium-sapphire laser

титаново-сапфировый лазер с синхронизированными модами – mode locked titanium-sapphire laser

ткань (*биологическая*), облучённая лазером – laser irradiated tissue

T-образное соединение при лазерной сварке – *T*-joint in laser welding

токовая регулировка лазерной системы – current regulation of laser system

тон биений – beat note

тонкодисковый лазер – thin disk laser

тонкодисковый лазер на ванадате, легированном неодимом – neodemium doped vanadate thin-disk laser

тонкодисковый лазер с диодной накачкой – diode pumped thin disk laser

тонкоплёночный диодный лазер – thin film *diode* [semiconductor] laser

тонкоплёночный лазер – thin film laser

тонкоплёночный лазер на красителе – thin film dye laser

тонкоплёночный полупроводниковый лазер – thin film *semiconductor* [diode] laser

тонкоплёночный поляризатор – thin film polarizer

торец с антиотражательным покрытием – antireflective-coated end

торец с просветляющим покрытием – antireflective-coated end

тороидальная микрополость – toroidal microcavity

тороидальный лазер – toroidal laser

тороидальный микрорезонатор – toroidal microresonator

торцевая накачка лазера – end laser pumping

торцевое зеркало (*лазера*) – back end mirror

точная настройка цели – target fine adjustment

точная юстировка цели – target fine adjustment

травление с помощью лазера – laser assisted etching

традиционная доставка пучка – conventional beam deliver

традиционный лазер – conventional laser

традиционный летательный аппарат с лазерным двигателем – conventional laser staged vehicle

траектория лазерного пучка – laser beam path

транспортировка с лазерной мощностью – laser powered transportation

транспортная система с лазерным двигателем – laser transportation system

трафарет – mask

требования лазерной генерации – requirements for lasing

требования лазерно-термоядерной реакции – laser fusion requirements

треугольный лазер – triangular laser

трещина, вызванная лазерным излучением – laser induced crack

трещины при лазерной резке – laser cutting cracks

трещины при лазерной сварке – laser welding cracks

трёхзеркальная лазерная полость – three-mirror laser cavity

трёхзеркальная полость – three-mirror cavity

трёхлучевой полупроводниковый лазер – three-beam semiconductor laser

трёхмерная активная среда – three-dimensional active medium
трёхмерное лазерное воздействие – three dimensional laser effect
трёхмерное лазерное моделирование – three dimensional laser prototyping
трёхмерный лазерный синтез – three-dimensional laser synthesis
трёхмерный лазерный эффект – three-dimensional laser effect
трёхплечий лазер – three-fold laser
трёхуровневая лазерная среда – three-level laser medium
трёхуровневая система (*лазерного возбуждения*) – three-level system
трёхуровневая схема оптической накачки – three-level scheme of optical pumping
трёхуровневая усиливающая среда – three-level gain medium
трёхуровневый лазер – three-level laser
трёхуровневый лазерный материал – three-level laser material
трёхуровневый мазер – three-level maser
триодный лазер – triode laser
трубочный лазер – tube laser
трубочный лазер на неодимовом стекле – pipe-type neodymium glass laser
трубочный лазер с водяным охлаждением – water cooled tube laser
туннельная ионизация атомов и ионов – tunnel ionization of atoms and ions
туннельный лазер – tunnel laser
тушащий лазер – quenching laser
тушение (*лазера*) – quench [quenching]
тушение лазерной генерации – lasing extinguishing
тушение флюоресценции в лазерах – fluorescence quenching in lasers

У

угасание излучения – radiation decay
углекислотный лазер – carbon dioxide laser
угловая лазерная очистка – angular laser cleaning
угол Брюстера – Brewster angle
угол внутреннего отражения (*луча*) – angle of internal reflection
угол отражения (*луча*) – angle of reflection
угол падения (*луча*) – angle of incidence
угол падения лазерного луча – laser *angle* [angle of incidence]
угол полного внутреннего отражения луча – angle of internal reflection
угол преломления (*луча*) – angle of refraction
угол скольжения лазерного луча – laser *glancing* [grazing] angle
удаление (*материала с поверхности*) – ablation
удалённая резонансная оптическая ловушка – far-off-resonance optical trap
ударное возбуждение – impact [shock] excitation
удвоение резонансной частоты – resonant frequency doubling
удвоение частоты – frequency doubling
удвоение частоты вне резонатора – extra cavity frequency doubling
удвоение (*частоты*) внутри резонатора – intracavity doubling

удвоение частоты внутри резонатора – intracavity frequency doubling
удвоитель резонансной частоты – resonant frequency doubler
удержание резонансного излучения   confinement of resonant radiation
узкополосный лазер – narrow band laser
узкополосный мазер – narrow band maser
улучшенная дуговым разрядом лазерная плавка – arc augmented laser melting
улучшенная дуговым разрядом лазерная резка – arc augmented laser cutting
улучшенная дуговым разрядом лазерная сварка – arc augmented laser welding
улучшенное дуговым разрядом лазерное сверление – arc augmented laser drilling
ультравысокая частота – ultrahigh frequency
ультразвук терагерцевой частоты – terahertz frequency ultrasound
ультразвуковая частота – ultrasonic frequency
ультразвуковой лазер на терагерцевой частоте – terahertz frequency ultrasound laser
ультракороткий лазерный импульс – ultrashort laser pulse
ультракороткий сверхмощный лазерный импульс – ultrashort superpower laser pulse
ультрафиолетовая генерация – uvasing* [uvaser generation, uvaser action, generation of uvaser radiation]
ультрафиолетовое излучение – ultraviolet radiation
ультрафиолетовый азотный лазер – ultraviolet nitrogen laser
ультрафиолетовый лазер – ultraviolet laser [uvaser]
ультрафиолетовый лазер на молекулярном газе – ultraviolet molecular gas laser
ультрафиолетовый лазер на свободных электронах – ultraviolet free electron laser
ультрафиолетовый лазер с диодной накачкой – diode pumped ultraviolet laser
ультрафиолетовый лазерный диод – ultraviolet laser diode
ультрафиолетовый твёрдотельный лазер с диодной накачкой – diode pumped solid state ultraviolet laser
ультраширокополосный лазер – ultrabroad laser
уменьшающее дисперсию оптоволокно – dispersion decreasing fiber
уменьшение (на, за)селённости (энергетических уровней) – depopulation [population depletion]
уменьшение (на, за)селённости энергетического уровня – energy level depopulation
умная бомба с лазерным наведением – smart laser guided bomb
умножение частоты – frequency multiplication
уплотнение (разделённых по времени сигналов) – multiplexing
уплотнение грубо разделённых по длинам волн лучей – coarse wavelength division multiplexing
уплотнение по длинам волн – wavelength division multiplexing
уплотнение разделённых по длинам волн лучей – dense wave length division multiplexing
управление лазерным пучком – laser beam control [handling, steering]
управление усилением – gain guiding
управление фазой световых колебаний – light oscillation phase control
управление фазой световых колебаний в пространстве – light oscillation phase control in space
управление фазой световых колебаний во времени – light oscillation phase control in time
управляемое лазерное разрушение – controlled laser damage
управляемое лазером легирование – laser controlled doping
управляемое лазером мгновенное сгорание – laser driven deflagration
управляемый лазер – guided laser
управляемый лазер с водяным соплом – water jet guided laser
управляемый лазерным излучением – laser driven
управляющая электроника – driver electronics
упрочнение импульсным лазерным излучением – strengthening with pulsed laser radiation

упрочнение лазерным импульсом – laser pulse strengthening
упрочнение лазерным ударом – laser shock hardening
упрочнение непрерывным лазерным излучением – strengthening with continuous laser radiation
упрочнение при лазерном фазовом переходе *(в сплавах)* – laser transformation hardening
упругость при лазерном изгибании – laser bending elasticity
уравнение Шалоу-Таунса – Schawlow-Townes equation
уравнения лазерных коэффициентов – laser rate equations
уравнения многомодового лазера – multimode laser equations
уравнения одномодового лазера – multimode laser equations
уровень возбуждения – excitation level
уровень легирования – doping level
уровень накачки – pump [pumping] level
уровень *(энергетический)* накачки лазера – laser pump level
уровень поглощения – absorption level
(энергетический) уровень с инверсной (на, за)селённостью – inverted level
уровни лазерного перехода – laser transition levels
уровни мощности лазера– power levels of laser
усиление без инверсии – inversionless gain
усиление взаимодействия атомной материи с волной с помощью конденсата Бозе-Эйнштейна – atomic matter-wave amplification using Bose-Einstein condensate
усиление встречными пучками – colliding pulse amplification
усиление гамма-лучей с помощью стимулированной эмиссии излучения – gamma ray amplification by stimulated emission of radiation
усиление диодного лазера – diode laser gain
усиление за проход *(в одном направлении в резонаторе)* – single pass gain
усиление звука с помощью стимулированного излучения – sound amplification by stimulated emission of radiation
усиление импульса при линейной модуляции частоты – chirped pulse amplification
усиление импульса при плавно изменяющейся частоте – chirped pulse amplification
усиление инфракрасного излучения с помощью стимулированной эмиссии излучения – infrared amplification by stimulated emission of radiation
усиление лазера – laser gain
усиление лазерного излучения – amplification [gain] of laser radiation
усиление лазерного импульса – laser pulse gain
усиление микроволнового света с помощью стимулированной эмиссии излучения – microwave amplification by stimulated emission of radiation
усиление микронного света с помощью стимулированной эмиссии излучения – microwave amplification by stimulated emission of radiation
усиление поверхностных плазмонов с помощью стимулированной эмиссии излучения – surface plasmons amplification by stimulated emission of radiation
усиление при линейной модуляции частоты – chirped pulse amplification
усиление при прохождении импульса в прямом и обратном направлениях *(в резонаторе)* – round-trip gain
усиление разделённых импульсов – divided pulse amplification
усиление рентгеновского света с помощью стимулированной эмиссии излучения – *X*-ray amplification by stimulated emission of radiation
усиление соударяющимися импульсами *(пучков)* – colliding pulse amplification
усиление спонтанного излучения – spontaneous *emission* [radiation] *amplification* [enhancement]

усиление ультрафиолетового света с помощью стимулированной эмиссии излучения – ultraviolet amplification by stimulated emission of radiation

усиление чирпированных импульсов – chirped pulse amplification

усиленная спонтанная эмиссия – amplified spontaneous emission

усиленная эмиссия – amplified emission

усиленное излучение – amplified emission [reinforced radiation]

усиленное лазерное пульсирование – enhanced laser pulsing

усиленное лазерное электролитическое осаждение – enhanced laser electrolise deposition

усиленное спонтанное излучение – amplified [enhanced] spontaneous radiation

усиливающая полость – enhancement cavity

усиливающая среда – amplifying medium

усиливающая среда на твёрдотельном красителе – solid state dye gain media

усиливающая среда, легированная иттербием – ytterbium doped gain medium

усиливающая среда, легированная неодимом – neodymium doped gain medium

усиливающая среда, легированная переходными металлами – transition metals doped gain media

усиливающая среда, легированная редкоземельными элементами – rare earth doped gain medium

усиливающий резонатор – enhancement cavity [resonator]

усилитель аттосекундных импульсов – attosecond pulse amplifier

усилитель комбинационного оптоволоконного лазера – Raman fiber laser amplifier

усилитель лазера бегущей волны – traveling wave laser amplifier

усилитель мощности – power amplifier

усилитель мощности задающего генератора – master oscillator power amplifier

усилитель мощности задающего осциллятора – master oscillator power amplifier

усилитель на оптоволокне с распределённым при легировании эрбием – distributed erbium doped fiber amplifier

усилитель на оптоволоконе, легированном иттербием – ytterbium doped fiber amplifier

усилитель на оптоволокне, легированном эрбием – erbium doped fiber amplifier

усилитель наносекундных импульсов – nanosecond pulse amplifier

усилитель пикосекундных импульсов – picosecond pulse amplifier

усилитель рамановского волоконного лазера – Raman fiber laser amplifier

усилитель с лазерной накачкой – laser pumped amplifier

усилитель с положительной обратной связью – positive feedback amplifier

усилитель фемтосекундных импульсов – femtosecond pulse amplifier

ускорение в слабом поле лазера – laser weak field acceleration

ускоренное лазерное старение (*сплавов*) – accelerated laser ageing

условие (*возникновения*) инверсной (на, за)селённости – inverted population condition

условие лазерной генерации – lasing condition

условие пороговой лазерной генерации – laser threshold oscillation condition

усовершенствованная лазерная установка – advanced laser facility

усовершенствованная лазерная установка на свободных электронах – advanced free electron laser facility

усталость (*материала*) после лазерного облучения – fatigue after laser irradiation

установившаяся лазерная генерация – steady state lasing

установившаяся (на, за)селённость состояния – steady state population

установившееся излучение – steady state radiation

установившийся лазерный режим – steady state laser regime

установка лазерного отжига – laser annealing device

установка лазерного сверления – laser drilling device

установка лазерной микросварки – laser microwelding device [machine]

установка лазерной резки – laser cutting device [machine]

установка лазерной сварки – laser welding device [machine, system]

установка лазерно-лучевой литографии – laser beam lithography *aligner* [system]

устойчивая генерация лазерного излучения – stable lasing

устойчивая лазерная генерация излучения – stable [steady state] lasing

устойчивая (на, за)селённость состояния – steady state population

устойчивая опорная полость – stable reference cavity

устойчивая полость – stable cavity

устойчивое излучение – steady state radiation

устойчивый лазерный режим – steady state laser regime

устойчивый резонатор – stable *resonator* [cavity]

устойчивость к лазерному облучению – laser irradiation stability

устойчивость наведения лазерного пучка – laser beam pointing stability

устойчивость синхронизации мод – mode locking stability

устойчивость сферического резонатора – spherical resonator stability

устройство для генерации когерентного синхротронного излучения – undulator [device for generation of coherent synchrotron radiation]

устройство лазерной резки – laser cutter device

устройство накачки – pump arrangement

устройство переключения добротности – Q-switching arrangement

устройство профилирования лазерного пучка – laser beam profiler

устройство профилирования пучка – beam profiler

устройство сведения лазерных пучков – laser beam *combiner* [combining]

устройство синхронизации мод – mode locking device

устройство уменьшения амплитуды (*сигнала*) – decreasing amplitude device [attenuator]

устройство уничтожения *мин* [фугасов] с помощью лазера – laser based landmine sweepers

устройство фононного лазера – phonon laser device

устройство формирования лазерного профиля – laser beam *forming arrangement*

устройство формирования лазерного пучка – laser beam *forming arrangement* [shaping device]

устройство формирования пучка – beam forming arrangement

утроение частоты – frequency tripling

утроитель частоты – frequency tripler

уфазант* – uvasant* [active uvase *substance* [medium, material]]

уфазер* – uvaser, **u**ltra **v**iolet **l**aser (acronym for **u**ltra **v**iolet **a**mplification by **s**timulated **e**mission of **r**adiation) (**u**ltra **v**iolet **l**aser) – усиление ультрафиолетового света с помощью стимулированной эмиссии излучения (ультрафиолетовый лазер) уфазерная* генерация – uvasing* [uvaser generation, ultraviolet lasing, generation of uvaser radiation]

уфазерная* среда – uvasant* [active uvase *substance* [medium, material]]

уфазерное* (воз)действие – uvaser action

уфазерный* [-ная, -ное, -ные, -но-] – *adj. of* uvaser

уфазерный* генератор – uvaser [uvaser generator, ultra violet generator, generator of ultra violet radiation]

ухудшение добротности – Q-spoiling

ухудшение добротности резонатора – resonator Q-spoil

ухудшение (*качества*) пучка – beam degradation

учетверение частоты – frequency quadrupling

уширение лазерной линии – laser line broadening

316

уширение спектра – spectrum widening

Ф

фаза лазерного излучения – laser radiation phase

фазант* – phasant* [active phaser* *substance* [medium, material]]

фазер* (*акроним* **ф**ононный **ла**зер) – phaser* [phonon [acoustic, sound] laser; saser

фазерная генерация – phasing* [phaser* generation, phonon-ray lasing, generation of phaser* radiation]

фазерная* среда – phasant* [active phaser* *substance* [medium, material]]

фазерный* [-ная, -ное, -ные, -но-] – *adj. of* phaser*

фазированная решётка лазера – phase locked laser array

фазовая когерентность – phase coherence

фазовая модуляция – phase modulation

фазовая модуляция лазера – laser phase modulation

фазовая самомодуляция – self-phase modulation

фазовая синхронизация – phase locking

фазовая синхронизация лазера – laser phase synchronization

фазовая щель – phase slit

фазовое отверстие – phase aperture

фазовое совпадение – phase coincidence

фазово-синхронизированные моды – phase-locked modes

фазово-синхронизованные лазеры – phase-locked lasers

фазовый синхронизм – phase synchronism

фазовый шаг – phase step

фазовый шум – phase noise

факел выбросов при лазерной резке – plume under laser cutting

факел выбросов при лазерной сварке – plume under laser welding

факел выбросов при лазерном сверлении – plume under laser drilling

факельный лазер – torch laser

фактор вырождения – degeneracy *factor* [index]

фактор добротности (*резонатора*) – *Q*-factor [quality factor]

фактор качества пучка – beam quality factor

фактор контура лазерного сверления – laser drilling contour factor

фактор повышения ширины линии – linewidth enhancement factor

фактор распространения пучка – beam propagation factor

фантастические предсказания лазеров – fictional laser predictions

фемтометровый лазер – femtometer laser

фемтосекундная лазерная абляция – femtosecond laser ablation

фемтосекундная оптоэлектроника – femtosecond optoelectronics

фемтосекундное лазерное облучение – femtosecond laser irradiation

фемтосекундные явления – femtosecond phenomena

фемтосекундный импульс – femtosecond pulse

фемтосекундный лазер – femtosecond laser

фемтосекундный лазер на форстерите – forsterite femtosecond laser

фемтосекундный лазер на форстерите, легированном хромом

фемтосекундный лазер на форстерите, легированном хромом – chromium doped forsterite femtosecond laser
фемтосекундный лазерный нагрев – femtosecond laser heating
фемтосекундный лазерный отжиг – femtosecond laser annealing
фемтосекундный оптоволоконный лазер – femtosecond fiber laser
фемтосекундный петаваттный лазер – femtosecond petawatt laser
физика аттосекундных явлений – attosecond physics
физика лазерной прочности материалов – laser materials strength physics
физика лазерных кристаллов – laser crystals physics
физика лазеров – laser physics
физика наносекундных явлений – nanosecond physics
физика пикосекундных явлений – picosecond physics
физика фемтосекундных явлений – femtosecond physics
физические основы лазерных технологий – physical basics of laser technology
физические основы лазеров – physics basics of lasers
фиксация уровня усиления – gain clamping
фиолетовый лазер – violet [purple] laser
флюктуации лазерного излучения – laser radiation fluctuations
флюоресцентная квантовая эффективность – fluorescent quantum efficiency
флюоресцентная лампа с холодным катодом – cold cathode fluorescent lamp
флюоресцентное гашение в лазерах – fluorescence quenching in lasers
флюоресценция при преобразовании с повышением *(частоты)* – upconversion fluorescence
фокус лазерного излучения – laser focus
фокус лазерного пучка – laser beam focus
фокусировка лазерного излучения – focusing of laser radiation
фокусировка лазерного пучка – laser beam focusing [focusing of laser beam]
фокусировка пучка – beam focusing
фононный лазер– acoustic [sound, phonon] laser; phaser*, saser
фононный лазер на оптическом резонансе – optical resonance phonon laser
фононный лазер на электронных каскадах – electronic cascades phonon laser
фононный лазерный кристалл – phonon laser crystal
фононный мазер – acoustic [sound, phonon] maser
фонон-фононная релаксация – phonon-phonon relaxation
форма зеркал *(лазера)* – mirror configuration
форма импульса – pulse configuration
форма лазерного пучка – laser beam *shaper* [pattern]
форма моды – mode configuration
форма *полости* замочных скважин *(при лазерной сварке)* – keyhole cavity shape
форма полости раковин *(при лазерной сварке)* – keyhole cavity shape
формирование изображения в когерентном излучении – coherent imaging
формирование изображения методом лазерно-лучевой литографии – laser beam patterning
формирование лазерного пучка – laser beam shaping
формирование пучков с заданной структурой – formation of beams with the specified structure
формирование сверхкоротких импульсов – ultrashort pulses formation
формирование сверхкоротких импульсов методом фазовой самомодуляции – ultrashort pulses formation by self phase modulation
формирование сети импульсов – pulse forming network
формирование сети лазерных импульсов – laser pulse forming network

формирование точечной лазерной диаграммы – single-point laser pattern generation

формирование точечной лазерной фотомаски – single-point laser pattern generation

формирователь лазерного пучка – laser beam former

формирователь периодического магнитного поля (*в лазерах на свободных электронах*) – periodic magnetic field shaper [wiggler] (*in free-electron las*ers)

формирователь периодического магнитного поля (*в лазерах на свободных электронах*) против устройства для генерации когерентного синхротронного излучения – wiggler versus undulator

формы лазерной резки – forms of laser cutting

формы лазерных импульсов – laser pulse shapes

фотоакустическая лазерная микроскопия – photoacoustic laser microscopy

фотоакустическая микроскопия – photoacoustic microscopy

фотоакустическая спектроскопия – photoacoustic spectroscopy

фотоакустические явления – photoacoustic phenomena

фотодиссоционный импульсный йодный лазер – photodissociation pulsed iodine laser

фотодиссоционный импульсный йодный лазер с оптической накачкой – photodissociation pulsed iodine laser with optical pumping

фотодиссоционный импульсный лазер – photodissociation pulsed laser

фотодиссоционный йодный лазер – photodissociation iodine laser

фотодиссоционный лазер – photodissociation laser

фотоинициируемый лазер – photoinitiated laser

фотоионизационный лазер – photoionization laser

фотоионизированное состояние – photoionized state

фотоионизируемый лазер – photoionized laser

фотолитически инициируемый лазер – photolytically initiated laser

фотолитический йодный лазер – photolytic iodine laser

фотолюминесценция – photoluminescence

фотон – photon

фотон накачки – pump[-ing] photon

фотоника – photonics

фотонная антигруппировка – photon antibunching

фотонная интегральная схема – photonic integrated circuit

фотонное кристаллическое оптоволокно – photonic crystal fiber

фотонные кристаллы – photonic crystals

фотонный кристаллический лазер – photonic crystal laser

фотонный пучок – photon beam

фотопотемнение – photodarkening

фоторекомбинационный лазер – photorecombination laser

фотосъёмка с использованием лазера – laser photography

фототермическое взаимодействие лазерного излучения с веществом – photothermal laser interaction with matter

фототермическое лазерное воздействие – photothermal laser impact

фотохимический лазер – photochemical laser

фотохимическое взаимодействие лазерного излучения с веществом – photochemical laser interaction with matter

фотохимическое лазерное воздействие – photochemical laser impact

фотошаблон – mask

фотоэлектрон – photoelectron

фракталы после лазерного облучения

фракталы после лазерного облучения – fractals after laser radiation
фронт лазерного импульса – laser pulse front
фронт лазерной кристаллизации – laser crystallization front
фторидные оптоволокна, легированные неодимом – neodymium doped fluoride fibers
фтористые оптоволокна – fluoride fibers
фтористый лазер – fluoride laser
фторный [F_2] лазер – fluorine [F_2] laser
фторный молекулярный [F_2] лазер – molecular fluorine [F_2] laser
фторный эксимерный лазер – fluorine excimer laser
фтороводородный лазер – hydrogen fluoride laser
фуллерен-кислород-йодный лазер – fullerene-oxygen-iodine laser
функция Эрмита-Гаусса – Hermite-Gaussian function

Х

хаотическая генерация лазерного излучения – random lasing
хаотическая лазерная генерация – random lasing
характеристика лазерного пучка – laser beam pattern
характеристики лазера – laser *characteristics* [specifications]
характеристики лазерного излучения – characteristics of laser radiation
характеристики лазерного пучка – laser beam characteristics
хвостовая часть лазерного импульса – laser pulse tail
хелатный лазер – chelate laser
хемолазер – chemolaser [chemical laser]
химическая накачка лазера – chemical laser pumping
химические реакции при лазерном нагреве поверхности – chemical reactions in laser surface heating
химический кислородно-йодный [O_2-I] лазер – oxygen-iodine [O_2-I] chemical laser
химический лазер – chemical [all-chemical] laser, chemolaser
химический лазер видимого излучения – visible wavelength chemical laser
химический лазер на йоде – iodine chemical laser
химический лазер на разветвлённых реакциях – branched reaction chemical laser
химический лазер на смеси (*газов*) – mixing chemical laser
химический лазер на смеси йода с кислородом – chemical oxygen iodine laser
химический лазер на фториде водорода – hydrogen fluoride chemical laser
химический лазер на фтористом водороде – hydrogen fluoride chemical laser
химический лазер на хлориде водорода – hydrogen chloride chemical laser
химический лазер на хлористом водороде – hydrogen chloride chemical laser
химический лазер на цепной реакции – chain reaction chemical laser
химический лазер с инициированием импульсной лампой – flash initiated chemical laser
химический лазер с передачей (*энергии возбуждения*) – chemical transfer [transfer chemical] laser
химический лазер с предварительным смешиванием (*газов*) – premixed chemical laser
химический лазер с тепловым инициированием – thermally initiated chemical laser
химический лазер с фотоинициированием – photo initiated chemical laser
химический лазер со смешиванием в дозвуковом потоке – subsonic mixing chemical laser

химический лазер со смешиванием в сверхзвуковом потоке – supersonic mixing chemical laser

химический лазер, возбуждаемый цепной реакцией – chain reaction chemical laser

химический лазер, инициируемый импульсной лампой-вспышкой – pulse flashlamp initiated chemical laser

химический лазер, инициируемый импульсом – pulse initiated chemical laser

химический лазер, инициируемый искровым разрядом – spark initiated chemical laser

химический лазер, инициируемый лампой-вспышкой – flashlamp initiated chemical laser

химический лазер, инициируемый фотолизом – photolysis initiated chemical laser

химический лазер, инициируемый электрическим разрядом – electric discharge initiated chemical laser

химический лазер, инициируемый электронным пучком – electron beam initiated chemical laser

химический лазер, основанный на цепной реакции – chemical laser based on chain reaction

химический сверхзвуковой лазер – supersonic chemical laser

химическое напыление с помощью лазера – laser assisted chemical deposition

химическое осаждение из паров оксидов металла – metal oxide chemical vapor deposition

химическое осаждение с помощью импульсного лазера – pulse laser assisted chemical deposition

химическое осаждение с помощью лазера – laser assisted chemical deposition

химическое паровое напыление с помощью лазера – laser assisted chemical vapor deposition

химическое паровое осаждение с помощью лазера – laser assisted chemical vapor deposition

хлорный лазер – chlorine laser

холодная лазерная резка – cold laser cutting

холодный (*негенерирующий*) лазер – cold laser

холостой лазерный пучок – idler laser beam

хроматическая дисперсия – chromatic dispersion

хроматическая дисперсия лазерного излучения – chromatic dispersion of laser radiation

хроматическая когерентность – chromatic coherence

хрупкость (*сталей*) после лазерного облучения – brittleness after laser irradiation

Ц

цветной лазерный принтер – color laser printer

цветной фильтр для лазерного излучения – color filter for laser radiation

цветные лазеры – color lasers

цезиевый [*Cs*] лазер – cesium [*Cs*] laser

цементация (*поверхности*) при лазерной обработке – carbonization under laser treatment

цериевый [*Ce*] лазер – cerium [*Ce*] laser

циклотронный лазер – cyclotron laser

цилиндрическая полость – cylindrical cavity

цилиндрический резонатор – cylindrical cavity

цинковый ионный [*Zn*⁺] лазер – zinc ion [Zn^+] laser

цинковый [*Zn*] лазер – zinc [*Zn*] laser

Ч

частицы лазерного перехода – laser transition species
частицы нанометрового размера – nanometer sized particles [nanoparticles]
частично заполненная (*энергетическая*) зона – partially occupied band
частично прозрачное зеркало – partially transparent mirror
частично пропускающий разделитель пучка – partially transmissive beam splitter
частично отражающий разделитель пучка – partially reflective beam splitter
частота возбуждения – excitation [oscillating] frequency
частота волны – wave frequency
частота дрожаний (*лазерного луча*) – jitter frequency
частота (*следования*) импульсов – pulse frequency
частота колебания– oscillation frequency
частота лазерного излучения – laser [-radiation] frequency
частота лазерной волны – laser wave frequency
частота лазерных колебаний – laser oscillation frequency
частота мазерного излучения – maser frequency
частота модуляции – modulation frequency
частота накачки – pump frequency
частота осцилляции – oscillation frequency
частота повторения (*лазерных импульсов*) – repetition frequency [rate]
частота повторения импульсов – pulse repetition frequency [rate]
частота следования импульсов – pulse repetition frequency [rate]
частотная модуляция – frequency modulation
частотная модуляция лазера – frequency modulation of laser
частотно-импульсная модуляция – pulse *frequency* [repetition, rate] modulation
частотно-контролируемый лазер – frequency controlled laser
частотно-модулированный лазер – frequency modulated laser
частотно-разрешённое оптическое стробирование – frequency resolved optical gating
частотно-селективный резонатор – frequency selective resonator
частотно-стабилизированный гелий-неоновый лазер – frequency stabilized helium-neon laser
частотно-стабилизированный лазер – frequency stabilized laser
частотное удвоение – laser doubling
частотное умножение – frequency multiplication
черенковский лазер – Cherenkov laser
черенковский мазер – Cherenkov maser
черенковский мазер на диэлектрике – dielectric Cherenkov maser
четырёхзеркальная лазерная полость –four-mirror laser cavity
четырёхуровневая лазерная среда – four-level laser medium
четырёхуровневая система (*лазерного возбуждения*) – four-level system
четырёхуровневая усиливающая среда – four-level gain medium
четырёхуровневый лазер – four-level laser
четырёхуровневый лазерный материал – four-level laser material
четырёхуровневый мазер – four-level maser
чёрно-белый лазерный принтер – black-white laser printer
чирпированный импульс – chirped pulse
число Френеля – Fresnel number
числовая апертура – numerical aperture

чисто химический лазер – purely chemical laser
чрезвычайно высокая когерентность – extreme coherence

Ш

шаблон для лазерной резки – laser cutting pattern
шаттл с лазерной мощностью – laser powered shuttle
шейка лазерного пучка – laser beam waist
шейка пучка – beam waist
шероховатость (*поверхности*) после лазерного облучения – roughness after laser irradiation
ширина запрещённой зоны – bandgap width [bandgap, energy-gap width]
ширина зоны лазерной генерации – lasing bandwidth
ширина импульса – pulse width
ширина лазерного диапазона частот – laser frequency bandwidth
ширина лазерного импульса – laser pulse width
ширина лазерного реза – laser kerf width [width of laser kerf]
ширина лазерной линии – laser linewidth (bandwidth)
ширина лазерной линии на половине максимума (*интенсивности*) – full-width half-maximum of laser line
ширина лазерной линии при нулевом поле – zero field laser bandwidth
ширина лазерной резки – laser cutting width
ширина лазерной сварки – laser welding width
ширина (*спектральной*) линии – linewidth
ширина линии излучения лазера – laser *linewidth* [bandwidth]
ширина линии излучения мазера – maser linewidth
ширина линии лазерного излучения – laser radiation line width
ширина линии лазерного перехода – laser transition line width
ширина линии на половине максимума (*интенсивности*) – full width at high maximum
ширина линии одночастотного лазера – single frequency laser linewidth
ширина линии Шалоу-Таунса – Schawlow–Townes linewidth
ширина полосы – bandwidth
ширина полосы излучения – emission bandwidth
ширина полосы лазерной генерации – lasing bandwidth
ширина полосы модуляции – modulation bandwidth
ширина полосы оптического диапазона (*частот*) – optical bandwidth
ширина полосы пропускания – gain bandwidth
ширина полосы резонатора – cavity bandwidth
ширина полосы усиления – gain bandwidth
ширина полосы усиливающей среды – bandwidth of gain medium
ширина полосы эмиссии – emission bandwidth
ширина пучка – beam width
ширина пучка на уровне половинной мощности – half-power beamwidth
ширина реза (*при лазерной резке*) – kerf width
ширина энергетической щели – bandgap energy
широкоапертурный лазер – wide aperture laser

широкополосная генерация

широкополосная генерация – broadband generation
широкополосная генерация лазерного излучения – broadband lasing
широкополосная генерация света – broadband light generation
широкополосная лазерная генерация – broadband lasing
широкополосная накачка – broadband pumping
широкополосная оптическая накачка – broadband optical pumping
широкополосный лазер – broadband laser
широкополосный мазер – broadband maser
широкополосный перестраиваемый твёрдотельный лазер – broadband tunable solid-state laser
широкополосный резонатор – wide-bandwidth resonator
широкополосный твёрдотельный лазер – broadband solid-state laser
широкополосный усилитель – broadband amplifier
шлак при лазерной резке – laser cuttinng slag
шлак при лазерной сварке – laser welding slag
шлак при лазерном сверлении – laser drilling slag
шов при лазерной сварке – laser terminal weld
шов, полученный лазерной сваркой – laser weld
шум лазерной накачки – laser pump noise
шумовая мода работы (*лазера*) – noisy mode of operation
шумы лазерного излучения – laser radiation noises

Щ

щёлочно-галогенидный лазер – alkali halide laser

Э

эвтектические изменения при лазерном облучении – eutectic change under laser radiation
экзотермическое тепло – exothermic heat
экзотическая усиливающая (*лазерная*) среда – exotic gain medium
экономичный лазер – economical laser
эксаваттный лазер – exawatt laser
эксагерцевый лазер – exahertz laser
эксаджоулевый лазер – exajoule laser
эксергия – exergy [thermodynamics process energy]
эксимер – excimer [excited dimer]
эксимерная лазерная обработка – excimer laser treatment [machining, processing]
эксимерная лазерная обработка микроизделий – excimer laser micromachining
эксимерная лазерная технология – excimer laser technology
эксимерные энергетические уровни – excimer energy levels
эксимерный лазер – excimer [excited-state dimer] laser
эксимерный лазер на благородных газах – rare gas excimer laser

эксимерный лазер на бромиде ксенона [*XeBr* эксимерный лазер] – xenon bromide [*XeBr*] excimer laser

эксимерный лазер на галогенидах благородных газов – rare [noble] gas halide excimer laser

эксимерный лазер на галогенидах инертных газов – rare [noble] gas halide excimer laser

эксимерный лазер на димерах – excited state dimer laser

эксимерный лазер на инертных газах – rare gas excimer laser

эксимерный лазер на молекулярном фторе – excimer molecular fluorine laser

эксимерный лазер на смеси газов аргона и криптона [*Ar-Kr* эксимерный лазер] – argon krypton [*Ar-Kr*] excimer laser

эксимерный лазер на смеси газов аргона и фтора [*Ar-F* эксимерный лазер] – argon fluorine [*Ar-F*] excimer laser

эксимерный лазер на смеси газов аргона и хлора [*Ar-Cl* эксимерный лазер] – argon chlorine excimer laser

эксимерный лазер на смеси газов криптона и фтора [*Kr-F* эксимерный лазер] – krypton fluorine [*Ar-F*] excimer laser

эксимерный лазер на смеси (*газов*) криптона и хлора – krypton chlorine excimer laser

эксимерный лазер на смеси (*газов*) ксенона и брома [*Xe-Br* эксимерный лазер] – xenon bromide [*Xe-Br*] excimer laser

эксимерный лазер на смеси (*газов*) ксенона и фтора [*Xe-F* эксимерный лазер] – xenon fluoride [*Xe-F*] excimer laser

эксимерный лазер на смеси (*газов*) ксенона и хлора [*Xe-Cl* эксимерный лазер] – xenon chloride [*Xe-Cl*] excimer laser

эксимерный лазер на фторе – excimer *fluorine* [F_2] laser

эксимерный лазер на фториде аргона [*ArF* эксимерный лазер] – argon fluoride [*ArF*] excimer laser

эксимерный лазер на фториде криптона [*KrF* эксимерный лазер] – krypton fluoride [*KrF*] excimer laser

эксимерный лазер на фториде ксенона [*XeF* эксимерный лазер] – xenon fluoride [*XeF*] excimer laser

эксимерный лазер на хлориде аргона [*ArCl* эксимерный лазер] – argon chloride [*ArCl*] excimer laser

эксимерный лазер на хлориде ксенона [*XeCl* эксимерный лазер] – xenon chloride [*XeCl*] excimer laser

эксимерный лазер с широким диапазоном частот – broad-band excimer laser

эксимерный молекулярный фторный лазер – excimer *molecular fluorine* [F_2] laser

эксиплекс – exciplex [excited complex]

эксиплексный лазер – exciplex [excited complex] laser

экситон – exciton

экситонный лазер – exciton laser

экспериментальная лазерная технологическая установка – experimental laser technological workstation

экспозиция излучения – radiant exposure

экстремально ультрафиолетовый (*луч, длина волны*) – extreme ultraviolet

экстренная остановка лазера – emergency stop of laser

электрическая накачка лазера – electrical laser pumping

электрически управляемый лазер – electrically powered laser

электрический лазер на красителе – electrical dye laser

электрический лазер на смеси йода с кислородом – electrical oxygen iodine laser

электроионизационный лазер – electro-ionization laser

электролизное осаждение, усиленное лазерным излучением – enhanced laser electrolysis deposition

электромагнитная волна – electromagnetic wave

электромагнитное излучение – electromagnetic radiation

электромагнитное лазерное излучение – electromagnetic laser radiation

электромагнитный виглер (*в лазерах на свободных электронах*) – electromagnetic *wiggler* (*in free-electron laser*) электромагнитный формирователь периодического поля (*в лазерах на свободных электронах*)] – electromagnetic wiggler [periodic field shaper] (*in free-electron laser*)

электронная (на, за)селённость (*энергетических уровней*) – electron population

электронная проводимость – electron conduction

электронно-дисперсионная компенсация – electronic dispersion compensation

электронно-дырочный переход – electron-hole transition

электронное девозбуждение (*плазмы*) – electron deexcitation (*for plasma*)

электронно-колебательный переход – electron-vibrational transition

электронно-лучевой лазер – tube laser

электронно-столкновительное расселение (*энергетического уровня*) – electron collisional resettlement (*for energy level*)

электронный переход – electron [electronic] transition

электрон-фононная релаксация – electron-phonon relaxation

электрон-электронная релаксация – electron- electron relaxation

электрооптический модулятор – electro-optic modulator

электрооптический (*лазерный*) переключатель добротности – electro-optical *Q*-switch

электрооптическое переключение добротности – electro-optical *Q*-switching

электроразрядный лазер – electric discharge laser

электроразрядный лазер на благородном газе – rare gas electrical discharge laser

электроразрядный лазер на инертном газе – rare gas electrical discharge laser

электроразрядный лазер на молекулярном азоте – molecular nitrogen discharge laser

электроразрядный лазер с ультрафиолетовой предионизацией – electric-discharge laser with ultraviolet preionization

эллиптическая полость – elliptical cavity

эллиптический резонатор – elliptical cavity

эмиссионные процессы при лазерном нагреве – emission processes in laser heating

эмиссия акустических фононов – acoustic phonon emission

эмиссия лазерного излучения – emission of laser radiation

эмиссия монохроматических акустических фононов – monochromatic acoustic phonon emission

эмиссия монохроматических терагерцевых акустических фононов – monochromatic terahertz acoustic phonon emission

эмиссия монохроматических терагерцевых фононов – monochromatic terahertz phonon emission

эмиссия нейтральных атомов при лазерном нагреве – neutral atoms emission in laser heating

эмиссия рентгеновского лазера – *X*-ray laser emission

эмитирующее вещество – emitting substance

энергетическая запрещённая зона – energy band gap

энергетическая зона – energy band [zone]

энергетическая плотность лазерного излучения – energy density of laser radiation

энергетическая щель – energy bandgap

энергетические измерения для лазеров – energy measurements for lasers

энергетические оптические лазерные системы – energy optical laser systems

энергетические оптические системы лазерных технологических установок – energy optical systems for laser technological setups

энергетические состояния – energy states

энергетические спектры ионов лазерной плазмы – ion energy spectrum of laser plasma

энергетические спектры рентгеновского излучения лазерной плазмы – *X*-ray energy spectrum of laser plasma

энергетические спектры электронов – electron energy spectrum

энергетические спектры электронов лазерной плазмы – electron energy spectrum of laser plasma
энергетические уровни диода – diode energy levels
энергетические уровни колебательных переходов – vibrational energy levels
энергетические уровни электрона – electron energy levels
энергетические характеристики лазерного излучения – energy characteristics of laser radiation
энергетические характеристики лазеров – energy characteristics of lasers
энергетический уровень – energy level
энергия возбуждения – excitation energy
энергия возбуждённого состояния – excited state energy
энергия излучения – emission [radiation] energy
энергия импульса – pulse energy
энергия импульса внутри резонатора – intracavity pulse energy
энергия импульса излучения – radiant pulse energy
энергия кванта – quantum energy
энергия лазерного излучения – laser [-radiation] energy
энергия лазерного импульса – laser pulse energy
энергия лазерной накачки – laser pumping energy
энергия накачки (*лазера*) – pump [pumping] energy
энергия накачки лазера – pump laser energy
энергия основного состояния – ground state energy
энергия перехода – transition energy
энергия термодинамического процесса – exergy [thermodynamics process energy]
энергия фотона – photon energy
эпитаксиальный (*полупроводниковый*) лазер – epitaxial [-grown] laser
эпитаксия с помощью лазерного молекулярного пучка – laser molecular beam epitaxy
эрбиевый [*Er*] лазер – erbium [*Er*] laser
эрозионная лазерная плазма – erosion laser plasma
эрозия при лазерном облучении – erosion under laser radiation
эталон лазерного резонатора – etalon of laser resonator
эталон лазерной полости – etalon of laser cavity
эталонный лазер – standard [etalon] laser
эффект лазерного пинцета – laser tweezers effect
эффект лазерной генерации – lasing effect
эффект насыщения (*усиления*) – saturation effect
эффект преобразования (*частоты излучения*) с повышением – upconversion effect
эффект Рамана – Raman effect
эффект сверхизлучения – superradiance effect
эффект стимулированного излучения – stimulated emission effect
эффективная лазерная среда – effective laser medium
эффективная температура яркости лазера – effective brightness temperature of laser
эффективная яркость лазера – effective brightness of laser
эффективное для усиления поперечное сечение – effective gain cross section
эффективность – efficiency factor
эффективность лазера – laser efficiency
эффективность лазерного генератора – laser generator efficiency
эффективность лазерного легирования – laser doping efficiency
эффективность лазерного процесса (*обработки*) – laser processing efficiency

эффективность лазерного сверления

эффективность лазерного сверления – laser drilling efficiency
эффективность лазерной генерации – lasing efficiency
эффективность лазерной резки – laser cutting efficiency
эффективность лазерной сварки – laser welding efficiency
эффективность лазерной чистки – laser cleaning efficiency
эффективность модуляции – modulation efficiency
эффективность мощности – power efficiency
эффективность мощности лазерного пучка – laser beam power efficiency
эффективность накачки – pumping efficiency
эффективность передачи лазерного тепла – laser heat transfer efficiency
эффективность поглощения при накачке – pump absorption efficiency
эффективность полезного действия – wallplug efficiency
эффективность преобразования *(частоты)* лазерного излучения – laser conversion efficiency
эффективность преобразования мощности – power conversion efficiency
эффективность пропускания лазерного пучка – laser beam transmission efficiency
эффективность усиления – gain efficiency
эффекты гашения *(энергетического уровня)* – quenching effects
эффекты длин волн (излучения) – wavelength effects
эффекты квантовой электродинамики резонатора – cavity quantum electrodynamics effects

Ю

ювазер* – uvaser, **u**ltra **v**iolet l**aser** (acronym for ***u**ltra **v**iolet **a**mplification by **s**timulated **e**mission of **r**adiation*)
   (**u**ltra **v**iolet l**aser**) – усиление ультрафиолетового света с помощью стимулированной эмиссии
   излучения (ультрафиолетовый лазер)
юстировка – alignment
юстировка зеркал *(лазера)* – mirrors alignment
юстировка лазера – laser alignment
юстировка лазерного пучка – laser beam alignment
юстировка лазерных зеркал – laser mirrors alignment
юстировка резонатора – cavity adjustment
юстировочная чувствительность – alignment sensitivity
юстировочный лазер – alignment laser

Я

ядерная накачка *(лазера)* – nuclear pumping
ядерная накачка лазера – nuclear laser pumping
ядерные реакции в лазерной плазме – nuclear reactions in laser plasma
ядерный гамма-лазер – nuclear gamma laser
ядерный лазер – nuclear laser
ядерный мазер – all-nuclear maser
яркостная температура лазерного излучения – brightness temperature of laser radiation

яркость (*излучения*) – brightness [luminance]
яркость излучения – radiance [radiation] brightness
яркость лазерного излучения – laser brightness
ячейка Керра – Kerr cell
ячейка Покела – Pockel's cell

Приложения – Appendices

Приложение 1 – Appendix 1

Аббревиатуры лазерных и смежных терминов на английском языке

English abbreviations of laser and closely related terms

ABMLM – anti-ballistic missile laser mirror – лазерное зеркало системы противоракетной обороны

AEL – accessible emission limit – достижимый уровень эмиссии

AGIL – all gas-phase iodine laser – полностью газовый лазер на йоде

ALB – airborne laser bathymeter – бортовой лазерный измеритель глубины

ALD – airborne laser designator – бортовой лазерный целеуказатель

ALT – airborne laser tracker – бортовая лазерная следящая система

AM – amplitude modulation – амплитудная модуляция

analaser* (*acronym for* **ana**lyses **laser**) – лазер-анализатор*

AOC – active optical cable – активный оптический кабель

AOM – acousto-optic modulator – акустооптический модулятор

APD – avalanche photo diode – лавинный фотодиод

APM – additive pulse mode-locking – синхронизация мод дополнительным импульсом

AR coating – anti-reflection coating – антиотражательное [просветляющее] покрытие

ASE – amplified spontaneous emission – усиленное спонтанное *излучение* [эмиссия]

AVLIS – atomic vapor laser isotope separation – лазерное разделение изотопов атомарных паров

AWG – arrayed waveguide grating – выстроенная световодная дифракционная решетка

BEC – Bose-Einstein condensate – бозе-эйнштейновский конденсат

BIG-DSM laser – bundle integrated guide dynamic single mode laser – динамический одномодовый лазер с пучковым интегральным волноводом

BPP – beam parameters product – произведение параметров пучка

COD – catastrophic optical damage – катастрофическое оптическое повреждение

coho (*acronym for* **coh**erent **o**scillator) – когерентный *генератор* [осциллятор]

COIL – chemical oxygen iodine laser – химический лазер на смеси йода с кислородом

CPA – chirped pulse amplification – усиление *чирпированных импульсов* [импульсов при линейной модуляции частоты]

CPA laser – chirped pulse amplification laser – лазер с усиление импульсов при линейной модуляции частоты

CVL – copper vapor laser – лазер на парах меди

CW – continuous wave – непрерывная волна

330

DBR – distributed Bragg reflector – распределенный брэгговский *рефлектор* [отражатель]

DBR laser – distributed Bragg reflector laser – лазер с распределенным брэгговским *рефлектором* [отражателем]

DCF – dispersion compensating fiber – дисперсионно-компенсирующее оптоволокно

DCM – dispersion compensation module (*or* double-chirped mirror) – дисперсионно-компенсирующий модуль (*или* зеркало со сдвоенной линейной частотной модуляцией)

DDF – dispersion decreasing fiber – уменьшающее дисперсию оптоволокно

DDL – direct diode laser – прямой диодный лазер

DEDFA – distributed erbium-doped fiber amplifier – усилитель на оптоволокне с распределённым при легировании эрбием

DFB laser – distributed feedback laser – лазер с распределенной обратной связью

DIAL – differential absorption lidar – лазерный локатор разностного поглощения

DMLS – direct metal laser deposition – прямое лазерное осаждение металла

DPSSL – diode pumped solid state laser – твёрдотельный лазер с диодной накачкой

DSM laser – dynamic single mode laser – динамический одномодовый лазер

EAM – electrical absorption modulator – модулятор с электрическим *поглощением* [абсорбцией]

ECDL – external cavity diode laser – диодный лазер с внешним резонатором

EDFA – erbium doped fiber amplifier – усилитель на оптоволокне, легированном эрбием

EDFL – erbium doped fiber laser – лазер на оптоволокне, легированном эрбием

EOIL – electrical oxygen iodine laser – электрический лазер на смеси йода с кислородом

EOM – electro-optic modulator – электрооптический модулятор

ESA – excited state absorption – поглощение [абсорбция] в возбуждённом состоянии

EUV – extreme ultra violet – экстремально ультрафиолетовый (*луч, длина волны*)

excimer (*acronym for* **exci**ted di**mer**) – эксимер [возбуждённый димер, двухатомная молекула с одним возбуждённым атомом]

exciplex (*acronym for* **exci**ted com**plex**) – эксиплекс [возбуждённый комплекс, возбуждённое электронное состояние молекулярного комплекса]

FAF laser – fast axial flow laser – лазер с быстрой продольной прокачкой

FBG – fiber Bragg grating – оптоволоконная брэгговская дифракционная решетка

FCPA – fiber-based chirped pulse amplification – оптоволоконное усиление при линейной модуляции частоты

FEL – free electron laser – лазер на свободных электронах

FIR – far infrared – дальнее [коротковолновое] инфракрасное (*излучение*)

FLS – flexible laser system – гибкая лазерная система

FM laser – frequency-modulated laser – частотно-модулированный лазер

FWHM – full width at high maximum – ширина линии на половине максимума

gaser (acronym for *gamma-ray amplification by stimulated emission of radiation* – усиление гамма-лучей с помощью стимулированной эмиссии излучения) – газер [гразер, гамма- лазер, γ-лазер, лазер гамма-излучения, лазер, генерирующий гамма-излучение; лазер, излучающий в гамма-области спектра; квантовый генератор лазерного гамма-излучения; газерный* генератор]

GBL – ground based laser – лазер наземного базирования

graser (acronym for *gamma ray amplification by stimulated emission of radiation* – усиление гамма-лучей с помощью стимулированной эмиссии излучения) – гразер [газер, гамма-лазер, γ-лазер, лазер гамма-излучения; лазер, генерирующий гамма-излучение; лазер, излучающий в гамма-области спектра]

GDL – gas dynamic laser – газодинамический лазер

GGG laser – gadolinium gallium garnet laser – лазер на гадолиний-галлиевом гранате

GILD – gas immersion laser doping – газоиммерсионное лазерное легирование

GLAD – general laser analysis and design – общий лазерный анализ и дизайн

GPL – giant pulse laser – лазер гигантских импульсов

GSGG laser – gadolinium scandium gallium garnet laser – лазер на гадолиний-скандий-галлиевом гранате

GTL – gas transport laser – газотранспортный лазер

HAZ – heat affected zone – зона теплового воздействия

HEL – high energy laser – лазер с высокой энергией излучения

HHG – high harmonic generation – генерация высоких гармоник

HNLF – highly nonlinear fiber – сильно нелинейное оптоволокно

HRS – hyper Raman scattering – рамановское [комбинационное] гиперрассеяние

ICL – interband cascade laser – каскадный лазер на межзонном (*между энергетическими зонами*) переходе

ICLAS – intracavity laser absorption spectroscopy – спектроскопия, основанная на поглощении внутри лазерных резонаторов

IR laser – infrared laser – инфракрасный лазер

iraser (acronym for *infra red amplification by stimulated emission of radiation* or *infra red laser* – усиление инфракрасного света с помощью стимулированной эмиссии излучения) – иказер [инфракрасный лазер; *ИК* лазер; лазер, генерирующий инфракрасное излучение; лазер, излучающий в инфракрасной области спектра; квантовый генератор лазерного инфракрасного излучения; иказерный* генератор]

IRED – infrared radiation emitting diode – инфракрасный *излучающий диод* [светодиод]

KLM – Kerr lens mode-locking – синхронизация мод с помощью линз Керра

LACVD – laser assisted chemical vapor deposition – лазерное химическое паровое *осаждение* [напыление]

ladar (*acronym for* laser r**adar**) – ладар [лазерный **радар**]

LAFEL – Los Alamos Free Electron Laser Facility – Лос-Аламосская лаборатория лазеров на свободных электронах

LARAM – laser addressable random-access memory – лазерная адресация при случайной выборке памяти

laser (acronym for *light amplification by stimulated emission of rad iation* – усиление света с помощью стимулированной эмиссии излучения) – лазер [*квантовый* [оптический квантовый] генератор; лазерный (-ая-, -ое, -ые, -но-)]

LBA – laser beam analazer – лазерно-пучковый анализатор

LBIC – laser beam induced current – лазерно-индуцированный ток

LBM – laser beam machining – обработка лазерным пучком [лазерная обработка]

LBR – laser beam recorder – лазерное записывающее устройство

LCLS – linac coherent light source – источник когерентного света линейного ускорителя

LCVD – laser chemical vapor deposition – лазерное химическое паровое *осаждение* [напыление]

LD – laser diode – лазерный диод

LDA – laser Doppler anemometer – лазерный доплеровский анемометр

LDL – laser data link – лазерная система передачи данных

LED – light-emitting diode – светоизлучающий диод (светодиод)

LEMA – laser engineering for manufacturing applications – лазерная инженерия промышленных применений

LENS – laser engineered net shaping – лазерно-формируемый конечный профиль (*изделия*)

LEOMA – Laser and Electro-Optic Manufacturer's Association – Ассоциация лазерных и электрооптических фирм-производителей

LESAL – laser etching at a surface adsorbed layer – лазерное травление на поверхности поглощаемого слоя

LET – laser electrothermal thruster – лазерный электротермический ракетный двигатель малой тяги

LFEx laser – laser for fast ignition experiments – лазер для быстровоспламеняемых экспериментов

LGAC – laser generated air contaminant – лазерно-генерируемое загрязнение воздуха

LGS – laser guide star – лазерная опорная звезда [звезда-ориентир]

LIA – Laser Institute of America – Лазерный Институт Америки

LIBDE – laser induced backside dry etching – лазерно-индуцированное сухое травление задней стороны

LIBS – laser induced breakdown spectroscopy – спектроскопия лазерно-индуцированного пробоя [лазерно-индуцированная искровая спектроскопия]

LIBWE – laser induced backside wet etching – лазерно-индуцированное влажное травление задней стороны

LID – laser-induced damage – лазерно-индуцированное повреждение

lidar – light identification, detection and ranging – лидар [лазерный радар]

LIDT – laser induced damage thresholds – лазерно-индуцированное повреждение порогов

LIF – laser induced fluorence – лазерно-индуцированная флюоресценция

LIGO – laser interferometrical gravitational observatory – лазерная интерферометрическая гравитационная обсерватория

LIIT – laser induced interstitial thermotherapy – термотерапия с помощью лазерно-индуцированных внедрённых атомов

linac – linear accelerator – линейный ускоритель

LIPAA – laser induced plasma assisted ablation – лазерно-индуцированная абляция с помощью плазмы

LITE – lidar in-space technology experiment – технологический эксперимент в космосе с использованием лазерного локатора

LMA fiber – large mode area fiber – оптоволокно с большой модовой площадью

LMP – laser microprobe – лазерный микрозонд

LOC laser – large optical cavity laser – лазер с большим оптическим резонатором

LPG – laser pattern generation – генерация лазерного изображения

LPVD – laser physical vapor deposition – лазерное физическое паровое *осаждение* [напыление]

LSAW – laser supported absorption waves – волны поглощения, поддерживаемые лазером

LSM – laser safety manager – руководитель [менеджер] лазерной безопасности

LSO – laser safety officer – работник лазерной безопасности

LSP – laser shock peening – наклеп лазерным ударом

LST – laser spot tracker – лазерная система слежения (*цели*)

LWIR – long wave infrared – длинноволновое [ближнее] инфракрасное (*излучение*)

LWR – laser warning receiver – лазерный приёмник системы предупреждения

MAPLE – matrix assisted pulsed laser evaporation – матричное выпаривание с помощью импульсного лазера

maser (acronym for *microwave amplification by stimulated emission of radiation* – усиление микроволн с помощью стимулированной эмиссии излучения – мазер [микроволновый лазер, микронный лазер; лазер, генерирующий микронное излучение; лазер, излучающий в микронной области спектра]

MFD – mode field diameter – диаметр модового поля

MHD laser – magnetohydrodynamic laser – магнитогидродинамический лазер

MISER – monolithic isolated single-mode end-pumped ring – монолитное изолированное одномодовое в конце накачки кольцо

MLIS – molecular laser isotope separation – молекулярное лазерное разделение изотопов

MLP – microfilm laser plotter – лазерное устройство микрофильмирования

MOF – microstructure optical fiber – оптоволокно с микроструктурой

MOFA – master oscillator fiber amplifier – оптоволоконный усилитель задающего осциллятором

MOPA – master oscillator power amplifier – усилитель мощности задающего осциллятора

MOPFA – master oscillator power fiber amplifier – оптоволоконный усилитель мощности задающего *осциллятора* [генератора]

MPE – maximum permissible exposure – максимально допустимая экспозиция (*при лазерном облучении*)

MQW – multiple quantum wells – множественные квантовые ямы

MSR – mode suppression ratio – модовый коэффициент подавления

MTBH laser – mass-transport buried heterostructure laser – лазер со скрытой гетероструктурой, полученной методом массообмена

NA – numerical aperture – числовая апертура

NHZ – nominal hazard zone – номинально-опасная зона

NIR – near infrared – длинноволновое [ближнее] инфракрасное (*излучение*)

NLO – nonlinear optics – нелинейная оптика

NPS – nanometer-sized particles [nanoparticles] – частицы нанометрового размера [наночастицы]

OCT – optical coherence tomography – оптическая когерентная томография

OFS – optical fiber sensor – оптический волоконный датчик

OPA – optical parametric amplifier – оптический параметрический усилитель

OPCPA – optical parametric chirped-pulse amplification – оптическое параметрическое усиление при линейной модуляции частоты

OPG – optical parametric generator (or optical parametric generation) – оптический параметрический генератор

OPO – optical parametric oscillator – оптический параметрический осциллятор

OPS-VECSEL – optically pumped semiconductor vertical external-cavity surface-emitting laser – полупроводниковый лазер с оптической накачкой и вертикальным резонатором с внешней эмитирующей поверхностью

OPSL – optically pumped semiconductor laser – полупроводниковый лазер с оптической накачкой

OSC – oscillator – вибратор [излучатель, осциллятор, генератор (*колебаний*)]

PCF – photonic crystal fiber – фотонное кристаллическое оптоволокно

PFN – pulse forming network – формирование сети импульсов

phaser* (acronym for **ph**onon **l**aser) – фазер* [фононный [звуковой, акустический] лазер; зазер*, сазер]

PIC – photonic integrated circuit – фотонная интегральная схема

PIL – photolytic iodine laser – фотолитический йодный лазер

PILS – photolytic iodine laser system – система фотолитического лазера на йоде

PLACVD – pulsed-laser-assisted chemical deposition – химическое осаждение с помощью импульсного лазера

PLD – pulsed laser deposition – импульсное лазерное осаждение

POF – plastic optical fiber – пластиковое оптоволокно

PRCLA – pulsed reactive crossed beam laser ablation – лазерная абляция с помощью импульсных реактивных скрещенных пучков

PRF – pulse repetition frequency – частота *повторения* [следования] импульсов

PSD – power spectral density – спектральная плотность мощности

QCL – quantum cascade laser – квантово-каскадный лазер

QED – quantum electrodynamics – квантовая электродинамика

QML – Q-switched mode locking – синхронизация мод с переключаемой добротностью

QPM – quasi-phase matching – квазифазовое *соответствие* [синхронизм]

QSRL – Q-switched ruby laser – рубиновый лазер с переключаемой добротностью

radar –**ra**dio **d**etection **a**nd **r**anging – устройство радиообнаружения и определения расстояния (*до объекта*)

RADICL – research and development of iodine chemical laser – исследование и развитие химического лазера на йоде

raser – разер [радиолазер, радиочастотный лазер]

RBL – radiation balanced laser – лазер со сбалансированным излучением

RGB laser – red-green-blue laser – красно-зелёно-синий лазер

RGB source – red-green-blue source – красно-зелено-синий источник

RLG – ring laser gyro – кольцевой лазерный гироскоп

RPM – resonance passive mode-locking – резонансная пассивная синхронизация мод

RWH-mechanism laser – Ridley-Watkins-Hillsum-mechanism laser – лазер, работающий на механизме Ридли-Уоткинса-Хилсума

SAF laser – slow axial flow laser – лазер с медленной продольной прокачкой

SASE – self-amplified spontaneous emission – самоусиленная спонтанная эмиссия

saser (acronym for *sound amplification by stimulated emission of acoustic radiation* – усиление звука с помощью стимулированной эмиссии акустического излучения) – зазер [акустический [звуковой] лазер; лазер, генерирующий звуковое излучение; лазер, излучающий в звуковой области спектра]

SBS – stimulated Brillouin scattering – стимулированное рассеяние Бриллюэна

SBS laser – stimulated Brillouin scattering laser – лазер на вынужденном бриллюэновском рассеянии

SCG – super continuum generation – сверхнепрерывная генерация

SCH laser – separate confinement heterostructure laser – лазер на гетероструктуре с раздельным (*оптическим и электрическим*) удержанием

SEL – surface emitting laser – поверхностно-излучающий лазер

SELA – selective laser annealing – селективный лазерный отжиг

SESAM – semiconductor saturable absorber mirror – полупроводниковое зеркало с насыщающимся поглотителем

SILEX – separation of isotopes by laser excitation – разделение изотопов с помощью лазерного излучения

SLD – super luminescent diode – сверхлюминесцентный диод

SLED – surface light emitting diode (*or* super luminescent emitting diode) – излучающий с поверхности светодиод (*или* суперлюминесцентный излучающий диод)

SLM laser – single longitudinal mode laser –лазер на одной продольной моде

SLS – selective laser sintering – селективное лазерное спекание

SOA – semiconductor optical amplifier – полупроводниковый оптический усилитель

SPAD – single photon avalanche diode – однофотонный лавинный диод

spaser (*acronym for surface plasmons amplification by stimulated emission of radiation* – усиление поверхностных плазмонов с помощью стимулированной эмиссии излучения) – повплазер [**поверхностно-плазмонный лазер**]

SPM – self-phase modulation – фазовая самомодуляция

SRS – stimulated Raman scattering – вынужденное *комбинационное* [рамановское] рассеяние

SRS laser – stimulated Raman scattering laser – лазер со стимулированным рассеянием Рамана

SSL – solid-state laser – твердотельный лазер

SW – short waves – короткие волны

SWIR – short wave infrared – дальнее [коротковолновое] инфракрасное излучение

TCL – transfer chemical laser – химический лазер с передачей (*возбуждения*)

TEA laser – transversely excited atmosphere laser – лазер атмосферного давления с поперечным возбуждением

TELEC – thermoelectronic laser energy converter – термоэлектронный преобразователь лазерной энергии

TEM – transverse electromagnetic mode – поперечная электромагнитная мода

THEL – tactical high energy laser – высокоэнергетический боевой лазер

TIR – total internal reflection – полное внутреннее отражение

TPA – two-photon absorption – двухфотонное поглощение

TRT – thermal relaxation time – время тепловой релаксации

UHF – ultrahigh frequency – ультравысокая частота

USF – ultrasonic frequency – ультразвуковая частота

UV laser – ultraviolet laser – ультрафиолетовый лазер

UV radiation – ultraviolet radiation – ультрафиолетовое излучение

uvaser (*acronym for **ultra violet** amplification by stimulated emission of radiation* or *ultra violet **laser*** – усиление ультрафиолетового света с помощью стимулированной эмиссии излучения) – уфазер [**ультрафиолетовый лазер**, *UV* лазер, лазер ультрафиолетового диапазона; лазер, генерирующий ультрафиолетового излучение; лазер, излучающий в ультрафиолетовой области спектра]

VCSEL – vertical cavity surface-emitting laser – лазер поверхностного излучения с вертикальным резонатором

VECSEL – vertical external-cavity surface-emitting laser – лазер поверхностного излучения с вертикальным внешним резонатором

VLED – visible light emitting diode – световод [светоизлучающий диод] видимого диапазона

VUV – vacuum ultraviolet – вакуумный ультрафиолетовый (*диапазон*)

VUV laser – vacuum ultraviolet laser – лазер вакуумного ультрафиолетового излучения

WL – wavelength – длина волны

WORM laser disk – write-once read-many laser disk – дисковый лазерный накопитель с однократной записью и многократным считыванием

xaser (*acronym for **X**-ray **amplification** by stimulated emission of radiation* or ***X**-ray **laser*** – усиление рентгеновских лучей с помощью стимулированной эмиссии излучения) – разер [**р**ентгеновский **лазер**; лазер рентгеновского излучения; лазер, генерирующий рентгеновское излучение; лазер, излучающий в рентгеновской области спектра]

XFEL – *X*-ray free electron laser – рентгеновский лазер на свободных электронах

YAG – yttrium aluminum garnet – иттриево-алюминиевый гранат

YAP – yttrium aluminum phosphide – иттриево-алюминиевый фосфид

YDFA – ytterbium-doped fiber amplifier – иттербиевый оптоволоконный усилитель

YDFL – ytterbium-doped fiber laser – лазер на оптоволокне, легированном иттербием

YIG laser – yttrium iron garnet laser – лазер на иттрий-железном гранате

YLF – yttrium lithium fluoride – иттриево-литиевый фторид

Аббревиатуры лазерных и смежных терминов на русском языке

Russian abbreviations of laser and closely related terms

АИГ – алюмоиттриевый гранат – yttrium aluminum garnet

АИГ лазер – лазер на алюмоиттриевом гранате – yttrium aluminum garnet laser

АЛТК – автоматизированный лазерный технологический комплекс – automated laser technological complex

АЛТУ – автоматизированная лазерная технологическая установка – automated laser technological workstation

АМ – амплитудная модуляция – amplitude modulation

АС – активная среда – active medium

АЭ – активный элемент – active element

ВКР лазер – лазер на вынужденном комбинационном рассеянии – stimulated Raman scattering laser

ВРМБ – вынужденное рассеяние Мандельштама-Бриллюэна – stimulated scattering Mandelshtam-Brillouin

ВУФ лазер [вакуумный ультрафиолетовый лазер] – vacuum ultraviolet laser

ВЧ [высокая частота [высокочастотный]] – high frequency

газер [**гамма-лазер**] – gaser [gamma-ray [γ-] laser, graser]

ГГГ [гадолиний-галлиевый гранат] – gadolinium gallium garnet

ГГГ лазер [лазер на гадолиний-галлиевом гранате] – gadolinium gallium garnet laser

ГДЛ [газодинамический лазер] – gas dynamic laser

ГЗИ [генератор задающих импульсов] – setting pulses generator

ГЛ [газовый лазер]– gas laser

ГНИ [генератор наносекундных импульсов] – nanosecond pulses generator

гразер [гамма-лазер] – graser [gamma-ray [γ-] laser, gaser]

ГРЛ [газоразрядный лазер] – gas discharge laser

ГСГГ лазер [лазер на гадолиний-скандий-галлиевом гранате] – gadolinium scandium gallium garnet laser

ДОЭ [дифракционные оптические элементы] – diffraction optical elements

ЖИГ лазер [лазер на железоиттриевом гранате] – yttrium iron garnet laser

зазер [звуковой **лазер**] – saser [acoustic [sonic, sound] laser]

ЗГ [задающий генератор]– master generator

ЗТВ [зона теплового воздействия (*при лазерном облучении*)] – heat affected zone

ИАГ лазер [лазер на иттрий-алюминиевом гранате] – yttrium aluminum garnet laser

ИК лазер [инфракрасный лазер] – infrared laser [*IR* laser, iraser]

иказер [**инфра**красный **лазер [ИК** лазер]] – iraser [infrared laser, *IR* laser]

ИЛФ [иттрий-литиевый фторид] – yttrium lithium fluoride

ИЛФ лазер [лазер на иттрий-литиевом фториде] – yttrium lithium fluoride laser

ИП – источник питания

ИПЛ [импульсно-периодический лазер] – pulse periodic laser

контрлазер* – counter laser

кпд лазера [коэффициент полезного действия лазера] – wall plug laser efficiency

ЛА-ИСП-МС [масс-спектрометрия с индуктивно-связанной плазмой и лазерной абляцией] – mass spectrometry with inductively coupled plasma and laser ablation

ладар [лазерный **радар**] – ladar [laser **radar**]

лазер – laser [laser oscillator, laser generator, quantum generator]

лазер УКИ [лазер ультракоротких импульсов] – ultrashort pulses laser

лазер ПКИ [лазер предельно коротких импульсов] – extremely short pulses laser
лидар – lidar [laser imaging, detection and ranging]
ЛИТ [лазерная интерференционная термометрия] – laser interference thermometry
ЛИЭС [лазерно-искровая эмиссионная спектроскопия] – laser-induced breakdown spectroscopy
ЛПЗ [лазер на парах золота] – gold vapor laser
ЛПМ [лазер на парах меди] – copper vapor laser
ЛПМет [лазеры на парах металлов] – metal vapor lasers
ЛРК [лазер на растворе красителя] – dye solution laser
ЛРОС [лазер с распределенной обратной связью] – distributed feedback laser
ЛСПМ [лазерная система на парах меди] – copper vapour laser system
ЛСЭ [лазер на свободных электронах] – free electron laser
ЛТС [лазерный термоядерный синтез] – laser fusion synthesis
ЛУС [лазерно-упрочнённые слои] – laser hardened layers
МАЛДИ [матричная лазерная десорбция и ионизация] – matrix laser desorption and ionization
мазер [микронный лазер] – maser [microwave laser]
МД лазер [магнитодинамический лазер] – magnetohydrodynamic laser
НР [неустойчивый резонатор] – unstable resonator
НЧ [низкая частота [низкочастотный]] – low frequency
ОКГ [оптический квантовый генератор] – optical quantum generator
ОКПЭ [обработка концентрированными потоками энергии] – concentrated energy flows processing
ОЭ [оптический элемент] – optical element
плазер* [порошковый лазер] – powder laser
повплазер* [поверхностно-плазмонный лазер] – spaser [surface plasmons laser]
разер [радиочастотный лазер] (устаревший термин) – raser [radio frequency laser]
разер* [рентгеновский лазер] – xaser [X-ray laser, xaser generator, X-ray generator, generator of X-ray radiation]
разер* [рентгеновский лазер] – xaser [X-ray laser]
СВЧ [сверхвысокая частота [сверхвысокочастотный]] – ultrahigh frequency
СВЧ-накачка [сверхвысокочастотная накачка] – microwave *excited* [modulated] pump
СИД [светоизлучающий диод] – light-emitting diode
УМ [усилитель мощности] – power amplifier
УСИ [усиленное спонтанное излучение] – amplified spontaneous radiation
УФ [ультрафиолетовый] – ultraviolet
уфазер [ультрафиолетовый лазер [УФ лазер]] – uvaser [ultraviolet [*UV*] laser]
ФДЛ [фотодиссоционный лазер] – photodissociation laser
ЧПИ [частота повторения импульсов] – pulse repetition frequency
ЭЛТУ [экспериментальная лазерная технологическая установка] – experimental laser technological workstation

Новые лазерные слова-термины, введённые автором –

New laser terms suggested by the author

English words:

gasability* – способность генерировать *лазерное гамма-* [газерное*] излучение

gasable* – способный генерировать *лазерное гамма-* [газерное*] излучение

gasant* – газант* [гразант*, газерная* среда, активная *среда* [вещество] газера; вещество, генерирующее лазерное гамма-излучение]

(*to*) gase* – генерировать *лазерное гамма-* [газерное*] излучение

gasing* – газерная* генерация [гразерная* генерация, генерация лазерного гамма излучения]

grasability* – способность генерировать *лазерное гамма-* [гразерное*] излучение

grasable* – способный генерировать *лазерное гамма-* [гразерное*] излучение

grasant* – гразант* [газант*, активная *среда* [вещество] гразера*; вещество, генерирующее лазерное гамма-излучение]

(*to*) grase* – генерировать *лазерное гамма-* [гразерное*] излучение

grasing* – гразерная* генерация [газерная* генерация, генерация лазерного гамма-излучения]

irasability* – способность генерировать *лазерное инфракрасное* [иказерное*] излучение

irasable* – способный генерировать *лазерное инфракрасное* [иказерное*] излучение

irasant* – иказант* [иказерная* среда, вещество, генерирующее лазерное инфракрасное излучение]

(*to*) irase* – генерировать *лазерное инфракрасное* [иказерное*] излучение

irasing* – иказерная* генерация [генерация лазерного *инфракрасного* [иказерного*] излучения]

lasogram* – лазограмма* [лазерная голограмма]

masability*– способность генерировать *лазерное микроволновое* [мазерное] излучение

masable* – способный генерировать *лазерное микроволновое* [мазерное] излучение

masant* – мазант* [мазерная* среда, активная *среда* [вещество] мазера; вещество, генерирующее мазерное излучение]

(*to*) mase* – генерировать *лазерное микроволновое* [мазерное] излучение

masing* – мазерная генерация [генерация мазерного излучения]

phasability*– способность генерировать *лазерное фононное* [фазерное*] излучение

phasable* – способный генерировать *лазерное фононное* [фазерное*] излучение

phasant* – фазант* [фазерная* среда, активная *среда* [вещество] фазера; вещество, генерирующее фазерное* излучение]

(*to*) phase* – генерировать *лазерное фононное* [фазерное*] излучение

phaser* – фазер* [фононный [звуковой, акустический] лазер; зазер*, сазер]

phasing* – фазерная генерация [генерация фазерного* излучения]

sasability* – способность генерировать *зазерное** [лазерное *акустическое* [звуковое]] излучение

sasable* – способный генерировать *зазерное** [лазерное *акустическое* [звуковое]] излучение

sasant* – зазант* [зазерная* среда; активная *среда* [вещество] зазанта*; вещество, генерирующее лазерное звуковое излучение]

(*to*) sase* – генерировать *зазерное** [лазерное *акустическое* [звуковое]] излучение

---

[23] В этот список включены также слова с дефисами на русском языке (например, *лазер-визир**), которые являются авторскими переводами соответствующих английских терминов. – This list also includes hyphenated Russian words (for example, *лазер-визир* *) which are translations of the corresponding English terms.

sasing* – зазерная* генерация [генерация лазерного звукового излучения]

spasability* – способность генерировать *лазерное поверхностно-плазмонное* [повплазерное*] излучение

spasable* – способный генерировать *лазерное поверхностно-плазмонное* [повплазерное*] излучение

spasant* – повплазант* [повплазерная* среда, активная *среда* [вещество] повплазанта*; вещество, генерирующее лазерное поверхностно-плазмонное излучение]

(*to*) spase* – генерировать *лазерное поверхностно-плазмонное* [повплазерное*] излучение

spasing* – повплазерная* генерация [генерация лазерного поверхностно-плазмонного излучения]

uvasability* – способность генерировать *лазерное ультрафиолетовое* [уфазерное*] излучение

uvasable* – способный генерировать *лазерное ультрафиолетовое* [уфазерное*] излучение

uvasant* – уфазант* [уфазерная* среда, активная *среда* [вещество] уфазера*; вещество, генерирующее лазерное ультрафиолетовое излучение]

(*to*) uvase* – генерировать *лазерное ультрафиолетовое* [уфазерное*] излучение

uvasing* – уфазерная* генерация [генерация лазерного ультрафиолетового излучения]

xasability* – способность генерировать *лазерное рентгеновское* [разерное*] излучение

xasable* – способный генерировать *лазерное рентгеновское* [разерное*] излучение

xasant* – разант* [разерная* среда; активная *среда* [вещество] разанта*; вещество, генерирующее лазерное рентгеновское излучение]

(*to*) xase* – генерировать *лазерное рентгеновское* [разерное*] излучение

xasing* – разерная* генерация [генерация лазерного рентгеновского излучения]

Russian words:

газант* – gasant* [grasant*, active gaser *substance* [medium, material]]

газерный* [-ная, -ное, -ные, -но-] – *adj. of* gaser

гразант* – grasant* [gasant*, active graser *substance* [medium, material]]

гразерный* [-ная, -ное, -ные, -но-] – *adj. of* graser

зазант*– sasant* [active saser *substance* [medium, material]]

зазер* – saser

зазерный* [-ная, -ное, -ные, -но-] – *adj. of* saser

зеркало-объединитель* – combiner mirror

иказант* – irasant* [active iraser *substance* [medium, material]]

иказер* – iraser

иказерный* [-ная, -ное, -ные, -но-] – *adj. of* iraser

иразант* – irasant* [active iraser *substance* [medium, material]]

контрлазер* – counter laser

кристал-хозяин* (*лазера*) – host crystal

ксазер* – xaser [*X*-ray **laser**]

лазант* – lasant [active laser *substance* [medium, material]]

лазер-анализатор* – analaser* [analyses laser], laser beam analyzer

лазер-визир* – alignment laser

лазериум* – laserium [laser show display place]

лазер-ловушка* – trapping laser

лазер-микрочип* – microchip laser

лазер-нивелир* – leveling laser

лазер-передатчик* – laser transmitter [communication laser]

лазер-преобразователь* – laser converter

лазер-триод* – triode laser

лазер-усилитель*– laser amplifier

лазер-эндоскоп* – fiberscope laser

лазограмма* – lasogram* [laser hologram]

лазография* – lasography [laser holography]

мазант* – masant* [active maser *substance* [medium, material]]

материал-хозяин* *(активная среда лазера)* – host material

повплазант* – spasant* [active spaser *substance* [medium, material]]

повплазер* – spaser

повплазерный* [-ная, -ное, -ные, -но-] – *adj. of* spaser

противолазер* – counter [anti-] laser

разант* – xasant* [active xaser *substance* [medium, material]]

разер* – xaser [X-ray laser, xaser generator, X-ray generator, generator of X-ray radiation]

разерный* [-ная, -ное, -ные, -но-] – *adj. of* xaser

спазант* – spasant* [active spaser *substance* [medium, material]]

спазерный* [-ная, -ное, -ные, -но-] – *adj. of* spaser

стек-лазер* – stack laser

уфазант* – uvasant* [active uvaser *substance* [medium, material]]

уфазер* – uvaser

уфазерный* [-ная, -ное, -ные, -но-] – *adj. of* uvaser

фазант* – phasant* [active phaser* *substance* [medium, material]]

фазер*– phaser* [phonon [acoustic, sound] laser], saser

фазерный* [-ная, -ное, -ные, -но-] – *adj. of* phaser*

ювазер* – uvaser [ultra violet laser]

Библиография – Bibliography

Абильсиитов Г. А., Велихов Е. П., Голубев В. С. Мощные газоразрядные CO_2 лазеры и их применение в технологии. М.: Наука, 1984. – 151 с.

Аллен Л., Эберли Д. Оптический резонанс и двухуровневые атомы. М.: Мир, 1978. – 222 с.

Ананьев Ю. А. Оптические резонаторы и лазерные пучки. М.: Наука, 1990. – 264 с.

Андрияхин В. М. Процессы лазерной сварки и термообработки. М.: Наука, 1988. –122 с.

Ахманов С. А., Выслоух В. А., Чиркин А. С. Оптика фемтосекундных лазерных импульсов. М.: Наука, 1988. – 312.

Ахманов С. А., Никитин С. Ю. Физическая оптика. М.: Наука, 2004. – 656 с.

Байбородин Ю. В. Основы лазерной техники. К.: Выща шк., 1988. – 383 с.

Баринов, А. Б. Барковский, В. А. Владимиров и др. Большой англо-русский политехнический словарь в 2 томах. М.: РУССО, 2001. – 704 с. и 720 с.

Башкин А. С., Игошин В. И., Ораевский А. Н., Щеглов В. А. Химические лазеры. М.: Наука, 1982. – 400 с.

Бейли Д., Райт Э. Волоконная оптика: теория и практика. М.: КУДИЦ-ПРЕСС, 2008. – 320 с.

Бруннер В. Справочник по лазерной технике. М.: Энергоатомиздат, 1991. – 544 с.

Быков В. П. Лазерная электродинамика. М.: Физматлит, 2006. – 381 с.

Быков В. П., Силичев О. О. Лазерные резонаторы. М.: Физматлит, 2004. – 320 с.

Веденов А. А. Физика электроразрядных CO_2-лазеров. М.: Энергоиздат, 1982. – 111 с.

Веденов А. А., Гладуш Г. Г. Физические процессы при лазерной обработке материалов. М.: Энергоатомиздат, 1985. – 208 с.

Вейко В. П. Лазерная обработка плёночных материалов. Л.: Машиностроение, 1986. – 248 с.

Виноградов Б. А., Гавриленко В. Н., Либенсон М. Н. Теоретические основы воздействия лазерного излучения на материалы. Благовещенск, 1993. – 344 с.

Виттеман В. CO_2 лазер. М.: Мир, 1990. – 360 с.

Воронцов М. А., Шмальгаузен В. И. Принципы адаптивной оптики. М.: Наука, 1985. – 336 с.

Григорьянц А. Г., Казарян М. А., Лябин Н.А. Лазеры на парах меди: конструкция, характеристики и применение. М.: Физматлит, 2005. – 312 с.

Григорьянц А.Г., Шиганов И.Н., Мисюров А.И. Технологические процессы лазерной обработки: Учеб. пособие для вузов / Под ред. А.Г. Григорьянца. – М.: Изд-во МГТУ им. Н.Э.Баумана, 2006. – 664 с.

Гудзенко Л.И., Яковленко С.И. Плазменные лазеры. М.: Атомиздат, 1978. – 256 с.

Гусев В. Э., Карабутов А. А. Лазерная оптоакустика. М.: Наука, 1991. – 304 с.

Делоне Н. Б. Взаимодействие лазерного излучения с веществом. М.: Наука, 1989. – 289 с.

Демтредер В. Лазерная спектроскопия. М.: Наука, 1985. – 608 с.

Дмитриев В. Г., Тарасов Л. В. Прикладная нелинейная оптика. М.: Наука, 2006. – 352 с.

Донин В. И. Мощные ионные газовые лазеры. Новосибирск: Наука, 1991. – 206 с.

Дьюли У. Лазерная технология и анализ материалов. М.: Мир, 1986. – 504 с.

Елецкий А. В., Смирнов Б. М. Физические процессы в газовых лазерах. М.: Энергоиздат, 1985. – 150 с.

Звелто О. Принципы лазеров. М.: Мир, 1990. – 558 с.

Зверев Г. М., Голяев Ю. Д. Лазеры на кристаллах и их применение. М.: Радио и связь, 1994. – 311 с.

Зубов В. А. Методы измерения характеристик лазерного излучения. М.: Наука, 1973. – 192 с.

Жаров В. П., Летохов В. С. Лазерная оптико-акустическая спектроскопия. М.: Наука, 1984. – 320 с.

Ильинский Ю. А., Келдыш Л. В. Взаимодействие электромагнитного излучения с веществом. М.: Изд-во МГУ, 1989. – 304 с.

Каминский А. А. Лазерные кристаллы. М.: Наука, 1985. – 256 с.

Карлов Н. В. Лекции по квантовой электронике. М.: Наука, 1983. – 336 с.

Карлов Н. В., Кириченко Н. А., Лукьянчук Б. С. Лазерная термохимия. М.: Наука, 1992. – 368 с.

Качмарек Ф. Введение в физику лазеров. М.: Мир, 1980. – 540 с.

Клаудер Д., Сударшан Э. Основы квантовой оптики. М.: Мир, 1970. – 400 с.

Климков Ю.М. Прикладная лазерная оптика. М.: Машиностроение, 1985. – 128 с.

Клышко Д. Н. Физические основы квантовой электроники. М.: Наука, 1986. – 296 с.

Ковалёв О. Б., Фомин В. М. Физические основы лазерной резки толстых листовых материалов. М.: Физматлит, 2013. — 256 с.

Козинцев В.И., Белов М.Л., Орлов В.М. и др. Основы импульсной лазерной локации: Учеб. пособие для вузов / Под ред. Рождествина В.Н. М.: Изд-во МГТУ им. Н.Э. Баумана, 2006. – 512 с.

Кондиленко И. И., Коротков П. А., Хижняк А. И. Физика лазеров. Киев: Вища школа, 1984. – 232 с.

Коротеев Н. И., Шумай И. Л. Физика мощного лазерного излучения. М.: Наука, 1999. – 312 с.

Кремерс Д., Радзиемски Л. Лазерно-искровая эмиссионная спектроскопия. М.: Техносфера, 2009. – 360 с.

Криштал М. А., Жуков Л. А., Кокора А. Н. Структура и свойства сплавов, обработанных излучением лазера. М.: Металлургия, 1973. – 191 с.

Крылов К. И., Прокопенко В. Т., Тарлыков В. А. Основы лазерной техники. Л.: Машиностроение, 1990. – 316 с.

Крюков П. Г. Фемтосекундные импульсы. Введение в новую область лазерной физики. М.: Физматлит. 2008. – 208 с.

Лазерное разделение изотопов в атомарных парах / П. А. Бохан, В. В. Бучанов, Д. Э. Закревский [и др.] М.: Физматлит, 2004. – 208 с.

Лазеры на самоограниченных переходах атомов металлов – В 2 т. Т1 / В.М. Батенин, А.М. Бойченко, В.В. Бучанов [и др.]; Под ред. В.М. Батенина. – М.: Физматлит, 2009. – 544 с.

Лазеры на самоограниченных переходах атомов металлов – В 2 т. Т2 / В.М. Батенин, П.А. Бохан А.М. Бойченко [и др.]; Под ред. В.М. Батенина. – М.: Физматлит, 2009. – 616 с.

Леонтьев П. А., Хан М. Г., Чеканова Н. Т. Лазерная поверхностная обработка металлов и сплавов. М.: Металлургия, 1986. – 142 с.

Летохов В. С. Лазерная фотоионизационная спектроскопия. М.: Наука, 1987.

Летохов В. С., Устинов Н. Д. Мощные лазеры и их применение. М.: Сов. радио, 1980. –110 с.

Летохов В. С., Чеботаев В. П. Нелинейная лазерная спектроскопия сверхвысокого разрешения. М.: Наука, 1990. – 511 с.

Магунов А. Н. Лазерная термометрия твёрдых тел. М.: Физматлит, 2002. – 222 с.

Мак А. А., Сомс Л. Н., Фромзель В. А., Яшин В. Е. Лазеры на неодимовом стекле. М.: Мир, 1990. - 288 с.

Мак-Даниэль И., Нигэн У. Газовые лазеры. М.: Мир, 1986. – 552 с.

Малашко Я. И., Наумов М. Б. Системы формирования мощных лазерных пучков: Основы теории. Методы расчета. Силовые зеркала. М.: Радиотехника, 2013. – 328 с.

Мандель Л., Вольф Э. Оптическая когерентность и квантовая оптика. М.: Физматлит, 2000. – 895 с.

Матвеев И. Н., Протопопов В. В., Троицкий И. Н., Устинов И. Д. Лазерная локация. М.: Машиностроение, 1984. – 272 с.

Межерис Р. Лазерное дистанционное зондирование. М.: Мир, 1987. – 550 с.

Мэйтленд А, Дан М. Введение в физику лазеров. М.: Наука, 1978. – 407 с.

Миркин Л. И. Физические основы обработки материалов лучами лазера. М.: Изд. МГУ, 1975. – 383 с.

Носов Ю. Р. Оптоэлектроника. М.; Радио и связь, 1989. – 360 с.

Одулов С. Г., Соскин М. С., Хижняк А. И. Лазеры на динамических решетках. Оптические генераторы на четырехволновом смешении. 1990. – 272 с.

Оптическое и лазерно-химическое разделение изотопов в атомарных парах / П. А. Бохан, В. В. Бучанов, Д. Э. Закревский [и др.] М.: Физматлит, 2010. – 208 с.

Пантел Р. и Путхоф Г. Основы квантовой электроники. М.: Мир, 1972. – 384 с.

Петрушкин С. В., Самарцев В. В. Лазерное охлаждение твёрдых тел. 2004. – 225 с.

Пихтин А.Н. Оптическая и квантовая электроника. М.: Высшая школа, 2001. – 574 с.

Приезжев А. В., Тучин В. В., Шубочкин Л. П. Лазерная диагностика в биологии и медицине. М.: Наука, 1989. – 237 с.

Протопопов В. В., Устинов Н. Д. Лазерное гетеродинирование. М.: Наука, 1985. – 288 с.

Рэди Дж. Промышленные применения лазеров. М.: Мир, 1981. – 640 с.

Русско-англо-китайский словарь терминов по лазерной технике и технологиям, под ред. А. С. Борейшо. СПб.: Издательство «Лань», 2012. – 848 с

Рыкалин Н. Н., Углов А. А., Кокора А. Н. Лазерная обработка материалов. М.: Машиностроение, 1975. – 296 с.

Рыкалин Н. Н., Углов А. А., Зуев И. В., Кокора А. Н. Лазерная и электронно-лучевая обработка материалов. М.: Машиностроение, 1985. – 496 с.

Рэди Дж. Действие мощного лазерного излучения. М.: Мир, 1981. – 464 с.

Скалли М. О., Зубайри М. С. Квантовая оптика. М.: Физматлит, 2003. – 511 с.

Солдатов А. И., Соломонов В. И. Газоразрядные лазеры на самоограниченных переходах в парах металлов. Новосибирск: Наука, 1985. – 152 с.

Стейнфельд Д. Инициируемые лазером химические реакции. М.: Мир, 1984.

Стенхольм С. Основы лазерной спектрометрии. М.: Мир, 1987. – 312 с.

Сухов Л. Т. Лазерный спектральный анализ. Новосибирск: Наука, 1990. – 143 с.

Тарасов Л. В. Физика процессов в генераторах когерентного оптического излучения. М.: Радио и связь, 1981. – 440 с.

Технологические лазеры: Справочник /Под ред. Г. А. Абильситова. М.: Машиностроение, 1991. – 431 с.

Тучин В. В. Лазеры и волоконная оптика в биомедицинских исследованиях, 2010. М.: Физматлит, 2010. — 500 с.

Филачев А. М., Таубкин И. И., Тришенков М. А. Твердотельная фотоэлектроника: Физические основы. М.: Физматлит, 2007. – 384 с.

Ханин Я. И. Основы динамики лазеров (Квантовая радиофизика. Т. 2). М., Советское радио, 1975. – 496 с.

Хансперджер Р. Интегральная оптика: теория и технология. М.: Мир, 1985. – 379 с.

Харитонов В. В. Теплофизика лазерных зеркал. М.: Изд-во МИФИ, 1993. – 152 с.

Херманн Й., Вильгельми Б. Лазеры сверхкоротких световых импульсов. М.: Мир, 1986. – 368 с.

Хирд Г. Измерение лазерных параметров. М.: Мир, 1970. – 540 с.

Ходгсон Н., Вебер Х. Лазерные резонаторы и распространение пучков. Изд. ДМК, 2016. – 744 с.

Шанин О.И. Адаптивные оптические системы в импульсных мощных лазерных установках. М.: Техносфера, 2012. – 200 с.

Шен И.Р. Принципы нелинейной оптики. М.: Наука, 1989. – 557 с.

Шишковский И. В. Лазерный синтез функционально-градиентных мезоструктур и объемных изделий. М.: Физматлит., 2009. – 424 с.

Щапова И. А. Частотный англо-русский словарь-минимум по оптоэлектронике и лазерной технике. М.: Флинта: Наука, 2011. – 288 с.

Agrawal, G. P., Dutta, N. K. Long-Wavelength Semiconductor Lasers. Springer, 2002. – 473 p.

Alfano, R. R. The Supercontinuum Laser Source: Fundamentals with Updated References. Springer, 2005. – 538 p.

Allmen, M., Blatter, A. Laser-Beam Interactions with Materials: Physical Principles and Applications. Springer, 2013. – 194 p.

Andrew, L. C., PhilipsA, R. L. Laser Beam Propagation through Random Media. SPIE Press Book, 2005. – 808 p.

Anisimov, S. I., Khohlov, V. A. Instabilities in Laser-Matter Interaction. CRC Press, 1995. – 147 p.

Bauerle, D. W. Laser Processing and Chemistry. Springer, 2011. – 738 p.

Becker, P. C., Olsson, P. C., Simpson J. R. Erbium-doped Fiber Amplifiers: Fundamentals and Technology. Academic Press, 1999. – 461 p.

Bennett, W. R. The physics of gas lasers. London: Gordon and Breach, 1977. – 220 p.

Berlien, H., Muller, G. Applied laser medicine. Springer, 2003. – 614 p.

Berman, P. R., Malinovsky, V. S. Principles of Laser Spectroscopy and Quantum Optics. Princeton University Press, 2011. – 519 p.

Bertolotti, M. The History of the Laser. Institute of Physics Publishing, 2004. – 307 p.

Blood, P. Quantum Confined Laser Devices: Optical Gain and Recombination in Semiconductors. Oxford, 2015. – 400 p.

Caristan, C. L. Laser Cutting Guide for Manufacturing. Published by SME, 2003. – 447 p.

Cerullo, G., Longhi, S., Nisoli, M., Stagira, S., and Svelto O. Problems in Laser Physics. Plenum Publishers, 2001. – 308 p.

Chang, W. Principle of Lasers and Optics. Cambridge University Press, 2005. – 85 p.

Chow, W. W., Koch, S. W. Semiconductor-Laser Fundamentals: Physics of the Gain Materials. Springer, 1999. – 245 p.

Chryssolouris, G. Laser Machining: Theory and Practice. Springer, 1991. – 274 p.

Chu B. Laser Light Scattering: Basic Principles and Practice. Academic Press, 2007. 368 p.

Coldren, L. A., Corzine, S. W., Mashanovitch, M. L. Diode Lasers and Photonic Integrated Circuits. Wiley, 2012. – 218 p.

Cooper M. I. Laser Cleaning in Conservation : An Introduction. Butterworth-Heinemann, 1998. – 98 p.

Cremers, D. A., Radziemski, L. J. Handbook of Laser-Induced Breakdown Spectroscopy. Wiley 2013. – 302 p.

Csele, M. Fundamentals of Light Sources and Lasers. Wiley, 2004. – 344 p.

Csele, M. Laser Modeling: A Numerical Approach with Algebra and Calculus. CRC Press, 2014. – 274 p.

Dahotre, N. B., Harimkar, S. P. Laser Fabrication and Machining of Materials. Springer, 2008. – 558 p.

Dahotre, N. B., Samant, A. Laser Machining of Advanced Materials. CRC Press, 2011. – 236 p.

Davis, C. C. Lasers and Electro-Optics. Cambridge University Press, 2000. – 741 p.

Dawes, C. A. Laser Welding. Woodhead Publishing, 1992. – 272 p.

Demtroder, W. Laser Spectroscopy: Basic Principles. Springer, 2014. – 496 p.

Demtroder, W. Laser Spectroscopy: Experimental Techniques. Springer, 2015. – 650 p.

Diels, J.-C., Arissian, L. Lasers: The Power and Precision of Light. Wiley, 2011. – 200 p.

Diels, J.-C., Rudolf, W. Ultrashort Laser Pulse Phenomena. Elsevier, 2006. – 680 p.

Ding, K., Ye, L. Laser Shock Peening: Performance and Process Simulation. Woodhead Publishing, 2006. – 172 p.

Dong, L., Samson B. Fiber Lasers: Basics, Technology, and Applications. CRC Press, 2015. – 324 p.

Donges, A., Noll, R. Laser Measurement Technology: Fundamentals and Applications. Springer, 2015. – 392 p.

347

Dowden, J. M. The Mathematics of Thermal Modelling: An Introduction to the Theory of Laser Material Processing, Chapman Hall/CRC, 2001. – 304 p.

Duley, W. W. UV Lasers: Effects and Applications in Materials Science. Cambridge University Press, 1996. – 407 p.

Duley, W. W. Laser Welding. Wiley, 1998. – 264 p.

Eichhorn, M. Laser Physics: From Principles to Practical Work in the Lab. Springer, 2014. – 166 p.

Erneux, T., Glorieux, P. Laser Dynamics. Cambridge University Press, 2010. – 384 p.

Figger, H., Meschede, D., Zimmermann, C. Laser Physics at the Limits. Springer, 2002. – 517 p.

Ghafouri-Shiraz, H. The Principles of Semiconductor Laser Diodes and Amplifiers: Analysis and Transmission Line Laser Modeling. Imperial College Press, 2004. – 673 p.

Gibbon, P. Short Pulse Laser Interactions with Matter: An Introduction. Imperial College Press, 2005. – 328 p.

Gladush, G. G., Smurov, I., Physics of Laser Materials Processing: Theory and Experiments. Springer, 2011. – 527 p.

Grigoryants, A. G. Basics of Laser Material Processing. CRC Press, 2000. – 312 p.

Grossmann F. Theoretical Femtosecond Physics: Atoms and Molecules in Strong Fields. –Springer, 2008. – 216 p.

Hawkes, J., Latimer, I. Lasers: Theory and Practice. Prentice-Hall, 1994. – 536 p.

Hecht, J. The Laser Guidebook. McGraw-Hill, 1986. – 380 p.

Hecht, J. Laser Pioneers. Academic Press, 1992. – 298 p.

Hecht, J. Understanding Lasers: An Entry-Level Guide. Wiley, 2008. – 478 p.

Henderson, A. Guide to Laser Safety (Engineering Lasers and Their Applications). Chapman & Hall, 1997. – 243 p.

Hitz, C. B., Ewing, J. J., Hecht, J. Introduction to Laser Technology. Willey, 2012. – 312 p.

Hodgson, N., Weber, H. Laser Resonators and Beam Propagation: Fundamentals, Advanced Concepts and Applications. Springer, 2005. – 793 p.

Hooker, S., Webb, C. Laser Physics. Oxford University Press, 2010. – 608 p.

Injeyan, H., Goodno, G. High Power Laser Handbook. McGraw-Hill, 2011.

Ion, J. Laser Processing of Engineering Materials. Elsevier, 2005. – 556 p.

Itoh, N., Stoneham, A. M. Materials Modification by Electronic Excitation. Cambridge University Press, 2001. – 510 p.

Ivanov I.G., Latush E.L., Sem M.F. Metal Vapour Ion Lasers: Kinetic Processes and Gas Discharges. N.Y.: Wiley, 1996. – 285 p.

Johnson C. S., Gabriel D. A. Laser Light Scattering. 1995. – 95 p.

Kaminskii, A. A. Crystalline Lasers: Physical Processes and Operating Schemes. Springer, 1996. – 561 p.

Kannatey-Asibu, E. Principles of Laser Materials Processing. Willey, 2009. – 819 p.

Khanin, Ya. I. Fundamentals of Laser Dynamics. Cambridge International Science Publishing, 2006. – 369 p.

Koechner, W. Solid-State Laser Engineering. Springer, 2007. – 750 p.

Kruusing, A. Handbook of Liquids-Assisted Laser Processing. – Elsevier, 2008. – 454 p.

Kuhn, K. J. Laser Engineering. Pearson, 1997. – 498 p.

Laufer, G. Introduction to Optics and Lasers in Engineering. Cambridge University Press, 1996. – 476 p.

Letokhov, V. S. Laser Control of Atoms and Molecules. Oxford University Press, 2011. – 328 p.

Little, C. E. Metal Vapour Lasers: Physics, Engineering and Applicaitions. Wiley, 1999. – 620 p.

Loehr, J. P. Physics of Strained Quantum Well Lasers. Springer, 1998. – 255 p.

Maini, A. K. Lasers and Optoelectronics: Fundamentals, Devices and Applications. Wiley, 2013. – 636 p.

Mazumber, J., Kar, A. Theory and Application of Laser Chemical Vapor Deposition. Plenum Press, 1995. – 395 p.

Melnikov, S. P., Sinyanskii, A. A., Sizov, A. N., Miley, G. H. Lasers with Nuclear Pumping. Springer, 2015. – 455 p.

Meschede, D. Optics, Light and Lasers. The Practical Approach to Modern Aspects of Photonics and Laser Physics. Wiley, 2007. – 559 p.

Metcalf, H., Straten, P. Laser Cooling and Trapping. Springer, 2016. – 317 p.

Metev, S. M., Veiko V. P. Laser-Assisted Microtechnology. Springer-Verlag, 1998. – 270 p.

Milonni, P. W., Eberly, J. H. Laser Physics. Wlley, 2010. – 830 p.

Mittleman, M. H. Introduction to the Theory of Laser-Atom Interactions. Plenum Press, 1993. – 119 p.

Motes, A. R. A Student's Guide to Fiber Lasers. A. M. Photonics, 2014. – 355 p.

Motes, A. R., Shakir, S. A., Berdine, R. W. Introduction to High Power Fiber Lasers. Directed Energy Professional Society, 2013. – 436 p.

Mroziewicz, B., Bugajski, M., Nakwaski, W. Physics of Semiconductor Lasers. Elsevier, 2017. – 473 p.

Nakamura, S., Pearton, S., Fasol, G. The Blue Laser Diode: The Complete Story. Springer, 2000. – 337 p.

Niemz, M. H. Laser-Tissue Interactions. Springer, 2007. – 263 p.

Nikogosyan, D. N. Properties of Optical and Laser-Related Materials: A Handbook. Wiley, 1997. – 614 p.

Noll, R. Laser-Induced Breakdown Spectroscopy: Fundamentals and Applications. Springer, 2012. – 489 p.

Ohtsudo, J. Semiconductor Lasers: Stability, Instability and Chaos. Springer, 2013. – 535 p.

Paschotta, R. Encyclopedia of Laser Physics and Technology (Two Volume Set). Willey, 2008. – 856 p.

Powell, J., CO_2 Laser Cutting. Springer, 1998. – 251 p.

Powell, R.C. Physics of Solid-State Laser Materials. Springer, 1998. – 423 p.

Quimby, R. S. Photonics and Lasers. An Introduction. Wiley, 2006. – p. 520.

Ready J. F. Industrial Applications of Lasers. San Diego: Academic Press, 1997. – 599 p.

Renk, K. F. Basics of Laser Physics: For Students of Science and Engineering. Springer, 2012. – 588 p.

Risk, W., Gosnell, T., Nurmikko, A. Compact Blue-Green Lasers. Cambridge University Press, 2003. – 547 p.

Ross, T. S. Laser Beam Quality Metrics. SPIE Press, 2013. – 204 p.

Rubahn, H. G. Laser Applications in Surface Science and Technology. Wiley, 1999. – 346 p.

Rulliere, C. Femtosecond Laser Pulses: Principles and Experiments. Springer, 2005. – 426 p.

Saldin, E., Schneidmiller, E. V., Yurkov, M. V. The Physics of Free Electron Lasers. Springer, 2000. – 424 p.

Sands, D. Diode Lasers. Institute of Physics Publishing, Institute of Physics Publishing, 2005. – 453 p.

Schaeffer, R. Fundamentals of Laser Micromachining. CRC Press, 2012. – 260 p.

Sennaroglu, A. Solid-State Lasers and Applications. CRC Press, 2006. – 552 p.

Seyffarth, P., Krivtsun, I. Laser-Arc Processes and Their Applications in Welding and Material Treatment. Taylor and Francis, 2002. – p. 184.

Shalibeik, H. Rare-Earth-Doped Fiber Lasers and Amplifiers. Cuvillier Verlag. – 179 p.

Shimoda, K. Introduction to Laser Physics. Springer, 1986. – 233 p.

Siegman, A. E. Lasers. McGraw-Hill, 1986. – 520 p.

Silfvast, W.T. Laser Fundamentals. Cambridge University Press, 2008. – 543 p.

Sorokina, I. T., Vodopyanov K. L. Solid-State Mid-Infrared Laser Sources. Springer, 2014. – 543 p.

Steen, W. M., Mazumder J. Laser Materials Processing, 2010. – 558 p.

Straten, P., Metcalf, H. Atoms and Molecules Interacting with Light: Atomic Physics for the Laser Era. Cambridge University Press, 2016. – 515 p.

Suhara, T. Semiconductor Laser Fundamentals. Marcel Dekker, Inc., 2004. – 315 p.

Sun, H. A. Practical Guide to Handling Laser Diode Beams. Springer, 2015. – 136 p.

Suter, D. The Physics of Laser-Atom Interactions. Cambridge University Press, 2004. – 642 p.

Svelto, O. Principles of Lasers. Springer, 2009. – 494 p.

Tang, C. L., Cheng, L. K. Fundamentals of Optical Parametric Processes and Oscillators. Harwood Academic Publishers. 1995. – 135 p.

Taylor, N. Laser: The Inventor, the Nobel Laureate, and the Thirty-Year Patent War. Simon & Schuster, 2000. – 304 p.

Telle, H. H., Urena, A. G., Donovan, R. J. Laser Chemistry: Spectroscopy, Dynamics, and Applications. Willey, 2007. – 497 p.

Ter-Mikirtychev, V. Fundamentals of Fiber Lasers and Fiber Amplifiers. Springer, 2014. –234 p.

Thyagarajan, K., Ghatak, A. K. Lasers: Theory and Applications. Plenum Press, 1981. – 431 p.

Tipler, P. A., Llewellyn, R. A. Modern Physics. Freeman and Company, 2008. – 680 p.

Townes, C. How the Laser Happened: Adventures of a Scientist. Oxford University Press, 2002. – 200 p.

Vasil'ev, P. Ultrafast Diode Lasers: Fundamentals and Applications. Artech House, 1995. – 271 p.

Verdeyen, J. T. Laser Electronics. Prentice Hall, 1995. – 778 p.

Weber, M. J. Handbook of Laser Wavelengths. CRC Press, 1998. – 1224 p.

Wilson, J., Hawkes, J. F. B. Lasers: Principles and Applications. Prentice Hall, 1987. – 304 p.

Wood, R. M. Laser-Induced Damage of Optical Materials. Institute of Physics, 2003. – 241 p.

Yariv, A. Introduction to Optical Electronics. Wiley, 1991. – 342 p.

Yilbas, B. S. Laser Heating Applications: Analytical Modelling. Elsevier, 2012. – 324 p.

Yilbas, B. S. Laser Drilling: Practical Applications. Springer, 2013. – 82 p.

Young, M. Optics and Lasers: Including Fibers and Optical Waveguides. Springer, 2000. – 498 p.

Об авторе – About the author

Анатолий Николаевич Бекренёв (1944 года рождения), заслуженный деятель науки и техники Российской Федерации (1996), доктор физико-математических наук (1985), профессор (1986), выпускник физико-математического факультета Петрозаводского университета (1966). После окончания аспирантуры данного университета в 1970 году работал в Самарском техническом университете, где был ассистентом, старшим преподавателем, доцентом, заведующим кафедрой общей и лазерной физики, проректором по учебной работе и первым проректором. С 1996 года живёт и работает в США (Professor of the National American University, 1998-2015). Специалист по рентгеноструктурному анализу металлов и сплавов, высокоскоростному деформированию и лазерной обработке материалов, опубликовавший более 100 научных статей и несколько книг, включая монографии "Малоугловая рентгенография деформации и разрушения материалов" (Москва, Изд-во МГУ, 1991) и "Послядеформационные процессы высокоскоростного нагружения" (Москва, Изд-во Металлургия, 1992). Был редактором более 20-ти научных изданий и организатором шести всесоюзных и международных конференций по физике прочности и пластичности материалов, проведенных в городе Самара в 1979-1995 годы. Под его руководством были подготовлены и защищены одна докторская и 17 кандидатских диссертаций.

Anatoliy Bekrenev (born in 1944), the Honoured Scientist of the Russian Federation (1996), Doctor of Sciences in Physics and Mathematics (1985), Full Professor (1986), and Graduate of the Physics and Mathematics Faculty of Petrozavodsk State University (1966). After finishing the postgraduate school of that University in 1970, Dr. Bekrenev had been working in the Samara State Technical University in capacity of Assistant Professor, Associate Professor, Head of General and Laser Physics Department, Vice-President and First Vice-President of that University consecutively. Since 1996 he has been living and working in the United States of America (Professor of the National American University, 1998-2015). Professor Bekrenev is a specialist in X-ray structural analysis, high-speed deformation and laser materials processing. He has published more than 100 scientific articles and several books, including "Small-angle X-ray scattering of materials deformation and distruction" (Moscow, Publishing House of MGU, 1991) and "Post-deformation processes of high-speed loading" (Moscow, Publishing House of Metallurgy, 1992). Professor Bekrenev served as an editor of more than 20 scientific books. He had been an organizer of the All-Union and International Conferences dedicated to Physics of Materials Strength and Plasticity. Six conferences were held in City of Samara in 1979-1995. He had been a scientific mentor of 17 young scientists who defended their dissertations and received the PhD degrees respectively.

А. Н. Бекренёв. Портрет карандашом сделан его сыном Сергеем в июне 2005 года. –
Anatoliy Bekrenev. This pencil portrait was drawn by his son Sergey in June 2005.

Содержание – Contents

Printed in the United States
By Bookmasters